무엇이 성과를 이끄는가

세계 최고 기업들의 조직문화에서 찾은 고성과의 비밀

무엇이 성과를 이끄는가

닐 도쉬 · 린지 맥그리거 지음 | 유준희 · 신솔잎 옮김

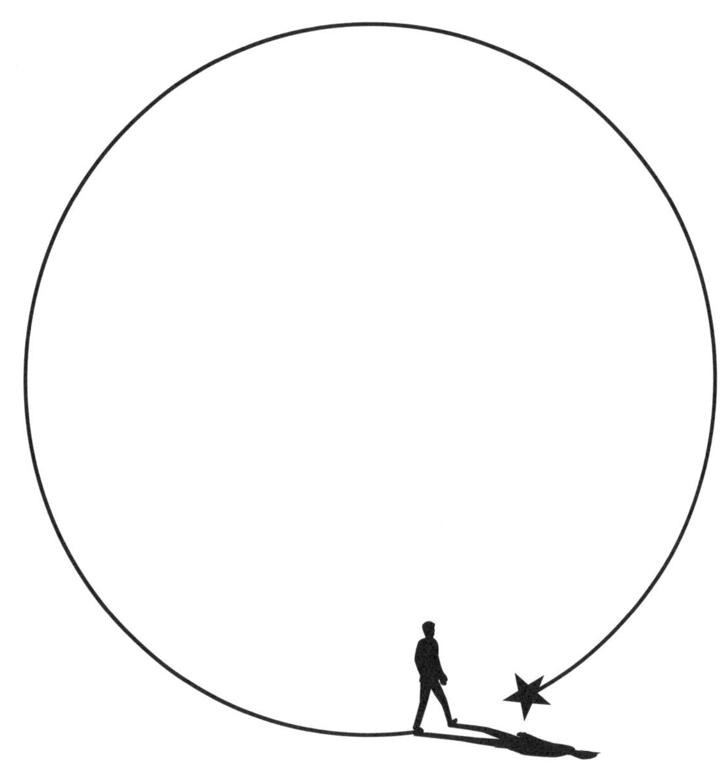

생각지도

도파민을 자극하더니 통쾌함으로 끝나는 책

유준희 조직문화공작소 대표

몇 해 전 겨울, 아침 시간이었다. 업무를 시작하기 전에 간단히 차 한잔 하면서 인터넷을 검색하다가 유난히 눈에 띄는 기사를 하나 발견했다. '어떻게 조직문화가 구성원의 동기를 이끄는가How Company Culture Shapes Employee Motivation'(HBR 2015년 11월 25일)라는 제목이었는데, 바로 이 책의 저자인 닐 도쉬와 린지 맥그리거가 〈하버드 비즈니스 리뷰〉에 기고한 기사였다.

때로는 모호하고 추상적인 개념으로 들릴 수 있는 조직문화를 '총 동기'라는 개념을 통해 측정 가능하고 관리 가능한 대상으로 해석하고자 하는 시도가 매우 흥미로웠다. 그 기사는 나의 도파민을 자극했고, 나는 꼬리에 꼬리를 물며 인터넷을 뒤지기 시작했다. 그러다가 이 두 사람이 공유를 위해 작성한 '고성과 조직문화들의 과학과 실용'이라는 글을 발견했다. 〈하버드 비즈니스 리뷰〉의 기사를 읽을 때의 단순한 흥미로움과 달리 나는 그들의 간결하지만 설득력 있는 논리에 감탄하지 않을 수 없었다. 그들은 조직의 성과를 개념화하고, 성과가 어떻게 조직문화를 통해서만 창출될 수 있는지를 증명해 보였다.

지난 10여 년 동안 '조직문화 컨설턴트'라는 이름으로 살아오면서 내가 사람들에게 장황하게 설명해야 했던 것들이 너무나 일목요연하게 정리되어 있었다. 도대체 이 글을 쓴 사람들은 누구일까? 그들은 이 논리를 어떻게 생각해냈던 것일까? 나는 궁금해서 참을 수가 없었다. 그래서 조직문화의 실무 관점에서 떠오른 몇 가지 질문을 포함해 그들에게 메일을 보냈다. 이후 서로간에 몇 번의 메일이 오갔다.

얼마 후 그들은 문서로 일일이 설명하는 데 한계를 느꼈던지 이 책의 원서인 《Primed to Perform》 5권을 DHL로 보내주었다. 두툼한 하드커버의 책을 손에 잡던 날, 멀리서 친구가 보내준 선물을 받은 것 같은 느낌 때문이었는지 아니면 그동안 조직문화 컨설턴트로 일하면서 해결되지 않았던 어떤 갈증에 대한 기대감 때문이었는지 나는 처음부터 마지막까지 책을 단숨에 읽어 내려갔다.

마지막 페이지를 넘길 때의 느낌은 한마디로 '통쾌함'이었다. 우리 시대의 리더들은 조직문화가 중요하다는 사실에 대부분 동의한다. 단기간에 놀라운 성공을 이룬 기업이나 사업에서 큰 성과를 거둔 기업을 보면 사람들은 그 뒤에 훌륭한 조직문화가 있었다고 말한다. 반대로 기업이 큰 실수를 하거나 사업에 실패하면 그 기업의 조직문화를 탓한다.

이처럼 사람들은 조직문화가 기업에 매우 중요하다고 말한다. 하지만 장기적인 관점에서 그렇다고 이야기한다. 심지어 조직문화를 강조하는 과정에서 조직의 스피드나 단기적 성과가 떨어지는 것을 우려한다. 조직 구성원들의 경우엔 자신이 일하기에 좀 더 편한 환경을 제공받는 것이 조직문화라 생각하고, 회사나 리더들이 그런 조직문화를 만들어줘야 한다는 피동적인 태도를 취하기도 한다. 사람들의 이러한 잘못된 사고를 바로잡는 데서 이 책은 시작된다.

먼저 지금의 시대에 '성과performance'란 무엇인지에 대한 명확한 개념적 정의에서 출발한다. 성과는 계획에 따라 그대로 실행하는 능력과 그로 인해 얻어지는 결과로서의 성과인 '전술적 성과'와 계획에서 벗어나 탄력적으로 실행하는 능력과 그로 인해 얻어지는 결과로서의 성과인 '적응적 성과'로 구분된다. 그리고 개인과 조직의 전술적 성과뿐만 아니라 적응적 성과를 극대화할 수 있는 조직의 정서와 환경을 구축해가는 일련의 노력을 '조직문화'라고 정의하고 있다.

저자들은 복잡하고 빠르게 변화하는 지금의 경영 환경에서 실질적인 성과를 창출하는 것은 결국 '적응성 성과'에 의한 것이라고 강조한다. 이는 오직 조직문화적인 노력을 통해서만이 조직의 고성과를 창출할 수 있다는 뜻이다.

그만큼 중요한 적응적 성과는 조직의 구성원들이 인간의 본연적인 역량이라고 할 수 있는 주도성과 창의성, 그리고 열정과 헌신을 통해서만 만들어지는 성과다. 그리고 이를 가능하게 하는 것은 개개인이 일 자체에서 느끼는 즐거움, 일의 목적과 의미를 인식하는 데서 오는 자부심과 보람, 일에서 성장을 경험하는 기쁨에서 비롯된다. 결국 적응적 성과를 창출하는 조직문화를 만들어가는 것은 구성원들의 입장에서는 일 속에서 개개인이 행복해질 수 있는 가장 명확하고 확실한 방법인 셈이다. 따라서 당신이 행복하고 즐겁게 직장생활을 하면서도 업무 성과에서도 만족할 만한 결과를 얻고자 하는 사람이라면 Part 1에서 Part 3까지 가벼운 마음으로 읽어보길 추천한다.

한편 당신이 조직의 성과를 정말 심각하게 고민하는 리더이거나 조직문화 담당자라면 반드시 Part 4를 편견 없이 차분하게, 그리고 심도 있게 읽어보기를 권한다. Part 4는 '높은 총 동기 문화를 만드는 것은 무엇인가'라는 주제로, 조직의 실질적인 고성과를 창출하고 동시에 구성원이 일을 통해 행복해질 수 있는 조직문화를 만드는 방법에 관해 다양한 이론과 실증적 증거를 바탕으로 한 단계씩 명확하게 제시하고 있다. 이 내용들은 조직문화를 시작하는 조직정서적인 활동들뿐만 아니라 평가 · 보상과 조직설계에 이르는 시스템적인 방안들까지 모두 소개하고 있다.

그럼에도 여전히 조직문화와 성과의 상관관계에 대해 머리를 갸웃하는 이들이 있을 것이다. 내 경험으로 볼 때 우리나라에서 조직문화에 관심 있는 리더들이나 전문가들은 일반적으로 크게 두 가지로 나뉜다. 하나는 조직문화를 다분히 개념적이고 추상적인 것으로 간주한 채 조직의 가치와 철학적인 것들만 강조하면서 교육적인 접근이나 정서적 활동 측면에서만 바라보는 이들이다. 그리고 다른 하나는 조직문화를 인사 제도나 시스템적인 변화를 통해서만 바꿀 수 있다고 생각하는 사람들이다.

조직의 외부에서 바라보는 언론들도 마찬가지다. 자율 근무시간이나 패밀리데이 운영, 또는 회사 복지 차원에서의 다양한 제도와 활동들을 조직문화라고 말한다. 회사 내에 직급 체계만 사라지면 소통도 잘되고 좋은 조직문화가 만들어질 것처럼 말하는 경우도 있다.

물론 이런 시선이 잘못된 접근이라고 단정 지어 말하는 것은 절대 아니다. 그럼에도 분명한 것은, 우리가 어떠한 공동의 목적을 이루기 위해 함께 일하는 곳이 조직이라고 한다면 일이 아닌 다른 무엇인가를 통해 조직문화를 만들어가고자 하는 시도는 분명히 본질은 아닐 것이다. 조직문화는 함께하는 사람들이 공동의 목적과 가치를 나누고, 이를 위해 수행하는 각자의 업무에서 일 자체를 진심으로 즐길 수 있고, 자신과 조직이 하는 일이 갖는 가치와 의미를 느낄 수 있는 조직적인 정서와 환경을 제공하는 것이 되어야 한다. 이를 통해 개개인이 자신의 창의성과 열정을 마음껏 발휘하고, 그것이 매일의 업무에서 최고의 성과를 창출할 수 있어야 한다.

이제 더 이상 조직문화는 장기적인 관점에서 필요한 것이 아니다. 모호한 그 어떤 것도 절대 아니다. 지금 이 순간 내 일의 성과와 조직의 성과를 높이는 것이다. 그리고 내가 행복하게 일할 수 있도록 하는 우리 모두의 노력이다.

참, 이 책이 나온 후 흥미로운 일이 있어 덧붙인다. 책이 국내에 소개되고 얼마 후 함께 일하고 있는 한 컨설턴트 친구가 인터넷에서 흥미로운 글을 하나 발견했다며 포워드 해줬다. 그것은 세계적인 인기를 누리고 있는 아이돌 그룹인 방탄소년단[BTS]의 팬들이 작성한 블로그였다. 방탄소년단의 '덕질'을 위한 필독서, 다시 말하면 방탄소년단에 관해 깊이 파고들어 진정한 덕후로서 활동하기 위해 반드시 읽어야 하는 도서 리스트 중에 이 책《무엇이 성과를 이끄는가》도 포함돼 있었다. 그 리스트에는《데미안》,《수레바퀴 아래서》,《차라투스트라는 이렇게 말했다》 등의 인문학 도서들이 대부분을 차지하고 있었는데, 유일하게 경영서로 이 책이 들어 있었다.

'방탄소년단 팬들이 왜 조직문화 관련 책을 읽는 걸까?' 하는 호기심에 좀 더 자세히 서핑을 해보니 상당히 많은 팬들이 유사한 포스팅을 했을 뿐만 아니라 일부 BTS 팬들이 나름의 방식으로 독서 후기를 올린 것도 찾아볼 수 있었다. 또한 트윗을 트렉킹 하다 보니 방탄소년단과 방시혁 대표가 직접 언급한 적도 있었다고 한다.

도대체 방탄소년단과 그의 팬들은 기업의 성과와 조직문화에 관해 이야기하는 이 책에 왜 관심을 갖게 된 것일까? 이 책에서 이야기하는 적응적 성과나 일의 즐거움과 의미와 같은 이야기들이 더 이상 조직 몰입과 같은 조직문화에 한정된 개념들이 아니라 어쩌면 우리 시대에 젊은 세대들도 공감할 수 있는 보편적인 것일 수 있겠다는 생각이 들었다. 그들 역시 근본적으로는 자신의 일 속에서 도전하고 성취해 나가는 즐거움을 느끼고 싶어 하고, 그 안에서 보람과 충족감을 얻을 수 있는 의미를 느끼고 싶어 한다는 것을 깨닫는 사건이었다.

마지막으로 한 지인으로부터 들은 말이 떠올라 적어본다. "성장이란 자신이 하는 일이 자기 본연의 매력에 점점 더 가까워지는 것이다." 이 책을 통해 배우는 '조직문화'란 조직이 그 조직만의 색깔을 통해 탁월한 성과를 창출하는 방법이며, 이 시대를 살아가는 한 사람 한 사람이 가장 자기다운 모습으로 행복하게 일하고 살아가는 조직이라는 이름의 울타리다.

프롤로그

왜 그들은 최고의 성과를 낼 수 있었을까

"마법이 점점 사라지고 있는 것 같습니다." 전 세계적으로 유명한 한 기업의 고위 간부는 조직문화를 다시 구축하는 데 도움을 받기 위해 우리를 호출한 자리에서 이렇게 말했다. 그는 성공하기 위해서는 조직문화가 중요한 요소라는 사실을 알고 있었고, 이는 90% 이상의 비즈니스 리더들이 모두 동의하는 부분이기도 하다.[1] 그러나 우리에게 도움을 요청했던 그 간부는 훌륭한 조직문화를 구축하는 법을 몰랐다. 그는 조직문화가 얼마나 중요한지 증명할 방법도 몰랐다. 또 어디서 어떻게 시작해야 하는지도 모르고 있었다.

그뿐만이 아니었다. 우리는 기업, 비영리 단체, 학교, 정부 등 다양한 분야에서 이와 비슷한 경우를 많이 접했다. 많은 사람들이 조직문화가 중요하다는 사실은 알고 있지만, 훌륭한 조직문화를 만들어 나가는 일이 마치 마법인 양, 태어날 때부터 그 방법을 아는 소수의 사람만이 할 수 있는 것이라고 여긴다.

우리는 이 책을 통해 이 마법 뒤에 숨겨진 과학에 대해 밝히고자 한다. 우리는 100여 년간의 학회 연구를 기반으로 20년 넘게 자체 조사와 연구를 진행했다. 프로그래머에서부터 컨설턴트, 교사, 투자은행가, 그리고 전설적인 기업문화를 갖춘 사우스웨스트 항공사, 애플스토어, 스타벅스의 프런트라인 직원들까지 다양한 분야에 속한 수천 명의 직원들을 분석했다. 그리고 훌륭한 조직문화의 바탕에는 아주 명쾌하고 단순한 과학이 숨어 있다는 사실을 알게 되었다.

이후 미국뿐 아니라 중동, 아시아 지역까지 이 법칙을 실험해보았다. 그 결과 최고의 성과를 창출하는 조직문화를 위해 필요한 것은 실제로는 예측 가능한 요소임을 깨닫게 되었다. 이러한 과학적 원리를 알게 되면 최고의 성과를 내는 조직문화를 체계적으로 구축하고 유지할 수 있게 된다는 것이다.

문화란 원래 어렴풋하고 불분명한 개념이다. 하지만 이제 우리는 문화 내 약점이 무엇이고, 강점이 무엇인지를 파악해 조직문화의 장점을 측정할 수 있게 되었다. 더욱 중요한 것은 훌륭한 조직문화를 구축해 직원들이 성과를 내는 환경을 조성할 수 있도록 하는 방법과 도구를 개발했다는 사실이다.

최고의 성과를 내는 조직은 무엇이 다른가

아주 사소한 것들이 조직의 성과를 좌우한다는 것은 놀라운 일이다. 월요일 아침 8시를 떠올려보자. 당신은 지금 직장에서 팩스를 읽으려 하고 있다(아직도 많은 사람들이 팩스를 사용하고 있다). 팩스는 전송상의 오류로 단어가 뭉개졌고, 몇 가지 글자만 알아볼 수 있을 정도다.

ad_an__g_

I_sp_r_

_n_w___ge

잠시 집중해보길! 무슨 단어인지 맞출 수 있겠는가?[2] 첫 번째 단어는 'advantage'다. 두 번째 단어는 'inspire', 그리고 세 번째는 'knowledge'다. 단어를 유추하는 데 얼마나 걸렸는가?

이번에는 동료들이 작은 소리로 대화하는 소리가 들린다고 상상해보자. 그들의 대화로 당신의 성과가 향상될 수 있을까, 아니면 당신의 집중력을 산만하게 만들까? 식역하 점화subliminal priming* 분야의 전문가들은 이와 비슷한 단어 퍼즐 실험을 진행했다.[3] 피실험자들이 작은 크기의 방에서 실험을 진행하는 동안 작은 목소리로 속삭이는 소리가 녹음된 테이프를 틀어놓았다.

좀 더 명확히 하기 위해 실험 대상자를 '에이미'와 '스티브'라 하겠다. 에이미가 속한 그룹의 경우 내용을 잘 이해할 수 없는 대화를 들으며 퍼즐을 풀었다. 스티브 그룹도 에이미 그룹과 같은 내용의 대화를 들었다. 하지만 스티브 그룹의 경우 녹음된 내용 마지막에 한 사람이 등장해 자신이 지금 얼마나 재미있는 일을 했는지에 대해 1분간 이야기하는 실제 목소리가 들리는 점이 달랐다.

이 실험의 결과 스티브가 속한 그룹이 에이미 그룹보다 평균적으

* 인간이 스스로 자각하지 못할 만큼의 감각을 무의식 속에 인지시켜 행동과 감정으로 이어지게 하는 이론을 말한다. — 옮긴이

로 7%의 문제를 더 많이 풀었다. 그들은 에이미 그룹보다 13% 정도 빠른 속도로 문제를 해결했고, 해답이 없는 문제에는 14%나 더 오래 매달렸다. 이는 모두 스티브 그룹이 1분간의 의도적으로 짜인 각본의 이야기를 들은 후에 발생한 결과였다.

더욱 놀라운 점은 스티브는 그 대화를 들은 기억이 없다고 말했다는 사실이다. 실험 대상자 가운데 대화에 대해 언급한 사람은 단 한 명도 없었다. 배경으로 튼 테이프의 소리가 작았고, 실험 대상자들 모두 퍼즐을 푸는 데 열중해 있었기 때문에 대화 소리가 그들의 의식까지 침투할 수 없었다. 그러나 그들의 무의식은 대화 내용에 집중했다. 언뜻 들린 대화 소리가 실험 대상자들에게 무의식적인 영향을 미쳐 더 빨리, 더 열심히 문제를 해결하고 더 나은 결과를 낼 수 있도록 조성한 것이다.

조직에 속한 모든 직원들이 10% 높은 성과를 내고, 10% 빠르게 일을 처리하며, 10% 더욱 끈질기게 업무에 매달릴 수 있도록 할 수 있다면 어떨 것 같은가? 그렇게 만들 수 있다. 다만 회사에 (혹은 자녀 방에) 몰래 스피커를 설치하기 전에 이 책을 계속 읽기를 바란다. 이 책은 세뇌에 관한 책이 아니다. 속임수는 오래 지속되지 않는다. 이 책은 근본적으로 훌륭한 조직문화를 구축하는 방법을 담고 있다.

문화란 스티브도 에이미도 듣지 못한 백그라운드 대화 소리와 같다. 우리 주변을 감싸고 있지만 눈에는 보이지 않는다. 마치 뻔히 눈에 띄는 곳에 숨어 있는 것과 같다. 우리가 벗어날 수 있는 개념이 아니다. 고작 1분 동안의 자극으로 스티브와 그가 속한 그룹의 성과가 높아졌다면, 조직 내 다양한 부서의 모든 직원들의 성과를 극대화하기 위해 체계적으로 설계된 조직문화의 효과는 얼마나 클지 생각해보라. 고高성과 문화를 구축하기 위해서는 우선 무엇이 개인을 최고의 성과를 내도록 이끄는지부터 파악해야 한다. 정답은 믿을 수 없을 정도로 간단하다. '나는 왜 일하는가' 하는 이유why가 그 사람의 성과를 좌우한다.

식역하 점화 실험의 경우 배경으로 들린 대화는 스티브의 머릿속에 '일의 즐거움'(play, '일의 즐거움' 동기는 이후 '즐거움' 동기로 줄여 사용함)에 대한 아이디어를 심어주었다. 즐거움이란 우리가 단순히 좋아하기 때문에 어떠한 행위를 할 때 생기는 감정으로, 업무에서 가장 강력한 동기다. 다음 장에서 살펴보겠지만, 우리가 일을 할 때는 여섯 가지 기본 동기가 작용한다. 일의 즐거움, 일의 의미(purpose, '일의 의미' 동기는 이후 '의미' 동기로 줄여 사용함), 일의 성장(potential, '일의 성장' 동기는 이후 '성장' 동기로 줄여 사용함) 동기는 성과를 높인다. 정서적 압박감emotional press, 경제적 압박감economic press과 타성inertia은 성과에 악영향을 끼친다. 조직문화가 앞의 세 가지 동기를 극대화시키는데 주력한다면 총 동기(Total Motivation, ToMo라고 불림) 지수도 높아지게 된다. 이 책의 Part 1에서는 이 법칙에 대해 다룰 예정이다.[4]

Part 2에서는 우리가 '성과performance'라고 부르는 개념이 무엇인지에 대해 살펴볼 예정이다. 많은 리더들은 똑같이 중요하지만 상호적으로 상반되는 두 가지 종류의 성과가 있다는 사실에 대해 잊곤 한다. 대부분의 조직은 계획에 따라 실행하는 능력을 뜻하는 '전술적 성과tactical performance'에만 중점을 둔다. 그러나 계획을 벗어나 탄력적으로 운용하는 '적응적 성과adaptive performance' 역시 마찬가지로 중요하다. 전술적 성과와 적응적 성과는 서로 상반되는 개념이기 때문에 소수의 리더들만이 이 두 가지 성과의 균형을 맞출 수 있을 정도로 팽팽하게 맞선 개념이다.

대부분의 조직에서는 대시보드에서 평가와 보상까지의 성과관리 시스템이 전술적 성과를 극대화하는 데만 초점이 맞춰져 있다. 그러나 전술적 성과만 생각하는 외골수적 방식은 적응적 성과를 가로막는다. 변수가 가득한 현실에서 이러한 실수는 치명적일 수 있다. 뛰어난 리더는 훌륭한 조직문화를 만드는 데 걸림돌이 되는 편견과 반작용에 대해서도 파악해야 한다. Part 3에서는 일반적으로 범하는 실수와 오류에 대해 자세히 살펴볼 예정이다.

마지막으로 Part 4에서는 총 동기 지수를 활용해 조직문화를 구축하는 방법을 단계적으로 설명할 것이다. 총 동기 지수는 여섯 가지 동기를 바탕으로 하는 쉽고 간단하고 쉬우며 예측 가능한 새로운 평가 방법으로, 조직문화 내 약점과 강점, 변화가 필요한 부분에 대해 파악할 수 있도록 해준다. 총 동기 지수는 조직문화를 구축하는 데 매우 효과적인 도구로, 문화가 올바른 방향으로 형성되고 있는지 알려주는 나침반 역할을 해준다. 또한 아래와 같이 누구나 궁금해하는 질문에 대해 데이터를 바탕으로 해결책을 찾게 해준다.

- 당신의 리더십 스타일은 어떤가?
- 동기부여와 경력 경로를 어떻게 구상하고 있는가?
- 핵심 가치를 정하고 이를 기본으로 한 공동체 의식을 확립하기 위해 어떤 방법을 사용하는가?

도표 1. 훌륭한 조직문화는 총 동기를 높이고, 총 동기는 곧 성과와 이어진다. 이 책에서는 각각의 개념을 차례대로 다룰 예정이다.

사람의 수행 능력을 가장 높이 끌어올리는 요소는 무엇인가?

Part 1

고성과 조직을 만드는 데 총 동기는 어떤 역할을 하는가?

Part 2

총 동기를 극대화하는 훌륭한 조직문화는 어떻게 만들 수 있는가?

Part 3, 4

- 직원들의 성과관리는 어떤 방식으로 하고 있는가?
- 가장 공정하고 효과적인 보상을 위한 기본 철칙은 무엇인가?
- 조직문화를 관리하는 데 가장 효과적인 프로세스는 무엇인가?

또한 놓쳐서는 안 될 중요한 주제 중 하나인, 이미 문제가 발생한 조직문화를 어떻게 변화시킬지에 대한 해결책 역시 찾을 수 있다. 간단한 설문조사를 통해 시작할 수 있다(www.primedtoperform.com에서 찾아볼 수 있다). 이 책을 덮을 때쯤이면 이런 질문에 대한 현명한 대답을 찾을 수 있을 뿐 아니라 실행에 옮길 준비까지 되어 있을 것이다.

조직문화가 주목받는 이유

수십 년간 연구가들은 조직문화가 성과의 원동력임을 밝혀냈다. 톰 피터스Thomas Peters와 로버트 워터만Robert Waterman Jr.은 대표적 저서인 《초우량 기업의 조건In Search of Excellence》에서 성공적인 기업 문화에 주목했다. 만약 누군가 이 책이 처음 출간되었던 1982년에 책에 소개된 기업의 주식을 구입해 20년간 보유했더라면 아마 1300%의 수익을 냈을 것이다. (같은 기간 동안 다우지수는 800%, S&P500지수는 600% 상승했다.)[5]

조직문화는 확실하게 믿을 수 있는 실체다. 하버드 경영대학원의 존 코터John Kotter 교수와 제임스 헤스켓James Heskett은 11년 동안 '훌륭한 조직문화와 뛰어난 리더십을 갖춘 기업'과 '보통 수준의 기업' 간의 주식시장 실적을 비교 연구한 바 있다. 전자 기업의 경우 주식 가치가 901% 상승한 반면, 후자의 기업은 74% 상승에 그쳤다. 수익 역시 전자의 기업은 수익 682% 상승, 순수익은 756%나 높아졌다(후자 기업의 경우 수익은 166%, 순수익은 1% 상승했다).[6]

재능이 아주 뛰어난 사람들조차도 평범한 조직문화에서는 제 기량의 반 정도밖에 발휘하지 못한다. 이 책을 집필하기 오래전에 저자인 닐은 자신이 창업을 도와준 한 테크tech 스타트업 회사의 규모가 커질수록 초기의 마법을 점차 잃어가는 것을 지켜보았다. 그러면서 조직문화가 제대로 뒷받침되지 않는다면 직원들 역시 제 역할을 하지 못한다는 사실을 깨달았다. 닐은 당시 뛰어난 조직문화를 구축하는 방법을 몰랐다. 저자 린지 역시 공립학교 및 대학교의 교사, 관리자들과 일하며 이러한 사실을 배웠다. 몇몇 훌륭한 계획안이 불신과 비난으로 가득한 조직문화 속에서 제대로 빛을 보지 못했다.

기업가이자 컨설턴트인 우리는 (둘의 경력을 합쳐) 20년 동안 맥킨지앤컴퍼니, 씨티뱅크, 아메리칸 익스프레스 외 테크 스타트업 두 곳 등 여러 기업과 일하며 수많은 포춘 500대 기업과 교육기관, 비영리 단체를 지켜봐 왔다. 그런데 훌륭한 전략과 계획안을 실행할 수 있는 준비가 되어 있지 않은 탓에 조직문화가 실패하는 일이 다반사였다.

전설적인 기업들은 물론이거니와 대다수의 기업들은 문화를 구축하고 유지하며, 그 문화를 더욱 확고히 다지는 과정에서 어려운 시기를 겪는다. 조직문화에 대한 구조적, 심리적인 이해가 부족한 탓에 리더들은 자신의 직관에 따라 경영하고 다른 기업을 모방하기에 급급했다. 그들은 애플, 사우스웨스트, 자포스 또는 리츠 칼튼을 따라하다 결국 자신이 만든 조직문화는 일관성과 진정성이 결여되어 있다는 사실을 깨달았다. 잘못된 방식으로 동기부여를 하다 보니 조직문화가 올바르게 지속되지 않았던 것이다.

그들이 놓친 것은 바로 '총 동기'다. 존경받는 기업들의 대부분은 이미 직관적으로 총 동기의 요소를 활용하고 있다. 훌륭한 기업은 보상과 위협이 아닌 직원들이 일터에서 즐거움, 의미, 성장 동기를 찾을 수 있도록 영감을 주는 방법이 동기부여의 가장 훌륭한 방법임을 알고 있다.

기업이 직원들에게 어떻게 동기부여를 해야 하는지를 보여주는 사례를 어느 저녁 보스턴 지역의 한 지하철에서 발견했다. 20대 청년 두 명이 지하철 안에서 회사를 성장시키는 방법에 대해 이야기를 하고 있었다. 한 명은 스마트해 보이는 카키색 차림에 폴로셔츠를 입고 있었고, 다른 한 명은 주름 하나 없는 깔끔한 셔츠에 다듬지 않은 듯 하지만 섬세하게 다듬은 수염을 기른 모습이었다. 그들은 회사의 맞춤형 고객 서비스가 최종적으로 매출에 어떠한 영향을 미쳤는지에 대해 열정적으로 이야기를 나누었다. 그러다 경쟁사를 직접 방문해 전략과 약점을 알아내기로 계획을 세웠다.

그들은 테크 기업의 경영인도, 주목받는 신생 스타트업의 일원도 아니었다. 단지 지역의 홀푸드 마켓Whole Foods Market 상점의 직원들이었다. 자랑스러운 듯 회사 모자를 쓴 두 청년은 지역에서 유일하게 아직까지도 상품을 손으로 일일이 정리하는 지점에서 일하고 있었다. 그들 주위에는 매출에 대해 잔소리하는 상사는 없었다. 잔업수당에 대한 이야기도 없었다. 그들은 단지 여가 시간을 활용해 회사를 키우는 방법에 대해 브레인스토밍을 하고 있었다. 그것도 단지 재미를 위한 일로 여겼다. 이런 모습이 바로 '적응적 성과'의 발현이다. 공동 창립자인 존 매키John Mackey가 창립 당시부터 기업에 불어넣은 총 동기 조직문화의 직접적인 결과물이었다.

홀푸드 마켓은 현재 3개국에 400개가 넘는 점포를 보유하고 있다.[7] 하지만 1978년 창립 당시에는 84평의 자연식품 상점에 불과했다.[8] 존 매키는 자신의 꿈을 이루기 위해 최선을 다했다는 말만으로는 표현할 수 없을 정도의 성공을 이루어냈다. 사업 초기 존 매키와 동업자는 수익이 거의 없었기 때문에 상점 뒤에 마련된 사무실에서 지냈다. "샤워기나 욕조가 없어서 필요할 때마다 상점에 구비된 호바트 사의 식기세척기로 여러 번이나 샤워를 했습니다." 그는 자

신의 책 《돈 착하게 벌 수는 없는가Conscius Capitalism》에서 이렇게 밝혔다.[9]

홀푸드의 조직문화에는 무언가 특별한 점이 있다는 사실을 모두 알고 있다. 홀푸드 마켓은 〈포춘〉 선정 '2015년 업계에서 가장 존경받는 기업'으로 선정되었고, 18년 연속으로 '일하기 좋은 100대 기업'에 이름을 올렸다.[10] 홀푸드가 이룬 조직문화를 달성할 수 있는 기업은 아직도 소수에 불과하다. 홀푸드의 조직문화는 마치 존 매키만 성공할 수 있는 거대한 마술과도 같다.

사실 홀푸드는 총 동기 개념을 구현한 곳이라고 볼 수 있다. '총 동기'라는 용어가 만들어지지 않았지만 존 매키는 직관적으로 총 동기의 원칙을 활용한 최초의 인물이었다.

2006년 그는 직원들에게(혹은 그가 직원을 부르는 것처럼 '팀 멤버team members'에게) 보내는 공개 서면을 통해 자신은 "오로지 즐거움을 위해서, 또한 진정 마음에서 우러나기 때문에" 일을 하고 싶다고 전했다.[11] 그는 여섯 가지 동기 가운데 가장 앞선 두 가지, 즐거움과 의미 동기를 완벽하게 명시했다.

우리가 고안한 조직문화 측정 도구를 통해 홀푸드의 직원들이 여섯 가지 동기를 각각 얼마나 느끼고 있는지 조사해보았다.[12] 홀푸드의 경우 동종업계의 다른 기업들에 비해 즐거움, 의미, 성장 동기(세 가지의 직접동기)가 높았고, 정서적 압박감, 경제적 압박감, 타성(세 가지의 간접동기)은 낮게 나왔다. 이는 세 군데 경쟁 기업의 평균치에 비해 총 동기 지수가 '3배'나 높은 수치였다. 홀푸드의 직원 두 명이 퇴근길 지하철에서 자발적으로 회사에 대해 고민하고, 홀푸드가 시장을 주도하는 기업으로 성장할 수 있었던 원동력은 바로 '높은 총 동기' 덕분이었다.

홀푸드가 총 동기를 통해 훌륭한 성과를 낸 것은 결코 우연이 아니다. 목적을 갖고 일궈낸 결과였다. 홀푸드는 의도적으로 일터에 직접동기를 불어넣었다. 각 지점 단위로 자율관리 팀을 운영해 즐거움 동기를 높였고, 직원들이 실제로 의사결정 과정에 참여할 수 있도록 했다.[13] 지점 내 각 부서는 누구를 고용하고, 어떤 상품을 재고로 비축해둘 것인지에 대한 결정권을 갖고 있다. 직원 개개인은 성과를 높일 수 있는 방법을 다양하게 실험해볼 수 있는 기회도 있다. 홀푸드는 전례 없는 투명성을 통해 분산된 의사결정 과정을 가능하게 했다. 어느 팀이든 타 지점 소속이지만 자신들과 비슷한 팀이 어느 정도의 성과를 내는지 알 수 있다. 직원들은 함께 일하는 다른 직원들의 월급까지도 알고 있다. 너무도 정확한 정보가 공유되자, 1990년대 중반 홀푸드의 전 직원 6,500명은 기업의 기밀 정보에 접근했다는 혐의로 증권거래위원회에서 내부자 거래 의혹을 받기도 했다.[14]

하지만 여기서 명확한 사실을 간과해서는 안 된다. 홀푸드는 강력하고 신뢰할 만한 기업 미션을 통해 목적 동기를 높였다는 점이다. 매키와 라젠드라 시소디어Rajendra Sisodia 교수는 《돈 착하게 벌 수는 없는가》를 통해 이렇게 밝혔다.

"기업은 '이윤 추구'와 '주주 가치' 창조를 넘어서는 높은 목적이 있을 때 세상에 훨씬 긍정적인 영향력을 미치게 된다. 기업의 목적은 기업이 존재하는 이유와도 같다. 강력하고 높은 목적의식은 이해관계자들 사이에서 상당한 수준의 결속감을 만들어내고 창의성과 혁신, 조직 몰입을 이끌어낸다."[15]

홀푸드에서 직원들은 자신의 회사가 다른 기업과 다르다는 것을 느낀다. 한 직원은 우리에게 이렇게 밝혔다. "회사를 사랑합니다. 기업의 강령, 태도, 직업윤리 그 외의 일들 역시 따르고 지지합니다. 동료들은 가족과도 같고, 회사는 저를 책임지기 위해 최선을 다하고 있습니다."

그러나 총 동기는 단지 직원이 어떻게 느끼는가만 해당하는 것이 아니다. 총 동기는 직원들의 적응적 성과와 깊은 관련이 있고, 이는 다시 고객들이 기업을 어떻게 생각하는지에 영향을 미친다. 기업이 직원 개개인을 바탕으로 한 접근법을 실행할 때 고객에게 최적의 경험을 제공하는 훌륭한 고객경험customer experience이 탄생하게 된다. 홀푸드와 다른 식료품점을 함께 비교해보면, 총 동기와 고객만족 간의 관계성을 데이터로 확연히 알 수 있다(도표 2 참고).[16]

총 동기와 고객경험의 밀접한 연관성은 은행, 항공사, 케이블TV 업체, 소매업 등 다양한 분야에서도 찾아볼 수 있다. 이는 빙산의 일각에 불과하다. 판매 기술, 문제해결능력, 시민의식, 회복성과 창의성 등 모든 종류의 적응적 성과에서 총 동기와의 연관성을 확인할 수 있다.

전문 서비스 기업 역시 조직문화 내 총 동기에 따라 더 번창할 수도 추락할 수도 있다. 듀이앤르부프Dewey&Lebeouf는 1909년에 설립되어 미국에서 가장 유명한 로펌 가운데 하나였다.[17] 유명한 파트너들 가운데 한 명인 토머스 듀이Thomas Dewey[18]는 뉴욕 주지사 출신으로, 한때 미국 대통령을 꿈꿨으나 1948년 〈시카고 데일리 트리뷴Chicago Daily

Tribune〉에 "듀이, 트루먼을 쓰러뜨리다"*라는 헤드라인으로 소개되는 오명을 얻었다.[19] 여러 차례의 합병을 통해 듀이앤르부프는 세계에서 가장 큰 로펌으로 거듭났다. 그러나 정서적, 경제적 압박감과 타성의 소용돌이 속에서 회사는 2012년 갑작스레 문을 닫게 되었다. 〈뉴욕타임스New York Times〉에서는 이 상황을 이렇게 분석했다.

"듀이가 몰락한 데 달리 특별한 원인이 있었던 것은 아니라고 많은 이들이 지적했다. (……) 잦은 합병을 통한 무분별한 성장, 높은 금액을 제시해 경쟁사 소속 변호사를 무리하게 영입, 로펌 내 파트너와 시니어 간의 연봉 격차 심화 등 그들은 이러한 트렌드가 로펌 파트너십의 기본 구조를 약화시켰다고 전했다. 이전에는 공동의 목적의식으로 뭉쳐 어려운 시기를 함께 극복해나갈 의지가 있었으나 더는 그렇지 않았다. 수많은 대기업이 충성, 동료 간의 협력, 평등의식과 같은 전통적 의미의 파트너십을 버리고, 대신 실리적이고 이윤을 극대화하는 데 치중하는 기업으로 변신했다."[20]

"파트너십에서 공동의 문화적 가치나 역사가 사라지게 되자, 돈이 회사를 결속시키는 핵심 가치가 되었습니다. 하지만 돈으로 만들어진 결속력은 쉽게 약해지기 마련입니다."[21] 인디애나 대학의 법학교수이자 로펌을 연구하는 윌리엄 핸더슨William Henderson 교수는 이렇게 밝혔다. 듀이는 조직문화 내 동기 요인을 '공동의 목적의식' 같은 직접동기에서 '돈'과 같은 간접동기로 바꾸며 기업의 적응성과 회복력

* 당시 트루먼이 재선에 성공할 것이라고 예상하는 사람들은 적었다. 그래서 〈시카고 트리뷴〉은 선거 전날 "듀이, 트루먼을 쓰러뜨리다"라는 헤드라인을 미리 뽑아 인쇄까지 했는데, 막상 결과를 보니 트루먼이 예상을 뒤엎고 대통령에 당선되었다. —옮긴이

도표 2. 총 동기는 적응적 성과를 이끌고 이로 인해 고객경험은 향상된다.

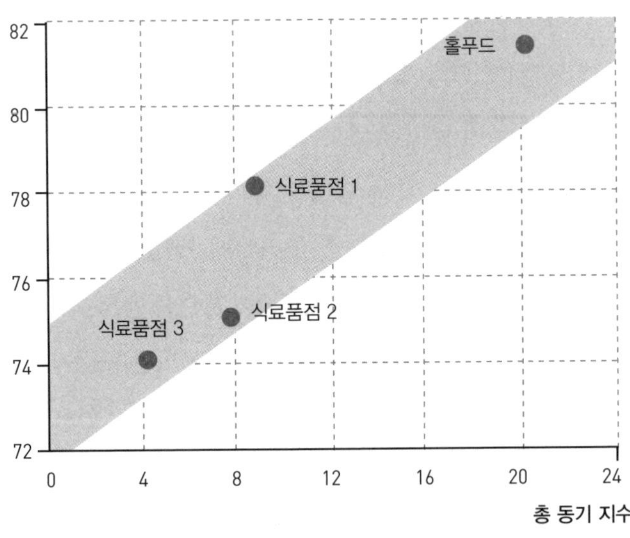

을 손상시켰다. 그러자 조직의 총 동기가 낮아지며 적응적 성과 역시 낮아졌다. 기업이 러프 패치rough patch*를 맞이하자, 파트너는 로펌을 떠났고 조직은 무너졌다.

총 동기는 정체성who we are과 직결된 핵심 요소다. 우리는 총 동기를 통해 누구의 결혼생활이 행복할지[22], 새로운 식습관으로 체중 감량

* 경기 회복기의 일시적 침체를 뜻하는 '소프트 패치(soft patch)'보다 상태가 더 나쁜 경기 상태를 뜻한다. 경기침체와 같은 심각한 상태는 아니지만 소프트 패치 국면이 상당 기간 길어질 수 있다는 뜻이다. — 옮긴이

에 성공할 수 있을지[23], 어떤 운동선수가 운동을 포기하지 않고 지속할지[24], 어떤 학생이 학업을 계속 이어갈지 예측할 수 있다.

연구가들은 한 고등학교의 학생 그룹의 총 동기를 측정하고 1년 후 누가 학교를 중퇴했는지 기록했다.[25] 중퇴한 학생들의 경우 총 동기 지수가 상당히 낮았다. 우리가 교육자, 코치, 사업가의 자리에서 만약 무엇이 개개인에게 동기를 부여하는지 알게 된다면, 그래서 성과를 향상시킬 수 있는 방향으로 문화를 만들어나갈 수 있다면 그 결과는 놀라울 것이다.

변화의 시작

돌아보면 훌륭한 사업 계획들이 평범한 조직문화로 인해 빛을 발하지 못하고 있다. 한때는 훌륭했던 조직문화를 포함해 수많은 조직문화가 시간이 지날수록 퇴색해간다. 우리 역시 나쁜 조직문화 아래서 일했던 적이 있었고, 나쁜 조직문화를 만든 적도 있었으며, 나쁜 조직문화를 전파시킨 적도 있었다. 이런 모든 일은 우리가 무엇을 하는지 무지한 상태에서 진행되었다. 우리 스스로 성과와 직원을 구렁텅이로 빠뜨리고 있다는 사실을 알아차리지 못했다.

대다수의 사람들이 조직문화가 중요하다는 사실에 대해서는 어느 정도 알고 있다. 하지만 조직문화가 무엇인지 정의하거나 왜 중요한지 설명할 수 있는 사람은 거의 없다. 우리는 그 격차를 좁히고자 이 책을 썼다.

총 동기 문화는 생산성과 수익을 높인다. 직원과 고객, 주주가 더욱 행복해지는 방법이다. 모든 사람들이 자신의 역량을 최대치로 발휘할 수 있고, 모든 조직이 직원들에게 영감을 불어넣으며 성장하는 일터가 되는 세상을 만들어나가는 것이 우리의 목표다.

책을 읽다 보면 나와 내가 속한 조직의 총 동기 지수를 확인하고 싶을 것이다. 우리가 만든 웹사이트(www.primedtoperform.com)에 방문하면 간단한 테스트를 통해 자신에게 가장 큰 동기가 무엇인지 확인해볼 수 있다. 총 동기 설문지를 팀과 부서, 조직에 발송해 공유해도 된다. 설문지는 무료로 제공되고 있으며, 시간도 얼마 걸리지 않는다. 설문지를 통해 조직문화의 강점과 약점에 대해 파악할 수 있고, 시간의 흐름에 따라 자신의 조직문화가 어떻게 변하고 있는지 확인할 수 있다. 특히 혁신적 변화를 창조하는 방법에 대해 다루는 Part 4를 읽으면 자신이 속한 조직문화가 현재 어디쯤에 위치하고 있는지 파악하는 데 도움이 될 것이다.

링크드인과 트위터를 통해(@NeelVF와 @McCregorLE) 더욱 많은 아이디어와 관련 조사를 지속적으로 공유할 예정이다. 자신의 생각을 공유하고 싶거나 궁금한 점이 있다면, 혹은 자신의 조직문화가 변화하는 과정에 대한 이야기를 나누고 싶다면 neel@primedtoperform.com이나 lindsay@primedtoperform.com으로 언제든지 메일을 보내주길 바란다.

자, 이제 시작이다. 이 책을 읽는 당신의 조직에 새로운 변화의 바람이 불어오길 간절히 바란다.

차 례

PART 4 높은 총 동기 조직문화를 만드는 방법

조직문화의 과학을 이해하고 제대로 된 도구를 갖춘다면 언제든지 훌륭한 조직문화로 변화할 수 있다.

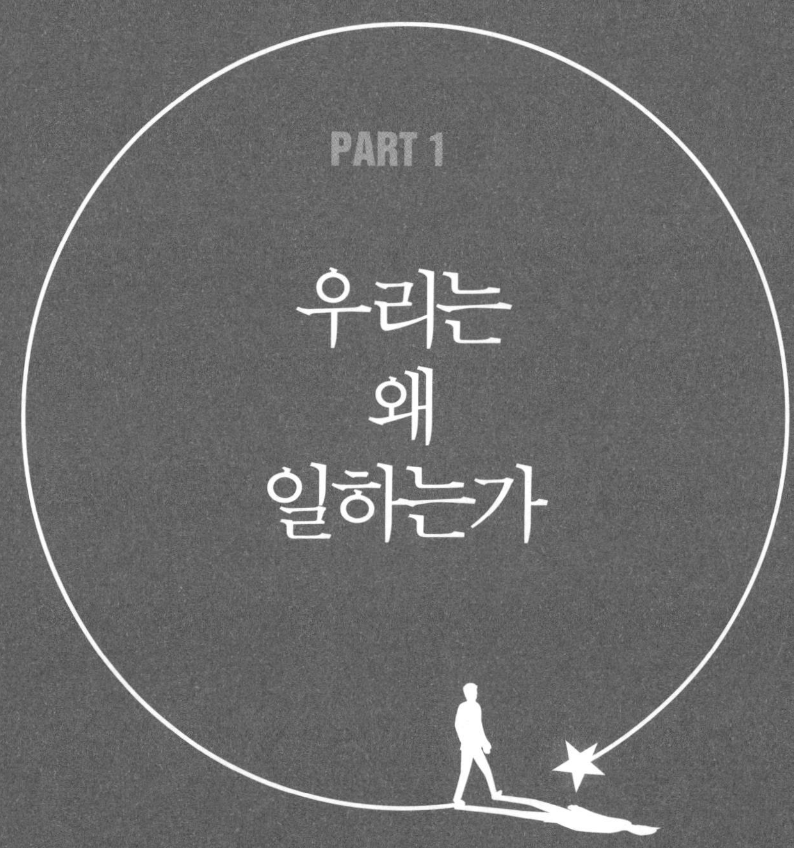

PART 1

우리는 왜 일하는가

고성과 조직문화는 놀라울 정도로
간단한 데서 시작한다.
바로 직원들이 '왜 일하는가' 하는 이유가 핵심이다.

— 1장 —

모티브 스펙트럼

우리가 일하는 여섯 가지 이유

아랍에미리트UAE는 심각한 문제에 시달리고 있다. 과체중이나 비만 인구가 상당히 많기 때문이다.[1] 2013년 여름, 두바이 정부는 체중을 줄이는 사람들에게 금을 지급하는 식으로 "당신의 체중이 곧 금입니다(Your Weight in Gold)"라는 체중 감량 캠페인을 벌였다.

두바이 역시 그간 수많은 기업이 직원을 변화시키는 데 활용한 전략을 택했다. 바로 보상을 해주는 방법이었다. 7월에서 8월 중순까지 1kg을 감량할 때마다 1g의 금으로 환산해 보상했다.[2] 설득력 있는 전략이었다. 결과적으로 사람들은 금을 얻기 위해 단순한 식이요법 외에 다양한 방법을 시도했다. 콘테스트가 끝날 때 즈음 참가자 1만666명[3] 가운데 25%[4]의 사람들이 상을 받을 만큼 체중을 줄였다. 전략은 성공적이었다. 그렇지 않은가? 하지만 실상은 그렇지 않다.

과학자들은 사람들이 체중 감량의 대가로 물질적인 보상을 받을 때 어떤 일이 일어나는지 조사했고, 결과는 그리 고무적이지 않았다. 네 곳의 각각 다른 대학에서 연구자들이 실험을 진행했는데,[5] 우연히도 실험은 두바이 정부의 캠페인과 비슷했다. 3주간의 프로그램 기간 동안 피실험자들은 체중 감량의 대가로 주당 50달러(금 1g의 가격과 비슷한 금액[6])를 지급받았고, 실험 후 참가자들의 체중 변화를 4개월간 추적 관찰했다. 그전에 프로그램에 참가한 피실험자들의 참여 동기를 조사했다. 참가자들의 동기는 무엇이었을까?

피실험자 집단에 '제이크'와 '크리스틴'이라는 가상의 이름을 붙이겠다. 제이크는 실험을 소개하는 전단지를 보고 돈이 필요해서 참여했다. 그의 동기는 '돈'이다. 크리스틴의 경우 제이크와 마찬가지로 전단지를 본 후 체중 감량을 할 절호의 기회라는 생각에 참가 신청을 했다. 크리스틴에게는 돈이 중요한 요소는 아니었다. 그녀에게 중요한 것은 배움과 코칭, 그리고 공동체였다.

제이크와 같은 동기를 가진 피실험자는 '재정적' 동기부여 집단이 되었다. 크리스틴과 그녀와 비슷한 동기를 가진 피실험자는 '비재정적' 동기부여 집단을 형성했다. 예상한 대로 제이크와 재정적 동기부여 집단은 감량에 성공했고, 평균적으로 자기 체중의 0.25%를 줄였다. 물질적 보상이 어느 정도는 성공적으로 동기를 부여해 사람들의 행동을 이끌었다. 임무 성공!

그러나 성급한 결론이었다. 제이크와 그가 속한 그룹은 보상을 받은 후 체중이 다시 늘기 시작했다. 실험 이후 4개월 동안 이전의 체중으로 다시 돌아갔을 뿐 아니라 본래의 체중보다 더 살이 쪘다. 보상은 특정 행동을 유발시킬 수 있었다. 하지만 그 행동의 지속성까지 보장하지는 못했다. 반면 크리스틴과 그녀가 속한 그룹의 결과는 더 훌륭했다. 그들은 프로그램 기간 동안 평균적으로 본인 체중의 1.5%를(제이크 그룹에 비해 6배나 높은 결과) 감량했다. 이후 4개월간 이 그룹은 감량된 체중을 유지했고, 오히려 체중을 더욱 줄이기도(0.7%가량 추가로) 했다.

이 실험을 통해 우리는 아주 간단하지만 중요한 교훈을 얻을 수 있다. 사람들이 어떤 행동을 하는 '이유'는 어떤 일의 성과에 영향을 미친다는 점이다. 많은 조직들이 성과를 높이기 위해 재정적 보상을 활용하고 있다. 하지만 대다수의 사람들은 자신이 살아온 과정을 통해 이미 동기부여는 훨씬 더 복잡한 개념임을 알고 있다. 사람들이 일을 하는 이유(또는 체중을 감량하는 이유)는 다양하다. 이렇듯 다양한 동기의 스펙트럼을 이해해야 높은 수준의 성과를 이끌어내는 힘의 본질을 찾을 수 있다.

우리는 왜 그 일을 하는가

모티브 스펙트럼Motive Spectrum* 현상을 과학적으로 이해하기 전에는 마법과 혼동하기 쉽다. 조직의 리더들과 조직문화를 만들어나가는 방법에 대해 이야기하다 보면 그들은 애플의 스티브 잡스, 사우스웨스트의 허브 켈러허Herb Kelleher, 시카고불스와 LA레이커스의 전설적인 코치 필 잭슨Phil Jackson 등 타고난 귀재들처럼 특별한 능력이 있어야

* 실제로 저자가 만든 개념으로, 사람들이 무언가를 하는 이유 및 동기는 결국 여섯 가지로 정리되어 설명할 수 있다는 프레임워크 — 옮긴이

한다고 말한다. 그렇다면 특별한 능력이 없는 일반인은 희망이 없는 걸까?

마법을 과학으로 바꾸는 가장 훌륭한 시작점은 상황을 예측할 수 있는 프레임워크framework를 구축하는 일이다. 이러한 프레임워크를 활용하면 과학적 관찰을 통해 새로운 패턴을 볼 수 있게 된다. 이것이 바로 연금술의 비밀이다. 연금술사들은 세상의 모든 물질이 흙, 공기, 불, 물로 구성되어 있다고 믿었고, 수세기 동안 재료를 섞고 조합해 전설 속 '철학자의 돌philosopher's stone'을 얻고자 했다. 그들은 철학자의 돌이 철과 같은 비금속을 귀금속으로 바꿀 힘과 불멸의 비밀을 지녔다고 믿었다. 그러나 그들이 이룬 것은 철학자의 돌이 아닌 화학이었다.

화학이 큰 성장을 이룬 것은 1869년, 러시아의 화학자 드미트리 멘델레예프Dmitri Mendeleev가 원소 주기율표를 만들어 발표하면서였다. 훗날 그는 이렇게 밝혔다. "꿈에서 원소들이 자신의 자리를 찾아 완성된 주기율표를 보았습니다. 꿈에서 깨어난 후 바로 종이 위에 꿈에서 본 대로 적어 내려갔습니다."[7] 잘 조직된 프레임워크 덕분에 멘델레예프는 아직 밝혀지지 않은 원소들의 속성을 예측할 수 있었다.[8] 한때 마법으로 알려졌던 것이 지금은 반박할 수 없는 과학의 영역으로 재편된 것이다.

오늘날에는 이와 유사한 발견 덕분에 인간의 수행공학science of human performance에 관한 학문의 전성기가 시작되었다. 1980년 중반 로체스터 대학의 에드워드 데시Edward Deci와 리처드 라이언Richard Ryan은 인간의 동기 요인에 관한 대담한 프레임워크를 제시했다. 사람들이 어떤

도표 3. 모티브 스펙트럼의 전체 모습으로, 점은 한 사람의 동기 요인을 상징적으로 표시한 것이다. 한 예로 의미 동기는 업무 자체에서 오는 것이 크지만, 부분적으로는 개인의 신념과도 연관이 있다.

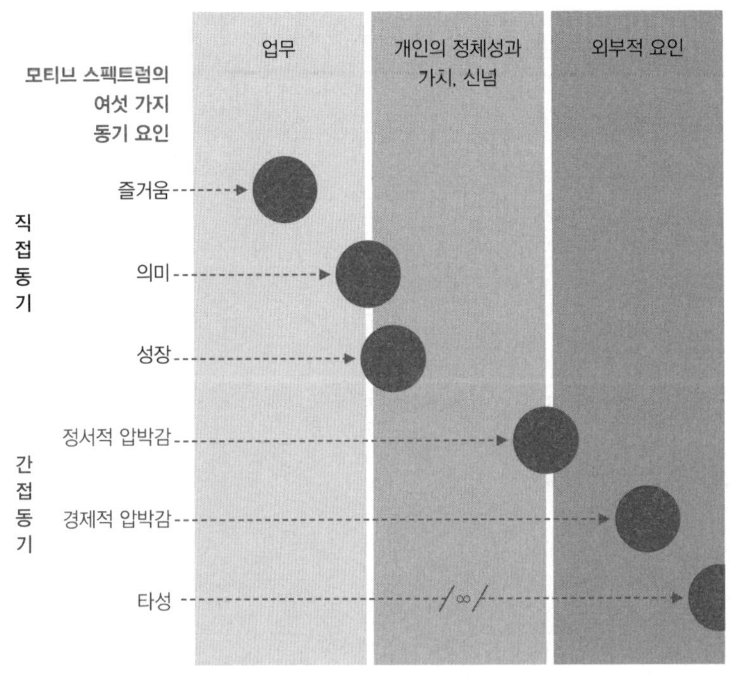

행동을 하는 이유를 정리해 하나의 스펙트럼으로 설명한 것이다. 그들은 이 프레임워크를 '자기결정성 이론self determination theory'[9]이라 칭했다. 이들이 집필한 독창적인 책 《인간의 행동에 내재된 내적 동기와 자기결정Intrinsic Motivation and Self-Determination in Human》은 여러 연구에서 2만 2,000회 넘게 인용되었다. 하나의 문헌이 10년 동안 인용되는 횟수는 평균 20회 정도인 점을 감안하면 엄청난 숫자다.[10] 우리가 진행한 연구와 실제 사례들은 데시와 라이언에게 깊이 영향을 받았다. (우리의 연구는 데시와 라이언 외에도 몇몇 다른 연구자들의 연구를 기반으로 했고, 관련 내용은 이 책의 부록에서 자세하게 다루었다.)

인간이 어떤 행동을 하는 데는 이유나 동기 요인의 스펙트럼이 존재한다는 것이 밝혀졌다. 도표 3에서 보듯이 위의 세 가지 동기는 직접동기 요인으로, 행위(우리의 경우에는 업무)와 직접적으로 관련이 있고 성과를 이끌어내는 데 결정적인 역할을 한다. 반면 아래의 세 가지 동기는 간접동기 요인으로 업무에서 더욱 멀어졌으며, 주로 성과에 악영향을 미친다. 이제 '즐거움' 동기를 시작으로 동기 요인에 대해 하나씩 살펴보도록 하자.

성과를 높여주는 직접동기 1. 일의 즐거움

어떤 일을 하는 동기가 '일의 즐거움[play]'에 있을 때 그 시도는 성공할 확률이 가장 높다. 즐거움 동기는 단지 어떤 일을 좋아해서 그 일을 할 때 생긴다. 즉 일 자체가 보상인 셈이다. 과학자들은 이 동기를 '내적 동기'로 분류한다.

우리가 십자말풀이를 하고, 스크랩북을 만들며, 노래를 편집해 CD를 만드는 등 취미활동을 계속하는 것 역시 즐거움 동기에서 비롯된다. 체중 감량을 목적으로 건강에 좋은 요리법을 하거나 건강식을 제공하는 새로운 레스토랑을 찾아가는 것도 즐거움 동기와 관련이 있다. 사람들이 자신의 일터에서 즐거움 동기를 찾을 수 있고, 그 일을 즐길 수 있다면 가능한 일이다.

'호기심curiosity'과 '실험experimentation'은 즐거움 동기의 핵심이다. 사람은 본질적으로 배움과 수용을 즐긴다. 우리는 본능적으로 즐거움을 느낄 기회를 찾고 있다. 일부 기업은 직원들이 업무에서 즐거움을 찾을 수 있도록 적극적으로 돕고 있다. 도요타는 공장 직원들에게 새로운 도구와 아이디어를 조립 라인에서 시험해볼 수 있는 기회를 제공한다. 고어, 구글 등의 기업들은 직원들이 아이디어를 발현할 수 있도록 자유 시간과 자원을 제공해 즐거움 동기를 북돋아준다. 자포스와 사우스웨스트 항공사의 경우 직원들이 고객과의 상호작용에서 즐거움 동기를 찾을 수 있도록 조직문화를 만들었다. 이런 기업들은 직원들이 자신의 호기심을 충족시키고, 업무 자체에서 즐거움 동기를 느낄 수 있도록 장려하고 있다.

즐거움이란 직원들이 휴식 시간에 탁구나 테이블 풋볼 게임인 푸즈볼foosball을 하며 느끼는 재미와는 다르다. 직원들이 일터에서 느끼는 즐거움 동기는 오락 활동이 아닌 업무에서 비롯되어야만 한다. 즐거움 동기는 업무 그 자체에서 발현되기 때문에 가장 직접적인 동기이자 높은 성과를 이끄는 데 가장 강력하게 작용하는 요인이다.

성과를 높여주는 직접동기 2. 일의 의미

'일의 의미purpose' 동기는 업무에서 한 발짝 멀어진 동기다.[11] 의미 동기는 우리가 (그 일 자체가 아닌) 어떤 행위를 함으로써 나온 결과를 가치 있게 여기기 때문에 그 행위를 할 때 발생한다. 어떤 일을 좋아할 수도 아닐 수도 있지만, 그 일을 함으로써 발생하는 영향력을 중요하게 여기는 것이다. 예를 들어 아픈 사람을 치료해주고 싶어 간호사 일을 하는 경우가 이에 속한다. 또 누군가는 타인에게 영향력을 전파한다는 데 가치를 두기 때문에 문화를 공부할 수도 있다. 다이어트를 하는 사람의 경우 건강한 식단을 준비하지만 먹는 과정을 즐기지 않을 수도 있다. 그러나 자신의 건강과 건강한 식단이 가져올 결과를 가치 있게 여기기 때문에 그 일을 지속한다.

일터에서는 자신의 가치와 신념이 업무의 결과와 뜻이 같을 때 의미 동기를 느끼게 된다. 애플은 고객에게 영감을 주는 제품을 생산하며, 추구하는 목적도 매우 강력하고 신뢰할 만하다. 의료기기 업체인 메드트로닉Medtronic은 생명을 살리는 제품을 생산한다. 회사의 엔지니어와 기술자들에게 제품이 실제로 사람들의 생명을 살린다는 것을 보여주면 굉장한 동기부여가 될 것이다.[12] 월마트의 금융서비스 부서의 경우 경영진 회의를 시작할 때 기업이 얼마나 많은 이윤을 남겼는가가 아닌, 부서가 고객의 돈을 얼마나 절약해주었는가에 대해 이야기를 나눔으로써 직원들의 의미 동기를 북돋아준다.[13]

뒤에서도 소개하겠지만 사려 깊은 조직은 업무의 성격에 상관없이 진정성 있는 목표를 만들어낸다. 기업이 저지르는 가장 큰 실수 가운데 하나는 진실성 없는 목표를 세워 거창하게 떠벌리는 일이다. 신뢰할 수 없는 목표로는 동기를 향상시킬 수 없다.

의미 동기는 일 자체보다는 결과에서 비롯되기 때문에 업무와는 한 걸음 멀어진 동기다. 성과에는 중요한 요인이지만, 업무에서 직접적으로 나오는 것이 아니기 때문에 즐거움 동기보다 영향력이 낮다.

성과를 높여주는 직접동기 3. 일의 성장

세 번째 동기는 '일의 성장potential' 동기다. 성장 동기는 업무에서 오는 (직접적 결과가 아닌) 이차적 결과가 자신이 믿는 가치와 신념에 상응할 때 발생한다. 개인의 목표 등 자신이 중요하다고 여기는 무언가를 결과적으로 이끌어내기 때문에 일을 하는 경우다. 예를 들어 법대 진학을 위해 준법률가로 일한다고 생각해보자. 매일 소송 사건의 적요서를 제출하는 업무를 즐기지 않을 수도 있고(즐거움 동기 부재), 회사가 대변하는 클라이언트를 돕는 일이 그리 중요하다고 생각하지 않을 수도 있다(의미 동기 부재). 그러나 먼 훗날 국선변호인이 되고자 하는 꿈을 위해 계속 일을 한다. 자신이 소중하게 여기는 일이 업무의 이차적 결과에서 비롯되기 때문에 일을 하는 것이다.

다이어트를 하는 이들 중 성장 동기를 가진 사람들은 자신이 중요하게 여기는 가치를 성취하기 위해 건강에 좋은 음식을 섭취한다. 그 가치란 축구장에서 더 빨리 뛰거나 아이들과 놀아주기 위해 몸을 관리하는 노력일 수도 있다.

기업에서 어떤 직업을 좋은 '징검다리'가 될 것이라고 소개할 때는 사람들에게 성장 동기를 심어주기 위함이다. 일부 기업들은 직원들의 능력을 키워주고 지식을 충족시켜 주는 강연을 개최하는 등 성장 동기를 높이기 위해 각별한 노력을 기울인다. 제너럴일렉트로닉GE은 미래의 CEO들을 위한 '리더십 팩토리leadership factory'로 알려질 정도로 직원들의 능력과 재능을 이끌어내는 데 탁월하다.[14] 성장 동기는 업무의 이차적 결과와 관련되어 있기 때문에 업무에서 두 단계 (혹은 더

멀리) 떨어져 있는 개념이다. 따라서 즐거움이나 의미 동기보다 영향력이 약하다.

즐거움, 의미, 성장 동기는 업무에 직접적으로 연관되어 있어 '직접동기Direct Motive'라고 한다. 따라서 이들은 높은 수준의 성과를 이끈다. 이 책을 통해 단 한 가지 내용만 기억해야 한다면 즐거움, 의미, 성장 동기를 불러일으키는 조직문화는 가장 높은 수준의 성과와 지속 가능한 성과를 만들어낸다는 점이다.

일하는 이유를 더 많이 제공할수록 직원들이 더 헌신적으로 일한다고 생각할 수 있다. 하지만 모든 동기가 높은 성과로 연결되는 것은 아니다. 모티브 스펙트럼을 계속 따라가다 보면 업무와 연관성이 낮은 '간접동기Indirect Motive'를 발견하게 된다. 이 간접동기는 보통 성과를 떨어뜨린다.

성과를 떨어뜨리는 간접동기 1. 정서적 압박감

'정서적 압박감emotional pressure'은 실망, 죄의식, 수치심 등의 감정으로 인해 어떤 일을 제대로 수행할 수 없을 때 나타난다. 이러한 감정들은 개인의 신념(자가 인식)과 외부적 요인(타인의 시선)과 관련이 있다. 우리가 일을 하는 이유가 더 이상 일 그 자체 때문이 아니게 되는 상황이다. 엄마를 실망시키지 않으려고 피아노 연습을 하는 경우, 자신의 자부심을 높이기 위해 남들이 부러워하는 직업을 유지하는 경우가 이에 속한다. 자신의 외모가 불만족스럽기 때문에 혹은 동료에게 쿠키 먹는 모습을 들키게 되면 죄책감을 느끼기 때문에 건강한 음식을 섭취하는 다이어터 역시 정서적 압박감을 느끼는 경우다. 이런 상황들의 동기는 모두 어떤 행위 자체에서 직접적으로 비롯된 게 아니다. 간접적인 동기다.

페이스북을 보면서 '세상 사람들은 모두 즐거운 시간을 보내고 있구나. 나만 빼고!'라고 생각한 적 있는가? 그러면 그날 저녁에는 왠지 클럽에라도 가야만 할 것 같다. 클럽에 가는 당신의 행동은 춤과 사교라는 놀이 동기 때문이 아니다. 페이스북을 본 후 느끼는 정서적 압박감에 따른 행위다. (이러한 현상을 FoMo, '무언가를 놓치지 않을까 하는 두려움Fear of Missing out'이라고 한다.)

일을 하는 이유가 정서적 압박감 때문이라면 성과는 현저히 떨어지게 된다. 정서적 압박감 때문에 벌어지는 난처한 상황은 어느 직장에서든 찾아볼 수 있다. 예를 들어 고위 간부와 함께하는 미팅에서 사원은 간부가 자신을 어떻게 평가할지 너무 걱정되어 땀을 비 오듯 흘리며 긴장한다. 다른 사람이 어떻게 생각할까 걱정하다가 실제 주어진 일을 제대로 수행하지 못하는 경우, 가령 사람들 앞에서 발표를 하는 데 두려움을 느끼거나 작가가 글을 쓰지 못하는 슬럼프를 뜻하는 작가의 벽writer's block 역시 정서적 압박감 때문이다.

높은 성과를 내는 조직문화는 정서적 압박감을 낮춘다. 빠르게 성장하는 테크놀로지 기업인 메달리아Medallia에서는 신입사원들이 적응하는 것을 돕기 위해 일주일간의 온보딩onboarding 프로그램을 통해 조직에서 자신의 연약함을 드러내는 방법에 대해 교육한다. 한 자산관리 회사에서 금융관리사들이 평균 40% 이상 실패하자, 기업은 올림픽 코치를 고용해 금융관리사들이 실패의 두려움을 극복할 수 있는 방법을 교육하고 있다.

일하는 이유가 정서적 압박감과 관련이 있는 경우 동기는 더 이상 업무 그 자체에서 비롯되지 않는다. 그러다 보니 성과 역시 현저히 떨어지게 된다. 그러나 정서적 압박감은 세 가지의 간접동기 가운데 가장 약한 동기다. 경제적 압박감의 결과는 더욱 나쁜 영향을 미칠 수 있다.

성과를 떨어뜨리는 간접동기 2. 경제적 압박감

'경제적 압박감 economic pressure'은 단지 보상을 받을 목적이나 처벌을 피할 목적으로 어떤 행동을 할 때 발생한다. 이 동기 요인의 경우 업무 자체나 개인의 정체성과는 별개다(도표 3 참고). 직장에서 주로 보너스나 승진을 위해 혹은 해고를 면하거나 분노한 상사의 괴롭힘을 피하기 위해 일을 하는 경우다. 일터 외에도 어떤 일을 강제로 해야 한다고 느낀다면 경제적 압박감 때문이라고 볼 수 있다.

자신이 생각하기에 아무런 의미가 없지만, 한 분기마다 블로그에 10개 정도의 글을 포스팅해야 보너스를 받을 수 있는 회사에서 일하는 마케터가 있다고 해보자. 아니면 직장 상사의 마라톤 트레이닝 훈련에 함께 참여해야만 하는 LA의 탤런트 에이전트 어시스턴트가 있다고 생각해보자. 두 경우 모두 보너스나 상사와 같이해야 하는데다 업무와 관련 없는 동기 때문에 어떤 행동이 강제되는 경우다.

경제적 압박감에 대한 가장 큰 오해는 이 동기감이 오로지 돈에 관련된다는 점이다. 우리는 1만 명 넘는 직장인들을 상대로 경제적 압박감이 가계소득에 따라 어떻게 다른지를 조사했다. 소득이 가장 낮은 사람들이 더 심한 경제적 압박감을 느낄 것이라고 예상했다. 그러나 소득과 경제적 동기는 통계상 관련이 없음이 밝혀졌다. 소득 수준과 관계없이 누구나 일터에서 경제적 압박감을 느낀다는 것이다.

이는 매우 중요한 사실이다. 경제적 압박감의 원인은 단지 돈 때문이 아니다. 우리는 이러한 현상을 체중 감량 실험에서도 확인했다. 참가자 모두 경제적 보상을 받을 수 있는 환경에서 어떤 참가자는 오로지 보상 때문에 다이어트를 했다. 하지만 어떤 참가자들의 목적은 오직 재정적 보상만은 아니었다. 만약 우리가 어떤 행동을 하는 이유가 단지 돈 때문이라면 대부분 성과는 낮아진다. 다른 목적을 갖고 행동한다면 돈은 그 자체로 문제가 되지 않는다. 동기 요인은 상호 연관되어 있기 때문에 우리는 여러 동기들을 같이 살펴보고 이해해야 한다.

한 보이스카우트 소년이 공훈 배지를 받기 위해 체스를 배운다고 해보자. 그 소년은 체스엔 별로 관심이 없다. 단지 배지를 받고 싶을 뿐이다. 이 소년의 경우 경제적 동기를 갖게 된 것이다. 또 다른 보이스카우트 소년은 배우는 것을 좋아해서 또는 체스에 매료되어서 체스를 배운다. 이 소년 역시 배지를 받게 되겠지만, 배지를 받기 위해 체스를 배우는 것은 아니다. 그의 동기는 즐거움에 있다. 동기를 제외한 모든 조건이 동일할 때 즐거움 동기를 지닌 소년은 경제적 동기를 지닌 소년을 이길 확률이 더 높다.

이 책을 읽다 보면 알게 되겠지만 돈은 핵심이 아니다. 돈이 중요한 경우도 있지만 그렇지 않은 경우도 있다. 중요한 것은 업무 이면에 보상과 처벌이 있는지, 업무의 성격상 적응적 성과가 필수적인가 하는 점이다.

성과를 떨어뜨리는 간접동기 3. 타성

가장 간접적인 동기는 '타성Inertia'이다. 일을 하는 이유가 타성이라면 업무 자체와는 전혀 관계가 없기 때문에 과연 동기가 있는지조차 확실히 말하기 어려운 상태다. 그저 어제도 이 일을 했으니 오늘도 일을 할 뿐이다. 이런 상황에서 일을 처리하는 능력은 최악으로 치달을 수밖에 없다. 순전히 타성에 의해 등교하는 대학생도 있을 것이다. 이 학생의 경우 대학에 입학한 학생이라는 신분 때문에 학교에 가는 것뿐이다.

테크놀로지 사업체의 한 CEO는 사내의 높은 인재 유지율을 자랑스러워했다. 그러나 직원들과 이야기를 나눠본 후 우리는 직원들이 회사에 오래 머무는 이유가 즐거움, 의미, 성장 동기가 아닌 타성 때문임을 알 수 있었다. 타성은 직원들을 회사에 묶어놓는 이유로 충분하지 않다. 누구나 직원들이 올바른 이유로 회사에 남길 바란다.

타성은 어느 조직에서건 쉽게 찾아볼 수 있으며, 서서히 사람들을 파괴한다. 우리가 조사한 바에 따르면, 일을 하고 있는 사람들 가운데 꽤 높은 비율이 별 다른 이유 없이 현재의 직장에 머무는 것으로 파악되었다. 온라인 신발 전문 쇼핑몰인 자포스는 이러한 상황을 초기에 방지하고자 현명한 대안을 내놓았다. 한 달간의 신입직원 교육 이후 회사를 떠나고자 하는 직원에게 한 달간의 급여를 제공하는 방

법이다. 자포스는 직원들 가운데 어느 누구도 '그냥' 회사에 남길 원치 않았다.[15]

'왜 일하는가'가 왜 중요한가

정서적, 경제적 압박감으로 체중 감량에 성공할 수 없다면 어떤 방법이 있을까? 수행공학 분야의 전문가인 뤽 펠티에Luc Pelletier와 그의 동료가 진행한 여섯 가지 동기와 다이어트의 연관성에 관한 연구에 따르면 즐거움, 의미, 성장 동기는 올바른 식생활 태도로 이어졌다.[16] 반면 정서적 압박감, 경제적 압박감, 타성은 상황을 더욱 악화시켰다.[17] 뤽 펠티에의 연구 외에도 다른 수많은 조사를 통해 우리는 모티브 스펙트럼의 가장 중요한 두 가지 핵심 결론을 얻을 수 있었다.

첫째, 직접동기 요인은 대체로 성과를 높이고 간접동기는 일반적으로 성과를 낮춘다. (이에 대해서는 3장에서 자세하게 설명할 예정이다.)

둘째, 동기 요인이 업무에 직접적으로 결부될수록 성과 역시 더 높아진다. 즐거움 동기는 업무에 가장 밀접하게 연관되어 있어 가장 강력하다. 의미 동기는 즐거움 동기에 비해 한 단계 업무와 멀어져 두 번째로 강력한 동기다. 성장 동기는 앞서 두 가지 동기보다 더욱 멀어진 동기로, 세 번째로 강력한 힘을 발휘한다. (도표 3의 그림을 통해 업무와 동기의 연관성에 대해 살펴볼 수 있다.)

종합해보면 이 결과들을 통해 우리는 총 동기를 파악할 수 있다. 직접동기가 많고 간접동기가 적을수록 높은 수준의 총 동기가 발생한다. 총 동기는 곧 최고의 성과를 내는 조직문화의 근간이 된다. 다니엘 핑크Dan Pink는 자신의 책 《드라이브Drive》에서 이러한 사실에 대해 설명하며 수많은 리더들에게 내재 동기를 강조했다.

"비즈니스 세계에서 우리는 '이렇게 해야 합니다'와 같이 '어떻게how' 해야 하는지 그 방법에만 집착하는 경향이 있다. 반대로 '우리가 왜 이 일을 해야 하는가?'와 같이 그 '이유why'에 대해서는 이야기하지 않는다. 어떤 일을 시작할 때 그 이유와 목적이 주어지지 않는다면 그 일을 훌륭하게 해내기는 어렵다."[18]

언더독의 반란*

우리가 초기에 모티브 스펙트럼을 기업에 적용했던 사례는 한 은행의 소비자금융사업부 내 고객서비스 콜센터였다. (아래 소개될 이야기에서 고객의 익명성을 보장하기 위해 몇 가지 사실을 각색했다.) 우리가 알고 있는 콜센터는 아늑한 데코나 인테리어와는 거리가 멀다. 콜센터 바깥에는 토네이도 대피소 표지판보다 2배는 큼직한 표지판이 걸려 있고, 콜센터에서는 총기를 소지할 수 없다고 적혀 있었다. 축구장 몇 개를 합쳐놓은 만큼 큰 규모의 사무실에는 파티션 칸막이가 열을 이루어 가득했고, 직원들은 그 안에서 일하고 있었다. 탁구 테이블도, 간식거리가 가득한 탕비실도, 사내 안마사도 없었다.

고객서비스 부서의 직원인[19] 에릭은 아내와 두 아이에게 더 많은

* 스포츠, 영화, 드라마 등에서 질 것으로 예상되는 주체(약자)를 보통 '언더독(underdog)', 이길 것으로 예상되는 주체(강자)를 '탑독(top dog)'이라고 한다. 이러한 장르에서 언더독의 승리는 예상을 벗어날수록 극적인 효과를 더한다. ― 옮긴이

경제적 지원을 해주고 싶은 마음에 교사를 그만두고 이곳에서 일을 시작했다. 하루 종일 전화통화를 하는 그는 가끔 고객의 전화를 받는 인바운드inbound 업무도 했지만, 고객에게 전화를 걸어 제발 끊지 말라며 사정하는 게 주 업무였다. 그는 일주일에 수백 명의 사람들과 통화했다. 그의 업무 혹은 그가 지시받은 사항은 전화를 빨리 처리하는 것이었다. 그는 자신이 거대한 기계 안의 부품처럼 여겨졌다.

회사는 당시 직원에게 동기부여를 하는 가장 '모범적인 전략'으로 알려진 모든 방법을 콜센터에 적용했다. 전문가들이 작성한 스크립트에는 콜센터 직원이 고객과 통화할 때 해야 할 이야기와 그대로 따라야 하는 단어까지 적혀 있었다. 직원들은 각자 전문 분야가 있어 한 가지 업무에만 집중할 수 있도록 했다. 센터에는 대담하지만 어느 정도 성취 가능한 공동의 목표가 있었고, 이 목표는 다시 팀별, 개인별로 구체화되어 나뉘어졌다. 직원들의 사기를 높이기 위한 방법으로 그날 하루 가장 기분이 좋은 직원의 파티션 위에는 원숭이 인형을 올려두었다. 주간회의를 통해 매니저가 직원들의 업무 성과를 체크해 보너스도 책정했다. 그러나 그 어떤 방법도 직원들의 직접동기를 높이거나 간접동기를 낮추지 못했다. 오히려 그 반대로 흘러갔다.

우리는 클라이언트와 한 가지 내기를 했다. 총 동기를 극대화하는 팀 문화를 조성해 센터에서 가장 실적이 낮은 직원들이 지금보다 더 높은 성과를 낼 수 있도록 하겠다는 것이었다. 낮은 총 동기를 가진 클라이언트는 우리가 이 내기에서 패하는 모습을 간절히 보고 싶어 했다(이 역시 그곳 조직문화의 또 다른 문제였다).

우리는 콜센터에서 가장 실적이 낮은 직원 외에 한 번도 콜센터 경험이 없는 신입직원을 포함해 팀을 꾸렸다. 첫 만남 때 우리는 테이블에 둘러앉아 서로를 소개하는 시간을 가졌다. "제 이름은 릭입니다." 신입직원이 인사했다. "저를 알아보시는 분도 계실 겁니다. 오늘까지는 이 빌딩의 보안 직원으로 일했으니까요." 우리의 배드 뉴스 베어스Bad News Bears*가 승리하기 위해 주어진 시간은 6개월이었다.

우리는 가장 먼저 '경제적 압박감'을 없애는 작업부터 시작했다. 그러자 지켜보는 사람들 모두 놀라워하는 한편 유감스럽게 생각했다. 모든 사례에 이 방법을 추천하지는 않지만, 이번 경우엔 인센티브 보상 제도를 없애고 기본 급여를 높이는 방법을 택했다. 또 '정서적 압박감'을 높이는 성과관리 제도 역시 없앴다. 마지막으로 팀원들에게 이번 실험에 참여할지 말지 선택권을 줌으로써 '타성'에 젖지 않도록 했다.

이후 우리는 '즐거움' 동기에 집중했다. 회사는 직원들이 소비자 대출에 관련된 수많은 원칙과 규정을 잘 따르도록 하는 데 많은 에너지를 쏟았고, 우리 역시 기업의 관련 원칙을 고수했다. 하지만 그 외에는 팀원들이 창의력과 문제해결능력을 발휘해 실험하고 탐험할 수 있도록 했다. 다시 말해 팀원들이 놀이(즐거움)를 할 수 있는 자유를 부여받았다는 사실을 이해시키는 데 집중했다. 그 사실을 알려주기 위해 전문가들이 작성한 스크립트를 폐기했다.

까다로운 고객을 맡은 직원을 돕기 위해 매일 작전회의 시간도 가졌다. 고객에 따라 예외적인 상황이 발생할 경우 상부로부터 빠른 승

* 오합지졸 야구단 베어스가 최강의 팀으로 거듭나는 내용을 담은 영화 — 옮긴이

인을 받을 수 있도록 핫라인 전화도 설치했다. 가장 중요한 주간 행사는 월요일에 열리는 미팅이었다. 이 시간에는 직원들 모두 자신이 맡은 일 가운데 가장 까다로운 케이스를 3단계로 구분된 상급 경영진에게 소개하고, 함께 해결 방안을 모색하는 시간이었다. '의미' 동기를 높이기 위해 우리는 직원들에게 각자 담당하는 고객을 정해주었다. 한 사람이 200명의 고객을 처음부터 마지막까지 관리하는 방식이었다. 한창 금융위기를 겪을 때라 대부분의 고객들은 실직했고 대출을 조정하고 싶어 했다. 직원들은 이제야 자신의 업무가 고객의 인생에 어떠한 영향을 미치는지 체감하기 시작했다.

매니저들은 팀의 목표, 즉 어려움에 처한 고객을 돕는다는 미션에 대해 언급하기 시작했다. 고객에게 도움을 줄 수 있는 일이라면 자신들에게 도움을 요청하라며 새로운 가치를 강조했다. 온갖 노력 끝에 고객에게 도움을 준 직원의 이야기는 모두에게 칭찬받았다. 제이든은 이제 단순한 고객을 넘어 개인적으로 친해진 고객들의 서류 작업이 제때 완료될 수 있도록 분주하게 움직였다. 릭은 겁먹은 고객들을 안심시키는 데 전문가가 되었다. 라키샤는 퇴직자들의 수입이 생기는 새로운 방안을 찾아낼 때마다 기뻐했고, 고객의 현금흐름을 파악하는 데 전문가가 되어 있었다.

팀원들은 각자 자신의 능력을 키워가며 동료들과도 새로운 능력을 공유했다. 팀에는 에너지가 넘쳤다. 업무 성과도 눈에 띌 정도로 상승하기 시작했다. 결국 팀은 과거의 성과를 뛰어넘는 수준이 아니라 200% 성장을 달성했다. 쉽게 변화를 받아들이지 않는 것으로 유명한 업계에서, 오랫동안 직원들을 로봇처럼 여기던 직무에서 이뤄낸 성장이었다.

회사는 부서의 특성을 고려해 이미 오래전에 콜센터 내에 가장 최적화된 시스템을 구축했다고 믿었다. 하지만 우리가 이토록 놀라운 성과를 만들어내자 그 비결을 파악하기 위해 은행의 최고 중역은 직원들을 인터뷰하기까지 했다. 가장 경력이 오래된 직원이 답했다. "저는 은행에서 15년 동안 일했지만 이번에 처음으로 제가 무언가 중요한 일을 하고 있다고 느꼈습니다." 또 다른 직원은 이렇게 말했다. "오랜 시간 동안 우리가 옳지 않은 일을 하고 있다는 생각을 해왔습니다. 그러나 지금은 우리가 하는 일이 곧 은행의 이익이자 고객의 이익과도 직결된다고 생각합니다."

우리는 중요한 사실을 깨달았다. '이유'가 방법을 바꾸는 것이다. 사람들은 직접동기를 느낄 때에야 비로소 일을 다른 방식으로 하기 시작한다. 자신의 업무와 역할을 넘어서는 힘을 발휘한다.

실험 결과가 놀랄 만한 일은 아니다. 《기브앤테이크Give and Take》의 저자인 애덤 그랜트Adam Grant는 와튼 스쿨의 교수이자 우리에게 큰 영향을 미친 사상가다. 그는 커미션commission을 목적으로 데이터를 조작한 정황이 드러나 결국 재정적 인센티브 제도가 없어진 세일즈 부서에서 한 가지 연구를 진행했다(3장에서 모티브 스펙트럼과 나쁜 행동과의 관계를 더욱 자세하게 살펴볼 수 있다).[20]

직원이 거는 전화의 수 등 전술적 성과를 통제하자, 직접동기가 낮고 간접동기가 높은(즐거움 동기가 거의 없고 경제적 압박감이 높은) 직원의 경우 시간당 234달러의 수익을 냈다. 반면 총 동기가 가장 높은(즐거움 동기가 있으며 경제적 압박감이 거의 없는) 직원은 시간당 375달러

도표 4. 직접동기가 높고 간접동기가 낮은 영업사원은 수익창출 면에서 다른 누구보다 뛰어난 성과를 보였다.

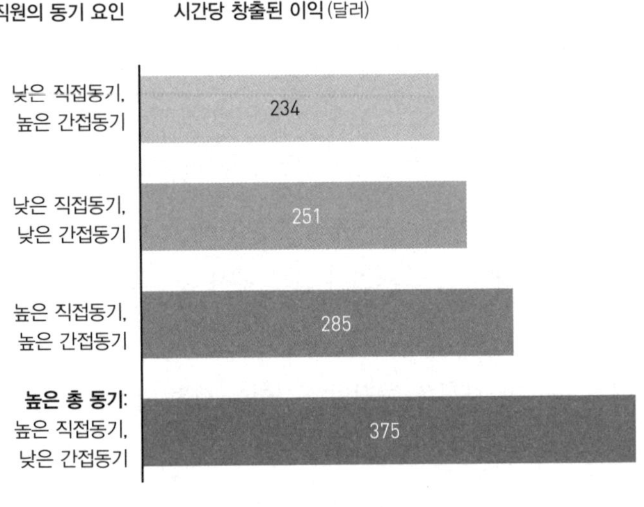

의 수익을 창출했다. 누구도 적극적으로 관리하지 않고, 어떤 조직문화도 중요하게 생각하지 않은 요인에서 60퍼센트나 차이가 난 것이다.

변화의 시작

훌륭한 조직문화를 만들고자 하는 사람에게 우리가 가장 먼저 묻는 질문은 바로 '왜 당신의 직원들이 매일같이 일을 하러 오는가?'다. 직원들이 출근하는 이유가 조직이 즐거움, 의미, 성장과 같은 직접동기를 자극하기 때문이라면 그들은 최상의 성과를 낼 것이다. 하지만 조직문화가 정서적 압박감, 경제적 압박감, 타성과 같은 간접동기로 가득하다면 직원들의 성과는 급격하게 떨어지게 된다. 모티브 스펙트럼이 리더, 부모, 교사나 코치인 자신의 삶에 어떤 영향을 미치는지 잠시 생각해보길 바란다.

- 일상생활에서 무엇을 할 때 즐거움, 의미, 성장 동기를 느끼는가?
- 정서적 압박감, 경제적 압박감, 타성 때문에 결정을 내리는 경우는 어떤 때인가?
- 다른 사람들에게 즐거움, 의미, 성장 동기를 활용해 동기부여를 하는가? 아니면 정서적 압박감과 경제적 압박감, 타성을 활용하는가?

모티브 스펙트럼은 훌륭한 조직문화의 주기율표와 같다. 업무와 동기, 성과 간의 관계를 나타내는 체계적인 프레임워크다. 훌륭한 조직문화는 고유의 개성을 갖추고 있고, 이러한 조직문화를 들여다보면 모티브 스펙트럼이 자리하고 있다. 모티브 스펙트럼이 제공하는 통찰력을 활용한다면 어떠한 조직문화도 더 나은 방향으로 개편될 수 있다.

2장
총 동기 지수

조직문화를 구축하는 근본 방법

"우리 회사의 조직문화에는 아무런 문제가 없습니다. 우리 회사에서 일하고 싶어 하는 사람들이 줄을 섰어요. 그래서 우리 직원들이 과부하 상태로 더 이상 일을 할 수 없다고 해도 괜찮습니다." 우리가 2년 전 만난 한 CEO는 자신 있게 단언했다. 그는 규모가 큰 테크놀로지 기업을 운영하며 지난 몇 년간 꽤 좋은 성과를 거두었다(하지만 이 글을 쓰고 있는 현재는 기업이 침체기에 접어들고 있다). 성과가 높으면 조직문화는 현 상태에 안주하게 되는데, 이 기업 역시 예외는 아니었다.

이 기업의 임원 한 명은 조직문화에 문제가 많다고 우리에게 비밀스럽게 털어놓았다. 우리의 입을 통해 조직문화가 기업의 성장을 가로막고 있다는 점을 CEO에게 알리고 싶어 했다. 그러나 우리가 CEO와 한 시간 동안 대화를 나눠본 결과, 그에게 '조직문화'라는 개념은 미신과도 다름없다는 확신이 들었다.

2주 후 우리는 포춘 500대 기업에 선정된 한 금융기관의 유능한 임원을 만났다. 그는 조직문화의 중요성에 대해 알고 있었고, 모티브 스펙트럼의 원칙에 대해서도 직관적으로 이해하고 있었다. 우리와 10분가량 대화를 나누던 그는 우리의 말을 멈추고 입을 떼었다. "제가 일을 시작한 후 내내 갖고 있던 신념이, 이루려고 했던 목표가 무엇이었는지 당신들과 대화한 후에야 명확해졌어요."

우리는 그에게 무엇 때문에 문제에 정면으로 맞서지 못했는지, 충분히 고성과 조직문화를 이룰 수 있는데도 왜 할 수 없었는지 물었다. 조직문화에 대한 이해와 신념이 부족한 탓은 아니었다. 문제는 그에게 공구상자가 없을 뿐이었다. 아무리 뛰어난 기술자라도 제대로 된 도구가 없다면 아무것도 고칠 수 없다.

회의론자와 신봉자, 이 두 중역의 이야기를 통해 우리는 기업에서 고성과 조직문화를 구축할 때 가장 큰 걸림돌이 무엇인지 알게 되었다. 회의론자는 과학을 믿지 않았고, 신봉자는 과학을 실행에 옮길 도구가 부족했다.

우리 역시 한때 회의론자였다. 우리는 데이터를 중시하는 사람들이기 때문에 조직문화가 왜 중요한지 밝혀줄 증거가 필요했다. 그 후 우리는 수행공학에 대해 공부하기 시작하며 모티브 스펙트럼이 매우 보편적인 개념이라는 사실을 깨달았다. 조직문화는 수치화할 수 있다는 것을, 또한 조직문화가 인간의 수행 능력에 많은 영향을 미친다는 사실을 알게 되었다. 그 깨달음을 통해 우리는 신봉자가 되었을 뿐 아니라 가장 강력한 도구를 손에 넣을 수 있었다.

총 동기 지수란 무엇인가

총 동기Total Motivation 원칙을 토대로 조직문화를 구축하는 방법에 대해 이야기하기 전에 우리는 먼저 이 개념이 신뢰할 만한 것인지 확인해야 할 필요가 있었다. 총 동기는 예측 가능한 방식으로 발현되는 것인가? 모든 사람에게, 어떤 상황에서도 보편적으로 적용할 수 있는 개념인가? 아니면 단지 어떤 특정 경우에만 활용할 수 있는 것인가? 프린스턴 대학의 물리학자 존 휠러John Wheeler는 이렇게 말했다. "그 어떤 현상도 측정되기 전까지는 진짜 현상이 아니다."[1]

모티브 스펙트럼이 보편적인 개념이라는 데는 이견이 없다. 다양한 학회 논문에는 모티브 스펙트럼이 조직에서 실제 사례로 입증되었음을 밝히는 수백 가지 실험이 소개되어 있다. 중국, 캐나다, 독일, 인도네시아 등 세계 각국에서 모티브 스펙트럼의 개념이 입증되었다.[2] 모티브 스펙트럼은 단지 직장에 국한될 뿐 아니라 대인관계, 육아, 건강까지 아우른다.

결혼을 생각해보자. 동기부여 분야의 대표적인 연구가 4명은 동거중인 커플 몇 쌍을 상대로 둘이 함께 살고 있는 이유에 대해 설문조사를 진행했다.[3] 대부분의 커플들은 결혼을 한 상태였고, 관계를 지속한 기간은 평균 13년이었다. 조사자들은 참여 커플들에게 처음 사귀게 된 동기나 서로의 장점이 무엇인지에 관한 질문은 생략했다.

설문조사의 목적은 커플들이 동거를 지속하는 이유 가운데 모티브 스펙트럼 내 여섯 가지 동기 각각의 상대적 강도relative strength를 파악하기 위함이었다. 어떤 커플은 하이킹과 같은 취미활동을 함께 공유하기 때문에 또는 커플 모두 여행과 같이 새로운 경험에 대한 호기심을 갖고 있기 때문일 수 있다. 그들은 즐거움이라는 공통된 동기가 있다. 또 다른 커플은 자녀양육에 대한 깊은 목적과 의미를 공유할 수도 있다. 어쩌면 다른 커플은 두 사람이 헤어질 경우 삶의 질이 낮아지게 될 것을 우려해서(경제적 압박감), 또는 주변에서 나쁜 평판을 듣는 것이 싫어서(정서적 압박감)일 수도 있다.

우리는 모티브 스펙트럼의 기본 원칙을 활용해 가장 행복한 커플을 예측할 수 있었다. 우선 직접동기(즐거움, 의미, 성장)는 성과를 높였다(이 경우에는 함께 문제를 해결하고 행복한 결혼생활을 유지하는 능력을 의미한다). 간접동기(정서적 압박감, 경제적 압박감, 타성)는 성과를 떨어뜨렸다. 둘째, 동기가 행동 그 자체에서 비롯된 것일수록 더 높은 성과가 나왔다. 즐거움 동기는 의미 동기보다 강력하고, 의미 동기는 성장 동기보다 강력하다. 정서적 압박감은 성과에 부정적 영향을 끼치지만, 그보다 경제적 압박감이 더욱 악영향을 미쳤고, 타성은 최악의 성과와 연결되었다. 옛말이 맞았다. 즐거움을 공유하는 커플은 삶을 공유할 수 있다.[4] 이는 단지 결혼생활에만 적용되는 이야기는 아니다.

부모와 교사는 아이들의 학업 성취도를 걱정하며 어떻게 해야 성적을 향상시킬 수 있는지 고민한다. 여기서도 모티브 스펙트럼은 해결책을 제시한다. 아이들이 즐거움을 느끼며 배울 수 있도록 교육하는 것이다. 조사자들은 900명 넘는 고등학생에게 '왜 학교에 가는가?'[5] 하고 물었다. 앞서 결혼한 커플을 상대로 진행한 조사와 마찬가지로 이번 조사 역시 모티브 스펙트럼에서 각 동기의 상대적 강도를 가려내는 것이 목적이었다.

한 학년을 마칠 때쯤 조사자들은 학생들의 동기와 성적 간의 연관성을 살펴보았다. 예상했던 대로 직접동기는 학업성취 향상과 깊은 연관이 있었고, 간접동기는 학업성취 저하의 원인이었다.[6]

모티브 스펙트럼은 건강과 피트니스에도 관련이 있다. 연구자들은 51개의 운동 종목에서 엘리트 선수들의 육체적, 정서적 탈진 정도를 조사했는데,[7] 그 결과 번아웃burnout을 가장 적게 느낀 선수가 가장 훌륭한 선수로 귀결되는 것은 아니었다. 가장 훌륭한 선수는 즐거움, 의미, 성장 동기를 가진 사람들이었다.[8] 반면 간접동기를 갖고 있는 선수들은 더욱 심한 피로를 느낄 확률이 높았다. 모티브 스펙트럼은 최고의 선수들뿐 아니라 건강을 유지하기 위해 노력하는 모든 사람들에게 해당된다.[9] 단연 즐거움 동기가 가장 효과적이다. 여러 가지 운동을 전전하다 자신이 가장 좋아하는 운동이 암벽등반임을 알게 된 사람이 있다. 그는 아마도 지하실에서 러닝머신 위를 달리고 있는 사람보다 진정한 의미의 건강에 더 가까울 것이다.

두 번째로 강력한 힘을 발휘하는 동기는 개인의 가치 및 신념과 관련 있는 의미 동기다. 경주가 거의 끝날 무렵 잔뜩 지쳐버렸다면 "나는 마지막까지 최선을 다하는 사람이야"라고 되뇌어보라. 스스로 굳건한 믿음이 있다면, 동기부여의 폭발적이고 순간적인 힘이 전달되어 결승선을 넘을 수 있을 것이다.

우리는 본능적으로 모티브 스펙트럼을 알고 있다. 자녀나 배우자의 행동을 고쳐주고 싶을 때 우리는 자연스럽게 모티브 스펙트럼을 활용한다. 그러나 직장의 문턱을 넘는 순간 모티브 스펙트럼을 잊어

버리는 것 같다. 퀘벡 대학 소속의 연구자들은 창의력과 탄력성을 요하는 직무인 고등학교 교장의 업무 성과와 모티브 스펙트럼 간의 상관관계에 대해 조사했다. 고등학교 교장은 매년 15~30%가 그만둘 정도로 쉽지 않은 직무다.[10] 연구자들은 570명의 교장을 조사하며 그들의 동기 요인이 직업에 대한 책무와 만족도, 탈진 정도와 어떤 연관성이 있는지 살펴보았다.[11]

예상했던 대로 가장 헌신적이고 직업 만족도가 높은 교장들은 총 동기 지수가 높았다(직접동기가 높고 간접동기가 낮았다). 그들은 일과를 즐겁게 수행했고, 그 안에서 충분히 동기를 부여받았다. 어떤 사람은 행정 업무에서, 또 다른 사람은 리더십을 발휘할 때, 또 어떤 사람은 학교 내에서 관리하고 조율하는 업무에서 즐거움 동기를 느끼고 있었다. 그들은 번아웃 수치가 낮았고, 실제로 훌륭한 리더 역할을 수행하고 있었다(리더십에 관한 이야기는 8장에서 자세히 다룰 예정이다). 이들은 다른 직원들과 함께 문제를 해결했고, 다른 사람들의 의견을 존중했으며, 미래의 비전에 대해 이야기를 나누었다.

반대로 총 동기 지수가 낮은 교장들의 경우 사정이 달랐다. 이들은 업무를 잘해낼 수 있다는 사실을 스스로에게 증명하고 싶은 부담감에 정서적 압박감을 많이 느꼈다. 또한 자신의 업무가 가치 없는 일이라 여기며 타성에 젖어 있었다. 그러다 보니 업무에 전념하지 못하고 극도의 탈진을 겪고 있었다.

수백 건의 연구에도 불구하고 우리는 현장에서 직접 모티브 스펙트럼 현상을 확인하고 싶었다. 자산관리 회사, 전문 서비스 기업, 학교, 패스트푸드 음식점, 소매상점, 은행 등 다양한 분야의 셀 수 없이 많은 직원들을 대상으로 조사를 진행했다. 이러한 분석을 통해 우리는 총 동기의 두 가지 원칙은 어디에서나 존재한다는 점과 이 두 가지 원칙에는 일정한 패턴이 있다는 점을 확인할 수 있었다. 첫째, 간접동기가 성과를 낮추는 반면 직접동기는 성과를 향상시킨다. 둘째, 업무에서 비롯된 동기일수록 성과 역시 높아진다. 즐거움은 가장 강력한 동기이고, 그 뒤를 의미와 성장 동기가 잇는다. 타성은 가장 파괴적인 동기로, 경제적 압박감은 타성보다 덜 파괴적이며 정서적 압박감은 이보다 덜 파괴적이다.

이 두 가지 원칙은 매우 보편적이기 때문에 하나의 측정 가능한 개념으로 단순화시킬 수 있는데, 그것이 바로 '총 동기 지수total motivation factor'다. 장님들만 사는 곳에서는 애꾸눈이 왕 노릇을 한다. 총 동기 지수를 이해한다면 우리는 두 눈뿐 아니라 현미경과 장거리 레이더까지 갖추게 되는 셈이다. 총 동기 지수라는 도구를 통해 우리는 이제 고성과 조직문화를 구축하는 기술을 공학적 법칙으로 설명할 수 있게 되었다.

총 동기 지수가 의미하는 것

총 동기 지수는 모티브 스펙트럼의 여섯 가지 동기를 하나의 측정값으로 매긴 것이다. 조직 내 직원들이 느끼는 직접동기는 플러스 값으로, 간접동기는 마이너스 값으로 책정하는 방식이다. 즐거움과 의미 동기가 높다면 총 동기 역시 높아진다. 정서적, 경제적 압박감이 높은 경우 총 동기는 낮아진다. 앞으로 소개될 실험과 사례들을 통해 알 수 있듯이, 일반적으로 총 동기 지수가 비교적 높은 사람은 그렇지 않은 사람에 비해 좋은 성과를 보여준다.

동기 요인이 업무에서 멀어질수록 성과가 낮아진다는 두 번째 법칙을 감안하면 지수를 수치화하는 과정은 조금 까다로워진다. 그래서 우리는 각 동기 요인마다 가중치를 달리했다. 즐거움 동기는 의미 동기보다 2배, 성장 동기보다 3배 영향력이 높은 것으로 평가했다. 타성은 경제적 압박감보다 2배, 정서적 압박감보다 3배 파괴적으로 간주했다. (정확한 수치와 개인의 총 동기 지수를 계산하는 방법은 7장에서 다룬다.)

최종 결과는 −100에서 100까지 점수로 나타난다. 만약 결과가 플러스 값이면 직접동기가 간접동기보다 높은 것으로 이해하면 된다. 결과가 마이너스 값일 경우에는 반대로 간접동기가 더 높은 상태다. 이러한 측정법을 활용하면 뚜렷한 예측이 가능해진다. 고등학교 학생들을 대상으로 한 또 다른 연구에서 조사자는 수천 명의 학생들에게 왜 학교에 가는지를 물었다.[12] 질문지는 각 동기 요인의 영향력을 파악하는 데 초점이 맞춰져 있었다. 설문조사에 적힌 답변을 토대로 우리는 학생들의 총 동기를 수치화할 수 있었다.[13] 그만두지 않고 다음 해에도 계속 학교에 다니는 학생들의 총 동기 지수는 평균 17점이었다. 반면 학교를 그만둔 학생은 평균적으로 2점에 불과했다.

스포츠 선수들을 상대로 한 조사에서도 같은 결과가 나왔다. 총 동기 연구가들은 전국적으로 상위에 랭킹된 엘리트 수영선수들의 총 동기 지수를 살펴보았다. 2년 후 당시 연구 대상이었던 선수들 가운데 누가 남았고 누가 그만두었는지를 관찰했다. 아직도 현역에서 활동하고 있는 선수들은 처음 진행된 조사에서 48점의 총 동기 지수를 기록했다. 반면 운동을 그만둔 선수들의 2년 전 총 동기 지수는 23점이었다.[14]

조직문화를 객관적으로 측정하면 변화의 계기를 마련할 수 있다. 교장은 학생들의 총 동기 지수 흐름을 파악해 총 동기 변화에 걸맞게 교내 문화를 관리할 수 있다. 기업을 이끄는 리더라면 자신의 직감이 아닌 객관적이고 수치화된 기록을 바탕으로 조직문화를 전략적으로 운용할 수 있다. 한번은 수십억 달러의 수익을 올리는 자산관리 회사 CEO에게 성과가 가장 뛰어난 자산 매니저의 경우 총 동기 지수 역시 가장 높았다는 점을 설명해주었다. 그 CEO는 우리가 예상했던 대로 반응을 보였다. "성과에 대해 누구도 생각하지 못했던 비밀을 밝혀냈군요!"

사우스웨스트가 업계 최고가 될 수 있었던 이유

우리가 지금껏 총 동기 지수를 측정한 대기업들 가운데는 사우스웨스트 항공사의 점수가 41점으로 가장 높았다. 4만6,000명이 넘는 직원을 보유한 기업의 규모로는 놀라운 결과였다.[15] 규모가 작은 기업과 스타트업 조직도 이 정도의 총 동기 지수를 기록하기란 어렵다. 총 동기가 가장 낮은 항공사는 고작 22점이었다. 상업성이 높은 업계임에도 불구하고 사우스웨스트는 조직문화를 통해 총 동기를 2배 가까이 높이는 성과를 거두었다.

항공사마다 업무가 다르기 때문에 총 동기 지수가 차이 난다는 것

도표 5. 사우스웨스트와 경쟁 항공사 세 곳의 총 동기 지수와 동기 요인 분석

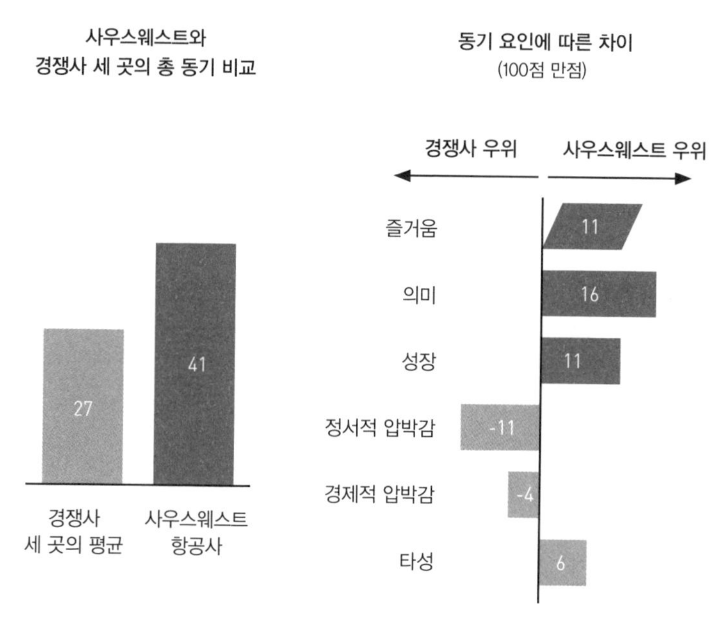

은 말이 되지 않는다. 승무원, 게이트 직원, 수하물 담당자의 업무는 동일할 것이다. 그러나 사우스웨스트 외 세 곳의 대형 항공사를 조사하는 과정에서 우리는 사우스웨스트의 조직문화가 다른 항공사에 비해 직원의 즐거움, 의미, 성장 동기를 놀라울 정도로 자극한다는 것을 알 수 있었다. 사우스웨스트는 타 업체에 비해 정서적, 경제적 압박감이 높았다. 하지만 즐거움, 의미, 성장 동기와의 차이가 크다 보니 간접동기의 마이너스 지수를 상쇄했다. 사우스웨스트는 불리한 상황에서도 높은 수준의 총 동기를 달성했다.

사우스웨스트는 저가 항공사로, 애플이나 노드스트롬Nordstrom처럼 고급 상위 브랜드가 아니다. 주로 단거리 노선을 운항하는데, 전국을 횡단하는 장거리 비행 노선보다 마일당 비용이 더 든다.[16] 파산하는 항공사가 늘어나면서 업계는 홍역을 치렀다. 그러나 2014년을 기준으로 사우스웨스트는 42년 연속 흑자를 기록했다.[17]

사우스웨스트의 창립자이자 전 CEO인 허브 켈러허는 기업의 DNA에 즐거움과 의미 동기를 심었다. 어쩌면 당신도 사우스웨스트 승무원이 즐거움 동기를 갖고 즐겁게 일하는 모습을 본 적 있을지도 모른다. 마티 콥Marty Cobb의 기내 안전 방송은 꽤 유명하다. 동료 승무원들이 구명조끼를 들고 서면 그는 승객에게 "우리가 현재 말도 안 되는 상황"을 맞이하여 비행기가 "뜨거운 욕조"로 착륙할 예정이니 "모든 승객은 작고 앙증맞은 노란색 사우스웨스트 비키니를 착용하시길 바랍니다"라고 방송했다.[18] 덕분에 승객들 역시 즐거움을 느꼈을 뿐 아니라 놓쳐서는 안 되는 중요 정보에도 귀를 기울일 수 있었다.

업무에서 즐거움을 조성하는 문화는 사우스웨스트가 'POS(Positively Outrageous Service, 긍정적인 의미의 충격적인 서비스)'를 제공하는 데 핵심 전략으로 작용했다. 사우스웨스트는 면접자들에게 "최근 직장에서 당신의 유머감각을 활용했던 때를 말씀해주세요. 곤란에 처했을 때 유머를 통해 극복했던 사례를 말씀해주세요"라는 질문을 한다.[19] 또 즐거움과 의미 동기가 힘을 발휘하기 위해 CEO와 직원 사이의 관리 단계를 줄여 각 공항의 직원들이 직접 의사결정을 할 수 있도록 했다.[20]

"사람들이 문제를 해결하기 위해 높은 직급의 사람들과 미팅을 소집해야 하는 그런 조직 환경을 조성하고 싶지 않았습니다." 사우스웨스트를 연구했던 재키 프라이베르크Jackie Freiber와 케빈 프라이베르크Kevin Freiberg에게 켈러허가 했던 말이다.[21] 이런 노력 덕분에 사우스웨스트는 직원들의 호기심과 실험정신을 자극할 수 있었다.

사우스웨스트 항공사의 기업 이념은 "따뜻함과 친근감, 직원의 긍지, 기업정신을 토대로 최상의 고객서비스를 제공하는 데 헌신한다"다.[22] 조직의 이념을 성취하기 위해 자신의 업무와 능력을 넘어서 최선을 다하는 직원의 사례는 조직 내에서 공유되며 그 노력을 인정받는다.

한 예로 고객서비스 직원인 켈리는 6개월간 쿠웨이트로 파병을 떠나게 된 아빠와 작별인사를 하는 가족을 보게 되었다.[23] 그녀는 가족들이 조금이라도 시간을 더 보낼 수 있도록 보안검색대를 지나 게이트까지 함께 입장할 수 있도록 도와주었다. 승무원인 스테판 거져는 휴일에 비행기를 타기 위해 대기하는 중 아빠가 어린 두 딸과 카시트 두 대, 백팩, 유모차와 씨름하는 모습을 보았다. 그녀는 가족이 비행기에 타는 과정을 도왔고, 착륙 후 가족들이 환승할 수 있도록 다른 터미널까지 카시트 두 대를 들어주었다.[24] 사우스웨스트의 한 직원은 이렇게 말했다. "우리는 항공사 업무를 하는 고객서비스 기업입니다."

사우스웨스트는 총 동기가 직원뿐 아니라 고객까지 행복하게 한다는 아주 중요한 교훈을 몸소 보여주고 있다. 우리는 항공사 네 곳의 총 동기 지수와 고객 만족도를 비교해보았다.[25] 이 두 수치는 놀라울 정도로 밀접한 연관성을 보이고 있다.

도표 6. 사우스웨스트의 높은 총 동기는 만족도 높은 고객경험으로 연결되었다.

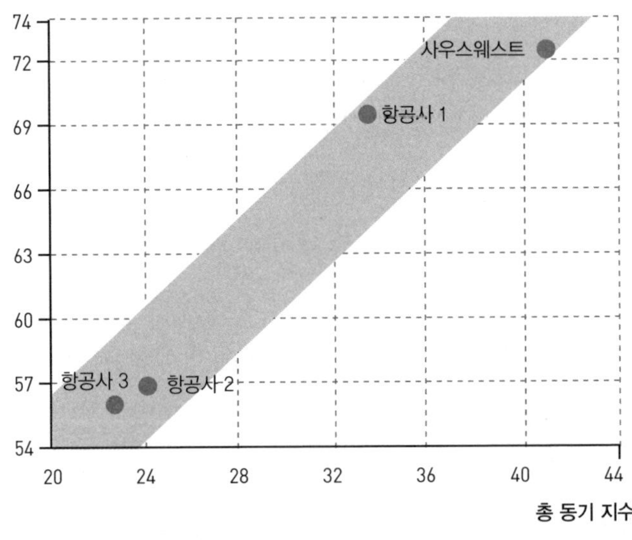

업계에 속한 대부분의 기업들은 소비자에게 항공기와 터미널이라는 거의 같은 상품을 제공한다. 그런데도 사우스웨스트는 경쟁업체 세 곳보다 훨씬 높은 수준의 고객경험을 창출했다. 즐거움 동기는 직원들이 특별한 방식으로 고객 한 명 한 명과 소통할 수 있게 해준다. 의미 동기는 성과의 일관성을 유지하게 하며, 조직 내 모든 직원은 고객의 신뢰라는 공동의 목표를 위해 일하게 된다. 그 결과 혹시라도 불미스러운 일이 발생하더라도 고객은 사우스웨스트를 믿고 그들의 선의를 의심하지 않게 되는 것이다.

가장 존경받는 기업의 총 동기

대기업 가운데 높은 성과를 내는 조직으로 알려진 기업을 떠올려보라. 우리는 수천 명의 사람들에게 이런 질문을 하는데 매번 같은 대답을 듣는다. 사람들은 항상 사우스웨스트, 애플스토어, 스타벅스, 노드스트롬, 홀푸드를 언급했다. 이들 기업은 〈포춘〉 선정 '2015년

도표 7. 마법과도 같은 조직문화를 가진 기업의 직원은 경쟁업체에 비해 월등히 높은 수준의 총 동기를 보여준다.

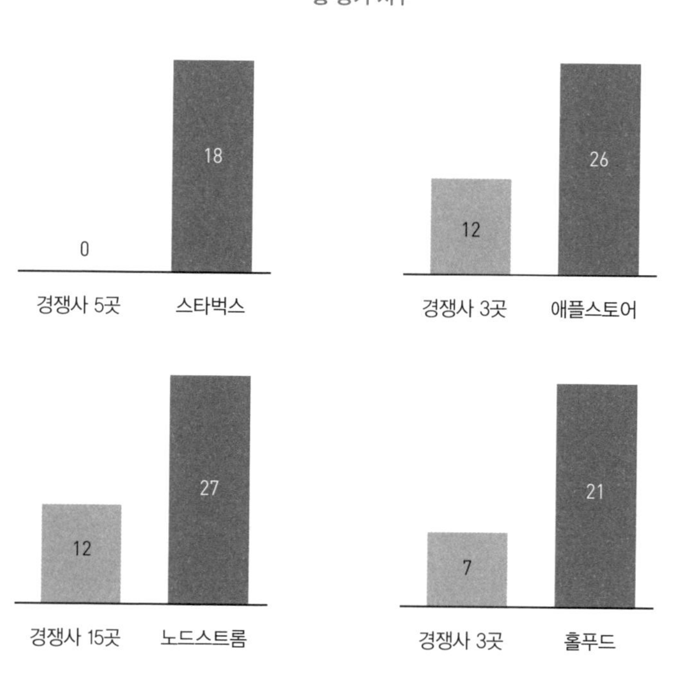

가장 존경받는 기업'에 각각 7위, 1위, 5위, 14위, 18위로 이름을 올렸다.[26]

그런데 사람들에게 이 기업들의 공통점이 무엇인지 물어보면 제대로 대답하지 못한다. 이 기업들은 모두 각각의 뚜렷한 개성과 가치, 신념, 전통을 갖고 있고, 이들이 판매하는 제품과 주 고객층 역시 굉장히 다르다. 그러나 이 기업들의 총 동기를 측정한 결과를 보면, 업계 내 경쟁사보다 훨씬 높은 총 동기 지수를 기록한다는 점을 확인할 수 있다.

총 동기 지수를 보면 어느 기업이 경쟁업체에 비해 뒤처지는지 알 수 있다. 또한 기업의 조직문화가 멀리 있는 공장과 상점뿐 아니라 소속된 모든 직원들의 총 동기에 어떤 영향을 미치는지도 확인할 수 있다. 무엇보다 중요한 점은 시간이 흐름에 따라 총 동기 지수를 통해 기업이 어떻게 변화하고 있는지 직접 볼 수 있다는 것이다.

변화의 시작

총 동기의 과학은 이미 충분한 연구와 검증을 거쳤다. 당신이 조직문화를 구축하는 데 발판을 마련할 수 있도록 지금까지 우리가 알고 있던 지식을 공유했을 뿐이다.

총 동기는 우리가 존경하는 모든 기업들이 갖고 있는 공통의 마법과도 같다. 다행스러운 점은 누구나 개인이나 조직의 총 동기를 향상시켜 높은 수준의 성과를 만들어낼 수 있다는 것이다. 하지만 먼저 '성과'란 무엇인지 제대로 파악해야 한다.

PART 2

성과는 어떻게 만들어지는가

'조직문화'와 '성과' 사이에는
'총 동기'라는 연결고리가 있다.

— 3장 —

성과의 실체

총 동기가 성과에 어떠한 영향을 미치는지 이해하기 위해서는
성과를 들여다볼 새로운 렌즈가 필요하다.

"흥미로운 생각이군요." 우리가 만난 최고 중역은 얼굴을 붉히며 불쑥 말했다. "그래도 저는 정서적 압박감과 경제적 압박감이 성과에 악영향을 미친다는 사실에는 의문이 듭니다." 그가 일하는 다국적 기업에서는 임원들에게 총 동기의 개념을 알려주려고 우리를 초대했다. 3시간째 미팅이 계속되는 가운데 우리가 간접동기 요인에 대해 설명할 때부터 그는 자신의 자리에서 내내 부스럭거리며 앉아 있었다. 그의 얼굴이 붉게 달아오르자 우리는 곧 그가 한마디 할 것이라고 예상했다. "우리는 모두 우리 눈으로 직접 간접동기가 얼마나 효과적인지 본 사람들입니다. 그런데 어떻게 간접동기가 성과를 낮춘다는 겁니까?" 그는 따져 물었다.

그의 말이 무슨 뜻인지는 알고 있다. 만약 누군가 당신에게 100만 달러를 주며 냉장고를 청소하라고 한다면 분명 그렇게 할 것이다. 혹

은 누군가 당신의 머리에 총구를 겨누며 커피를 가져오라고 한다면 역시 시키는 대로 할 것이다. 그렇다면 간접동기가 성과를 이끌어낸다고 말할 수 있는 것 아닌가? 만약 성과가 단순히 어떤 일을 수행한다는 의미라면, 그 말이 맞다. 그러나 성과란 훨씬 복잡한 개념이다. 간접동기가 성과를 파괴한다는 사실을 이해하기 위해서는 우선 진정한 의미의 성과가 무엇인지부터 알아야 한다.

전술적 성과 VS 적응적 성과

8~10년마다 미국 전역에서 모집된 학생 표본 집단은 '창의성의 아버지' 폴 토랜스Paul Torrance가 1966년에 창안한 다양한 테스트를 치른다.[1] 토랜스 교수의 대담한 목표는 창의적 사고의 비밀을 푸는 것이었다.

테스트는 확산적 사고divergent thinking라는 현상을 통해 창의성을 측정하도록 고안되었다. 주어진 사물을 보고 무엇을 할 수 있는지 목록을 작성하는 항목이 있다. 예를 들어 사다리를 생각해보자. 채점자는 응시자가 얼마나 다양한 답변을 생각해내는지, 이 답변들이 몇 가지 카테고리에 해당되는지, 또 얼마나 창의적인지를 기준으로 평가한다. 사다리의 경우 '무언가에 닿기 위한 도구'라는 의미 안에서 다양한 용도를 떠올릴 수 있다.

- 벽에 페인트를 칠할 때 사용된다.
- 전구를 갈아 끼울 때 사용된다.
- 천장의 먼지를 청소할 때 사용된다.

이와 관계없는 다른 답변들을 생각해볼 수도 있다. 가령 이런 것들이다.

- 강 위의 다리
- 빨래 건조대
- 운동 기구
- 장애물 코스
- 미니 테니스 코트의 네트
- 커다란 주판 틀

테스트가 진행된 후 참가한 학생들의 일생을 추적 관찰한 결과 흥미로운 결과를 발견했다. "평생 동안의 창의적 성취는 유년기 시절의 IQ보다 창의성과 관련이 있다. 그것도 3배나 높은 연관성이 있는 것으로 드러났다." 〈뉴스위크Newsweek〉에 소개된 내용이다.[2] "토랜스의 테스트에서 더욱 창의적인 아이디어를 선보인 학생들은 기업가, 발명가, 대학 총장, 작가, 의사, 외교관, 소프트웨어 개발자로 성장했다." 창의성은 굉장히 중요한 사안이다.

연구자들은 창의성과 IQ에는 커다란 상관관계가 없다는 점 역시 밝혀냈다. 4만6,000명의 점수를 검토한 연구자 김경희 씨는 "창의성 테스트 점수와 IQ 지수의 연관성은 거의 없다고 봐도 될 정도"라고 밝혔다.[3] 전통적 의미의 지능만으로는 독창적인 창의성을 끌어낼 수 없다. 창의성은 좀 더 특별한 개념이다.

창의성이 성과에 중요한 부분이라면 사회적으로 새로운 세대의 창의성을 높일 수 있는 방안이 마련되면 좋겠다. 그런데 안타깝게도 쉽지 않아 보인다. 지난 25년간 평균 IQ는 높아진 반면 창의성 지수는 낮아지고 있다.[4] 빠르게 변화하고 있는 최첨단의 세계화 시대에서 창의성과 혁신은 경제적으로도 반드시 갖춰야 할 요인이 된 만큼, 창의성이 낮아지고 있는 추세는 분명 우려할 만하다.

하버드 비즈니스 스쿨의 테레사 애머빌Teresa Amabile 교수는 30년 동안 수행공학을 연구했고, 창의성의 비밀을 풀기 위해 매진했다. 그의 실험 중 하나는 보스턴 지역의 시인들을 대상으로 진행되었다.[5] 참여한 시인 모두 자신의 작품에 진지하게 임하는 사람들이었다. 그들은 보통 일주일에 6시간 정도 시를 썼고, 평균 4편에 가까운 시를 발표했다. 그중 한 시인은 17편의 시를 발표했다.

한편 애머빌 교수는 그들의 시에는 크게 중점을 두지 않았다. 그가 보고자 한 것은 실험 참가자의 동기 요인에 변화를 준다면 그들의 창의성이 영향을 받을지에 관한 것이었다. 그는 실험의 일부로 참가자들에게 눈snow과 웃음을 주제로, 길이가 짧고 엄격한 틀이 있는 하이쿠 형식의 시를 쓰도록 했다.

창의성을 바탕으로 첫 번째 시를 완성한 후 시인들은 5분 동안 시를 쓰는 이유에 대해 자신이 생각하는 중요도 순에 따라 순위를 매겼다. 시인들에게 순위를 매기게 한 이유는 연구자들이 참여자의 동기 요인을 파악하고 임시로 재구성하기 위함이었다. 이후 한 시인 그룹에게는 시를 쓰는 행위 자체에 뚜렷하게 결부된 직접동기가 적힌 목록을 전달했다. 목록에는 아래와 같은 내용이 담겨 있었다.

- “글을 쓰는 것에 즐거움을 느낀다.”
- “자신을 표현할 기회가 주어지는 것을 좋아한다.”
- “생각과 캐릭터, 사건, 이미지를 떠올려 글로 풀어내는 것을 좋아한다.”

이들은 두 번째 시를 쓰며 즐거움 동기를 느꼈고, ‘총 동기가 높은 그룹’으로 지정했다. 또 다른 참가자들에게는 위와 다른 이유가 담긴 목록을 주었다. 모두 간접동기의 성격을 띤 이유들이었다.

- “선생님과 부모님이 글쓰기를 권했다.”
- “베스트셀러 소설과 시집 덕분에 재정적으로 안정되었다는 이야기를 들은 적이 있다.”

이 그룹의 경우 간접동기가 나열된 리스트를 전달해 실험이 진행되는 동안 정서적, 경제적 압박감을 느끼도록 조성했다. 그리고 이 그룹을 ‘총 동기가 낮은 그룹’으로 정했다.

이후 두 그룹 모두 자신의 시를 제출했고, 또 다른 12명의 시인들이 심사위원의 자격으로 시의 창의성을 심사했다. 심사위원들은 실험의 자세한 내막을 전해 듣지 못했다. 그런데 고작 5분 동안 특정 개념으로 자극했을 뿐인데, 총 동기가 높은 그룹은 총 동기가 낮은 그룹에 비해 창의성이 26%나 더 뛰어난 것으로 평가되었다.[6]

애머빌 교수는 참여자들이 느낄 부정적 효과를 우려해 총 동기가 낮은 그룹으로 분류된 시인들의 경우 실험이 끝난 후 곧바로 떠나지 못하도록 했다. 대신 모든 실험을 마치기 전에 직접동기 목록을 읽은 후 실험 장소를 나서게 했다. 애머빌 교수는 해당 그룹의 시인들이 건강한 마음가짐으로 연구소를 나서길 바랐다. 그는 결론적으로 이렇게 밝혔다. "매니저들이 일부러 창의성을 죽이는 것은 아닙니다. 다만 비즈니스에서 굉장히 중요한 생산성과 효율성, 통제를 추구하는 과정에서 매니저들은 창의성을 망가뜨리고 있습니다."[7]

성과에서 '생산성'과 '효율성'은 극히 작은 부분에 지나지 않는다. 높은 성과를 내는 조직을 만들고자 할 때는 서로 상충되는 두 가지의 성과에 대해 제대로 이해하고 향상시키는 것이 중요하다.

우선 '전술적 성과tactical performance'는 계획을 잘 따르고 실천하는 능력을 의미한다. 어떤 일이든 특정 방식과 행동으로 수행해야 하는 업무가 있다. 예를 들어 콜센터에 근무하는 영업직원은 하루에 할당된 영업 전화 수가 정해져 있다. 그에게는 한 전화당 몇 분을 소요해야 하는지 정해져 있고, 몇 통의 전화를 영업으로 직결해야 하는지 기대치가 있을 것이다. 그는 주어진 대본과 따라야 하는 프로세스 맵process map도 있다. 직원의 전화는 직원 교육을 목적으로 모니터링 될 수도 있다. 이러한 시스템은 모두 조직의 전술적 성과를 높이기 위해, 즉 계획을 더욱 효율적으로 실행하기 위해 만들어졌다.

기업 중역의 경우 분기별로 달성해야 할 수익 목표와 시장점유율, 효율성 비율이 주어진다. 컴퓨터 프로그래머는 하루에 완성해야 하는 코드가 정해져 있거나 혹은 계획 중인 프로젝트의 가장 중요한 단계를 완성해야 한다는 과제가 주어질 것이다. 투자분석가에게는 하루에 몇 개의 투자 아이디어를 제출해야 하는지 정해져 있을 수 있다. 전술적 성과란 '생산성, 효율성, 통제'라고 애머빌은 밝혔다.

전술적 성과가 계획 수행 능력이라면, '적응적 성과adaptive performance' 란 계획에서 벗어날 수 있는 능력을 의미한다. 이 둘은 서로 상충하는 개념이다. 전술적 성과의 한계와 적응적 성과의 중요성을 강조하기 위해 군대에서는 'VUCA'라는 용어를 사용한다. VUCA는 변동성volatility, 불확실성uncertainty, 복잡성complexity, 모호성ambiguity의 줄임말이다. 전술적 성과로는 VUCA를 수행할 수 없다. 사람과 조직은 적응해야 한다. 콜센터 상담원이 갖고 있는 대본은 도움이 될 때도 있다. 그러나 분노한 고객을 상대하거나 기술적 문제를 해결해야 할 때, 어려움에 처한 직원을 도울 때는 적응성을 보여야 한다. 유감스럽게도 적응적 성과 행동을 평가하는 일은 매우 어려울 뿐 아니라 불가능할 때도 있다. 이런 이유로 적응적 성과는 등한시되고 만다.

오랫동안 평가절하되어 온 적응적 성과와 반대로 기업들은 100년 넘도록 전술적 성과를 효율적으로 관리하는 기술을 발전시켰다. 리더들은 목표를 계획이나 프로세스 맵, 대시보드, 수치, 그 외 다양한 방법으로 전환해 표현하는 방법을 알고 있다. 하지만 전술적 성과에만 과도하게 집중한다면 어떻게 될까? 콜센터에 전화했을 때 담당 직원이 대본을 줄줄 읽고 있다는 생각이 든 적 없는가? 당시 기분이 어땠는지 떠올려보라.

전술적 성과와 적응적 성과는 상충되는 개념인 만큼 이 두 종류의 성과는 서로 팽팽하게 맞선다. 기업들은 전술적 성과를 중심으로 한 시스템을 구축하는 데만 전념한 나머지 적응적 성과를 파괴하고 있다. 하지만 훌륭한 조직문화라면 이 두 가지 상반된 힘의 균형을 유지한다. 그렇다면 총 동기는 구체적으로 성과에 어떤 영향을 미칠까? 왜 간접동기는 적응성을 무너뜨리고, 직접동기는 적응성을 높이는 걸까?

주의분산 효과

오로지 전술적 성과만을 필요로 하는 드문 업무가 하나 있다. 매사추세츠 공과대학MIT에서 진행한 대조 실험에서는 참가 학생들에게 키보드에서 두 개의 키를 4분간 가능한 많이 입력하라고 요구했다.[8] 학생들이 입력한 글자는 아래와 같다.

vnvnvnvnvnvnvnvnvnvnvnvnvnvnvnvnvnvnvnvnvnvnvnv

vnvnvnvnvnvnvnvnvnvnvnvnvnvnvnvnvnvnvnvnvnvnvnv

vnvnvnvnvnvnvnvnvnvnvnvnvnvnvnvnvnvnvnvnvnvnvnv

이 실험은 듀크 대학의 행동경제학 교수이자 《상식 밖의 경제학predictably Irrational》의 저자인 댄 애리얼리Dan Ariely가 고안하고 진행했는데, 그는 IQ가 높은 학생들의 경우 다양한 동기 요인이 주어졌을 때 어떻게 성과를 내는지 알아보고자 했다. 그 방법으로 한 그룹의 학생들에게는 글자를 많이 입력하면 그에 따라 높은 인센티브를 지급했다. 학생들은 최대 300달러까지 받을 수 있었는데, 대학생들에겐 적지 않은 금액이었다. 반면 또 다른 그룹은 적은 인센티브를 받았고, 이 그룹이 받게 될 최대 금액은 30달러였다.

결과적으로 더 큰 금액을 받은 학생들이 글자를 더 많이 입력했다.

이들의 성과는 다른 그룹보다 95%나 높았다.[9] 여기서 멈춘다면 아마도 '훌륭해! 간접동기만으로도 되잖아. 간접동기에 관해 나온 이야기들은 다 필요 없게 됐군' 하고 생각할 수도 있다. 만약 업무가 오로지 전술적 성과 행동만을 요한다면 간접동기를 통해 성과를 창출할 수 있다. 하지만 이게 다가 아니다.

애리얼리 교수는 같은 학생들에게 수학 문제를 풀도록 했다. MIT 학생들의 경우 신입생 가운데 25%가 SAT*에서 수학 만점을 받기 때문에 상당히 까다로운 문제는 아니었다.[10] 학생들은 12개의 칸에 적힌 숫자 가운데 합이 10이 되는 수 2개를 찾으면 되었다.[11]

앞서 진행한 글자를 입력하는 실험과 마찬가지로 한 그룹은 30달러를, 다른 그룹은 300달러를 받는 조건이었다. 그러나 이번 실험에

도표 8. 학생들은 12개의 칸에 적힌 숫자 가운데 합이 10이 되는 수 2개를 찾으면 된다.

9.38	6.74	8.17
5.15	6.61	3.06
9.71	0.91	4.88
3.58	4.87	6.42

댄 애리얼리, 유리 그니지(Uri Gneezy), 조지 로웬스테인(George Loewenstein), 니나 마자르(Nina Mazar), '큰 상금, 큰 실수', 〈경제학 평론(Review of Economic Studies)〉, 2009, 76, 2, 460m, 옥스퍼드 대학 출판부의 허가를 얻어 기재.

* 미국 대학 입학 자격시험 — 옮긴이

서는 완전히 다른 결과가 나왔다. 뇌 외과 의사나 로켓 연구가로 성장하기 위해 교육 받는 MIT 학생들에게 높은 인센티브를 제시하며 간단한 수학 문제를 풀게 했더니[12] 성과가 32%나 낮아졌다.[13] 앞서 실험에 참여했던 동일한 학생들이었다.

이 실험 결과, 업무가 단지 전술적 성과만 필요한 경우에는 간접동기가 성과를 높일 수 있다는 사실이 밝혀졌다. 하지만 문제해결과 같은 적응적 성과를 보여야 하는 경우 간접동기가 오히려 성과를 낮춘다는 사실 또한 밝혀진 것이다.

이 실험은 '주의분산 효과Distraction Effect'가 무엇인지 명확히 드러내고 있다. 학생들은 상당한 금액의 돈을 벌 수 있는 기회가 생기면 해당 업무를 잘하고 싶어 했다. 그러나 업무가 아닌 상금에 집중하자 참여자가 느끼는 경제적 압박감은 높아졌다. 애리얼리 교수는 시카고 대학 학생들을 상대로 간단한 단어 구성 놀이(워드 스크램블, word scramble)를 진행했고, 그 모습을 다른 학생들이 지켜보도록 했다. 그런데 실험에 참가한 학생들은 앞선 상황과 비슷하게 정서적 압박감 때문인지 주어진 문제를 제대로 해결하지 못했다. 아무도 지켜보는 사람이 없었을 때에 비해 반 정도밖에 문제를 풀지 못했다.[14]

이런 실험은 직접 해볼 수도 있다. 동료들이 지켜보는 가운데 자리에 서서 수학 퍼즐을 풀게 한다. 이 상황에서 정서적 압박감을 더하고 싶다면, 서 있는 사람들에게 답을 알아챘을 때 자리에 앉으라고 주문하면 된다. 문제를 해결하지 못해 아직도 서 있는 사람들은 정서적 압박감으로 인해 뇌가 작동을 멈췄다고 느낄 것이다. 뛰어난 수학적 감각을 지닌 CEO, 컨설턴트, 컴퓨터 과학자들에게도 이런 상황이 발생한다.

동기 요인이 업무에서 멀어질수록 성과는 훨씬 더 떨어진다. 애리얼리 교수는 이렇게 적었다. "높은 인센티브는 주의력을 상당히 떨어뜨릴 뿐 아니라 직원들의 정신과 집중력을 완벽하게 점령한다. 직원은 자신이 보상을 받게 될 미래의 상황과 보상을 받지 못하게 될 때 느낄 후회를 떠올리며 결국 눈앞의 업무에는 집중하지 못하게 된다."[15] 갑자기 눈앞이 깜깜해지고 머릿속이 하얘지는 것 같은 상황을 경험한 적 있을 것이다. 그때 최고의 성과를 내야 하는 이 순간에 왜 이런 상황이 생기는지 한 번이라도 생각해본 적 있는가? 우리가 처음부터 자기 자신의 정신세계를 설계했다면 '공황 상태'를 반드시 필요한 기능으로 추가하지 않았을 것이다.

처음으로 많은 사람들 앞에서 발표를 해야 할 때를 떠올려보라. 부담이 크다. 잘만 한다면 커리어에 큰 도움이 될 것이다. 그러나 입을 뗀 순간 입 안 가득 솜을 물고 있는 듯한 기분이 든다. 내가 어떤 말을 전달해야 하는지가 아닌, 청중들이 나에 대해 어떤 생각을 하고 있을지를 먼저 떠올리게 된다. 모두 경험했던 일이다! 중요한 시험이나 면접을 앞두고도 이런 느낌을 받았을 것이다. 이것이 바로 주의분산 효과다.

아주 예외적인 상황이 아니라면 어떤 직무든 전술적 성과와 적응적 성과 두 가지 모두 필요하다. 총 동기가 높은 직원은 이 두 가지 성과를 모두 수행할 수 있다. 하지만 이 직원에게 정서적, 경제적 압박감을 가중해 총 동기를 낮춘다면 그는 더 이상 업무가 아닌, 일과 관련 없는 동기 요인에 집중하게 된다. 집중력이 흐트러지고 적응적 성과를 수행할 능력이 낮아지게 되는 것이다. 주의분산 효과를 겪는 사람들은 그래도 아직까지는 옳은 일을 하려고 한다. 총 동기가 더 낮아진 사람의 경우 의도상실 효과를 경험하게 된다.

의도상실 효과

시민의식은 적응적 성과 행동이다. 도움이 필요한 동료를 돕거나, 상사 혹은 지켜보는 사람이 없는데도 조직을 위해 일할 때 조직의 성과는 높아진다. 그러나 이런 유익한 행동은 전술적 방법으로 측정하기가 매우 어렵다. 그렇다면 어떻게 하면 타인을 돕는 적응적 성과 행동을 이끌어낼 수 있을까?

그 해답을 찾기 위해 독일의 막스플랑크 연구소Max Planck Institute에서는 22개월 영아들을 상대로 실험을 진행했다.[16] 이 연령대 아이들은 달릴 수 있지만 금방 넘어지기도 한다. 계단을 오를 수 있어도 내려갈 때는 도움이 필요하다. 언어 능력은 20개에서 50개의 단어를 말한다. 또 아직 한 번도 기업문화에 노출된 적이 없다(없기를 바란다).

먼저 유아들을 한 명씩 책상이 있는 방으로 들여보냈다. 보조 연구자 애나(가명)는 책상에 앉아 편지를 쓰다가 '어머나!' 그만 펜을 떨어뜨리고 만다. 애나는 책상 위로 몸을 구부린 후 손을 뻗으며 앓는 소리를 낸다. 손이 펜에 닿지 않는다. 이때 유아는 어떻게 할까? 애나를 못 본 척할까? 재밌어하며 웃을까? 모두 아니다. 78%의 유아는 애나를 도와주었다. 그들은 자신이 가지고 놀던 장난감을 내려놓고 방을 가로질러 펜을 주은 다음, 만난 지 몇 분밖에 되지 않은 여성에게 건네주었다. 애나는 펜이나 종이, 빨래집게 등의 물건을 여러 번 떨어뜨렸고, 대다수의 경우 아이들은 주저하지 않고 애나를 도왔다.

타인에게 도움을 주는 행동을 보인 아이들이 지속적으로 그 행동을 유지하도록 조사자는 아이들에게 보상을 주었다. 장난감에 넣으면 딸랑 소리가 나는 토큰을 준 것이다. 영아 수준에서는 충분히 큰 보상이었다. 한눈에 보기에는 좋은 생각이었다. 누군가에게 타인을 도와야 한다는 행동을 가르치고 싶다면 도움을 줄 때마다 보상해주는 것보다 더 좋은 방법이 있을까?

한편 대조 그룹인 다른 유아들에게는 아무런 보상도 해주지 않았다. 보상을 통한 교육을 몇 번 진행한 후 연구자들은 아이들이 타인에게 도움을 베푸는 행동을 배웠는지 확인하고 싶었다. 연구자들은 보상 없이 실험을 계속했다. 덜렁이 애나가 다시 한 번 펜을 떨어뜨렸을 때 어떤 일이 발생했을까? 유아들은 마찬가지로 장난감을 내려놓고 애나를 도왔을까?

한 번도 보상을 받지 않았던 대조 그룹의 경우 몇몇은 그렇지 않았지만 대부분은 계속해서 애나를 도왔다. 솔직히 애나가 14번이나 펜을 떨어뜨린다면 우리도 더 이상 주워주지 않았을 것이다. 하지만 89%의 유아들은 펜을 주워주었다.

그러나 보상으로 행동을 교육 받은 유아는 어땠을까? 이들의 경우 단지 53%의 유아만 애나를 도왔다. 나머지 경우에는 애나를 못 본 척했다. 아이들은 애나가 고생하며 끙끙거리는 소리를 들었고, 애나의 애처로운 표정도 보았다. 그러나 이제 이 아이들에게 도움을 주는 것은 계산기를 두드려야 하는 행동이었다. 이것이 바로 '의도상실 효과Cancellation Effect'다.

의도상실 효과는 적응적 성과 행동을 완전히 멈출 정도로 한 사람의 총 동기가 낮아졌을 때 발생한다. 자신의 동료가 (혹은 자기 스스로) 성과를 내는 것이 아닌 'to do list'에서 오늘 해야 할 일만 지워나가며 업무를 수행한다는 생각이 든 적 있는가? 달리 말해 그 동료는 회사가 요구한 일 외에는 아무것도 하지 않는 것 같다는 생각을 해본 적 없는가? 그는 자신이 느끼는 어떤 압박감을 줄이기 위해 오로지 전술적 성과에만 집중하는 경우다. 옳은 일을 하고자 하는 동기가 상실된 상태인 것이다. 실험에서 유아들은 보상으로 인해 타인을 돕는 본능이 상실되었다. 유아들은 당시 교환에 대해 생각하기 시작했다. 마음속으로 스스로에게 '내가 다른 일을 할 수도 있는데 굳이 저 여성을 도울 가치가 있을까?' 하고 묻게 되었다.

의도상실 효과는 일터에서 항상 발생한다. 영업사원은 분기별 세일즈 목표를 달성하는 데 상당한 압박감을 느낄 것이다. 그는 더 이상 동료를 돕지 않고, 어려운 문제는 해결하기를 거부하며, 상대하기 어려운 고객은 쉽게 포기하게 되었다. 기업의 최고 중역들 역시 위험한 상태에 놓여 있다. 단기 목표 달성이라는 압박감에 짓눌린 탓에 당장은 측정하기 어렵지만 장기적으로 훨씬 중요한 목표를 놓치는 중역들을 많이 보지 않았는가?

일본의 연구자들은 의도상실 효과가 적응적 성과의 하나인 '끈기persistence'에 어떠한 영향을 미치는지 측정해보았다. 끈기란 아무리 어려운 일이라도 포기하지 않고 꾸준히 하는 의지를 뜻한다.[17] 끈기 있는 직원은 어려운 업무도 계속 매달려 하고, 어떤 어려움이 닥쳐도 수준 높은 결과를 도출하기 위해 끝까지 밀고 나가는 힘이 있다.

피실험자들을 '보상 그룹'과 '무보상 그룹'으로 나누었다. 실험은 세 단계로 진행되었다. 첫 번째 단계로 피실험자들에게 스톱워치를 주며 정확히 5초마다 스톱워치 버튼을 누르라고 했다. 보상 그룹은 1000분의 5초 이내 오차 범위 안에서 버튼을 누를 때마다 2.20달러를 지급받았다. 무보상 그룹의 경우 실험을 모두 마친 뒤 참가 비용으로 일정 금액을 제공하겠다고 전했다.

두 번째 단계로 피실험자들은 휴식 시간에 신문과 잡지 등 다양한 읽을거리가 있는 대기실로 이동했다. 대기실에는 피실험자들이 휴식 시간에도 스톱워치를 갖고 연습을 하는지 확인하기 위해 아무도 모르게 카메라가 설치되어 있었다. 특이하게도 첫 번째 휴식 시간에 무보상 그룹은 보상 그룹보다 2배나 많이 연습했다(다음번 휴식 시간에는 4배의 차이를 보였다). 일반적으로 생각하기에 보상 그룹이 더욱 동기부여가 되어 연습을 할 것 같았지만 실상은 달랐다. 보상으로 인해 그들의 끈기가 상실되었던 것이다.

휴식 시간을 마치고 다시 스톱워치 실험을 진행했다. 이번에는 (앞선 유아 실험과 마찬가지로) 두 그룹 모두 보상을 제공하지 않았다. 그러자 흥미로운 일이 발생했다. 과학자들은 실험 동안 기능적 자기공명영상fMRI을 통해 피실험자들의 뇌를 스캔했다. 첫 스톱워치 실험에서는 두 그룹 모두 뇌의 운동이 감지되었다. 동기부여에 관여하는 뇌의 특정 부분이 명확히 자극받았다. 무보상 그룹은 휴식 전과 후의 뇌 활동이 거의 같았다. 그러나 보상 그룹의 경우 보상이 무효화되자 뇌의 활성화가 거의 사라졌다. 의도상실 효과는 심리적인 것뿐 아니라 신경학적인 문제인 셈이다.

이런 종류의 실험은 수많은 연구자들을 통해 다양하게 진행되었다. 동기부여의 아버지인 에드워드 데시와 리처드 라이언은 128개의 연구를 분석해 그 결과가 일관성을 띄는지 조사했다.[18] 스톱워치 실험을 주도한 과학자들과 마찬가지로 이들 역시 성과와 연관된 보상은 우리가 기본적으로 갖고 있는 즐거움에 대한 의식을 무효화해 끈기를 약화시킨다는 사실을 밝혀냈다.[19]

더욱 흥미로운 사실은 피실험자들의 끈기가 어느 정도 사라졌음에도 스스로 느끼는 자기만족도는 변화가 없었다는 점이다.[20] 다시 말하면 우리가 느끼는 만족감은 성과와 큰 관련이 없다는 뜻이다. 조직에서 직원들을 상대로 만족도에 대한 설문조사를 진행한다고 해도 조직문화가 직원의 성과에 미치는 부정적인 영향력에 대해서는 알 길이 없다는 뜻이다.

간접동기를 활용하는 조직은 반드시 전술적 성과와 적응적 성과 중에서 하나를 선택해야 한다. 관리자라면 둘 중 하나를 선택하는 일이 일상적인 업무지만, 이 경우에는 선택 사항의 가치를 측정하기 어렵다는 것이 문제다. 조직에 가장 중요하고도 위험성이 높은 거래는 아래와 같다.

- 양과 질 간의 상충
- 개인과 팀워크 간의 상충
- 단기적 결실과 장기적 결실 간의 상충

높은 성과를 내는 조직문화는 둘 중 하나를 포기해야 하는 상황을 없애고 두 가지 사안에서 가장 최선의 것을 제공한다. 유감스럽지만 의도상실 효과는 총 동기가 낮은 조직문화에서 발생할 수 있는 최악의 상황은 아니다. 의도상실 효과보다 더 끔찍한 것은 코브라 효과다.

코브라 효과

많은 사람들이 야생동물을 보기 위해 멀리 여행을 떠난다. 하지만 인도의 도시에서는 아직도 버팔로와 표범, 코브라가 거리에서 배회하는 모습을 볼 수 있다.[21] 1800년대 인도가 아직 식민 지배를 받을 당시, 영국 정부에서는 델리의 코브라 개체 수를 줄이기 위해 코브라 사체에 포상금을 내걸었다. 처음에는 의도대로 진행되었다.[22] 코브라의 사체는 포상금으로 거래되었고, 코브라에 대한 공포는 잘 통제되는 듯 보였다. 하지만 겉보기와는 달랐다.

일부 판단이 빠른 사업가들은 죽은 코브라로 돈을 벌 수 있다는 사실을 깨달았다. 사업 수완이 좋은 시민들은 과연 어떻게 했을까? 그들은 코브라를 키우기 위해 농장을 차렸다! 영국 정부는 사태를 파악한 후 포상 제도를 없앴다. 그에 따라 코브라의 가치가 급락하자 코브라 농장은 뱀을 방생할 수밖에 없었고, 결국 델리의 코브라 개체 수는 급증했다.

시 정부가 착각한 사실이 있다. 그들이 원한 것은 코브라의 사체가 늘어나는 것이 아니라 살아 있는 코브라의 개체 수가 줄어드는 것이었다. 그들은 측정하기 쉽다는 이유만으로 잘못된 행동을 보상하는 방식을 택했다. '수익과 직원 만족도' 등과 같은 좁은 관점의 측정법을 장려하는 기업에서도 이런 일이 발생한다. 부작용과 의도치 않은 결과는 실제 해결하려던 문제보다 더 나쁜 상황을 초래하는 경우가 많다.

어떤 직무든 전술적 성과를 요하는 부분이 있고, 적응적 성과가 필요한 부분이 있다. 하지만 '잘못된 적응적 성과maladaptive performance'를 만들어낼 확률 역시 높다. 총 동기가 지나치게 낮아질 경우 직원들은 자신이 느끼는 압박감을 해소해줄 가장 빠른 방법을 찾게 된다. 이 방법이 본 계획의 의도와 완전히 상반되는 것일지라도 말이다. 이러한 현상이 바로 '코브라 효과Cobra Effect'다. 안타깝게도 코브라 효과는 조직 내에서 놀랄 만큼 흔히 발생한다.

콜센터의 매니저는 영업사원들이 가능한 신속하게 고객을 돕길 바라는 마음에 시간당 통화 건수를 바탕으로 직원들의 급여를 책정했다. 직원들 스스로 통화 건수가 부족하다고 느낄 경우 코브라 효과가 발생하는 것은 자명한 일이다. 사원들은 고객이 전화를 받자마자 끊는 방식으로 통화 건수만을 높이려 할 것이다.

아틀라스(실제 기업의 가명)는 성공의 유산으로 오랫동안 존경받는 기업이었다. 그러나 매출 기록과 고객 인터뷰를 통해 한 부서에서 불안한 기운이 감지되었다. 부서 매출의 80%가 각 분기별 마지막 달에 달성되었다. 또한 매출이 급등할 때마다 이익은 오히려 감소했다. 매출은 모두 대폭 할인을 통해 만들어진 것이었다.

이런 현상이 발생한 원인은 아틀라스가 목표를 설정하고 급여를 책정하는 방식에서 비롯되었다. 다른 많은 기업과 마찬가지로 아틀라스의 성과관리 시스템은 분기별 수익 목표를 중심으로 구성되었다. 모든 영업사원은 목표 달성 여부에 따라 평가되었고, 영업사원들은 어떤 방법을 쓰든 목표를 달성했다.

매출 목표를 분기별 수익 목표에 의지하는 방식은 가장 쉽고 잘 알려진 전략처럼 보인다. 그러나 이때 발생하게 될 코브라 효과를 생각해보자. 영업사원의 총 동기가 낮아질 경우 실적을 달성하기 위해 그들은 가격 할인, 과대광고 등 편법을 저지르는 잘못된 적응적 성과 행동을 보인다. 직원들 역시 이런 방식으로 일을 처리하고 싶지 않기 때문에 압박감이 절정에 다다르는 분기의 마지막까지 미뤄둔다.

이에 따라 수많은 2차 효과가 발생한다. 기업의 현금흐름이 원활하지 않게 되며 차입 비용이 늘어난다. 이런 상황을 해결하기 위해 기업은 분기 초에는 과잉 설비의 늪에 빠지지만, 결국 분기 말에는 잉여 재고로 전락한다. 이 과정에서 고객과의 신뢰는 무너지게 된다. 많은 고객들은 아틀라스 기업의 분기별 가격 변동을 알아챘고, 한 고객은 우리에게 이렇게 말했다. "제가 구입할 상품을 결제하지 않고 분기 마지막 달까지 보관한다면 상품 가격이 20%가량 떨어질 겁니다. 이상적인 상황은 아니지만 어쩔 수 없죠."

미국에 있는 다국적 기업에서 일하는 영업사원 1,000명을 대상으로 진행한 한 연구에 따르면, 대다수의 직원들이 영업 경쟁에서 살아남기 위해 '고객 친화적이지 않은' 혹은 '기업 친화적이지 않은' 방법을 택하겠다고 답했다.[23] 설문 대상자 가운데 70%는 고객의 선先 구매를 유도해 매출을 미리 기입한다고 응답했다. 나쁘지 않은 전략 같지만, 다음 분기에는 오히려 더 큰 구멍을 메워야 할 수도 있다. 그리고 59%의 응답자는 시민의식과 같은 책무를 등한시한다고 답했다. 또 35%의 응답자는 인센티브가 발생하는 상품을 과대광고 한다고 했다. 타인을 잘 돕지 않겠다고 전한 사람이 18%이고, 신용 리스크 증가를 수용하겠다는 사람은 13%나 달했다.

일반적으로 자신의 비윤리적 행동을 솔직하게 드러내지 않는다는 점을 고려할 때, 이는 결코 안심할 만한 수치가 아니다. 상대적으로 리스크가 낮은 세일즈 콘테스트에서 이러한 행동을 보인다면 보너스, 직무, 자긍심이 위태로운 직원들의 경우 어떤 선택을 할지 상당히 우려스러운 상황이다.

코브라 효과는 그 실체가 잘 드러나지 않는다. 또한 실체가 드러나기 전까지는 그 효과를 측정하기가 불가능하다. 조직 내 코브라 농장을 발견했다면 선택을 해야 한다. 먼저 간접동기를 자극하는 조직 내 전략을 모두 폐기하고 총 동기를 높이는 조직문화를 구축하는 방법이다. 또는 코브라 효과를 감시하는 직원들을 충원해 더욱 엄격하게 통제할 수도 있다. 대다수의 기업들은 후자를 택한다.

기업은 코브라 효과가 조직문화의 흐름 때문이 아닌 인사 채용 과정에서 유입된 암적인 직원들 때문에 발생했다고 '잘못된' 판단을 한다(5장에서 우리가 쉽게 범하는 오류에 대해 다룰 예정이다). 따라서 코브라 효과는 발견된 후에야 해결되는 문제로 인식된다. 코브라 효과로 발생하는 직원들의 잘못된 행동은 처벌과 같은 간접동기로 다뤄지고, 이로 인해 다시금 코브라 효과가 계속 재발하게 된다. 결과적으로 끝나지 않는 두더지 잡기(또는 코브라 잡기) 게임이 되거나 더 나쁜 경우에는 성과가 급격히 나빠지는 악순환을 겪게 된다.[24]

전술적 성과가 초래한 2008년 글로벌 금융위기

도표 9는 앞서 설명한 세 가지 효과를 정리한 것이다. 총 동기가 낮아지자 적응적 성과가 사라지고, 결국 잘못된 적응적 성과가 그 자리를 대신하고 있다. 어떤 상황에서도 전술적 성과는 변함없이 뚜렷하게 나타난다(코브라 사체를 아직도 잡아오고 있다). 전술적 성과가 계속 높게 나타나는 한 주의분산 효과, 의도상실 효과, 코브라 효과를 모른 척하고 싶은 마음이 들 것이다. 만약 성과를 바라보는 유일한 렌즈가 전술적 성과라면 어떤 사건이 발생하기 전까지는 총 동기가 낮아지고 있다는 사실을 알 수 없다.

세 가지 효과가 모두 발생한다면 상황은 최악으로 치닫는다. 모기지 산업에서 실제로 발생했고, 결국 2008년 큰 위기가 닥쳤다. 버블 붕괴 직전, 한 기업은 모기지론을 담당하는 사원들의 총 동기를 창출하기 위해 부단히 노력했다. 하지만 때는 이미 너무 늦은 뒤였다.

모기지 담당자들은 대출자들과 직접적으로 일하는 모기지 브로커와 에이전트를 통해 최대한 많은 대출 계약을 성사하는 것이 목표였다. 2006년 호황을 누리며 모기지 산업에 문제가 생길 거라고 예상조차 하지 못하던 때, 이 기업은 대출 담당 직원들의 정서적, 경제적 압박감을 가중시켰다. 성과가 좋지 않은 직원은 해고당했고, 성과가 높은 직원은 자신이 승인한 대출 건수를 바탕으로 수익을 얻었다.

'악성 대출'에 대한 처벌이 있었지만 실제로 시행되진 않았다. 대출금을 몇 달씩 혹은 몇 년씩이나 회수하지 못할 것이라고 생각하기 어려웠던 시기였기 때문이다. 이때까지만 해도 악성 대출이 어떻게,

도표 9. 주의분산 효과, 의도상실 효과, 코브라 효과

		전술적 성과	적응적 성과	잘못된 적응적 성과
높은 총 동기	높은 총 동기 문화	높음	높음	없음
	주의분산 효과	높음	중간	낮음
낮은 총 동기	의도상실 효과	높음	없음	낮음
	코브라 효과	높음	없음	높음

얼마나 잘못될지 아무도 정확히 답하기 어려웠다. 우리는 수많은 대출 담당 직원들과 인터뷰했고, 어떤 때는 몇 날 며칠씩 함께 차를 타고 움직이며 그들이 어떻게 일하는지 지켜보았다. 그러면서 이 세 가지 효과를 직접 목격할 수 있었다.

먼저 '주의분산 효과'다. 한 달간의 성과를 정리하는 월말이 되면 직원들의 얼굴에서 주의분산 효과를 읽을 수 있었다. 그들은 매일 한 시간씩 할애해 자신의 성과를 기록해야 했다. 계약으로 성사되지 않은 고객의 전화는 직원들에게 짜증을 유발했고, 직원들은 스트레스가 많아졌다. 고객경험은 최악으로 치달았다.

다음은 '의도상실 효과'다. 위기에 빠진 대출 담당 직원들은 편법을 썼다. 예를 들어 모기지 서류상 모든 항목이 아닌 중요한 항목들만 적어 제출했다. 대출자의 신청 서류가 완벽하지 않아도 모르는 척 넘겼다. 정말 도움이 필요한 고객에게 도움을 줄 수 있는 방법을 찾기 위해 끝까지 노력하는 모습도, 창의력을 발휘하는 모습도 찾아보기 어려웠다. 그러자 고객경험이 저하될 뿐 아니라 대출의 질도 낮아졌다.

마지막으로 '코브라 효과' 역시 나타났다. 우리는 대출 직원들이 모든 것을 얻을 수도, 잃을 수도 있는 위험한 상황에서 자신만의 코브라 농장을 구축해나가는 것을 지켜보았다. 그들은 어떻게 신청서를 작성해야 대출 심사를 통과할 수 있는지 정확히 알고 있었다. 어떤 서류가 필요하고 불필요한지도 알고 있었다. 결국 브로커들에게 어떻게 해야 대출 신청이 받아들여지는지 편법을 알려주었다.

기업의 경영진들 때문에 무언가 잘못되고 있었고, 결국 현실로 드러났다. 우선 그들은 대부분의 다른 기업들처럼 직원을 감시하는 인력을 늘렸다. 직원들을 관리하는 관리자를 다시 관리하기 위해 새로운 팀도 꾸려졌다. 그럼에도 대출 담당 직원들은 새로운 편법을 찾아냈다. 하지만 1년이 채 안 되어 모든 것이 무너졌다. 되돌릴 수 없는 사태가 벌어진 것이다.

변화의 시작

3장을 처음 시작할 때 소개했던 어느 기업의 임원처럼 만약 모든 종류의 성과를 전술적 성과와 동일시한다면 총 동기가 왜 중요한지 절대 깨닫지 못할 것이다. 그러나 적응적 성과와 잘못된 적응적 성과에 대해 이해하기 시작하면 모든 것이 명확해진다. 총 동기가 낮아지면 적응적 성과 역시 낮아지고, 대신 잘못된 적응적 성과가 나타난다. 한편 총 동기가 향상되면 적응적 성과 역시 높아진다. 혁신과 창의성, 훌륭한 고객경험, 뛰어난 세일즈 등 지금까지 오랜 시간 동안 미스터리로 남아 있던 훌륭한 결과물의 비밀은 바로 '적응적 성과'다.

총 동기가 높은 개인은 뛰어난 성과를 창출한다. 그리고 총 동기가 높은 조직은 훨씬 더 큰 것을 성취할 수 있다.

— 4장 —
성과의 음과 양

총 동기를 통해 균형 잡힌 조직은
확고한 경쟁우위를 확보한다.

지금까지는 총 동기가 개인의 성과에 미치는 영향에 대해 중점적으로 살펴보았다. 하지만 총 동기는 조직 전체에 확산될 때 더욱 강력한 힘을 발휘한다.

총 동기는 단순한 심리적 특성이 아니다. 지속적으로 변화하는 세상을 잘 헤쳐나가기 위해 우리가 진화시켜 온 강력한 본성이다. 진정으로 훌륭한 조직은 인간의 적응하고자 하는 본능까지 자극하는 문화를 구축한다. 이러한 조직문화를 구축하는 방법에 대해 이야기하기 전에 우선 '문화culture'가 무엇인지 살펴보겠다.

전략과 조직문화

"전략이란 무엇입니까?" 기업의 리더들에게 이 질문을 하면 비슷한 답변이 돌아온다. "전략은 우리의 목적지와 그 목적에 이르는 길을 알려줍니다." 그러나 '조직문화'가 무엇인지 물어보면 누구도 손을 드는 사람이 없다. 아무도 쉽사리 답하지 못한다. 정적으로 귀가 먹먹해질 정도다. 결국 누군가 용기 있게 입을 뗀다. "조직문화는 공동의 공유 가치와 행동양식입니다." 조직문화의 사전적 정의를 언급한 것이지만 좋은 답변이다. 하지만 탁월한 성과를 내는 조직문화를 구축하고자 한다면 사전적 정의로는 충분하지 않다.[1]

조직의 전략과 조직문화의 차이점에 대해 정확하게 명시한 사람은 예상외의 인물이었다. "누구든 그럴듯한 계획이 있습니다. 얼굴에 크게 한 대 맞기 전까지는요. 한 대 맞은 후에는 쥐처럼 공포와 두려움에 얼어붙어 버리죠." 철학자의 명언이 아니다. 권투선수인 마이크 타이슨Mike Tyson이 한 말이다.[2] 타이슨은 얼굴에 입는 타격이 무엇인지 잘 아는 사람이다. 그는 주니어 올림픽 당시 가장 빠른 KO승(8초)을 거둔 기록과 20세의 나이로 최연소 헤비급 챔피언이 된 기록을 보유하고 있다.[3] 마이크의 말은 최고의 전략도 예상치 못한 일을 맞닥뜨렸을 때는 무너질 수 있다는 사실을 잘 설명해준다. 계획이 실패했을 때 당신의 조직은 얼어붙는가 아니면 적응하는가? 이 질문의 대답은 당신의 조직문화에 따라 다를 것이다.

《옥스퍼드 영어사전》에서는 전략을 "장기적 혹은 종합적인 목적을 달성하기 위해 설계된 계획"으로 정의한다.[4] 계획은 프로세스 맵, 대시보드, 성과관리 등의 전술적 성과라는 시스템으로 이어진다. 이러한 도구는 중요하다. 조직이 계속해서 집중할 수 있게 해주고, 계획의 단점도 금방 알아챌 수 있도록 해준다. 하지만 VUCA 상황이 닥쳤을 때 직원들이 정해진 계획에서 벗어나 유연하게 업무를 수행할 수 있는지는 조직문화에 달렸다. 높은 성과를 내는 조직문화는 적응적 성과를 이끌어내는 창의성과 문제해결능력, 끈기, 시민의식을 북돋아준다. 따라서 우리는 총 동기를 통해 적응적 성과를 극대화하는 시스템을 고성과 조직문화라고 말한다.

조직이 앞으로 맞닥뜨리게 될 VUCA 상황을 모두 예측하고 밝혀낼 방법은 없다. 고객은 전부 다르다. 시장 역시 각기 다르다. 기계설비는 고장이 나고, 과학기술은 계속 진화한다. 새로운 경쟁자도 나타난다. 세상은 계속 변하고, 조직 내 어떤 순간도 예측할 수 없다. 따라서 조직은 항상 모든 단계에서 적응해야만 한다. 그러려면 조직문화를 잘 구축해야 한다.

조직문화와 전략, 그리고 그에 따른 결과물인 적응적 성과와 전술적 성과는 음과 양과도 같다. 음과 양처럼 똑같이 중요한 두 가지의 성과가 전체를 양분한다. 음과 양처럼 서로 반대되는 성질처럼 보

도표 10. 적응적 성과와 전술적 성과, 조직문화와 전략

전술적 성과

- 계획을 잘 수행해내는 능력
- 전략에서 비롯되는 능력

적응적 성과

- 계획에서 벗어나 유연하게 대처하는 능력
- 조직문화에서 비롯되는 능력

이지만, 실상은 상호보완적인 관계다. 전략은 조직이 중요한 목표에 집중할 수 있도록 해준다. 한마디로 조직을 이끄는 강력한 힘이다.

한편 조직문화는 예측하지 못한 상황에 잘 대응할 수 있는 힘을 준다. 바로 조직의 민첩성을 뜻한다. 이 두 가지 개념이 함께 융합해 성과의 큰 틀을 제시한다. 20세기 가장 영향력 있는 경영관리 전문가인 피터 드러커Peter Drucker는 "전략은 조직문화의 아침식사 거리밖에 안 된다"[5]라고 말했다. 하지만 둘 중 하나를 선택해야만 하는 문제가 아니다. 둘 다를 가져야 한다. 전략과 조직문화는 서로를 희생양으로 삼아서는 안 된다. 경쟁사를 아침식사 거리로 해치우기 위해서는 두 개념이 함께 어우러져야 한다.

적응성을 이끄는 힘

우리가 자주 받는 질문 중 하나는 총 동기 문화를 구축할 수 없는 조직이 있는가 혹은 총 동기 문화가 필요 없는 조직은 있는가 하는 것이다.

예를 들면 정수처리장은 총 동기 문화가 필요 없는 곳으로 여기기 쉽다. 언뜻 어떠한 변화도 쉽게 드러나는 곳이 아니기 때문이다. 정수처리장에서는 기계가 물을 끌어올려 정화한다. 이 과정에서 총 동기나 적응적 성과가 필요할까? 직원은 그저 정해진 절차를 그대로 따르기만 하면 된다.

와튼 스쿨의 교수인 애덤 그랜트와 그의 동료들은 이런 생각이 얼마나 잘못되었는지를 보여주는 실험을 진행했다.[6] 정수처리장의 펌프는 24시간 가동 중이다. 비가 많이 내릴 경우 펌프는 침수될 수 있다. 그러면 물을 정수하는 과정에서 사용되는 염소가스가 누출될 위험이 있고, 이는 생명을 앗아갈 만큼 치명적인 결과로 이어질 수 있다. 문제가 발생할 수 있는 부분을 인지하고 미리 해결한다면 다운타임downtime*을 없애고 생명까지도 살릴 수 있다.[7]

그랜트 교수는 정수처리장 직원의 동기 요인을 조사했다.[8] 매니저들은 직원들의 적응성을 토대로 순위를 매겼다.[9] 가장 적응적인 직원들은 "설비의 오류를 사전에 감지하는 기술을 개발하고, 새로운 오염 방제 기술을 제안하며 새로운 업무 처리 방식과 안전 수칙을 제시"하는 사람들이었다.[10] 우리가 예상할 수 있듯이 직접동기(즐거움, 의미, 성장 동기)는 높은 수준의 적응성과 연관이 있고, 간접동기(정서적, 경제적 압박감)는 적응성과 관련이 낮은 것으로 드러났다.[11]

그랜트 교수는 이와 유사한 연구에서 성격의 특성에 대해 검토해 보았다. 보안요원의 성실성과 그들이 새로운 아이디어에 얼마나 개방적인지를 연구한 것이다. 그들의 성격 특성은 적응적 성과와 큰 연관성이 없었다. 자율성 역시 마찬가지였다. 그러나 총 동기는 적응적 성과에 깊이 관여했다. 한편 이러한 상관관계가 반드시 인과관계를 의미한다고는 보기 어렵다. 그랜트 교수는 적응적 성과 행동이 즐거움과 의미 동기를 이끄는 것이 아닌 즐거움과 의미 동기가 적응적 성과 행동을 유발한다는 사실을 증명하고자 했다.

그랜트 교수는 지역 사업체의 문제점을 해결한다는 명목으로 학생

* 기계나 시스템의 고장으로 운용할 수 없는 시간 — 옮긴이

들을 모집했고, 그들에게 재밌는 문제와 지루한 문제 중 하나를 선택하도록 했다. 물론 모든 학생들은 재밌는 문제를 선택했지만, 몇몇 학생들에게는 재밌는 문제를 맡은 그룹의 자리가 다 찼기 때문에 지루한 문제를 해결해야 한다고 말했다. 그랜트 교수는 특정 학생들에게는 처음부터 '즐거움' 동기를 느끼도록 했고, 다른 학생들은 그렇지 않도록 의도적으로 유도한 것이다.

그런 다음 그는 또 다른 참여자들에게는 '의미' 동기를 심어주었다. 참여 학생들에게 음악 밴드가 돈을 더 벌 수 있도록 도움을 달라고 요청했다. 그리고 현재 그 밴드가 어려움에 처해 있다고 알려주었다. "밴드에 소속된 여섯 멤버가 모두 부양가족이 있고, 그들 모두 곤경에 처해 있습니다. 주 단위로 근근이 생활을 해나가는 수준입니다." 또 다른 학생들에겐 밴드는 재정적으로 안정적인 사업가와 변호사로 구성되어 있고, 그들은 취미생활로 밴드 활동을 하고 있다고 했다. 참여자는 이제 '의미'와 '즐거움' 동기를 느낀 학생과 어떤 동기도 없는 학생으로 나뉘었다.

인디음악 산업의 전문가 두 명은 밴드가 수입을 늘릴 수 있는 방법에 대한 학생들의 아이디어를 창의성에 바탕을 두고 심사했다. 단 몇 분간의 '프라이밍 효과 priming effect'*로 인해 즐거움과 의미 동기를 지닌 그룹은 그렇지 않은 그룹에 비해 30%나 창의적인 아이디어를 제시했다. 행위에 앞서 특정 동기가 부여되었다는 점을 감안할 때, 적응성이 동기를 변화시키는 것이 아닌 동기가 적응성의 변화를 이끈다

* 머릿속에 떠오른 특정 개념이 뒤이어 제시되는 자극물의 지각과 해석에 영향을 미친다는 이론—옮긴이

는 것이 명확해졌다.

총 동기가 높아야 직원들도 더욱 적응적으로 된다는 사실을 안다는 것만으로 고성과 조직문화를 만들 수 있을까? 물론 적응성이 뛰어난 직원들이 필요하다. 하지만 그것만으론 충분하지 않다. 카오스와 복잡성complexsity의 대가이자 노벨상을 수상한 과학자들은 우리에게 적응성이 뛰어난 개인이 함께 모여야 진정한 의미의 적응적 조직을 구성할 수 있다는 사실을 알려주었다. 이 개념이 바로 '창발성emergence'*이다.

창발성이란 무엇인가

창발성이 무엇인지 설명하기 위해 인간이 속한 조직보다 좀 더 단순한 흰개미를 예로 들어보자. 곤충 세계에서 흰개미는 조금 모자란 취급을 받는다. 어디든 갈 수 있고 무엇이든 할 수 있어 곤충 세계에서 명문 상위 계급과도 같은 개미와 달리 흰개미는 단단한 외골격조차 갖추지 못했다. 흰개미의 몸통은 연약하고 투명하기 때문에 햇볕에 타 죽기도 한다. 날개 달린 흰개미들은 미약한 바람에도 날아간다. 그런데도 흰개미는 지구상에서 가장 성공적으로 살아남은 육지동물일 것이다.

동물 종족의 성공을 가늠하는 방법은 지구상에 존재하는 그 종의

* 개별 요소에서는 드러나지 않던 특성이 집단을 이루면서 어떤 특정 현상을 발생시킨다. 개미나 꿀벌 무리의 개체 수준에서 보이지 않던 특성이 무리를 이루었을 때 특정 패턴을 보이는 전체성으로 이어지는 개념이 창발성이다. —옮긴이

총 무게, 즉 생물량을 측정해 평가한다. 오늘날 지구에서 가장 성공한 개체는 생물량을 기준으로 흰개미, 개미, 인간 순이다.[12] 인간의 생물량은 3억5,000톤가량인데,[13] 개미의 생물량은 인간의 생물량 수치와 같거나 많게는 30배까지 높을 것으로 추측된다.[14] 그럼에도 흰개미의 생물량이 가장 많다.[15] 흰개미와 개미, 인간은 모두 다르지만[16] 세 종족이 갖고 있는 공통적인 특성이 있다. 모두 적응력이 높은 집단을 형성하려는 놀라울 정도로 유사한 본능을 갖고 있다는 점이다.

흰개미 집단의 복잡성은 감히 상상하기 어려울 정도다. 흰개미의 집은 높이 9미터가 넘는 것도 있을 정도로 엄청 크다. 먹이인 나무를 잘 소화하기 위해서는 영양분이 높은 곰팡이가 필요한데, 흰개미는 곰팡이 배양을 위해 온도 조절까지 고려해 집을 짓는다.

곰팡이는 까다로운 환경에서 자라는데, 최적의 온도를 유지하기 위해서 흰개미는 끊임없이 적응해야만 한다.[17] 흰개미는 흙으로 된 굴뚝을 통해 계속 환기를 시키며 온도와 습도, 이산화탄소의 비율을 최상으로 유지한다. 더운 여름날에 지하 습도를 조절하기 위해 뉴욕의 지하철에 탄 모든 사람들이 창문을 열었다 닫는 모습을 떠올려보라. 불가능해 보이지만 흰개미는 매일같이 이런 작업을 한다. 우리는 집에서 키우는 화초도 제대로 기르지 못하는데, 흰개미는 일일 온도 변화와 건기, 우기를 모두 고려해 환경을 만든다.

또한 그들은 주변 동물들에도 적응해야 한다. 흰개미의 천적인 개미가 공격해오면 커다란 머리와 턱을 갖고 있는 병사 흰개미가 집 밖으로 쏟아져 나온다. 그러면 일꾼 흰개미가 병사 흰개미가 나간 길 뒤로 구멍을 메워 막는다. 병사 흰개미가 자폭의 임무를 맡는 것이다. 흰개미의 시민의식은 대단할 정도다.

이 모든 행동은 계층적 체계 없이 스스로 조직하고 형성되었다. "개체의 몸집에 비교했을 때 흰개미는 지구에서 가장 큰 구조물을 건축하지만, 이를 통솔하는 CEO 흰개미는 없다." 창의성 전문가인 폴 플섹Paul Plsek은 이렇게 썼다.[18] 생식 능력이 있는 흰개미를 '여왕 흰개미'로 부르는데, 아마도 책임자가 있어야 한다는 인간의 생각에서 비롯된 명칭일지도 모른다. 그러나 여왕 흰개미 역시 다른 흰개미들처럼 조직 내 하나의 구성원이나 마찬가지다. 그녀는 수십 년에 걸쳐 매일같이 자신의 임무를 다한다. 여왕 흰개미는 다른 흰개미들에게 지시를 내리지도 않고, 개미집을 설계하지도 않는다. 추운 겨울 아침에 흰개미들은 여왕 흰개미에게 온도를 조절하라고 요구하지 않는다. 모든 구성원들은 주변 환경과 반응을 살피고, 거기에서 비롯된 일련의 복잡한 본능을 따를 뿐이다.

우리가 흰개미 같은 조직을 꾸릴 수 있다면 어떨 것 같은가? 문제가 생길 때마다 직원들은 자발적으로 스스로를 조직화해 문제를 해결할 것이다. 새로운 수입원을 찾게 되면 조직 내 모든 자원은 새로운 기회를 활용하는 데 초점을 맞춰 움직인다. 개개인이 최상의 성과를 내지만 공동체의 필요성이 무엇보다 중요해진다. 우리는 어떻게 이러한 조직을 만들어나갈 수 있을까?

인간이 만들어내는 창발성

흰개미 집은 창발성 현상을 보여주는 좋은 예다. 창발성은 집단의 일부가 모여 스스로 조직화되어 부분의 합보다 훨씬 복잡한 시스템을 이루는 현상을 뜻한다. 이러한 시스템은 자가自家 조직화되어 높은 수준의 적응적 성과를 만들어낸다. 창발성과 상반되는 개념은 자동차 엔진과 같이 상대적으로 단순한 기계 구조다. 엔진 속 모든 부품은 특정 역할을 수행하고, 자동차를 앞 혹은 뒤, 예측 가능한 방향으로 움직이도록 하기 위해 다른 부품들과 연계되어 있다. 자동차 엔진은 적응성을 필요로 하지 않는다. 하지만 흰개미 집에서 각각의 흰개미들은 상황에 따라 다양한 역할을 수행한다.

창발성이 발현된 사례는 수도 없이 많다. 인간이 이룬 도시와 국가, 새 떼와 동물 무리, 인터넷은 모두 창발성에 속한다. 인간의 뇌와 면역체계 역시 마찬가지다.[19] 규모가 큰 기업의 생태계에서도 찾아볼 수 있다. 도요타는 진보한 공급망 관리 기법으로 유명하지만, 한 복잡성 연구가는 "도요타는 공급 네트워크의 광범위한 특성을 이해하지 못했다"라고 말했다.[20] 이런 모든 상황에서 개별 요소들은(조직 내 직원들, 뇌 속 뉴런, 체내의 백혈구, 공급망) 주변 환경에 적응하고, 다른 요소와 함께 수행하기 위해 조직화되었다. 개별 요소가 모여 수백, 수천, 수백만의 공동체로 규모가 커지면서 복잡해지고 예측하기 어려운 생태계를 형성한다.

우리의 일상생활에서도 창발성이 적용된 사례를 찾아볼 수 있다. 나는 뉴욕의 사무실에서 이 책을 쓰고 있다. 뉴욕의 식품 공급망은 창발적 시스템이다. 공급망을 감독하는 사람도 없고, 이를 통솔하는 거대한 계획도 없다. 그런데도 거리 모퉁이 식료품점마다 우유와 빵이 준비되어 있다. 재고가 부족할 때는 근면 성실한 사람들이 자발적으로 문제를 해결한다.[21] 흰개미 집처럼 도시는 살아 있는 유기체로, 도시 구성원들은 자신의 기능을 다하는 세포로 움직인다.

창발성과 성과의 상관관계

창발성은 복잡성 이론complexity theory의 한 분야로 연구되고 있다. 복잡성 연구가들이 가장 고민하는 문제는 '어떻게 단순한 개체 하나가 스스로 조직화되어 굉장히 복잡하고 적응적인 시스템을 구축하는가?' 하는 것이다.[22] 복잡성 이론가들은 일반적으로 창발적 조직은 적응성의 특질을 여실히 보여주는 완벽한 사례라고 믿고 있다. 생물량으로 상위를 점령한 흰개미, 개미, 인간이 모두 개인의 적응적 성과를 높이고, 적응성을 전 공동체의 행동양식으로 확립하는 메커니즘을 구축하려는 본능을 발달시킨 데는 이유가 있을 것이다.

창발성은 훌륭한 조직을 관리하고 (만들어나가는 데) 어떤 교훈을 주는가? 복잡한 고객의 니즈는 계속 변화하고, 이를 만족시켜야 하는 업계에서 경쟁하는 가상의 기업 세 곳의 예를 들어보겠다.

- 첫 번째 기업은 엄격한 전략을 고수한다. 기업은 계획을 세우고, 직원들 모두 고도의 집중력을 발휘한다. 이 기업은 지휘와 통제를 기반으로 운영된다. 모두가 항상 계획안을 따르고, 어떤 식으로든 계획에서 벗어난 행위는 용납되지 않는다. 대다수의 사람들은 이런 분위기의 회사에서 일하는 것을 힘들어한다.
- 두 번째 기업 역시 전략이 있다. 하지만 직원들 개개인이 적응력을 발휘할

수 있는 조직문화를 갖추었다. 직원들은 자신의 업무를 더 잘할 수 있는 방법을 찾으려 노력하지만, 자기 주변의 환경보다 더 넓고 크게 행동을 확장시키지 못한다.

- 세 번째 기업의 경우 직원 개개인이 높은 적응력을 발휘하고 자신의 아이디어를 전 조직에 확산할 수 있는 조직문화를 구축했다. 뛰어난 아이디어를 타인과 공유하고, 동료들에게 무언가를 배우며 항상 열린 자세를 유지한다. 누군가 큰 문제를 발견했을 때 다른 동료들 역시 나서서 돕는다.

짐작할 수 있듯이 세 번째 기업이 가장 적응력이 높다. 장기적 관점에서 보면 세 번째 기업이 가장 큰 성공을 이룰 것이다. 적응적 조직은 승리하기 위해 탄생한다. 메사추세츠 대학의 벤야민 리히텐슈타인Benyamin Lichtenstein 교수는 "전통적이고 위계적인 리더십은 현대의 복잡성에는 효과적이지 않다"라며[23] 복잡성 이론을 통해 리더십 스타일에 대해서도 말한 바 있다. 리히텐슈타인과 그의 동료들은 조직 내 성과와 적응성이 높은 조직문화가 탄생하기 전에 무엇이 선행되어야 하는지를 밝혀냈다.

첫째, 조직에 속한 개개인은 자신의 환경에 적응해야 한다. 흰개미가 집 안의 구멍을 고치고, 필요한 경우 또 다른 환기구를 만드는 과정은 누구도 막을 수 없다. 흰개미의 본능은 변화하는 주변 환경에 따라 대응하고 적응하는 것이다. 조직 역시 구성원들이 자신의 임무를 더욱 잘 수행하고 고객을 만족시킬 수 있도록 장려해야 한다.[24] 리히텐슈타인 교수는 이를 두고 "참신함을 장려하고 실험과 변화를 허용해야 한다"라고 설명했다. 다시 말하면 바로 '즐거움' 동기다.

창발적 조직에서 즐거움 동기는 일을 '놀이'처럼 대한다든가 다양한 이벤트를 마련하는 것을 의미하지 않는다. 즐거움 동기는 고객 서비스, 상품 디자인, 영업부와 같이 적응성을 최대한 발휘해야 하는 분야에서 직원들이 '실험'을 해볼 수 있음을 뜻한다.

둘째, 창발적 조직은 시민의식을 북돋을 수 있어야 한다. 성숙한 시민은 서로 가르치고 도와주며, 새로운 아이디어를 널리 퍼뜨리고 혁신을 공유한다. 만약 당신이 업무를 더 잘 수행할 수 있는 방법을 찾았다면 전체 조직과 함께 공유하는 것을 당연하게 생각해야 한다. 반대로 누군가 어떤 일을 잘한다고 생각한다면 그에게 다가가 방법을 물어보는 것을 불편하게 생각해선 안 된다. 문제가 생겼다면 역시 모두가 나서서 도와야 한다.

흰개미는 페로몬을 통해 화학적으로 시민의식을 발휘한다. 흰개미가 먹이를 찾게 되면 페로몬으로 자취를 남겨 다른 흰개미들이 그 자취를 따라 그곳을 찾아올 수 있도록 한다. 인간은 이보다 좀 더 복잡하다. 우리는 돈과 같은 도구에 의존한다. 그러나 단지 돈만이 아니라 심리적 특성에 의지하기도 한다. 구성원들 사이에 공동의 목표와 정체성이 확립되고 공유될 때, 구성원들은 이 정신을 공동체에 되돌려준다. 리히텐슈타인 교수는 이를 두고 '의미 형성과 의미 제공sense making and sense giving'이라고 표현했다.[25] 또 다른 연구자는 이를 두고 '의미 공유와 일관성shared meaning and coherence'이라고 언급했다.[26] 이는 '의미' 동기와 직결되는 개념으로, 의미 동기는 자신의 업무에서 비롯된 결과는 물론 자신이 속한 조직에 대해서도 열의를 갖게 한다.

우리는 적응하려는 욕구를 타고났다

"나를 포함해 많은 사람들이 심리학과 생물학 사이에 연결고리가 형성될 때 하향식 분석과 상향식 분석 모두 좋은 방법이라고 생각한다."[27] 노벨 물리학상 수상자이자 복잡성 이론의 대가 중 한 명인 머리 겔만Murray Gell-Mann의 말이다. 겔만의 말을 되새기며 이번 장에서는 심리학부터 다루었다. 다양한 심리 실험을 통해 총 동기가 개인의 적응성과 연관이 있다는 것이 밝혀졌다. 이후 복잡성 이론을 바탕으로 가장 뛰어난 적응력을 갖춘 조직에 대해서 설명했다. 이제 생물학이 남은 것을 설명해줄 순서다.

우리는 생물 시간에 인간이 진화를 통해 '어떻게how' 살아남았는지 배웠다. 하지만 '왜why' 살아남았는지는 배우지 않았다. 인간이 존재하는 이유는 아직도 명확하지 않다. 복잡한 생명체가 등장한 지 5억 5000만 년가량 되었지만, 현재의 인간과 유사한 생물은 비교도 할 수 없을 만큼 짧은 역사를 갖고 있다. 뇌가 크면 필요한 것이 굉장히 많다. 비슷한 뇌 크기를 지닌 포유동물이 고작 3와트의 에너지가 필요한 반면, 인간의 뇌는 15와트가 필요하다.[28] 지구의 네 바퀴에 맞먹는[29] 약 10만 마일, 그러니까 16만km의 정맥과 모세혈관, 동맥으로 혈액을 계속 공급하는 심장조차도 단지 10와트의 에너지가 필요할 뿐이다.[30] 그럼에도 우리는 지금 이렇게 살아 있다.

오랫동안 많은 진화학자들은 인간의 뇌가 소비하는 칼로리만큼의 가치는 없다고 믿었다. 동물은 인간의 지능 없이도 번영해왔다. 그러나 300만 년 전에는 기온 변동 폭이 1~2도 정도였다면, 200만 년

전부터 평균 기온은 해마다 5~6도의 변동 폭을 보이며 환경이 변화하기 시작했다.[31]

캘리포니아 대학 연구자인 로버트 보이드Robert Boyd와 피터 리처슨Peter Richerson은 인간의 뇌가 기후 변화에 따라 진화하고 있다고 주장했다.[32] "지난 600만 년간 기후 변동은 더욱 심해지고 있다. 여러 관점에서 살펴봤을 때 인간의 문화는 기후 악화를 반영한 적응 현상이라고 볼 수밖에 없다." 두 과학자는 이렇게 설명했다.[33]

우리는 VUCA 덕분에 존재할 수 있었다. 인간의 뇌가 커졌기 때문에 우리는 실험하고 배우고 의사소통하며, 궁극적으로 문화를 형성할 수 있게 된 것이다. 인간이 유전자가 아닌 비유전적 문화 요소를 통해 적응할 수 있었던 데는 문화의 역할이 컸다. "사회적 학습은 환경의 시간적, 공간적 변화에 대응할 수 있는 능력을 높여준다. 문화적 진화는 인간이 빠르게 변화하는 환경에 발맞춰 나갈 수 있도록 해준다. 학습과 여러 심리적 요소를 통해 자연 도태를 상쇄할 수 있기 때문이다." 리처슨과 보이드는 전했다.

동물들이 세대를 거쳐 변화하고 적응하는 반면 인간은 한 번의 인생에서 여러 번 변화한다. "인간이 높은 인지 능력을 갖추고, 그에 따라 풍부한 문화를 형성할 수 있었던 이유는 빠르게 변화하는 세상에 필요한 적응성을 갖고 있기 때문인 것으로 보인다." 리처슨과 보이드는 이렇게 밝혔다.[34] 즉 우리는 적응적 수행을 할 운명을 타고났다고 할 수 있다. 이는 우리가 총 동기 본능을 지닌 이유이기도 하다.

이러한 이론을 뒷받침해주는 증거는 매우 흥미롭다. 고생물학자들은 환경 변화에 따라 동물의 뇌 크기가 대부분 커졌다는 사실을 발견했지만, 뇌 크기의 변화는 인간의 진화에 더욱 밀접하게 연관되어 있다. 인간과 유사한 종種을 살펴보면 기후 변화에 따라 거의 같은 비율로 뇌 크기 역시 커졌고, 그 결과 인간은 문화를 창조하는 최상의 적응적 독립체로 거듭났다.[35] 결론적으로 뇌의 크기가 커지며 문화를 형성할 수 있었다고 할 수 있다. 문화는 그 어떤 개인 한 명의 적응성보다도 훨씬 뛰어난 적응력을 갖춘 집단과 사회를 만들었다. 문화는 바로 적응성에서 비롯되었음을 대자연이 증명하고 있다.

위키피디아는 어떻게 운영되는가

인간이 제대로 된 조직문화를 구축한다면 인간만이 흰개미 집을 다양한 형태로 만들 수 있다. 음과 양의 조화를 가장 잘 보여주는 본보기는 바로 '위키피디아Wikipedia'다. 위키피디아의 경우 영리적 사업체는 아니지만 역사상 가장 높은 성과를 보여주는 조직일 것이다. 위키피디아는 실로 대단한 단체다. 못 믿겠다면 검색해보길 바란다.

- 위키피디아는 인터넷 상 가장 유명한 사이트 10위 안에 든다.[36]
- 웹사이트에는 3,400만 개의 게시글이 올라가 있다. 굳이 비교하자면 (1851년 자료부터 보관되어 있는) 〈뉴욕타임스〉의 기록보관소에는 1,300만 개의 기사가 보관되어 있는데, 이 역시도 대단한 위업이다.[37]
- 위키피디아에 참여하는 자원봉사 기고자는 7만6,000명이고, 대부분 익명으로 활동한다.[38]

위키피디아의 성공은 일관성과 적응성을 장려하는 문화를 구축한 전략에서부터 비롯되었다. 위키피디아는 끊임없이 정보를 업데이트 하며 적응했다. 가령 2013년도 월드 시리즈 당시 다섯 번째 게임의 기록이 실시간으로 업데이트되었다.[39] 12명의 기고자가 매 이닝마다 경기 점수와 상황을 입력했다. 최종 점수는 경기가 끝난 직후 30초가 지나지 않아 입력되었는데, 이 최종 점수를 입력한 기고자의 경우 지난 7년 동안 3,000개가 넘는 게시물에 글을 기고했다.

한 연구자는 위키피디아의 적응성을 실험하기 위해 사이트의 글에 의도적으로 13개의 오류를 심어두었는데(인간의 품위를 위해서 권하고 싶지 않은 실험이다) 모두 3시간 이내에 수정되었다. 좀 더 찾아내기 힘든 미묘한 오류를 글에 첨가한 또 다른 실험에서는 '3분의 1에서 2분의 1의 오류가 48시간 이내 수정되었다'[40]. 이런 현상은 흰개미 집에 구멍을 뚫었을 때와 비슷하다. 흰개미들은 구멍을 발견하는 즉시 특별 팀을 꾸려 구멍을 메우고, 수리가 끝날 때까지 얼마의 시간이 걸리든 함께 일한다. 위키피디아가 얼음처럼 경직된 조직이었다면 이러한 열정이 발현되기 어려울 것이다.

그러나 적응성만으로 이렇게 거대한 성공을 달성하기란 어렵다. 우리는 적응적 성과와 전술적 성과의 균형을 찾아야 한다. 음과 양처럼 말이다. 위키피디아의 경우 전술적 성과란 전 세계 사람들이 모여 수많은 글을 쓰는 일관성에서 비롯된다. 정해진 형식이 없음에도 조직 내 자원봉사자들은 놀라운 일관성이 드러나는 글을 생산하고 있다. 위키피디아의 전술적 성과를 보여주는 한 예로 '철학이 모든 지식의 근본이다'라는 현상이 있다. 가령 이런 식이다. 위키피디아에서

'요거트'를 입력해보자. 페이지에서 (발음기호를 제외하고) 제일 처음 나오는 링크는 이 글을 쓴 당시에는 '박테리아'다. '박테리아'를 클릭해 페이지에 들어가면 제일 처음 등장하는 링크는 '도메인'이다. 이렇게 링크를 계속 따라가다 보면 결국 '철학' 페이지에 다다른다.

'행동신호(스티그머지, stigmergy)'라는 새로운 페이지를 시작해보자(흰개미의 행동양식을 묘사하는 단어로 창발성 현상을 뜻하는 전문 용어다).[41] 첫 링크는 '조직화'다. 계속 링크를 따라가다 보면 역시나 모든 지식의 근본인 '철학'에 이른다. 위키피디아에 따르면, 사이트 글 가운데 95%는 결국 '철학'으로 귀결된다.[42] 위키피디아가 굉장히 무질서했다면 이 정도의 일관성을 달성하기 어려웠을 것이다.

위키피디아의 자원봉사자들이 인간 수행의 정점을 달성할 수 있었던 이유를 파악하기 위해 조직문화에 관한 다양한 연구가 진행되었다.[43] 한 연구에서 조사자들은 사람들이 위키피디아에 참여하는 동기 요인과 참여 경험이 그들에게 얼마나 큰 만족감을 주었는지 분석했다. 어떤 사람들은 그저 재미로 위키피디아에 글을 썼다. 또 어떤 이들은 경제적 동기를 부여받았다(고용주로부터 지급받거나 사업에 도움이 된다고 생각해서 참여하는 식이다).

모티브 스펙트럼의 첫 번째 원칙에 부합해 직접동기 요인은 참여자들의 성과를 높였고, 간접동기 요인은 성과를 낮췄다. 즐거움, 의미, 성장 동기는 위키피디아 기고자들의 참여도에 긍정적인 영향을 미친 반면, 경제적 동기 요인은 부정적인 영향을 끼쳤다.

모티브 스펙트럼의 두 번째 원칙에 따라 동기 요인이 행위에 가까울수록 성과는 높아졌다. 위키피디아 기고자들에게 가장 큰 동기는

'즐거움'이었고, 그 뒤를 '의미'와 '성장' 동기가 이었다.

세 번째 조사 결과는 의외라고 느낄 수도 있다. 연구자들에 따르면 모든 동기 요인이 높은 수준의 '자기만족도'로 귀결되었다. 우리는 보통 경제적으로 동기부여가 될 때 만족감을 느낀다고 말한다(경제적 동기 요인과 만족도의 상관계수는 0.38이다). 하지만 만족감을 느낀다고 반드시 기여하는 것은 아니다(경제적 동기 요인과 기여도의 상관계수는 -0.28이다). 사람들이 말하는 것과 실제로 행동하는 것은 다른 차원의 문제다.

나 역시 여러 조직에서 이런 현상을 목격했다. 그렇기 때문에 직원 만족도를 조직문화의 강점으로 내세워선 안 된다. 만족감을 만들기는 쉽다. 그러나 만족도가 항상 적응적 성과로 이어지는 것은 아니다. 실제로 (이 정도면 만족스런 상태의) 만족도는 조직에 가장 해로운 동기 요인인 '타성'을 야기하기 쉽다.

변화의 시작

"가장 지능이 높은 개체가 살아남는 것은 아니다. 가장 강한 개체가 살아남는 것 역시 아니다. 자신이 처한 환경이 계속 변함에 따라 가장 잘 적응하고 조정하는 능력을 갖춘 종種이 살아남는다."[44] 매니지먼트 구루인 레온 매긴슨Leon Magginson의 말이다.

이번 장의 목표는 고성과 조직문화가 무엇인지 살펴보는 것이었다. 고성과 조직문화란 총 동기를 통해 조직 내 적응적 수행을 극대화하는 시스템을 의미한다. 고성과 조직문화의 목표는 단연 '적응적

도표 11. 고성과 조직문화를 만들기 위한 방법을 정리하면 다음과 같다.

총 동기는 적응적 수행을 극대화한다. 직원들이 간접동기가 아닌 직접동기 요인을 가질 때 총 동기는 높아진다.

조직 또는 팀이 최고의 성과를 내기 위해선 서로 상충하는 두 가지의 성과, 전술적 성과와 적응적 성과의 균형이 필요하다.

문화는 총 동기를 활용해 적응적 수행을 극대화하는 생태계다. 문화의 핵심을 구성하는 다양한 열쇠가 함께 맞물려야 성과의 비밀을 열 수 있다.

수행'이다. 목표를 이루기 위해서는 '총 동기'가 중요하다. 이를 만들어내기 위한 도구는 조직문화의 핵심 요소들인데, 그에 대해서는 뒤에서 다룰 예정이다.

조직문화가 무엇을 어떻게 달성하는지를 제대로 이해한다면 조직문화를 만들어나가고 변화시킬 수 있다. 단, 한 가지 거대한 함정이 있다. 인간은 생물학적으로 적응적 문화를 선호하도록 설계되어 있지만, 오해와 불완전한 지식이 위험한 편견을 갖게 한다. 이 편견은 우리의 귓가에 총 동기를 파괴하라고 나직이 속삭인다.

위대한 위키피디아 역시 속수무책이다. '위키피디아'라는 조직에 대해 깊이 있는 조사를 진행한 〈슬레이트Slate〉지에 따르면, 조직을 보호하고자 하는 선의가 공동체의 적응성을 낮추는 결과로 이어졌다고 전했다. 신입직원은 환영받지 못했고, 기존 직원들은 감시당하는 것처럼 느꼈다. 총 동기는 낮아졌고, 마찬가지로 적응적 수행 역시 떨어졌다. 불행하게도 기업의 생애 주기에 따라 예측된 결과였다(이에 대해서는 6장에서 다룰 예정이다). 조직에 서서히 퍼져나가 최고의 조직마저 뿌리째 뒤흔드는 편견의 무서운 힘에 대해서는 다음 장에서 살펴보도록 하겠다.

PART 3

훌륭한 조직문화를 찾아보기 힘든 이유

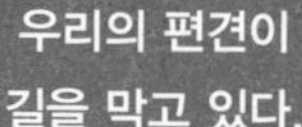

우리의 편견이
길을 막고 있다.

— 5장 —

과실 편향성

우리가 갖고 있는 과실 편향성으로 인해
간접동기가 높아진다.

나는 총 동기와 적응적 수행을 둘러싼 다양한 이론에 대해 통찰력을 제시했지만, 사실 지난 70년 동안 수많은 과학자와 연구자들은 문화의 고르디우스의 매듭Gordian knot*을 체계적으로 풀어내고 있었다. 책에서 소개된 여러 사례들은 빙산의 일각에 불과하다. 그런데 총 동기의 영향력에 대한 수많은 증거에도 불구하고 왜 여전히 간접동기 요인이 우리를 장악하고 있을까?

몇 가지 확실한 이유가 있다. 간접동기 요인은 측정하기 쉬운 전술적 성과를 단기적으로 상승시키는 효과가 있다. 간접동기는 모든 기업이 쉽게 중독되는 마약과도 같다. 수많은 학술 논문과 경영관리 관련 문헌이 뒷받침하고 있지만, 동기와 성과의 연관성에 관해 이해하

* 알렉산더 대왕의 전설에 나온 매듭으로 도저히 풀 수 없는 어려운 문제를 뜻한다.—옮긴이

는 리더는 극소수에 불과하다. 최근에서야 동기와 성과의 상관관계가 우리의 집합의식에 자리잡기 시작했다.

왜 간접동기를 포기할 수 없는지에 관해 연구자들은 우리 안에 뿌리 깊이 내재된 또 다른 이유를 알아냈다. 우리가 갖고 있는 편견은 간접동기를 선호하게 된다는 것이 그 이유다. 그마나 좋은 소식은 이러한 편견이 태생적으로 내재된 것은 아니라는 점이다. 편견이 있다는 것을 이해한다면 없앨 수 있다. 훌륭한 문화의 리더가 되고 싶다면 자기 안에 자리잡은 편견을 몰아내는 것에서부터 시작해야 한다.

과연 우리는 가치관에 따라 행동하는 것일까

지금이 1972년이라고 상상해보자. 당신은 심부름 때문에 쇼핑몰에 와 있지만 무엇을 사야 하는지 잊고 말았다. 아직 스마트폰이 개발되지 않은 때라 공중전화 부스로 가서 배우자에게 전화를 한다. 통화가 끝난 후 전화 부스를 나서는데 누군가가 바닥에 종이 뭉치를 잔뜩 떨어뜨렸다. 당신은 가던 길을 멈추고 그 사람을 돕겠는가?

기업 리더들에게 이와 같은 질문을 하자 거의 모든 사람이 도울 것이라고 대답했다. 그런데 연구자 두 명이 실제로 실험했을 때는 겨우 4%의 사람만이[1] 도움을 주었다.[2] 이 결과를 기업 리더들에게 알려주면 그들은 가장 먼저 실험 참여자의 교육 수준과 가정환경에 대해 물어본다. 리더들은 돕지 않은 96%의 사람들은 인간의 기본적 가치가 결여되었다고 말했다. 어떤 리더는 우리에게 농담을 섞어 뉴욕에서 실험한 것은 아니냐고 되물었다(실험은 샌프란시스코와 필라델피아의 쇼핑몰에서 진행되었다). 우리와 대화를 나눈 리더들의 모습은 인간의 본능적인 반응, 다시 말해 직관적으로 이해되지 않는 결론을 설명하기 위해 타당한 이유를 찾는 모습을 여실히 드러냈다. 그러나 안타깝게도 대부분 엉뚱한 데 초점을 두고 있다.

앞서 나온 실험에서 연구자들은 실험에 작은 변화를 주었다. 공중전화의 동전 반환구에 동전을 남겨 부스에 들어온 사람이 우연히 동전을 발견하도록 한 것이다. 전화를 하러 온 사람들은 갑작스레 10센트의 행운을 만났다. 이 행운은 그들이 곤경에 처한 타인을 돕는 행위에 과연 영향을 미쳤을까? 당신은 물론 대다수의 사람들은 우연히 발견된 동전이 누군가의 행동을 변화시킬 수 있다는 사실을 믿기 어려울 것이다.

우리는 인간의 선택이 타고난 성격에 의해 결정된다는 편견에 사로잡혀 있다. 훗날 성인이 되면 누군가를 돕거나 돕지 않는 사람, 둘 중 하나가 될 것이라고 믿는다. 그러나 이러한 편견은 잘못되었다. 동전은 큰 변화를 만들었다. 동전을 주은 사람 가운데 88%가 낯선 사람에게 도움을 주었다. (동전이 없던 실험에서는 고작 4%만이 도왔다.)

몇 년 후 동일한 연구자들은 좀 더 대담한 실험을 진행했다. 공중전화 부스에 주소는 적혀 있지만 우표는 붙어 있지 않은 봉투를 놓아두었다. 이제 문제는 동전의 행운 때문에 사람들이 과연 얼굴도 보지 못한 타인을 위해 우표를 붙여 편지를 보내는 행동까지 할 것인가 하는 점이다.[3] 설사 그렇게 하지 않더라도 그 사실을 아는 사람은 아무도 없다. 이번에도 역시 우리의 직관과 반대되는 결과가 나왔다. 동전 반환구에 동전이 없었을 때는 10%의 사람만이 편지를 부쳤다. 그런데 동전이 있었을 때는 무려 76%의 사람들이 우표를 붙여 편지를 보내주었다.

우리는 실험을 통해 아주 사소한 요인이 시민의식을 불어넣는다는 사실을 알게 되었다. 실험에 등장한 사람들 대부분의 경우 성격에 내재된 불변의 요소 때문이 아니라 '행운'이라는 충동적 요인에 의해 시민의식이 발현되었다. 결과를 확인한 당신 역시 앞서 나왔던 리더들과 같은 반응을 보일 것이다. 리더 중 한 명이 말했던 것처럼 '이런 결과가 나올 리가 없어! 실험에서 뭔가 다른 요인이 있었던 게 분명해'라고 생각할 것이다.

우리의 직관은 인간이 내리는 선택이 개인의 가치와 신념, 교육에 따른 결정이라고 믿고 싶어 한다. 그리고 우리는 자신의 행위에 대한 통제력을 갖고 싶어 한다. 주어진 상황에서 아주 작은 변화에 인간의 선택이 쉽게 영향을 받는다는 사실을 받아들이기 힘들어 한다.

만약 상황이 이렇듯 중요하다면 왜 우리는 바꾸지 않는 것일까? 왜 우리는 게임판이 아닌 플레이어를 바꾸기 위해 그토록 많은 노력을 했던 것일까? 왜 조직에 속한 모든 사람을 들쑤시기 전에 사람들이 성과를 낼 수 있는 문화를 구축하는 데 시간과 에너지를 쏟지 않는 것일까? 대답은 바로 우리가 갖고 있는 과실 편향성 때문이다.

사람이 아니라 상황이 문제다

모노폴리 게임은 실제 비즈니스 세상의 축소판이다. 플레이어는 부동산을 매매하고 교환하고 임대한다. 물론 운이 필요하지만 기술 역시 중요하다. 승자는 보통 운을 과소평가하고 자신의 기술을 과대평가한다.

버클리에 위치한 캘리포니아 대학의 폴 피프Paul Piff는 이런 성향을 시험하기 위해 모노폴리 게임을 노골적으로 조작했다. 속임수의 장치는 누구라도 쉽게 눈치 챌 수 있을 정도로 분명했다. 승자로 정해진 플레이어는 다른 플레이어보다 2배나 많은 돈을 받고 게임을 시작했다. 폴 피트는 테드TED에서 이 실험에 대해 언급했다.[4] "출발점을 지날 때 기존 규칙보다 2배 높은 월급을 받았고, 주사위 하나가 아닌 2개를 던질 수 있었기에 말을 훨씬 더 많이 옮길 수 있었다."

게임에서 일방적인 승리를 거둔 후 승리자들에게 게임을 이길 수 있었던 이유가 무엇이었는지 물었다. 앞서 설명했듯이 게임이 조작되었기 때문이었다. 하지만 그들은 다른 이유를 말했다.

"그들은 자신이 다양한 부동산을 구매하기 위해 어떻게 했는지, 게임을 이기기 위해 어떤 전략을 썼는지만 설명했을 뿐 상황이 특수했다는 데는 무뎌져 있었습니다. 가령 게임을 시작하기 전, 그들은 동전 던지기의 결과로 유리하게 게임을 시작할 수 있었는데도 이런 무작위 상황으로 승자가 될 수 있었다는 사실을 간과했습니다." 피프가 설명했다.

자신의 능력으로 게임을 이겼다고 생각한다는 것은, 다시 말해 승자는 다른 플레이어들이 자신보다 능력이 없었다고 생각한다는 뜻이기도 하다. 이것이 바로 '과실 편향성blame bias'이다. 상황이 한 사람에게 훨씬 호의적으로 흘러갔음에도 우리는 여전히 플레이어를 탓하게 된다.

이번엔 사람의 생사가 달린 훨씬 복잡한 사례를 소개하겠다. 유럽의 연구팀은 산업재해가 발생했을 때 관리자의 대응 방법을 심도 있게 살펴보기 위해 가나의 광산과 공장에서 발생했던 수많은 사고를 조사했다.[5] 연구팀은 먼저 사고 희생자와 함께 일했던 동료들을 조사했는데, 희생자의 업무 환경과 매우 유사한 환경에 처해 있는 사람도 있었고(직업이 같았다), 그렇지 않은 사람도 포함되어 있었다. 업무 환경이 유사한 그룹에서는 6%만이 사고 책임이 희생자에게 있다고 응답했다. 그러나 희생자의 업무 환경과 직접적으로 연관이 없던 동료 그룹에서는 희생자에게 잘못이 있다고 대답한 비율이 44%나 되었다. 행위자와의 관계가 멀수록 우리는 더욱 그들을 비난하는 경향이 있다.

만약 당신이 산업재해의 예시에 나온 관리자이고, 상황이 아니라 그 상황에 처한 사람을 비난하는 편견에 사로잡혀 있다면 안전성을 높이기 위해 어떤 방안을 제안하겠는가? 전 직원들을 상대로 안전 교육을 실시하거나 안전 수칙을 따르는 데 한해 보너스를 지급하는 방법을 쓸 것이다. 위험 지역에 노란색 페인트를 칠하거나 생산 과정을 개편하거나 기계 설비 점검을 더욱 철저히 실시하는 등의 구조적인 해결 방안이 있는데도 떠올리지 않을 것이다.

모노폴리 게임에서처럼 사람의 잘못이 아닌데도 사람을 비난하게 된다는 이론은 사회과학 분야에서 획기적인 발견이었다. 스탠퍼드 대학의 리 로스Lee Ross는 이러한 현상을 매우 중요하게 여겨 '기본적 귀인 오류fundamental attribution error'라는 이름을 붙여 널리 알렸다.[6]

잘못된 비난

과실 편향성의 실체를 알고 나면 실제 우리 주변에서 이런 일들이 얼마나 자주 발생하는지 깨닫곤 놀랄 것이다. 한 예로 과실 편향성은 교육 현장에서 빈번하게 발생하며, 이러한 편견은 교사와 학생의 성과를 평가할 때 영향을 미친다.

심리학자인 린다 베크먼Linda Beckman은 교사 평가 과정에서 잘못에 대한 편견이 어느 정도 영향을 미치는지를 실험했다.[7] 그녀는 UCLA에서 교육학을 전공하는 학생들을 섭외해 한 팀은 강의를 하게 하고, 다른 한 팀은 그 강의를 평가하도록 했다. 평가를 하는 관찰자 팀 역시 같은 학교의 학생으로, 강의하는 학생들에게 기본적으로 동질감을 느끼고 있었다. 더욱이 그들은 심리학 개론을 공부했기 때문에 과실 편향성이라는 개념에 대해 어느 정도 방어 체계가 구축되어 있었다.

실험을 위해 베크먼은 어려운 상황을 연출했다. 강사 역할을 맡은 대학생들에게 어린이들을 상대로 수학을 가르쳐야 하지만 아이들을 볼 수도, 목소리를 들을 수도 없다고 전했다(사실 수업을 듣는 사람은 아무도 없었다). 강사들은 취조실에서나 볼 법한 한쪽만 볼 수 있는 유리의 반대편에 학생들이 앉아 있다고 믿고 있었다. 가르치는 동안 학생들이 제대로 이해했는지 자신이 확인할 수 있는 시각적, 청각적 신호를 받을 수 없었다. 게다가 강의 내용은 그들이 처음 접하는 내용으로 20분짜리 수업을 준비하는 데 고작 20분의 시간만 주어졌다.

이후 강사와 강의 평가자들에게 수업이 얼마나 효율적이었는지 판단하기 위해 학생들을 대상으로 시험을 치렀고, 시험 결과 학생 중

몇 명은 기존에 비해 학습능력이 떨어졌다고 알려주었다. 강사 그룹과 평가자 그룹에게 무엇이 잘못되었는지 물었다. 그러자 두 그룹 모두 결과에 대한 비난이 잘못된 방향으로 흘러갔다.

평가자 그룹의 50%는 학생의 잘못으로, 32%는 강사의 잘못으로 돌렸다. 모든 상황을 지켜보았음에도 수업 상황이 열악했다고 답한 사람은 18%밖에 되지 않았다. 학생을 볼 수도, 학생의 반응을 들을 수도 없었던 강사들은 상황이 호의적이지 않았다는 사실을 누구보다 잘 알고 있었다. 그런데 강사들조차 42%나 학생의 잘못이라고 응답했다.

만약 당신이 이 평가자들 가운데 한 명이었다면, 그래서 수업 내용을 개선할 방법을 생각해야 한다면 어떻게 하겠는가? 수업 환경을 탓하지 않도록 마음먹었기 때문에 환경을 바꾸는 방안에 대해서는 생각하지 않을 것이다. 대신 어떤 문제가 발생하든 강사나 학생의 잘못이라고 여기게 될 것이다. 게임을 바꾸지 않고 플레이어를 바꾸려 하는 것이다.

조직에서 나타나는 과실 편향성

우리는 조직에서 과실 편향성 상황을 자주 맞닥뜨린다. 직원이 매출 목표를 달성하지 못한 이유를 무엇 때문이라고 생각하는가? 게으르기 때문이라고 믿는다. 그는 왜 항상 일을 엉망으로 처리할까? 똑똑하지 않기 때문이라고 생각한다. 왜 매니저는 부정행위를 할까? 그는 비윤리적인 사람이고, 어린 시절 엄마와의 애착관계 형성에 문제가 있었기 때문일 것이다. 우리는 과실에 초점을 맞춰 성급한 판단을 내린다.

과실 편향성은 조직을 운영할 때도 적용된다. 모든 리더는 성과를 향상시키는 방법을 찾는 데 들일 시간이 부족하다. 우리는 과실 편향성에 갇혀 게임이 아닌 플레이어의 잘못으로 책임을 돌리기 때문에 상황을 바꾸려고 노력하지 않고 사람에게 채찍질을 가한다. 가장 쉬운 방법은 간접동기를 부여하는 것, 즉 강력한 채찍과 당근을 만들어내는 것이다. 성과 평가에는 몇 주를 쏟아 부으면서 조직문화를 구축하는 데는 시간을 들이지 않는다. 훌륭한 인재를 고용하기 위해 엄청난 노력을 하지만, 이 훌륭한 인재가 입사 후 조직문화로 인해 어떻게 변할지는 고려하지 않는다.

조직을 움직이기 위해 직원에게 잘못을 돌리고 간접동기를 활용하는 전략마저 주의분산 효과, 의도상실 효과, 코브라 효과로 인해 아무런 결실을 맺지 못한다. 직원에게 비난을 돌리는 성과 시스템이 성공한다고 하더라도 고성과 조직문화를 갖춘 조직에 비해서는 턱없이 비효율적이다. 비가 오게 할 수 있음에도 풀잎 하나하나에 물을 주는 수고를 할 필요가 있을까?[8]

당신의 동료는 왜 일한다고 생각하는가

기업의 중역들을 대상으로 과실 편향성과 기업의 운영 방식에 관한 워크숍을 진행한 적이 있다. 우리의 발표를 들은 후 한 중역은 이렇게 답했다. "이러한 편견이 문제라는 것은 잘 알겠습니다. 하지만 직원들은 정말 돈에만 관심이 있어요. 그래서 간접동기 요인을 활용할 수밖에 없습니다."

과실 편향성은 쉽게 사라지지 않는 교활한 적과도 같다. 우리가 간접동기 요인을 사용하게 만들 뿐 아니라 우리의 선택까지도 정당화시킨다. 인간은 간접동기를 '원한다want'고 스스로 되뇐다.

스탠퍼드 대학의 저명한 조직 연구가인 칩 히스Chip Heath는 우리가 간접동기를 얼마나 신뢰하는지 조사했다.[9] MBA 학생들에게 일을 하는 동기가 무엇인지 순위를 매기도록 했다. 당신도 한번 생각해보길 바란다. 아래 목록에서 자신이 일을 하는 이유가 무엇인지 순위를 나열해보라.

- 혜택이 좋아서
- 가치 있는 일이기 때문에
- 다른 사람들에게 찬사를 받기 때문에
- 돈 때문에
- 기술을 배우려고
- 스스로에 대한 만족감 때문에
- 새로운 것을 배우기 위해
- 안정적이니까

학생들 대다수는 새로운 것을 배우기 위해, 기술을 배우기 위해, 만족감 때문에 일을 한다고 대답하며 직접동기가 큰 부분을 차지하고 있음을 드러냈다. 놀랍게도 돈은 4위에 머무르며 상위 세 가지 이

도표 12. MBA 학생들은 고객서비스 상담사보다 더 많은 직접동기를 갖고 있다고 믿었다.

■ 직접동기 ■ 간접동기

MBA 학생들이 밝힌 동기 요인 순위	MBA 학생들이 생각하는 고객서비스 상담원의 동기 요인 순위	고객서비스 상담원이 밝힌 동기 요인 순위
1. 배움	1. 돈	1. 기술
2. 기술	2. 직업 안정성	2. 가치
3. 스스로에 대한 만족감	3. 혜택	3. 배움
4. 돈	4. 타인의 찬사	4. 혜택
5. 가치	5. 스스로에 대한 만족	5. 직업 안정성
6. 타인의 찬사	6. 기술	6. 스스로에 대한 만족
7. 혜택	7. 가치	7. 돈
8. 직업 안정성	8. 배움	8. 타인의 찬사

유 안에 들지 못했다.

이번에는 학생들에게 콜센터 고객서비스 상담사의 동기가 무엇일지 중요도 순으로 순위를 매겨달라고 요청했다. 결과는 앞서 학생들이 작성한 목록과 매우 달랐다. 상위 네 가지 동기 요인이 모두 간접동기로, 돈, 안정성, 혜택(경제적 압박감), 타인의 찬사(정서적 압박감)를 꼽았다. 히스 교수는 실제 고객서비스 상담사들을 상대로 동기 요인을 조사했다. 그런데 놀랍게도 간접동기 요인의 순위는 그리 높지 않았다. 그들 역시 대부분 직접동기를 선택했다.

경영대학원 학생들은 스스로 업무 그 자체에서 동기를 부여받지만, 고객서비스 상담사는 그렇지 않을 거라고 생각했다. 만약 학생들이 콜센터 직원들 역시 본인과 비슷하다고 생각했다면 좀 더 정확하게 예측했을 것이다. 그러나 학생들은 과실 편향성에 휩싸여 반대로 생각했다.

조직문화의 평가 수단인 총 동기 지수를 활용하면 경제 전반에 만

도표 13. 우리는 스스로 동료보다 총 동기 지수가 높을 것이라고 생각한다.

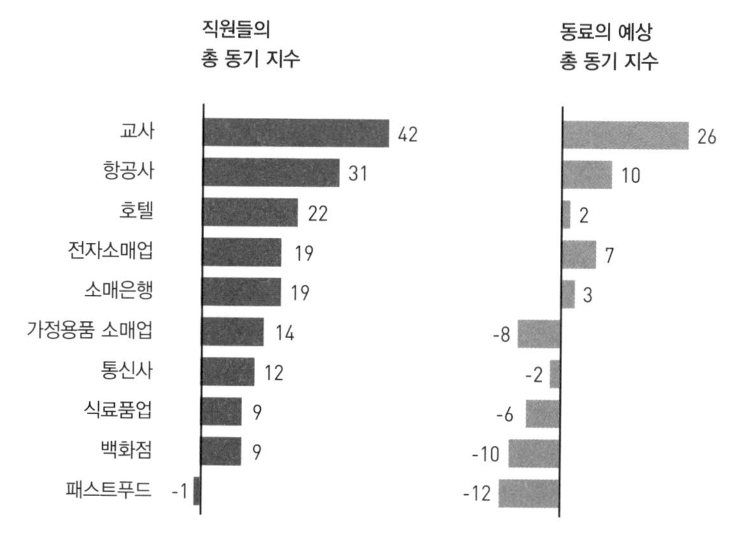

연해 있는 편견에 대해 확인할 수 있다. 우리는 10곳의 산업 분야에서 대기업 직원 수천 명을 조사해 그들의 총 동기 지수를 계산했다. 또한 직원들에게 자신의 동료가 일을 하는 이유가 무엇일지 모티브 스펙트럼의 여섯 가지 동기 요인으로 순위를 매겨보라고 요청했다. 이후 그들이 생각하는 동료의 총 동기 지수와 그들 자신의 총 동기 지수 차이를 살펴보았다.

결과는 놀라웠다. 업계를 불문하고 사람들은 동료가 자신보다 총 동기가 낮을 것이라고 생각했다(도표 13 참고). 조금 낮은 정도가 아니었다. 평균적으로 그들은 동료의 총 동기 지수가 자신보다 19점이나 낮다고 생각했다! 사우스웨스트 항공사 직원이 자신의 동료들을 총 동기가 낮은 경쟁사의 직원이라고 생각하는 것과 비슷한 격차였다. 과실 편향성은 어디서나 찾아볼 수 있다.

과실 편향성과 성과의 관계

우리는 잘못에 대한 편견을 극복할 수 있을까? 만약 그렇다면 어떤 일이 발생할까? 군대에서 답을 찾을 수 있다. 전투병을 지휘관으로 훈련시키는 임무를 맡은 훈련장교가 리더십 능력을 인정받아 특별히 차출된 25명의 전투병을 처음으로 만나게 되었다. 모두 특출한 리더십 능력을 갖추었지만 그룹 안에는 등수가 존재했다. 그룹 내에는 높은 수준을 뛰어넘어 비범할 정도의 병사들도 있었다. 그들을 훈련시키는 사람으로서 당신은 이들을 어떻게 다루겠는가?

텔 아비브 대학의 도브 에덴Dove Eden 교수는 이스라엘 방위군Israel

Defense Forces, IDF 소속 훈련장교 4명과 병사 105명을 대상으로 실험을 진행했다.[10] 병사들은 15주간의 특별 전투 지휘관 훈련을 수료하기 위해 모였다. 이들은 동기 요인과 능력을 기준으로 선발되었다. 장교들에게는 각 병사의 잠재적 지휘 능력Command Potential, CP 점수를 전해 주었다. 그 안에는 전前 지휘관이 작성한 병사들의 순위 평가서는 물론 앞서 진행된 훈련과 시험의 성과 점수가 포함되어 있었다.[11] 장교들에게는 CP 점수의 예상 성과 적중률이 95%에 이른다고 전했다.

각 장교들이 교육을 맡은 그룹은 CP 점수가 높은 병사 3분의 1, 보통이라고 기록된 병사 3분의 1, 정보가 부족해 정확한 점수를 내기 어려운 병사 3분의 1이 뒤섞여 있었다. 교육이 끝난 후 병사들은 이론적 지식에서부터 전투 전술, 작전 절차에 이르는 수많은 시험을 치렀다. 또한 사격술과 조종술 같은 실기 시험도 보았다.

우리가 예상하다시피 CP 점수가 높았던 병사들은 모든 분야에 걸쳐 우수한 성과를 보였다. 정확한 점수를 알 수 없는 그룹은 중간 정도의 성과를 냈다. 반면 CP 점수가 보통으로 기록된 병사들의 성과가 가장 낮았다. 이들 간의 격차는 꽤 컸다. 높은 CP 그룹은 A^+에 준하는 점수를 받은 반면, 보통 CP 그룹은 B의 점수를 받았다. 물론 여기엔 함정이 있다. 병사들을 구분한 CP 점수는 가짜였다. 그렇다! 병사들의 점수는 무작위로 추첨한 것이었다. 장교들은 속고 있었다! 가짜 CP 점수가 무슨 수로 성과를 예측한단 말인가.

장교는 자신의 병사 중 몇 명은 타고난 고高성과자라고 믿었고, 이로 인해 과실 편향성이 사라졌다. 편견이 사라지자 장교는 자연스럽게 조직 내 총 동기를 높일 수 있었다. 가령 높은 CP 병사가 VUCA

와 같은 개념을 잘 이해하지 못했을 때 장교는 병사의 잘못으로 탓하지 않았다. 잠재적 지휘 능력이 높은 병사들인데 그들의 잘못일 리가 없었다. 이런 이유로 장교는 사람이 아닌 상황의 잘못으로 눈을 돌리게 되었고, 총 동기는 상승할 수밖에 없었다.

만약 보통 CP 병사들이 같은 문제점을 드러냈다면 이때는 병사의 잘못으로 생각하기 쉬웠을 것이다. 구성원의 잘못이라고 판단하는 순간 리더는 자연스럽게 간접동기를 활용하게 된다. 그러면 총 동기는 낮아지게 되고 성과도 낮아진다.

리더의 기대 심리는 자기충족적 예언sefl-fulfilling prophecy*으로 발현된다는 이론은 수많은 실험을 통해 증명되었고, 실제로 이런 현상을 가리키는 공식적인 명칭도 생겨났다. 바로 '피그말리온 효과Pygmalion Effect'다. 피그말리온 효과는 그리스 신화 속 자신이 만든 작품과 사랑에 빠진 조각가의 이야기에서 유래된 것으로, 조지 버나드 쇼George Bernard Shaw의 희곡 〈피그말리온〉의 모태가 되었다(피그말리온을 원작으로 브로드웨이 뮤지컬 〈마이 페어 레이디〉가 탄생했다). 〈마이 페어 레이디〉를 간단하게 요약하면, 발성 전문가인 히긴스 교수는 런던 사투리가 심한 하층민 여성을 '숙녀'로 변신시킬 수 있다는 내기를 한다. 내기의 당사자인 엘리자 둘리틀은 신사적인 피커링 대령에게 기대expectation의 힘에 대해 설명한다.

"숙녀와 꽃 파는 아가씨의 차이는 그녀가 어떻게 행동하느냐가 아닌 사람들이 그녀를 어떻게 대하는가예요. 히긴스 교수님께는 제가

* 사람은 객관적 상황이 아닌 자신이 해석한 상황에 반응하며, 이러한 반응들이 모여 해석한 대로 전개되는 현상을 말한다. —옮긴이

항상 꽃 파는 아가씨겠죠. 교수님은 항상 저를 꽃 파는 아가씨처럼 대하고 앞으로도 계속 그럴 테니까요. 하지만 피커링 대령님, 당신 앞에서 저는 숙녀일 거예요. 당신은 항상 저를 숙녀처럼 대해주고 앞으로도 계속 그렇게 대해줄 테니까요."[12]

피그말리온 효과는 과실 편향성의 이면이다. 과실에 대한 비난이 사라질 때 기대감은 높아진다. 기대감이 높아지면 리더는 본능적으로 총 동기 원칙을 활용하게 되고, 필연적으로 성과가 높아진다.

에덴 교수는 한 걸음 더 나아갔다. 리더에게 팀에서 몇 명이 아닌 팀 전원이 매우 훌륭한 능력을 지녔다고 알려준다면 어떤 일이 일어날지 궁금했다.[13] 장교 몇 명에게 모든 훈련병이 고성과자라고 알려주었다. 다른 장교들에게는 아무런 이야기도 하지 않았다. 어떤 일이 벌어졌을까? 팀원 모두가 고성과자라고 전해들은 장교가 이끈 팀은 팀원 전체가 좋은 성과를 냈다. 상황을 모르는 공정한 심사위원이 채점했는데, 이론 시험(9% 높은 점수)과 실기 시험(무기 사용에서는 10%, 체력 검정에서는 5% 높게 나왔다)에서 두루 좋은 성적을 냈다.

이와 유사한 실험이 학교와 일터 등에서 다양하게 진행되었다. 과실 편향성은 요양원에서 요양사가 환자를 대하는 태도와 박사 과정 학생들이 학위를 수료하는 일정에도 영향을 미쳤다.[14] 기대는 개인의 성과는 물론 팀 전체의 성과까지도 바꿀 수 있다.

그런데 안타깝게도 기대가 부정적으로 작용하는 경우도 있다. 높은 기대감이 높은 성과를 만드는 것처럼 낮은 기대감은 성과를 낮춘다.[15] 자신의 팀 안에 저성과자가 있다고 생각하면 실제로 저성과자가 생긴다.[16] 다행인 것은 어떤 리더가 될지는 스스로 결정할 수 있다는 점이다. 타인에게 바라는 기대치가 있다면 그 수준대로 그를 대하면 된다. 팀원을 신뢰하는 리더는 조직의 총 동기를 높이는 방법을 활용해 리더십을 펼치게 된다.

비난을 멈추고 현명하게 피드백하라

지금쯤 당신은 아마 이렇게 생각하고 있을 것이다. '와, 사람들 정말 안 되겠네. 난 아니라서 다행이야.' 글쎄…….

연구자들은 사람들이 자신이 갖고 있는 편견에 대해 얼마나 인지하고 있는지를 실험해보았다.[17] 우리는 타인이 자신보다 더욱 심각한 과실 편향성을 갖고 있다고 생각한다. 정확하게 말하면 1.5배 정도다. 고성과 조직문화를 구축하고자 하는 리더라면 조직 내 사람들뿐 아니라 자신이 갖고 있는 편견부터 고쳐야 한다. 가장 빠른 방법은 타인에게 피드백을 주는 방식을 바꾸는 것이다.

콜센터 매니저인 베스는 팀 멤버 데이비드에게 미팅 시간에 집중하지 않는다고 쓴소리를 해야 했다. 베스는 다양한 방식으로 이 말을 전할 수 있다. 첫 번째 방식은 보수적이고 감정적이며 대체적으로 건설적이지 않다. "데이비드, 미팅 시간에 졸지 말고 의견 좀 내세요." 이런 언행은 과실 편향적이고 정서적 압박감을 준다.

일반적으로 널리 알려진 방법으로 피드백을 줄 수도 있다. "데이비드, 지난 미팅 시간에도 집중하지 못한 듯하더군요. 그런 모습 때문에 당신이 팀을 돕는 데 일조하고 싶어 하지 않는다는 기분이 듭니다. 다음에는 좀 더 노력해주세요." 감정적인 부담을 덜 주는 것 같은 방식이지만, 여전히 데이비드 개인을 비난하는 언행이며 정서적 압박감을 높이고 있다.

더 나은 방식은 비난의 편향성을 제거해 모두가 힘을 합쳐 문제를 해결하려는 접근법이다. 바로 'REAP 방식의 피드백'이다. '뿌린 대로 거둔다(As you sow, So shall you reap)'에서 '거두다[reap]'처럼 말이다. 'REAP 방식의 피드백'을 하나씩 살펴보자.

1. 기억하라(Remember) 자신 앞에 벌어진 일이 한 사람의 책임 때문이라는 생각이 들어 그를 비난하고 있다면 당장 그 비난을 멈추고 이 말을 기억하라. "최대한 긍정적으로 생각하라." 이 짧은 문장을 통해 우리는 상대방이 처음에는 선의가 있었다는 사실을 기억할 수 있다. 또한 자기 안에 내재된 과실 편향성에 대해 돌아볼 여유가 생긴다. 별 것 아닌 것 같지만 이 문장을 되새기는 것만으로도 다음 단계로 나아갈 준비를 마친 것이다.

2. 설명하라(Explain) 직원에게 잘못을 따지기 전에 그가 왜 그런 행동을 하는지 그 이유를 다섯 가지 정도 생각해보라. 직원 개인의 잘못을 '포함하지 않는' 시나리오 말이다. 조직문화 때문에 이런 결과가 나온 것은 아닐까? 무언가 데이비드에게 영향을 미칠 만한 일이 발생한 건 아닐까? 앞서 예로 든 데이비드는 자신이 해야 할 말을 생각하며 긴장한 탓에 회의에 집중하지 못했을지 모른다. 어쩌면 좀 전에 나온 사안이 머리에서 떠나지 않아 계속 생각 중일 수도 있다.

3. 질문하라(Ask) 직원에게 피드백을 할 때 자신이 생각한 직원의 좋은 의도에 대해 언급한 뒤 이유를 물어라. 베스의 경우 데이비드에

게 이렇게 말할 수 있다. "지난 미팅 때 무언가를 생각하는 것 같았어요. 데이비드가 어떤 생각을 했는지 공유해준다면 기쁘겠어요."

4. 계획하라(Plan) 함께 원인을 분석하고 해결 방안을 찾아라. 데이비드의 경우 딴생각을 하고 있었던 게 아니다. 베스가 계속 물어본 결과 데이비드는 베스의 의사소통 방식을 따르는 데 어려움을 겪고 있었다. 베스의 화법에는 은유와 일반화가 뒤섞여 있었고, 데이비드는 베스의 제안을 구체적이고 실행 가능한 방안으로 고민하느라 혼자 뒤처지는 모습을 보였다. 재밌게도 데이비드의 문제점을 해결하기 위해 함께 찾은 방법은 결국 데이비드의 문제가 아닌 것으로 밝혀졌다. 문제는 베스였다.

현명하게 피드백하는 방법을 뛰어넘어 과실 편향성에 대응하기 위한 정책을 만든 기업도 있다. 일명 '도요타 웨이Toyota Way'라고 알려진 도요타의 가치 중 하나인 '겐치 겐부쓰genchi genbutsu'가 바로 그것이다. 대략적인 의미는 '현지, 현물'로, 매니저들이 직접 현장에 가서 실제 상황을 확인해야 한다는 의미다.[18] 매니저가 실제 현장을 확인하지 않는다면 잘못된 해결 방안을 제시해 결국 위험이 더 커질 수 있다는 사실을 도요타는 간파했던 것이다. 적응적 성과가 발현되려면 객관성과 열린 마음이 절대적으로 필요하다.

변화의 시작

과실 편향성이 무엇인지 그 실체를 알고 나면 우리 삶에서 얼마나 자주 일어나는지 실감하게 된다. 이를 극복하는 가장 강력한 해결 방법은 무엇일까? 어떤 결과를 두고 타인의 잘못이라는 가정을 배제한 시나리오를 다섯 가지 정도 생각해보는 것이다. 출근길 운전 중에 누군가 자신의 앞을 가로막았다면, 상대가 내 메일에 응답하지 않고 있다면 이 방법을 써보라.

조직이 과실 편향성 때문에 잘못된 방향으로 나아갈 때는 언제인가? 성과 평가와 보상 제도 같은 특정 절차들은 과실 편향성에 영향을 받기가 훨씬 쉽다. 조직 내 제도에 대해서는 Part 4에서 다룰 예정이다. 우선 가장 일반적이고 근본적인 문제, 바로 조직이 과실 편향성을 극복할 수 있는 방법을 고민해보라.

— 6장 —
경직된 조직, 유연한 조직

유연성을 발휘해야 할 순간
조직은 오히려 경직되고 만다.

대부분의 사람들은 아침에 일어나서 샤워를 할 때 혹은 출근길에 하루의 일과를 계획한다. 오늘 해야 할 일의 우선순위를 정하고, 각 일과마다 얼마의 시간이 필요할지 시간을 안배한다. 그러나 오전 10시쯤, 생각지도 못한 변수가 닥쳐 모든 게 엉망이 되고 계획은 무無로 돌아간다. 닥친 일을 어떻게든 해결하며 그때그때 새로운 계획을 세운다. 의도했든 아니든, 당신은 항상 적응성을 발휘하고 있다.

한 은행의 지역 매니저는 오늘 지점의 동료를 교육하기로 마음먹었다. 하지만 그가 관리하는 지점 한 곳에 총기 강도 사건이 발생했다는 소식을 들었다. 그는 모든 미팅을 취소하고 사건이 발생한 지점으로 달려가 경찰 수사에 협조하고 놀란 직원들을 달래주었다. 그는 물론 팀 전원이 적응성을 발휘해야만 했다.

아마존닷컴의 중역 중 한 명은 성난 고객이 CEO인 제프 베조스Jeff

Bezos에게 항의 메일을 보냈고, 제프가 곧 그 메일을 자신에게 전달했던 일화에 대해 언급했다. 그는 5명의 직원을 소집해 빨리 팀을 꾸린 다음, 고객의 문제를 해결하는 일 이외의 모든 일에서 손을 뗐다. 모두가 적응성을 발휘한 것이다. 스타벅스의 한 바리스타는 자신의 동료가 병가로 출근하지 못한데다 아이스커피용 컵의 재고가 떨어져 당황했던 하루를 떠올렸다. 자신은 물론 동료들과 점장 모두 상황에 적응해야 했다.

우리는 매순간 빠르게 변하는 혼란스럽고 예측이 어려운 세상에 살고 있다. 최고 수준의 성과를 내는 조직을 구축하고 싶다면 기업 내 임원부터 프런트라인까지 모든 부서의 적응성을 높이기 위해 노력해야 한다. 이것이 바로 조직문화가 필요한 이유다.

기업과 직원들의 모습을 한눈에 볼 수 있는 모형이 있다. 그릇에 얼음을 가득 채우면 얼음은 주변 환경에 녹아들지 않고 그대로 얼어붙어 있다. 이는 경직된 조직을 의미한다. 이번엔 그릇에 수증기를 채워보자. 눈 깜짝할 사이에 수증기는 그릇 밖으로 사라진다. 혼란에 빠진 조직의 모습이다. 마지막으로 그릇에 물을 담아보자. 구석구석 틈을 메우며 물이 그릇을 채운다. 이는 적응적 조직이다. 얼음도 증기도 아닌 물이 정답이다. 그런데 안타깝게도 우리는 빙하기를 살아가는 것처럼 보인다.

조직은 매 순간 선택해야 한다

수준 높은 교육을 받은 리더조차도 자신이 알지 못하는 사이 조직을 경직되게 만든다. 경제학자 2명은 이를 증명하기 위해 하버드 경영대학원 학생 379명을 섭외해 실험을 진행했다. 학생들은 '레모네이드 판매'라는 실험에 비해 필요 이상으로 자격을 갖춘 셈이었다.[1] 레모네이드를 실제로 판매해야 했지만, 역시 경직된 조직의 역학을 조사하기 위해 설계된 모의실험이었다.

20잔을 판매할 때마다 학생들은 판매 전략을 바꾸고, 전략 변화에 따른 이익과 고객관리 평가를 진행했다. 경기장 앞과 학교 앞 등 장소에 따른 판매 성과도 조사했다. 또한 핑크 레모네이드와 그린 레모네이드의 판매를 분석하기도 했다. 레모네이드의 성분인 레몬과 설탕의 비율을 조절하는가 하면, 가격에도 변화를 주었다. 혹은 앞서 판매한 학생의 전략을 변동 없이 그대로 진행하기도 했다.

첫 번째 그룹에는 '간접동기 CEO'라는 이름을 붙이고 전형적인 간접동기 환경을 만들었다. 그들에게는 레모네이드를 20잔씩 판매할 때마다 수익의 일정 부분을 주겠다고 말했다. 영업사원이 월별 성과를 바탕으로 보너스를 받는 것과 비슷한 이치였다.

반면 '총 동기 CEO'라고 이름 붙인 두 번째 그룹에게는 완벽히 다른 보상 제도를 택했다. 20잔 판매하는 동안 처음 10잔에는 학생들에게 돌아가는 수입이 없었다. 다음 10잔의 판매에서 발생하는 수익에 한해 일부를 가져갈 수 있다고 말했다.

실험이 진행되는 동안 간접동기 그룹이 총 동기 그룹에 비해 훨씬 경직된 모습을 보였다. 총 동기 그룹은 간접동기 그룹과 비교해 훨씬 더 다양한 변화를 시도했다. 총 동기 그룹의 85%가 새로운 장소로 자리를 옮겨 판매를 시도한 데 반해, 간접동기 그룹은 48%만이 장소를 옮겼다. 그 결과 총 동기 그룹은 간접동기 그룹보다 비즈니스 환경에 대해 더욱 폭넓게 배울 수 있었다. 최종적으로 총 동기 CEO 그룹은 평균 140달러의 수익을 올렸고, 간접동기 CEO 그룹은 평균 수익 111달러로 총 동기 그룹과의 격차가 26%였다.

레모네이드 판매를 단순한 모의실험처럼 볼 수 있지만, 실제로 전 세계적으로 모든 조직에서 이런 현상을 찾아볼 수 있다. 조직의 방향성을 정해야 하는 가장 중요한 순간 대부분의 리더는 조직의 적응성을 선택하는 대신 조직을 경직시키는 쪽을 택한다.

나와 함께 일했던 뛰어난 기업의 한 임원은 조직의 수익이 만족스러울 만큼 성장하지 않아 고민하고 있었다. 그는 수익 성장을 위해 새롭고 혁신적인 방법을 찾는 대신 2년 동안 비용을 줄이는 데만 집중했다. 그는 간접동기를 바탕으로 운영되는 조직에 몸담고 있었기 때문이다. 그의 업무, 승진 가능성, 보상 제도 모두 단기 목표에 따라 결정되었다. 그의 간접동기는 높았고, 조직에는 간접동기를 상쇄할 만한 직접동기가 없었다. 우리가 예상할 수 있듯이 그는 의도상실 효과를 경험했다. 그는 어떻게 해야 하는지 잘 알고 있었지만, 그럼에도 옳은 행동이 아닌 쉬운 행동을 선택했다.

조직은 몇 번이나 선택의 기로에 서게 되고, 이때 적응적 조직이 될 것인지 경직된 조직이 될 것인지 결정해야 한다. 대부분의 경우 조직의 경영진은 자신이 무엇을 선택했다는 사실조차 모르고 지나간다. 고성과 조직문화를 계획하고 있다면 언제 조직이 선택의 기로에 서게 될지 알아야 한다. 만약 이미 지나쳐 돌이킬 수 없다면, 당시의 선택으로 어떤 일이 발생했는지 되돌아보고 행로를 바꿔야 한다.

경직된 조직이 될 것인가, 적응적 조직이 될 것인가

처음부터 경직된 조직은 없다. 하지만 수많은 리더들은 시계와 같은 정확한 예측성을 좇다 보니 의도와 달리 조직의 적응성을 해치는 사례를 따르게 된다. 총 동기라는 렌즈로 조직을 분석한 결과, 기업에는 4단계의 수명 주기가 있다는 사실을 발견했다. 단계마다 적응적 성과와 전술적 성과를 균형 있게 조율하며 유연한 조직으로 남을지, 오직 전술적 성과만을 강조하며 경직된 조직으로 남을지 결정할 수 있는 선택의 기회가 있다.

- **첫 번째 기로 – 설립** 경영자는 오로지 상품 생산에만 집중할 것인지, 상품은 물론 조직문화도 만들어나갈 것인지 선택의 순간을 맞이한다. 전적으로 상품에만 주력하는 경영자들도 있다. 그들은 조직의 정체성을 확립하고 육성하는 데 시간을 들이지 않는다(정체성 구축과 관련해서는 9장을 참고하길 바란다).
- **두 번째 기로 – 성장** 조직을 운영하는 방식을 정한 후 경영자는 확장을 시작한다. 훌륭한 인재를 확보하기 위해 조직문화가 감당할 수 없을 정도로 많은 직원을 고용한다. 조직이 너무 커져 더 이상 경영인 한 사람이 문화를 선도하고 전파하기 어려워지게 되면 리더는 다시 한 번 선택의 기로에 서게 된다. 리더는 모든 직원들이 조직문화에 적응하게 해달라고 간절히 기도할 수 있다. 아니면 조직문화 전담팀을 꾸려 팀이 임무를 완벽히 수행할 수 있도록 권한을 줄 수도 있다(문화 전담팀에 대해서는 14장을 참고하길 바란다). 대다수의 리더들은

이 두 가지의 길 중간 어디쯤에 머문다. 하지만 총 동기의 과학을 이해하지 못한다면 마법은 곧 사라지고 만다.

• **세 번째 기로 – 제도화** 직원이 150명 정도 되면 더 이상 주먹구구식으로 인적자원을 관리할 수 없다(13장에서는 그룹의 규모가 문화와 성과에 미치는 영향에 대해 다룬다). 리더는 세 번째 결정의 순간을 맞이한다. 150명에서 1,500명, 1만5,000명으로 조직이 커지는 동안 리더는 간접동기를 활용해 관료주의 방식으로 조직을 운영한다. 혹은 처음 시작했을 때처럼 총 동기 조직문화를 규모에 맞게 확장시킬 수도 있다. 문화를 체계적으로 구축하는 데 필요한 도구가 없다면 두 번째 안은 거의 실행 불가능하다.

• **네 번째 기로 – 재개발** 결국 조직을 움직이던 초기 성장 동력이 소진되고 만다. 조직은 업계를 장악했을 수도 있고, 새로운 경쟁사들이 나타나 위험에 처했을 수도 있다. 성과는 더 이상 나아지지 않는다. 이 시점에서 많은 리더들은 마지막 마른걸레를 쥐어짜기 위해 조직 내 간접동기를 조금씩 높이기 시작한다. 인센티브 제도와 비용 절감 방법 등 단기적 성과에 집중된 성과관리 제도를 실행하는 것이다(10장, 12장, 15장에서 성과관리를 위해 총 동기를 높이는 방법을 다룬다). 그러면 간접동기가 높아지고, 상황은 더욱 최악으로 치닫게 되는 악순환이 발생한다. 대안은 조직 성장을 위해 새로운 분야를 탐험하는 등 적응적 성과에 투자하는 방법이다. 그런데 대다수의 조직은 역시나 전자를 택한다. 반면 높은 총 동기 문화를 만들어나가는 방법을 개발하는 조직은 다음 성장 동력을 구축하고 선택의 기로에서 새로 시작할 수 있게 된다.

보상이 없을 것 같은 일에 시간과 힘, 자금을 투자하기란 쉽지 않다. 당장 눈앞에 보이는 급한 불을 끄는 것이 더 시급한 일처럼 느껴진다. 이때 리더는 자신이 어떤 선택을 해야 하는지 신중하게 고민해야 한다.

규모가 작은 기업이라도 고성과 조직문화를 구축하는 과정은 어렵다. 우리는 다양한 규모의 조직에서 수없이 많은 직원들의 총 동기를 평가했지만, 총 동기와 기업 규모와는 아무런 연관성이 없다는 사실을 알게 되었다. 규모가 작은 조직 역시 대기업과 마찬가지로 총 동기가 높을 수도 낮을 수도 있다.

물론 기업가는 전술적 성과를 중요시할 수밖에 없다. 그들은 밤낮으로 '다모클레스의 칼Sword of Damokles'* 아래 앉아 이제 갓 태어난 기업의 생존을 걱정한다. 저자인 닐 역시 총 동기의 과학을 몰랐고, 전술적 성과와 적응성의 균형에 대해 알지 못했던 시절 테크놀로지 기업을 함께 창업할 때 전술적 성과에만 집중했다. 반면 메달리아Medallia는 많은 기업이 따르는 규칙을 벗어난 기업이다. 빠르게 성장하는 이 테크놀로지 기업은 선택의 순간마다 적응적 성과를 높이는 쪽을 택하며 우리에게 많은 가르침을 주었다.

메달리아가 맞닥뜨린 갈림길

정확한 통계를 내기 어렵지만 대체로 스타트업 기업의 90%는 실패

* 고대 그리스 디오니시우스 왕좌의 머리 위에는 한 올의 말총에 묶인 서슬 퍼런 칼이 매달려 있었다는 이야기에서 유래된 서양 속담. 권력의 무상함과 위태로움을 뜻한다. —옮긴이

한다.[2] 실패율이 이렇게 높은 상황에서 누가 메달리아의 성공을 예측할 수 있었을까?

메달리아는 잡지의 표지를 장식하는 기업은 아니다. 에어비앤비와 인스타그램이 매력적인 소비자 상품을 생산하는 반면, 메달리아는 기업의 고객경험 평가 및 고객경험 향상 소프트웨어를 개발한다.

메달리아는 직원들에게 재고가 가득한 주방과 탁 트인 공간을 제공하지만, 시설은 구글이나 페이스북처럼 호화롭지 않다. 그럼에도 2014년 11월 메달리아는 같은 해 초반, 그러니까 1년도 채 되지 않은 기간 동안 조직이 2배로 커져 600명이 넘는 직원을 보유하게 되었다. 메달리아는 가장 큰 벤처 캐피탈 회사 가운데 한 곳에서 세 차례나 펀딩을 받았다. 입사 제안을 받은 사람 10명 가운데 9명은 제안을 수락한다. 기업 간 경쟁이 심하기로 유명한 실리콘밸리에서는 대단한 타율이다.

업계 성향에도 불구하고 메달리아가 이렇게 드문 성공을 이룰 수 있었던 이유는 무엇일까? 우리는 그 이유를 알아보기 위해 12명의 메달리언—직원들은 스스로를 메달리언Medallian이라고 부른다—을 인터뷰했다. 인터뷰를 진행한 직원들은 모두 공동창립자인 보거 홀드Borge Hald와 에이미 프레스먼Amy Pressman의 노력을 꼽았다. 홀드는 훌륭한 상품을 개발하는 데 주력하고, 프레스먼은 고성과 조직문화를 만드는 데 집중했다. 한 메달리언은 우리에게 이렇게 말했다. "다른 회사와 차이점은 문화를 보조 사이드카side car로 보지 않는다는 것입니다. 에이미와 보거는 조직문화가 기업의 미션보다 덜 중요해선 안 된다고 항상 강조해왔습니다. 조직문화야말로 기업 미션을 달성하는 유일한 방법인 거죠."

훌륭한 조직문화를 창조하는 사람들은 피티 바넘P.T. Barnum, 월트 디즈니, 스티브 잡스, 마틴 루터 킹 주니어와 같이 전설적인 인물들일 것이라고 생각한다. 그러나 프레스먼을 지켜본 후 우리는 그가 어떤 깨달음이나 마법 없이도 총 동기를 활용하는 법을 몸소 실천하고 있음을 깨달았다.

프레스먼은 그 자신이 총 동기가 높기 때문에 주변 사람들의 동기 역시 이끌어낼 수 있었다. 그는 자신의 약한 부분을 드러내거나 실수를 타인과 공유하는 것을 자연스럽게 생각했고, 이는 조직 내 정서적 압박감을 낮춰주었다. 그리고 모든 사람들의 목적의식을 높이는 조직문화를 구축하는 데 집중했다. 자신의 생각을 더욱 진보시키기 위해 끊임없이 새로운 정보를 좇았고, 이런 모습은 즐거움 동기의 좋은 본보기가 되었다.

프레스먼의 이력서는 하버드와 스탠퍼드 경영대학원, 보스턴 컨설팅 그룹 등 기라성 같은 이름으로 가득 차 있다. 그녀 역시 전술적 성과를 관리하는 방법에 대해 매우 잘 알고 있을 것이다. 그러나 적응적 성과가 중요하다는 점 역시 배웠다. 5개국에서 생활했던 경험을 통해 그녀는 자신이 당연하다고 여겼던 일들이 실제로는 문화적으로 만들어진 현상이라는 것을 깨달았다. 평화봉사단 소속으로 온두라스에 머물던 시절, 그녀는 자신의 계획을 인정받기 위해 방문국의 상황에 맞춰 수정해야 했다. 그 후 그녀는 미국 상원의원 보좌관으로 일했고, 성공적인 정책은 적응성을 동반한다는 사실을 배웠다. 이러한 경험들이 모여 음과 양의 균형에 대해 눈뜨게 된 것이다.

노르웨이 공군 중위 출신으로 역시 인상적인 이력을 갖고 있는 홀드는 2001년 프레스먼과 함께 메달리아를 설립했다. 창립 시기가 그리 좋진 않았다. 인터넷 거품이 꺼지면서 투자금을 유치하기 어려웠다. 프레스먼이 참고할 만한 롤모델도 거의 없었다. 더욱이 2004년에는 여성 공동설립자가 있는 기업에 투자하는 벤처 캐피탈 사례가 4%에 불과했다.[3] 불가능을 가능으로 보여준 그는 진정한 '검은 백조black swan'*였다.

그러나 처음부터 두 사람은 다른 리더들이 하지 않는 게 무엇인지 알았다. 그들은 상품을 개발하는 데만 집중할지, 상품 개발은 물론 훌륭한 조직문화를 건설하는 데도 노력을 기울일지 선택해야 했다. 훌륭한 조직문화를 구축하자는 결정은 큰 용기가 필요했다. 설립 후 10년 동안 혼자의 힘으로 고군분투해온 메달리아는 든든한 자금 후원을 받는 다른 기업들과 경쟁하며 생존을 위해 싸워야 했다. "우리는 당시 하루하루 먹고 살기 바쁠 정도였어요. 그런 상황에서 제가 조직문화에 대해서 이야기를 하니 사람들은 한심한 표정을 지었죠." 프레스먼이 지난날을 떠올리며 말했다.

그렇지만 그들은 기업의 비전에 충실했다. 메달리아의 규모가 아직 작았던 시절, 프레스먼은 입사 지원자들이 조직문화에 어울릴 수 있을지 판단하고자 모든 면접에 일일이 참여했다. 높은 문화적 기준을 세우면 감내해야 할 비용이 발생한다는 사실을 기업은 곧 체감하게 되었다.

* 불가능하다고 인식된 일이 실제로 벌어졌을 때 쓰는 관용적 표현 — 옮긴이

"우리가 면접을 진행한 사람들 가운데 좋은 기업 출신에 훌륭한 학력까지 갖추었지만 메달리아의 문화와 어울리지 않았던 사람들도 있었습니다." 메달리아의 인재와 문화 담당부서장인 데이비드 리스는 말을 이었다. "인력을 하루 빨리 충원해야 하는 상황에서 그런 사람들을 돌려보내는 일은 무척 아쉬웠습니다. 고통스럽기도 했죠." 이런 고통은 메달리아가 성장할수록 커진다. "에이미는 새벽 5시에 면접 인터뷰를 진행할 때도 있었습니다." 프레스먼과 홀드가 초창기 시절 조직의 방향성을 굳건히 하는 동안 문화는 기업 규모가 커짐에 따라 널리 퍼지고 있었다.

"2010년 우리에게 깨달음을 주었던 두 번의 사건이 연달아 일어났습니다. 한 주에 3명의 아이비리그 출신 직원이 조직을 떠났습니다. 처음 우리의 모토는 '똑똑하고 재능 있으며 얼간이처럼 굴지 않는 사람을 고용하면 그들은 알아서 옳은 일을 할 것이다'였죠. 그런데 똑똑하고 예의바르고 착한 성품의 사람들은 코칭하기가 어려웠습니다. 그들은 자신이 완벽하지 않을까 봐 걱정했거든요."

프레스먼의 말이다. 두 사람은 완벽을 추구하는 성향이 정서적 압박감을 초래해 직원들의 주인의식을 무효화한다는 사실을 알아챘다.

"아직도 또렷이 기억납니다. 당시 분기별 보고 회의 시간이었고, 리더 몇 명이 목표를 달성하지 못했어요. 그들은 대부분 완벽해야 한다는 강박에 사로잡혀 있던 사람들이었습니다. 목표를 달성한 사람도 있었지만, 그렇지 못한 사람들은 서로를 비난하기 시작했습니다." 프레스먼이 말했다.

프레스먼과 홀드는 스포츠 팀처럼 운영되는 조직문화를 만들어가고자 했다. "승리는 그저 우승 기록일 뿐 항상 100% 승리한다는 의미는 아닌" 문화를 꿈꿨다. 그들은 사람들이 실험하고 실수하는 것이 용인되는 문화를 원했다. "완벽하고자 하는 노력은 오히려 배우고 성장하는 계기를 빼앗고 자신의 잠재력을 모두 발휘할 기회를 가로막습니다." 프레스먼의 말이다. 완벽함을 추구하는 과정에서 정서적 압박감이 높아지고, 즐거움 동기가 낮아지며 조직의 적응성 역시 떨어지게 된다. 메달리아는 두 번째 기로에 서게 되었다.

메달리아는 '암흑기'를 벗어나서 새로운 시대를 맞이했고, 프레스먼은 이 시기를 '르네상스'라고 표현했다. "회사가 일정 규모를 넘어서고 나니 더욱 강력한 조직문화를 구축하기 위해서는 무언가 더 필요하다는 생각이 들었습니다. 그래서 조직문화를 구성하는 도구의 범위를 조금 다른 각도에서 바라보기로 했습니다. 조직 구조, 직원 교육, 성과관리부터 경력 경로까지요." 당시 프레스먼은 자신이 직접 직원 채용을 관리해 조직문화를 만들어나가는 방식은 더 이상 설득력이 없다고 판단했다. 그녀는 직원 채용 과정에도 직원들이 주인의식을 느낄 방법을 찾아야 했고, 그러기 위해선 새로운 도구가 필요했다.

프레스먼은 조직문화와 어울릴지 가늠할 인재상을 정하기가 어려웠다. 그녀와 홀드 모두 조직에 '얼간이가 아닌' 사람이 합류하길 원했지만, 실제로 그들이 바랐던 것은 단순히 상식적인 사람 이상의 무언가였다. 그들은 자신들과 비슷한 상식을 갖춘 누군가가 회사로 와주길 바라는 방법을 선택할 수도 있었다. 대신 그들은 스탠퍼드 대학에서 심리학 박사과정을 듣고 있는 학생을 채용해 직원 인터뷰에 적용할 인재상에 대한 프레임워크를 만들기로 했다. 지금까지 책을 읽은 독자라면 프레스먼과 홀드가 내린 결론이 놀랍지 않을 것이다. 그들이 만든 프레임워크는 '왜 일하는가 하는 이유가 성과를 좌우한다'였다.

메달리아의 인재 면접관이자 고객솔루션 팀원인 리즈는 이렇게 표현했다. "보통 면접에서는 회사가 공을 서브해 넘긴 후 면접자가 공을 받아 치면 점수가 매겨집니다. 하지만 우리는 공을 다시 한 번 면접자에게 넘겨 면접자의 선택에 대한 이유를 묻습니다." 메달리아는 총 동기 과학을 정확히 알지 못했음에도 일반적인 성과와 탁월한 성과의 차이는 '왜 일하는가' 하는 이유에 있다는 사실을 깨달았다. 체계를 만든 후 메달리아는 인재면접 팀을 확장시켰다(14장에서 문화전담 팀을 꾸리는 방법에 대해 자세히 다룬다). 메달리아의 모든 직원들은 언제든 인재 면접관으로 참여할 수 있도록 교육 받았다.

메달리아는 여기서 멈추지 않았다. 조직문화를 더욱 체계적으로 관리할 수 있는 새로운 방법을 찾기 위해 5명의 조직문화 전문가를 채용했다. 리즈는 이렇게 설명했다. "비슷한 규모의 다른 기업에 비해 우리 조직에는 훨씬 많은 조직문화 담당자가 있습니다. 하지만 널리 알려진 방식대로 교육 받은 HR 직원은 타 기업에 비해 오히려 더 적습니다." 현재 메달리아에는 직원을 250명 단위로 나눠 관리하는 컬처리더와 문화와 성과에 엄격한 수치를 적용하는 데이터 전문가 한 명, 20명이 넘는 전문 인재 면접관이 있다. 또한 신입사원을 위한 '온보딩onboarding'* 프로그램에도 신경을 쏟기 시작했다.

* 신입사원이 회사에 적응하도록 돕는 일련의 과정 — 옮긴이

신입직원들이 출근하는 첫날부터 그들 스스로 '왜 일하는가'를 각성하는 것이 기업의 목표였다. 이에 대해 리즈는 이렇게 설명했다. "온보딩 프로그램에 대해서 많은 기업들과 이야기를 나누었습니다. 다들 업무에 대해서만 다루는 듯 보였습니다. '기업의 정체성'에 대한 세션을 작게나마 준비한 곳도 있었습니다. 에이미와 보거는 우리가 혁신적으로 프로그램을 만들어나갈 수 있도록 지지했고, 우리는 그러기 위해 노력했습니다."

메달리아는 정서적 압박감을 줄이고 즐거움 동기를 높이는 일주일간의 온보딩 프로그램을 만들기 위해 자포스의 조직문화 전문가를 영입했다. "쉽지 않을 거라고 생각했지만 에이미와 보거가 확고했기 때문에 모두 한번 해보자는 마음이었습니다. 나중에 우리가 이뤄낸 결과를 보고 직원들도 모두 힘을 보태주었지요. 처음엔 직원들이 이렇게 물었습니다. '신입직원들의 경우 하루빨리 고객과 업무에 관해 준비시켜야 하는데, 일주일간의 온보딩 프로그램은 너무 길지 않을까요?'" 리즈는 덧붙였다.

온보딩 프로그램은 프레스먼과 홀드가 기업 문화에 대해 설명하는 환영의 편지로 시작된다. 편지에는 아래와 같은 내용이 담겨 있다. "우리는 항상 새로운 아이디어를 좇고 발전하고 변화하며, 개인과 조직이 최고의 모습으로 성장해가는 여정 중에 있습니다. 가끔 우리는 난관을 만납니다. 가끔보다 더 자주 난관을 만나기도 합니다. 그럴 때마다 우리는 스스로 추스르고 배우며 다시금 여정을 계속합니다. (……) 밥 딜런의 유명한 가사가 있습니다. '바삐 태어나지 않는 자는 바삐 죽는다.'" 이 편지는 두 가지 선물과 함께 전달된다. '건강과 행복을 증진grow시켜라'는 의미의 스마트 헬스 밴드인 핏비트Fitbit와 '마음을 성장grow시켜라'는 의미의 킨들Kindle이다.

신입직원들은 출근 첫날 회사를 더 나은 환경으로 만드는 일을 한 가지 해야 한다. 한 메달리언은 이렇게 전했다. "조직문화는 '우리의' 책임이라는 메시지를 주죠. 그런 다음에는 정말 감정적인 경험을 하게 됩니다. 자신의 연약함을 드러내는 시간을 갖는 거죠." 동료들 앞에서, 근무시간에, 진행된다. "제가 봐온 모든 온보딩 프로그램은 항상 눈물로 끝났습니다." 이 메달리언 외에 다른 직원들 역시 우리에게 이렇게 말했다.

모든 신입직원들은 자기 스스로 성장을 가로막는 장벽을 뛰어넘을 방법을 생각해야 한다. 대다수 직원들이 오랫동안 마음속에 간직한 두려움에 대해 털어놓는다. 낯선 사람들끼리 공원에 모여 자신의 이야기를 한다. 어떤 사람은 관계가 소원해진 부모님과 다시 연락하기 시작한 이야기를 했다. 또 다른 사람은 직장을 잃고 가족을 책임지지 못할까 봐 극심한 두려움에 시달린다는 속마음을 들려주었다. 사람들은 그에게 맞춤 극복 방법을 제안했다. 지갑, 핸드폰은 물론 어떤 귀중품도 없이 그를 사무실에서 먼 곳으로 데려갔다. 그는 비상 전화번호만 가진 채 메달리아 본사로 돌아와야 했다.

"막 미팅을 시작하려던 참에 그가 사무실로 걸어 들어왔습니다. 우리는 모두 떠나갈 듯 환호했습니다." 한 메달리언이 당시를 떠올렸다. "그가 사무실로 되돌아오기까지의 여정을 듣는데 정말 대단했습니다. 그는 자신 앞의 어려움을 극복할 수 있다는 자신감과 함께 사무실로 돌아왔습니다." 인사부장은 신입직원들을 채용할 만큼 메달리아가 성장할 수 있었던 특별한 순간에 대한 이야기를 편지로 썼고, 직원들은 돌아가면서 편지를 낭독하는 것으로 온보딩 프로그램은 마무리된다.

온보딩 프로그램에서는 즐거움 동기를 가장 중요시하지만, 그것만으로는 높은 총 동기 문화를 구축하는 데 충분하지 않다. 리더들은 과실 편향성을 더욱 경계하도록 교육 받았다. "법무팀은 다른 부서와 적대적인 관계에 빠지기 쉽습니다." 준 법률자문 위원인 아론 태커가 말을 이었다. "대다수 기업의 법무팀 직원들은 조직 내 유일한 어른의 역할을 하는 것이 자신의 의무라고 생각하고, 책임감이 결여된 부서의 꽁무니를 쫓느라 힘들다고 자주 이야기합니다. 그러나 우리는 절대로, 단 한 번도 우리의 역할을 그렇게 생각해본 적이 없습니다. 메달리아에서는 모든 일이 선의善意에서 비롯되었다고 생각합니다. 직원들의 능력을 믿습니다. 우리는 힘을 합쳐 함께 문제를 해결합니다."

메달리아는 직원들이 즐거움을 느낄 수 있도록 조직 구조를 적극 활용한다. 직원들은 8명에서 12명 규모의 팀을 이루어 일주일에 한 번씩 모여 지난 한 주간 무엇을 배웠는지 공유하는 시간을 갖는다. 이러한 팀들이 모여 더 큰 하나의 팀을 이루는 경우도 있다. 고객 솔루션 디렉터인 미셸 차우의 이름을 딴 '차우바카Chowbacca 팀'*은 40명 규모다. 이들은 2주에 한 번씩 만나 자신이 보고 느낀 점을 공유하고 기쁜 소식을 나누며 즐거움과 의미 동기를 높이고 있다(13장 참고).

* 스타워즈에 나오는 츄바카(Chewbacca)를 본뜬 이름 — 옮긴이

차우바카에 대해 미셸 차우는 이렇게 설명했다. "팀원들이 서로 친밀해지고, 서로에게 좋은 점을 배우며 좋은 자극이 되길 바라고 있어요. 무엇보다 자기 자신을 너무 심각하게 생각하지 않았으면 좋겠어요. 차우바카를 통해 직원들이 직장에서 소속감과 목적의식, 자신감을 얻고 훌륭한 성과를 거두길 바랍니다. 우리는 단순한 팀이 아닙니다. 우리는 하나의 운동movement입니다!"

성과관리는 간접동기를 줄이는 데 초점이 맞춰져 있다(15장 참고). 메달리아에서는 직원들이 자기성찰 시간을 갖고, 무엇을 배웠는지에 대해 스스로 되돌아보는 대화를 나눈다. 피드백은 연말 고가 평가가 아닌 직원들이 앞으로 성장하기 위해 무엇을 도울 수 있을지에 관한 내용이 담겨 있다. 메달리아는 직원들이 자신에게 필요한 능력이 무엇인지 알 수 있도록 최근에는 더욱 체계적인 '경력 사다리'를 만들기 시작했다(11장 참고). 경력 사다리는 각 역할에 따른 전술적 성과는 물론 직무별 문화적 역할과 리더십 행동 역시 포함하고 있다.

메달리아의 모든 시스템은 전술적 성과와 적응적 성과의 균형을 목표로 설계되었다. 프레스먼은 조직문화에 대해 이렇게 설명했다. "우리 조직의 문화는 평화봉사단과 해병대의 만남이라고 할 수 있습니다. 누군가와 마음을 나누는 것이 중요하지만 엄격한 선 역시 필요합니다. 혼돈과 체계 간의 어느 정도 긴장감을 유지해야 합니다."

조직문화의 영향력은 대단했다. "직원 이탈률이 무척 낮습니다." 리즈가 설명했다. 앞에서 언급한 대로 근무 제의를 받은 사람 가운데 90%가 조직에 합류한다. "업계 평균과 비교해봤을 때 전례 없는 수치입니다. 직원 한 명에게 투자된 비용으로 따져도 조직문화 프로그램이 제 몫 이상을 해주고 있다고 말할 수 있습니다." 기업의 비용 측면에서 메달리아는 낮은 직원 이탈률 덕분에 큰 혜택을 보고 있다. "급변하는 실리콘밸리에서 살아남으려면 굉장히 유연하고 적응적이어야 합니다. 아주 사소하고 의미 없는 변화는 아무런 도움이 안 됩니다. 180도 변신할 수 있어야 합니다." 프레스먼의 말이다. 메달리아는 이러한 변화를 감당할 수 있는 조직문화를 갖추었다.

가장 중요한 점은, 메달리아는 높은 총 동기 문화를 구축하는 일은 지속적 성장 과정의 일부분임을 알고 있다는 것이다. "제가 가장 많이 받는 질문 가운데 하나는 '조직이 성장함에 따라 문화를 어떻게 지켜나갈 것인가?' 하는 것입니다." 리즈는 말을 이었다. "에이미는 이 질문을 이렇게 바꿔 생각하라고 했습니다. '조직이 성장함에 따라 문화를 어떻게 향상시킬 것인가?'"

살아남으려면 적응성을 높여라

메달리아에게 아직 닥치지 않은 마지막 선택은 가장 파괴적인 결과를 가져오기도 한다. 조직을 이끌어온 원동력이 모두 소진되고 성과 정체기가 찾아오는 것이다. 이때 리더에게는 선택권이 있다. 뿌리치기 어려운 전술적 성과에 집중해 조직의 마지막 한 방울까지 쥐어짜는 방법을 택하거나 흔들리는 배를 바로잡아 줄 적응적 성과를 계속 신뢰하는 방법을 취할 수도 있다.

그런데 너무도 많은 기업이 첫 번째 방법을 선택한다. 새로운 성장 동력이 필요하다는 현실을 직시하지 않고 조직의 적응성을 높이는 분야(연구개발, 유휴 생산능력, 브랜드 구축)의 투자를 줄이고, 고객과의 신뢰를 무너뜨리며(가격 경쟁 또는 품질 저하) 전술적 성과에만 집중한 나머지 직원들에게 지나친 압박감을 준다. 경영진은 경비와 예산을 관리하는 데 매진하고, 성과 목표는 기업의 생산량을 높이는 방향으로 조정된다. 매니저는 채찍을 휘두르는 법을 배운다. 성과관리와 보상 제도는 더욱 강압적으로 변질된다. 당연한 결과로 총 동기는 떨어지고 적응적 성과도 낮아진다. 적응적 성과가 발현되지 않으면 결국 종합 성과 역시 저하된다. 총 동기와 성과의 관계를 이해하지 못하는 기업은 직원에게 더 많은 간접동기를 부여한다. 이 과정에서 죽음의 소용돌이가 시작된다. 조직이 가장 유연해야 할 때 의도와는 다르게 오히려 경직되고 마는 것이다.

우리는 수많은 조직이 이런 패턴에 갇히는 것을 지켜보았고, 이 현상을 뒷받침해줄 실증 연구도 수없이 많다. 한 연구에서 재무관리 교수 3명은 400명이 넘는 기업의 중역에게 만약 조직이 분기별 수익 목표를 달성할 수 없다면 어떻게 할 것인지 물어보았다.[4] 그들 중 80%가량이 연구개발이나 광고 등 장기적 지출을 줄이겠다고 응답했고, 55%는 '약간의 손해를 감수하더라도' 새로운 프로젝트의 시작을 늦추겠다고 답변했으며, 40%는 오히려 상황을 더욱 악화시키는 방법인 다음 분기의 수익을 이번 분기에 포함시키는 방법을 쓰겠다고 대답했다. 이 답변들은 모두 조직의 적응성이 가장 잘 발휘되어야 할 때 오히려 적응성을 떨어뜨리는 방법이다.

사티아 나델라Satya Nadella는 마이크로소프트의 CEO로 취임한 직후에 지나치게 솔직한 발언을 했다. "기업의 수명은 인간보다 짧다는 사실은 모두 알고 있습니다."[5] 1955년에는 S&P 500에 이름을 올린 후 45년 동안 유지했지만, 2009년에는 그 수명이 겨우 7년으로 현저히 짧아졌다.[6] 기업 환경은 그 어느 때보다도 VUCA한 상황이다. 기술의 진보, 기업의 형성 속도, 세계화 모두 가속화되어 가고 있다. 기업은 생존을 위해 반드시 적응해야 하는 환경에 처한 셈이다.

리더들은 조직을 큰 위험에 빠뜨릴 수 있는 이러한 현상을 인지하기 시작했다. 델 컴퓨터Dell Corporation의 창립자이자 최고경영자인 마이클 델Michael Dell은 조직이 적응성을 발휘하지 못한다는 이유로 상장을 폐지하고 비공개로 전환했다. "비공개라는 새로운 환경에서는 상장 기업이 겪는 주주들의 감시와 분기별 목표, 그 외 여러 제재 없이 기업의 전략을 가속화시키고 유기적, 무기적 성장을 모두 꾀할 수 있습니다." 마이클 델은 이렇게 발표했다.[7]

세계적인 경영 컨설팅 기업인 맥킨지앤컴퍼니는 100곳 이상의 기업을 분석한 결과, 가장 훌륭한 장기적 성장 전략은 새로운 상품, 새로운 분야, 새로운 고객층, 새로운 국가 그 무엇이 되었든 빠르게 성장하는 새 시장에 진입하는 것이라고 전했다.[8] 포춘 500대 기업인 쓰리엠3M은 이를 따르고 있다. 포스트잇에서 온도계, 전자회로까지 생산하는 이 기업은 최근 5년간 발명한 신제품이 전체 매출에 얼마나 기여했는지를 조사했다. 3M은 이를 '신제품 활력지수New Product Vitality Index' 혹은 NPVI라고 부른다. 전체 매출에서 신제품의 비중이 2008년 25%였던 데 비해 2014년에는 33%로 상승했고[9], 2017년 목표는 40%다.[10] 3M은 기업의 DNA에 적응성을 심어가고 있다.

변화의 시작

고대 중국의 한 철학자는 "곧은 나무는 바람에 부러진다"라고 말했다. '변동성variability'은 우리가 어찌할 수 없는 자연의 섭리다. 변화 앞에서 경직된 조직은 결국 무너지고 만다. 다행스러운 점은 조직이 잘못된 길을 걸어왔더라도 다시 바로잡을 기회가 있다는 것이다.

그전에 조직이 수명주기 단계에서 어디쯤에 머물고 있는지 되돌아봐야 한다. 조직을 경직시키는 선택은 무엇인가? 조직의 적응성은 유지되고 있는가? 조직이 잘못된 방향으로 접어들 위험이 큰 경우는 언제인가? 고성과 조직문화 이면의 과학에 대해 이해했다면 이제 고성과 조직문화를 구축할 차례다. 그럼 지금까지 내용을 간단히 정리해보자.

- 고성과 조직문화의 목표는 적응성을 최대화하는 데 있다.
- 적응적 조직은 높은 수준의 창의성, 문제해결능력, 끈기, 시민의식을 갖춘 적응적 직원이 함께해야 가능하다.
- 사람은 총 동기가 높을 때 적응성을 발휘한다. 직접동기를 위해 일하는 사람이 많을수록 간접동기를 바탕으로 일하는 직원은 줄어들고, 직원들은 더 적응적이 될 수 있다.
- 훌륭한 조직은 높은 총 동기 문화를 구축한다. 뛰어난 조직은 과실 편향성에 맞서 싸운다. 그들은 경직되고자 하는 욕구를 이겨낸다. 그들은 전술적 성과와 적응적 성과라는 음과 양의 균형을 유지한다.

PART 4

높은 총 동기 조직문화를 만드는 방법

조직문화의 과학을 이해하고 제대로 된 도구를 갖춘다면
언제든지 훌륭한 조직문화로 변화할 수 있다.

— 7장 —

총 동기: 성과를 밝히는 빛

총 동기 지수: 마법을 측정할 수 있다면
마법을 부릴 수 있다.

기업이 조직문화를 관리하듯 재정을 관리한다면 어떨까? 아마도 최고재무책임자라는 자리가 필요 없을 것이다. 대신 리더는 자금이 부족할 때마다 직원들에게 "어떻게 생각합니까? 현재 우리 조직이 자금난에 시달리고 있습니까?"라고 설문조사를 해야 할 것이다. 조사 결과가 나온 후에는 포커스 그룹을 소집해 그들이 내놓은 몇 가지 아이디어를 수행할 프로젝트 팀도 꾸린다. 3년 후 리더는 다시 한 번 직원들을 상대로 설문조사를 펼친다. "현재 우리 조직이 자금난에 시달리고 있습니까?"

물론 말도 안 되는 이야기다. 기업 재정은 항상 지속적으로 관리되고 있고, 재정 관리에 활용되는 도구는 널리 알려져 있다. 복식부기는 12세기 이탈리아의 피렌체 은행원이 개발해 베네치아 상인들에게 널리 쓰이다가[1] 지난 800년 동안 현재의 재무회계 시스템으로 진화했다. 일반회계원칙GAAP은 재무회계 분야에서 쓰이는 공통어다. 회계사는 공식적인 자격을 취득해야 하고, 이사회는 재무회계 감사를 진행해야 한다.

그러나 우리가 가장 귀중한 자산으로 여기는 조직문화는 관리 대상으로 인정받지 못하고 있다. 조직문화의 책임자는 누구인가? 그들은 무엇을 측정하는가? 조직문화 분야에서 사용하는 공통어는 무엇인가? 그들의 노력이 조직문화를 발전시키는지, 저해하고 있는지 어떻게 알 수 있을까?

에드워즈 데밍Edwards Deming은 고성과 조직문화의 중요성을 강조해 조직 내 생태계 구축을 주도해온 선구자로 우리가 매우 존경하는 인물이다. 그는 "우리는 신을 믿는다. 신 이외의 모든 존재는 데이터 없이는 믿을 수 없다"라는 말로 유명하다.[2] 조직문화를 측정할 도구 없이는 조직이 현재 경직되어 있는지, 유연성을 발휘하고 있는지 알 수가 없다. 조직이론가인 메이슨 헤어Mason Haire는 "측정할 수 있는 일은 해결할 수 있다"라고 말했다.[3]

총 동기를 측정할 수 있을까

술 취한 사람이 잃어버린 열쇠를 찾으려고 가로등 아래만 두리번거린다는 오래된 이야기가 있다. 가로등 아래는 빛이 있는 유일한 장소이기 때문이다.[4] 소위 조직문화 창조자라는 사람들 역시 오랫동안 이 이야기의 취객처럼 행동해왔다. 조직문화를 제대로 이해하지 못해 생산성, 판매량(전술적 성과), 직원 만족도와 같은 측정할 수 있는 요소에만 초점을 맞췄고, 적응적 성과(창의성, 끈기, 문제해결능력)와 잘못된 적응적 성과(속임수, 거짓말, 코브라 농장 운영)는 어둠 속에 묻혀 있다.

조직은 길을 밝게 비춰주는 불빛이 필요하다. 불빛이 사용하기 쉽고 재밌어야 조직이 실제로 활용할 수 있다. 우리는 이 불빛을 총 동기 지수에서 찾았다. 총 동기 지수는 '조직문화의 핵심 요소'를 찾을 수 있도록 해줄 뿐 아니라 이를 제대로 적용할 수 있는 방법을 제시한다. 측정 방법은 매우 간단하다. 총 동기 지수는 적응적 성과를 예측한다. 또한 여섯 가지 동기 요인을 바탕으로 나온 결과인 만큼 조직 내 모든 직군과 부서, 지리적 위치와 조직 구성원의 다양성 등을 모두 아우를 수 있는 문화를 향상시키는 방법을 알려준다.

이 책에 등장한 여러 다양한 통찰력과 마찬가지로 우리가 총 동기 지수를 활용할 수 있었던 데는 연구가들의 도움이 컸다. 총 동기 지수의 초기 모델을 개발한 사람은 로체스터 대학의 연구원인 리처드 라이언, 웬디 그롤닉Wendy Grolnick, 제임스 코넬James Connell이었다. 이들은 학생의 학업 성취도에 중요한 요소가 학생의 동기인지, 타고난 성격인지를 분석하려 했고, 통계 모형을 만드는 과정에서 모티브 스펙트럼의 여섯 가지 동기 요인을 모두 포함한 단일 측정법이 필요했다.[5] 이들의 연구를 기반으로 오타와 대학의 연구가들은 일터에서 활용할 수 있는 측정법을 개발했다.[6]

방법은 간단했다. 질문지 답변을 통해 응답자가 일을 할 때 즐거움, 의미, 성장 동기와 정서적 압박감, 경제적 압박감, 타성을 각각 얼마나 느끼는지 측정했다. 동기를 분석하기 위해 응답자에게 '왜 일하는가' 하고 물었다(응답자가 얼마나 일을 능숙하게 하는지 혹은 일에서 느끼는 만족감이 어느 정도인지는 묻지 않았다). 우리는 그들이 만든 질문과 산술법을 개선하기 위해 다양한 실험과 테스트를 진행했다. 그 결과 총 동기 지수를 도구 삼아 조직문화의 핵심 요소를 파악할 수 있었다.

조직문화 진단 1. 총 동기 측정

제임스 맥킨지James Mckinsey가 자신의 이름을 붙여 설립한 경영 컨설팅 기업은 90년 가까운 역사를 자랑한다. 전설적인 컨설턴트인 그는 재무 분석을 통해 기업의 전술적 성과를 높일 수 있다고 믿었다. 이런 관점으로 총 동기를 정밀하게 분석한다면 적응적 성과를 높일 수 있다. 총 동기 분석은 총 동기 측정, 문제 파악, 우선순위 선정, 이상적인 총 동기 목표 수립, 투자를 위한 비즈니스 케이스business case* 개발의 5단계를 따른다. 하나씩 차례대로 살펴보겠다.

조직문화 진단의 첫 번째 순서는 모든 조직원의 총 동기 지수를 계산하고, 동기 요인 간 격차를 확인하는 것이다. 우리는 다양한 총 동기 평가 방법을 개발했다. 그 가운데 가장 간단한 방법은 여섯 가지 질문에 답하는 것이다. 참여자는 아래 여섯 가지 문항을 1(전혀 그렇지 않다)에서 7(매우 그렇다)까지의 숫자로 답한다. 처음 문항부터 다섯 번째 문항은 모두 '내가 이 일을 하는 이유는'으로 시작한다.

아래 소개된 질문에 답하거나 웹사이트(www.primedtoperform.com)

* 비즈니스 니즈를 위해 새로운 프로젝트를 추진하고자 경영진에게 보고하는 문서로, 어떤 프로젝트인지, 왜, 어떻게 할 것인지 등 보통 말하는 '5W1H'가 기재되며, 경영진은 이 문서를 보고 투자할 가치가 있는지 없는지를 결정한다. — 옮긴이

에 들어가 직접 해볼 수도 있다. 각 문항을 읽고 자신이 얼마나 해당 사항이 있는지를 '전혀 그렇지 않다'는 1점으로, '매우 그렇다'는 7점으로 자신의 점수를 기록하면 된다.

질문	답변	× 가중치 =	합계	
내가 이 일을 하는 이유는 즐거움을 느끼기 때문이다.		× 10 =		+
내가 이 일을 하는 이유는 이 일이 중요한 의미가 있다고 생각하기 때문이다.		× 5 =		+
내가 이 일을 하는 이유는 이 일이 개인적 목표를 성취하는 데 도움이 될 거라고 생각하기 때문이다.		× 1.66 =		−
내가 이 일을 하는 이유는 내가 이 일을 하지 않으면 나 자신은 물론 내 주변의 가까운 사람들을 실망시키게 될 것 같아서다.		× 1.66 =		−
내가 이 일을 하는 이유는 이 일을 그만둔다면 재정 목표를 달성하지 못할 것 같기 때문이다.		× 5 =		−
내가 이 일을 하는 이유를 알 수 없다.		× 10 =		=
총 동기 직접동기(앞의 세 가지 질문)의 총점에서 간접동기(뒤의 세 가지 질문) 총점을 뺀 수치				

위의 질문은 즐거움, 의미, 성장, 정서적 압박감, 경제적 압박감, 타성이라는 여섯 가지 동기 요인을 순서대로 나열한 것이다. 우리가 실제로 이 질문지를 활용할 때는 순서를 뒤섞는다. 그런 다음 간단한 덧셈과 뺄셈으로 총 동기 지수를 산출할 수 있다. 질문에 대한 자신의 점수에 가중치를 곱해 오른쪽 빈 칸에 기입하면 된다. 이후 위의

세 가지 항목에 대한 총점은 더하고, 아래 세 가지 항목의 총점은 뺀다. 웹사이트에서는 자동으로 총점을 계산해 총 동기 지수를 산출해준다.

직접동기는 적응적 성과를 높이는 만큼 직접동기의 점수는 더한다. 간접동기는 적응적 성과를 낮추기 때문에 이 점수는 빼야 한다. 만약 간접동기가 직접동기보다 높은 조직일 경우 총 동기 지수는 마이너스 값이 된다. 동기 요인이 업무에 가까울수록 더욱 강력한 힘을 발휘한다. 따라서 각 동기 요인의 가중치는 다르다. 즐거움 동기는 의미 동기보다 더 강력하고, 의미 동기는 성장 동기보다 강력하다.

우리는 다양한 산업 분야에서 여러 조직의 직원 수천 명의 총 동기 지수를 측정한 뒤, 이에 근거해 여섯 가지 동기 요인의 가중치를 각각 달리 책정했다. 가중치는 적응적 성과의 가능성을 반영한 수치로, 가중치로 인해 총 동기 지수의 범위가 −100에서 100까지로 확대되었다.[7] 최종 결과를 통해 팀 조직의 동기부여 정도를 파악할 수 있는데, 총 동기 지수가 높을수록 조직문화 역시 건실하다는 의미다.

이런 방식으로 누구나 총 동기 설문지를 활용해 조직의 문화를 측정해볼 수 있다. 자신이 운영하는 팀의 총 동기는 현재 어떤 수준인지 직접 해보면 파악할 수 있다. 총 동기 결과를 제대로 이해하기 위해서는 유념해야 할 사항이 몇 가지 있다.

- **총 동기 지수는 진단 도구일 뿐 성적표가 아니다.** 우리가 '점수'가 아닌 '지수'라고 이름을 붙인 데도 이런 이유였다. 점수는 성과를 평가한다는 의미를 내포한다. 만약 그렇게 되면 정서적 압박감은

높아지고, 즐거움 동기는 낮아질 것이다. 총 동기 지수 역시 낮아지며 조직원들의 적응성을 해치게 된다. (설문지를 거짓으로 작성하는 코브라 효과의 위험성 역시 발생한다.) 한편 '지수'는 다른 여러 요소들과 함께 관리되고 고려되어야 할 또 하나의 요소일 뿐이다. 리더는 '지수'를 정확하게 이해하는 눈을 길러야 하고, 이를 향상시킬 방법을 생각해야 한다. 따라서 이 측정법은 조직문화에 어떤 변화가 필요한지 파악하게 해주는 진단 도구로 활용해야 한다.

• **총 동기 측정 결과는 절대적인 것이 아니다.** 활용해야 할 도구이지 믿고 따라야 하는 신념은 아니다. 총 동기 지수를 통해 직원들의 현 정서를 파악할 수 있다는 의미일 뿐 절대불변의 진리는 아니라는 의미다. 더욱이 특정 업계나 국가의 경우 정확하게 총 동기 지수를 측정하기 위해서는 다른 방법이 필요하다. 가령 어떤 나라에서는 스스로 간접동기를 인정하는 것이 불편하고 낯 뜨거운 일로 받아들여지고 있다. 이런 경우 총 동기 측정법 역시 지속적으로 수정하고 고쳐나가야 한다.

• **설문조사를 할 때 반드시 직원의 익명성을 보장해줘야 한다.** 그게 힘들다면 비밀 보안을 절대적으로 유지해야 한다. 직원들이 설문지 때문에 본인이나 자신의 상사가 불려 다닌다는 생각이 들게 해선 안 된다. 직원들이 편안하고 안전한 장소, 가령 자신의 집과 같은 장소에서 설문지를 작성할 수 있도록 해야 한다.

• **만약 총 동기 지수를 다른 성과 평가 진단법과 연관시켜 이해하고자 한다면, 반드시 장기적이고 전체론적인 측정법을 대입해야 한다.** 단기적이고 측정이 쉬운 성과 평가는 총 동기 지수의 영향을 받

지 않는다. 성과 평가는 전술적, 적응적 성과 행동이 모두 포함되어야 한다. 우리가 고객경험이나 장기 세일즈 목표와 같은 요소를 활용하는 것도 이 때문이다.

조직문화 진단 2. 이론 시험하기

총 동기 분석의 두 번째 순서는 데이터를 활용해 어떤 동기 요인을 통해 어떻게 총 동기를 향상시킬 것인지 자신만의 이론을 시험해보는 것이다. 그러려면 가장 먼저 조직 내 적응적 성과가 가장 중요한 부서가 어디인지 판단해야 한다. 고객과 밀접하게 연관되어 있거나 상품의 품질과 직결되는 업무, 창의성을 요하는 업무, 위험성이 가장 높은 업무가 우선시되어야 한다. 또한 부정행위와 코브라 효과가 발생했을 때 가장 치명적일 부서 역시 포함해야 한다.

앞에서 설명했듯이 사우스웨스트 항공사는 우리가 측정했던 고객 중심 기업 가운데 가장 높은 총 동기 지수를 기록했음에도 조직 내 여전히 개선해야 할 부분이 있음이 드러났다. 한 예로 사우스웨스트에서 고객과 직접적으로 대면하는 직원과 그렇지 않은 직원의 총 동기 지수 차이를 살펴보겠다.

우리가 측정했던 기업들 가운데 '마법과도 같은' 조직문화를 유지하는 기업들의 대부분은 고객과 소통하는 직원들의 총 동기가 더 높았다. 이런 현상이 발생하는 이유는 일선에서 고객과 함께하는 직원의 경우 일에서 의미 동기를 느낄 기회가 더 많기 때문이다. 사우스웨스트에서 고객을 응대하는 직원들은 그렇지 않은 직원들에 비해 총 동기 지수가 9점이나 높았다. 사우스웨스트의 경쟁사 세 곳의 경우 이와 대조적으로 고객과 직접적으로 대면하는 직원들의 총 동기는 그렇지 않은 부서에 비해 '낮게' 나왔다. 이런 결과를 바탕으로 사우스웨스트는 기업 운영 및 행정팀 등 고객과 직접적으로 소통하지 않는 부서의 조직문화를 높이기 위해 노력해야 한다.

총 동기를 수치화한 뒤에는 조직을 향상시킬 다양한 방안을 고민해야 한다. 우리가 조사하고 경험한 몇 가지 사례를 소개하겠다.

- 사우스웨스트의 경우 재직 기간이 길수록 총 동기 지수가 높았는데, 다른 항공사에서는 찾아볼 수 없는 패턴이었다. 이러한 결과는 사우스웨스트가 비교적 연차가 얼마 되지 않은 직원들의 총 동기 향상에 초점을 맞춰야 한다는 것을 말한다.
- 사우스웨스트의 총 동기는 인종에 따른 실질적 차이가 없었다. 그러나 다른 조직에서는 인종에 따라 총 동기 지수에서 큰 차이를 보였다. 한 식료품 체인의 경우 백인과 흑인 간의 총 동기 지수 격차가 무려 20점이나 되었다. 분석 결과 흑인 직원들은 즐거움 동기와 성장 동기를 훨씬 적게, 정서적 압박감은 훨씬 많이 느끼는 것으로 드러났다.
- 한 은행은 시간제 직원과 정규직 직원이 거의 비슷한 수준의 총 동기를 가진 것으로 나타났다. 그러나 다른 경쟁 은행의 경우 시간제 직원과 정규직 직원 간의 지수가 놀랍게도 30점이나 차이 났다.
- 중동의 한 거대 기업의 콜센터 직원은 점포에서 일하는 직원에 비해 총 동기 지수가 31점이나 낮았다. 경제적 상황이나 라이프 스

타일 등의 요인을 고려하더라도 콜센터 직원의 경우 즐거움과 의미 동기를 훨씬 적게 느끼는 것으로 드러났다.

• 스타벅스는 퀵 서브 요식업계에서 가장 높은 총 동기 지수를 기록했다. 스타벅스의 총 동기가 높은 까닭은 높은 즐거움 동기와 낮은 타성 때문이었다. 우리의 예상과 달리 기업의 긍정적인 미션에도 불구하고 의미 동기는 총 동기 지수에 큰 영향을 주지 않는 것으로 밝혀졌다. 이러한 결과는 스타벅스가 조직문화를 더욱 굳건히 다지기 위해 어디에 초점을 맞춰야 하는지 보여준다.

조직문화 진단 3. 조직문화의 핵심 요소 분석

어디에 주력해야 총 동기를 향상시킬 수 있는지, 어떤 동기 요인이 가장 뒤처지는지 파악한 후에는 조직에 필요한 최선의 방법을 찾아야 한다. 우리도 조직문화를 쉽게 바로잡을 수 있는 만능열쇠가 있다고 말할 수 있으면 좋겠다. 하지만 아쉽게도 그런 건 없다.

훌륭한 조직문화는 총 동기를 구성하는 작은 동기 요인들이 모여 완성된다. '고성과 조직문화'라는 문을 열기 위해선 다양한 열쇠가 필요하다. 애석하게도 아무 열쇠나 비밀의 문을 열 수 있는 것은 아니다. 그나마 수천 명의 직원들을 대상으로 여러 가지 방법들을 적용해본 결과 가장 핵심적인 몇 가지를 추려낼 수 있었다.

• **리더십**(**8장, 리더십: 파이어 스타터**) 한 사람의 경력을 만드는 것도, 망치는 것도 모두 그의 상사라는 말이 있다. 반은 맞는 말이다. 총

동기를 높이는 특정 행동양식을 지닌 리더는 팀의 총 동기 지수를 평균 50점가량 높일 수 있다. 그러나 리더가 총 동기를 높이는 일은 어려워도 망가뜨리기는 훨씬 쉽다. 총 동기는 다른 열쇠들이 함께 맞물려야 가능하다.

- **정체성**(9장, 정체성: 조직의 행동 규범) 기업의 미션, 행동양식, 유산과 전통이 내포된 기업의 정체성은 조직문화에서 두 번째로 중요한 열쇠다. 평균적으로 정체성이 모호한 기업과 확고한 기업 간의 총 동기 지수 차이는 65점이었다. 그러나 대다수의 조직은 정체성에 관해 그리 신경 쓰지 않는다. 아무도 이 열쇠를 사용하지 않고 있다.

- **직무설계** (10장, 직무설계: 플레이 그라운드) 총 동기를 극대화해 전술적 성과와 적응적 성과의 균형을 이룰 수 있도록 조직 내 모든 직무를 설계하는 일은 조직문화에서 가장 중요한 열쇠다. 직무설계가 잘 이뤄진 조직과 그렇지 않은 조직의 총 동기 차이는 무려 87점이나 되었다. 정체성과 마찬가지로 수많은 조직이 직무설계를 체계적으로 관리하지 않는다. 아무런 의도나 계획 없이 직무를 설계하고, 각각의 직무를 적응적 성과의 발현을 위해 활용하지도 않는다. 직무설계는 조직에서 등한시되고 있다.

- **경력 경로**(11장, 경력 경로: 천 개의 경력 사다리) 대다수 조직의 경력 경로는 '죽을 때까지 싸워' 강한 자만이 살아남는 구조다. 이런 방식은 총 동기를 무너뜨리고 적응적 성과 역시 불가능하게 한다. 그러나 단계마다 총 동기가 높아지는 경력 사다리를 갖춘 조직은 그렇지 않은 조직에 비해 63점이나 높은 총 동기 지수를 보였고, 이에 따라 성과 역시 더 높았다.

- **보상 제도(12장, 보상 제도)** 보상 제도는 모순으로 가득하기 때문에 직원들은 악감정과 부당함을 느끼기 쉽다. 모순의 원인은 보상 제도의 목적이 명확하지 않은 데 있다. 조직원의 성장에 중점을 둔 보상 제도를 갖춘 기업은 평균 총 동기 지수가 48점 높았다.
- **공동체(13장, 공동체: 사냥그룹)** 강력한 공동체가 형성될 경우 즐거움 동기와 의미 동기가 높아지고, 개인의 연약함을 드러낼 수 있는 환경이 조성돼 정서적 압박감 역시 낮아진다. 공동체 의식이 높은 조직과 그렇지 않은 조직 간의 총 동기 지수 차이는 60점으로, 조직문화에서 네 번째로 강력한 요소다. 그럼에도 불구하고 정체성, 직무 설계와 마찬가지로 의도적으로 공동체를 형성하거나 심리학 연구를 참고해 공동체를 관리하는 조직은 거의 없다.
- **성과관리(15장, 성과 평가: 성과 평가 캘리브레이션)** 대다수의 기업은 조직문화를 해치는 성과관리 시스템을 운영하고 있다. 적응적 성과를 희생양으로 삼아 전술적 성과만을 강조하거나 정서적 또는 경제적 압박감을 이용해 결과만 내면 된다는 식이다. 이런 시스템은 결국 조직을 파괴하고 만다. 반면 잘 설계된 성과 측정 시스템은 총 동기를 통해 음과 양의 균형을 맞춰준다. 성과관리 시스템을 제대로 운영한다면 총 동기를 최대 41점 높일 수 있다.

총 동기 지수는 100점 만점으로, 위에서 다룬 핵심 요소들을 하나씩 추가한다고 해서 총 동기 점수가 높아지는 건 아니다. 이 주요 열쇠들은 함께 맞물려야 한다. 그중 하나라도 어긋나면 조직문화는 쉽게 손상된다. 조직문화는 모든 요소들이 각각 총 동기와 부합해야 비로소 높은 수준의 성과를 이끌어낼 수 있다. 또한 각 요소들은 조직의 성향, 작게는 조직 내 팀의 성향에 따라 중요도를 달리한다는 점을 기억해야 한다. 다시 한 번 강조하지만 총 동기만이 문제를 해결할 수 있다.

기업을 고객으로 하는 한 프로페셔널 서비스 기업의 총 동기와 동기 요인, 핵심 요소들을 분석한 적이 있다. 이 기업의 경우 적응적 성과가 무엇보다도 중요한 조직이었다. 진행되는 모든 프로젝트는 창의성을 기반으로 하고 있고, 프로젝트 도중에도 새로운 의견이나 정보가 추가되면 프로젝트의 방향을 완전히 바꿔야 할 때도 있었다. 우리가 이 조직에서 발견한 내용을 소개하겠다.

- 낮은 의미 동기와 높은 정서적 압박감, 타성은 총 동기를 낮췄다. (총 동기가 낮아짐에 따라 적응적 성과 역시 낮아졌다.)
- 가장 큰 문제점이 발견된 부분은 성과 평가 제도, 리더십, 그리고 직무설계의 몇 가지 특정 요소였다. 일반적으로 사람들이 생각하는 것과는 달리 보상제도는 큰 비중을 차지하지 않았다.
- 직무설계에서 드러난 문제점은 각 업무의 영향력을 제대로 파악하지 못한다는 점, 직원이 적응적 성과자로 활약할 수 있는 여유가 허용되지 않는다는 점이었다. 그동안 조직은 이 문제들을 잘못된 관점으로 바라보고 있었다. 조직은 직원들이 열심히 일하지 않는다고 생각했다. 그러나 실상 직원들은 즐거움 동기를 느끼고 발휘할 시간이 필요했고, 자신의 노력이 업무상 차이를 만들어낸다는 사실을 체감하고 싶어 했다.
- 리더들의 경우 지나치게 '퀴드 프로 쿼quid pro quo', 즉 대가성 교환 방식

의 리더십 행동을 보였다. 그들은 직원들의 (즐거움 동기를 위한) 호기심을 자극하거나 자신이 롤모델이 되어 직원들에게 의미 동기를 자극하는 리더십을 충분히 발휘하지 않았다.

우리는 지구 반대편의 완전히 다른 직업군에서 진행한 분석에서도 이와 유사한 결과를 볼 수 있었다. 한 아시아 국가의 교사 집단이었다. 조사에 참여한 교사 모두 자신의 직업에 대한 애착과 만족도가 높다고 했다. 하지만 총 동기 지수는 우리가 예상한 것보다 25%가량 낮게 나왔다.

각 동기 요인을 살펴본 결과 대다수의 교사들은 높은 수준의 의미 동기를 지녔지만, 즐거움 동기는 비교적 낮은 수준임이 드러났다. 결과를 토대로 각 핵심 요소들을 분석해 무엇 때문에 이런 차이가 발생했는지 살펴보았다.

- 교사 평가 과정에서 드러난 불공평성이 엄청난 정서적 압박감을 야기했다. 정서적 압박감은 (앞서 설명했던 바와 같이) 즐거움 동기를 가로막는다.
- 교사들이 교육과 관계없는 행정 업무에 지나치게 많은 시간을 들여야 하는 상황에서 즐거움 동기가 낮아졌다. 이는 근본적으로 직무설계의 오류에서 비롯되며, 10장 '플레이 그라운드'에 소개된 방법을 통해 바로잡아야 한다.
- 수업 시간에도 즐거움 동기를 높일 수 있는 기회는 있었다. 그러나 총 동기가 낮은 교사들은 새로운 교육 아이디어를 개발하는 과정에 참여할 수 없다고 느끼고 있었다. 그들은 교육이라는 자신의 임무를 더욱 잘 수행하기 위해 동료들과 함께 새로운 방법을 연구하고 싶어 했다.

흥미롭게도 총 동기를 방해하는 요소들이 우리의 일반적인 예상과 많이 달랐다. 정식 교육, 수업용 교재교구 활용 가능 여부, 심지어 보상 제도도 총 동기를 저해하는 요소가 아니었다. 교사들은 자신에게 자율성이 보장되어 있음을 알지만 그럼에도 일터에서 즐거움 동기를 거의 느끼지 못했다.

조직문화 진단 4. 이상적인 목표 수립

우리와 함께 일했던 A사는 고성과 조직문화를 구축하기 위해 부단히 노력하는 조직이었다. 기업 목표를 수정하고 조직문화 전담 팀까지 구성했다. 그러나 그들은 곧 고착 상태에 빠졌다. 기업이 고착 상태가 된 이유는 조직 내 공동의 목적에 대한 합의가 이뤄지지 않았기 때문이다. 더욱이 문화전담 팀에는 실험할 자유가 부여되지 않았기 때문에 즐거움 동기가 형성되지 못했다. 또한 조직 내 굉장히 높은 수준의 정서적 압박감이 존재해 적응적 성과가 발현될 수 없는 구조였다. 이 상황을 극복하기 위해 우리는 A사의 중역들을 만나 다음의 쪽지를 보여주었다.

"우리의 목표는 5년 안에 업계 평균 총 동기 지수보다 최소 15점 높은 지수를 달성하는 조직문화를 달성하는 것입니다."

남은 세션 동안 우리는 이 짧은 문장 안에 담긴 각각의 의미에 대해 이야기를 나누었다. 총 동기는 무엇인가? 왜 15점 이상인가? 왜 업계 평균 대비인가? 왜 5년인가? 우리의 목적에 대해 하나씩 설명하면서 조직의 성공에 대해 합의된 정의를 이끌어냈고, 문화전담 팀에 즐거움 동기를 부여하는 방법에 대해 이야기를 나누었다.

우리가 굳이 평균 15점 이상의 총 동기를 달성하자는 목표를 세운 데는 이유가 있었다. 마법과 같은 조직문화를 가진 기업은 업계 평균보다 보통 15점 정도 높은 총 동기 지수를 기록했기 때문이다.

- 애플스토어는 업계 내 다른 업체들에 비해 평균 14점이 높았다.
- 노드스트롬은 다른 백화점 체인에 비해 14점이 높았다.
- 홀푸드는 다른 식료품 업체에 비해 14점이 높았다.
- 스타벅스는 다른 패스트푸드 레스토랑에 비해 18점이 높았다.
- 사우스웨스트 항공사는 거대 경쟁사들에 비해 14점이 높았다.

총 동기 지수가 15점 정도 차이 나면 직원과 고객이 다른 업체들과의 차이점을 뚜렷하게 느끼기에 충분한 격차다.

고유한 산업 분야에 속한 조직은 절대적 목표를 세울 수 있다. 하지만 대다수의 조직은 업계 내 경쟁사를 기준으로 상대적인 목표를 세워야 하는 상황이다. 직업의 구조적 특수성으로 인해 근본적으로 총 동기가 높거나 낮을 수도 있다. 교사의 경우 비교적 높은 수준의 즐거움과 의미 동기를 느끼는 직업이라 총 동기 역시 높을 수밖에 없다. 교사의 평균 총 동기 지수는 44점으로 다른 업계 평균에 비해 25점가량 높은 수치다. 따라서 교사군의 총 동기 목표는 이런 현실을 반영해 설정해야 한다. (도표 13. 산업 분야에 따른 총 동기 지수 참고)

조직문화 진단 5. 비즈니스 케이스 개발

목표를 설정했으면 이제 반은 마친 셈이다. 다음은 계획을 세우고 비용을 책정해야 한다. 기업에는 투자할 수 있는 비용이 정해져 있고, 기업 내 모든 부서와 팀은 이 비용을 두고 줄다리기를 한다. 마케팅과 운영부 같은 부서에서는 투자 가치를 판단하기 위해 비즈니스 케이스를 작성한다. 제작팀에서는 예상 매출액과 투자수익률을 검토한다. 마케팅팀은 소비자를 고객으로 끌어내기 위해 소비자 결정 퍼널 funnel 전략을 세워 기업이 수익을 창출할 수 있는 방안을 모색한다.

드물지만 조직문화 팀이 있는 경우 조직문화에 필요한 비용과 이로 인해 얻을 수 있는 경제적 성과 간의 연결고리를 만들기 위해 고군분투해야 한다. 그렇지 않으면 조직문화 팀에 할당되는 투자 비용은 없을 것이다. 함께 일했던 한 기업의 경우 인적자원에 투자하는 비용이 마케팅의 5배가 넘었다. 그런데도 마케팅을 위한 인력은 조직문화를 위한 인력에 비해 10배나 많았다.

모든 조직에 내재된 문제는 바로 적응적 성과 행동은 측정하기가 어렵고, 잘못된 적응적 행동은 눈에 잘 띄지 않는다는 데 있다. 실체가 없는 무형의 가치에 드는 비용을 정당화시킬 수 있을까? 적응적 행동과 잘못된 적응적 행동은 측정할 수 없지만 총 동기는 가능하다. 적응적 성과를 통해 총 동기와 비즈니스 결과물을 상응시킬 수 있듯이, 총 동기를 향상시키는 비즈니스 케이스 역시 개발할 수 있다.

다양한 소매업체의 총 동기를 측정한 적이 있다. 〈도표 14〉는 조직의 총 동기와 고객경험 간의 연관성을 나타낸 것이다.[8] 부담감을

도표 14. 소매업체의 총 동기와 고객경험

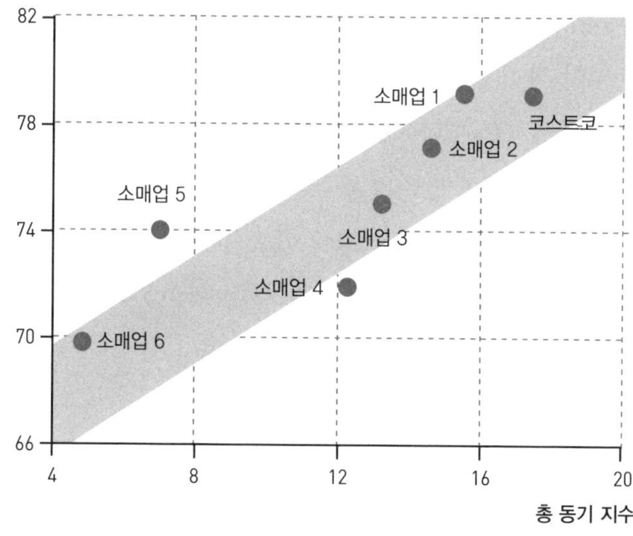

줄이기 위해 가장 결과가 좋은 한 곳을 제외하고는 모두 상호명을 삭제했지만, 누구나 알 만한 업체들이다.

각기 다른 다양한 업체들이지만 총 동기와 고객경험 간의 연관성은 뚜렷하게 나타나고 있다. 조직의 특성과 비즈니스 모델에 따라 다르긴 하지만, 기본적으로 고객경험과 기업의 수익은 밀접하게 연관되어 있다. 보통 고객경험이 향상될수록 상품 가격 역시 높아지고, 고객 유지율도 높아진다. 교차 판매 역시 증가하고, 고객 추천지수도 높아진다. 또한 기업의 세일즈에 직접적인 영향력을 끼친다. 우리의 클라이언트 가운데 한 기업은 총 동기 지수가 플러스인 영업사원과 마이너스인 영업사원의 수익 차이가 28%나 되었다.

창의성과 문제해결능력과 같은 적응적 성과 행동에도 영향이 있다. 수백만 달러의 투자 결정을 하는 자산관리 매니저 그룹의 총 동기를 분석한 적 있는데, 가장 높은 성과를 내는 매니저가 가장 높은 총 동기 지수를 기록했다. 금융업계 특성상 총 동기 1점을 투자수익률로 환산하면 수백만 달러의 가치나 다름없다.

조직 내에서 총 동기 지수 1점이 어느 정도의 경제적 가치인지 계산할 수 있는 방법이 필요할 것이다. 각 조직마다 고유한 인풋input이 있지만, 어느 조직이나 아래 소개되는 요소들을 모두 갖추고 있을 것이다.

- 고객 경험 상승으로 상품 가격이 올라가며 기업의 이익 증가
- 비용 절감과 원가 관리를 통한 이익 증가
- 적응적 영업 행동으로 매출 수익 증가
- 매출 성장(새로운 상품, 새로운 고객층, 새로운 시장 개척)
- 매출 성장(고객 추천 증가)
- 직원 영입 비용 절감
- 직원 유지 비용 절감
- 잘못된 적응적 성과 행동(운영 위험, 신용 위험 등)으로 초래된 비용 절감
- VUCA 관리를 통한 변동성 감소

조직에서 총 동기 분석과 대조 실험을 통해 위에 나온 각각의 가치

에 총 동기가 어떤 영향을 미치는지 계산해볼 수 있다. 총 동기를 경제적 가치로 환산하고 나면 더 높은 성과를 위해 어떻게 투자해야 할지 결정할 수 있다. 조직문화와 성과의 연관성을 구체화시키는 것만으로도 결과는 달라진다. 조직문화 구축은 수량화할 수 있는 개념이자, 마케팅과 상품 개발처럼 명확한 원칙으로 만들 수 있다. 직원들의 동기부여를 위한 비즈니스 케이스와 실험은 투자할 만한 가치가 있다고 인식된다.

애플스토어의 탁월한 조직문화와 총 동기

조직문화를 활성화시키는 방법이 무엇인지 알게 되었으니 이제 그 방법을 이용해 어둠 속에 가려진 열쇠를 찾는 방법을 배울 차례다.

거대 전자제품 소매상에서 일하게 되었다고 가정해보자. 전국 수백 개의 매장을 운영하게 되었는데, 지난 5년간 아마존닷컴과 같이 인터넷을 기반으로 한 온라인 상점과 애플 등 여러 소매 기업이 위협해왔다. 당신은 조직에서 무엇이든 할 수 있는 위치에 있다. 무엇부터 하겠는가? 애플스토어를 흉내 내야겠다는 생각부터 하게 될 것이다. 아주 말이 안 되는 생각은 아니다. 애플스토어는 티파니와 같은 럭셔리 매장을 모두 포함한 소매업체 가운데서도 미국 전역 내 평방 스퀘어당 영업 실적이 가장 높다.[9] 애플스토어에 방문한 적 있다면 누구라도 다른 기업과의 차별성을 느꼈을 것이다.

우리가 총 동기의 개념에 대해 알지 못하던 때도 높은 성과를 내는 조직들에는 공통점이 있다는 사실을 깨달았다. 우리는 성과의 열쇠가 될 '철학자의 돌'을 찾아 공항 터미널, 소매상점, 학교와 병원을 몇 달 동안 헤매고 다녔다. 우리는 컨설팅 일을 하며 고위 경영진의 내부 업무에 대해 살펴볼 기회가 있었고, 중역들이 모여 가장 중대한 결정을 하는 모습을 관찰할 수 있었다. 또한 훌륭한 조직문화에 속한 직원들을 꼼꼼히 관찰하고, 이례적인 성과를 거둘 때면 해당 직원과 인터뷰를 진행할 기회도 얻었다.

우리는 애플스토어에서 오랜 시간을 보냈고, 많은 사람들과 인터뷰했다. 그들은 성과 유전자를 타고난 외계인이 아니었다(과실 편향성이 우리에게 심어준 오해였다). 애플 직원인 저스틴은 애플스토어가 다른 곳과 어떻게 다른지 금방 파악할 수 있도록 해주었다. 전직 군인인 저스틴은 굉장히 명료한 사람이었다. 대화도 임무를 수행하듯 진행했다. 그의 화법은 사무적이고 군더더기가 없었다. 그가 하는 모든 말끝에는 "Yes, sir!(예스 썰)"이 이어질 것만 같았다.

대다수의 직원들처럼 저스틴 역시 애플에 오기 전에 다른 메이저 전자제품 소매업체에서 일한 적이 있었다. 우리는 그에게 이전 직장과 현재 몸담고 있는 애플에 대해 많은 질문을 했다. 하지만 일터에서 최고의 하루를 보낸 때가 언제였는지 묻는 질문에 그가 했던 답변이 가장 인상적이었다. 우리는 그가 애플의 경쟁사에서 어땠는지 먼저 물었다. "글쎄요. 딱히 기억나는 게 없습니다. 매일 비슷했어요. 출근하고 일하고 퇴근하는……. 딱히 나쁜 날도 없었고, 좋았다고 기억할 만한 날도 없었습니다."

저스틴의 전 직장 역시 잘 운영되고 있는 훌륭한 기업이다. 우리는 그 경쟁사의 지점장을 따라다니며 기업의 가치와 좋은 일터를 만들고자 노력하는 조직의 열정을 느낄 수 있었다. '훌륭한 경영 방법'에 속하는 모든 요건을 갖추었지만 그걸로는 충분하지 않다. 저스틴의 답변이 이를 뒷받침해주었다. "애플에서 가장 좋았던 하루는 지난 6개월 전부라고 할 수 있습니다." 그는 쉬지 않고 덧붙였다. 그의 말투가 갑자기 바뀌었다.

"당시 제가 서포트 근무조로 일할 때였습니다. 고객에게 컴퓨터 사용법을 알려주는 일이 제 업무였어요. 70대쯤으로 보이는 할머니께서 손자들을 위한 포토앨범을 만들기 위해 방문하셨습니다. 컴퓨터를 배우기 위해 차 트렁크에서 커다란 맥 데스크탑을 꺼내 매장으로 가지고 오셨습니다. 그 할머니께서 두 번째로 방문한 뒤 저는 그 분이 매주 같은 요일 같은 시간에 오신다는 것을 알게 되었습니다. 그래서 6개월간 매주 화요일 오후 6시가 되면 주차장에서 할머니를 기다렸습니다. 도착하신 후에는 제가 직접 트렁크에서 컴퓨터를 꺼내 매장으로 들고 간 뒤 세팅을 해드렸습니다. 그간 많이 친해졌습니다. 한 사람의 사진을 그렇게 많이 보고 나면 친해지지 않을 수가 없어요. 할머니는 사회복지사로 일하셨고, 저 역시 그 분야에 관심이 많았습니다. 할머니의 삶과 사회복지사로서의 일에 대해 많은 이야기를 나누었습니다. 프로젝트를 마치고 할머니께서 더 이상 매장으로 오지 않아도 될 땐 사실 슬픈 기분이 들 정도였어요."

이 이야기의 핵심은 따뜻한 인간관계가(물론 중요하지만) 아니다. 애플스토어의 다양한 요소가 함께 어우러져 고객과 직원 간의 상호작용을 가능케 하는 문화가 형성되었다는 점이 중요하다.

- 고객이 매장을 두 번 찾고 난 뒤 저스틴은 고객을 확인하고, 다른 직원이 아닌 자신이 고객을 돕기 위해 나설 수 있었다. 매장의 인테리어 구조와 기업의 유연한 정책 덕분에 가능한 일이었다.
- 저스틴이 스스로 적응적 성과 행동을 발휘할 수 있었던 이유는 리더가 몸소 보여준 행동양식과 한 달 동안 진행된 온보딩 프로그램에서 적응적 성과자가 되는 방법에 대해 배웠기 때문이다.
- 저스틴에겐 매주 몇 분간 주차장에서 고객을 기다릴 수 있는 시간적 여유가 허용되었다. 조직의 보상 제도, 성과관리 제도, 리더 모두 저스틴을 막지 않았다. 이러한 융통성은 사소할지라도 직원에게 실험할 기회를 주어 즐거움 동기를 느낄 수 있도록 해준다.
- 자사 상품을 활용해 고객에게 의미 있는 무언가를, 가령 가족앨범 등을 만드는 데 도움을 주는 일 역시 저스틴의 일이었다. 이러한 업무는 직원에게 의미 동기를 부여한다.
- 저스틴은 근무조에 따라 각기 다른 업무를 한다. 이런 방식은 직원에게 즐거움과 성장 동기를 북돋아준다.
- 저스틴에게 부여된 세일즈 목표는 과도한 정서적 또는 경제적 압박감을 주지 않는 수준이었다. 때문에 저스틴은 자신의 목표를 달성하는 데 반나절도 채 걸리지 않았다.[10]

이 밖에도 애플스토어의 강점에 관해서라면 계속 작성할 수 있을 정도다. 애플스토어에 깊이 배여든 문화적 요소 덕분에 저스틴의 고객은 최고의 경험을 누릴 수 있었다. 훌륭한 고객경험은 브랜드의 신뢰로 이어지고, 브랜드의 신뢰가 높아지면 상품 가격 인상도 소비

도표 15. 애플스토어와 경쟁사 세 곳의 총 동기 지수 및 총 동기 요인 분석

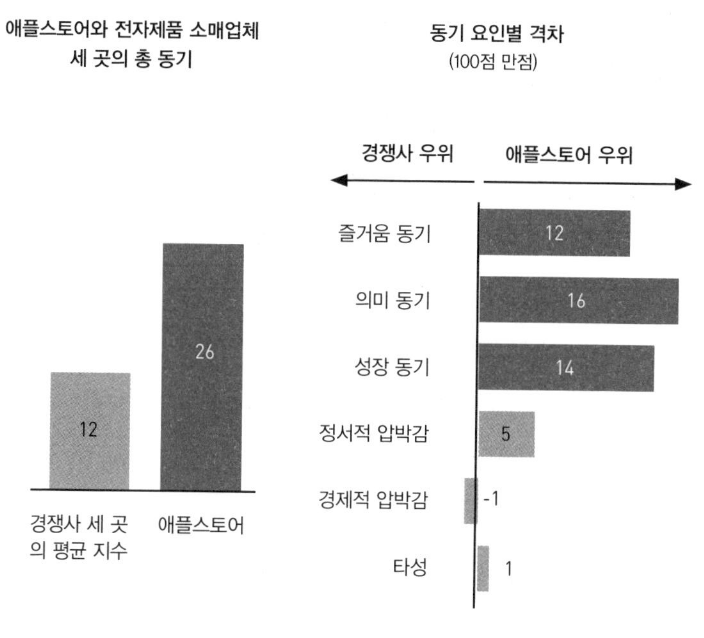

자에게 무리 없이 받아들여지며, 최종적으로 브랜드의 다른 상품으로도 소비자 충성도가 확장된다. 뿐만 아니라 직원인 저스틴은 전술적, 적응적 성과를 모두 달성하며, 자신이 보여줄 수 있는 가장 높은 수준의 성과를 수행했다. 조직문화에서 음과 양의 완벽한 발현이자 기업 전략이 의도한 바대로 실행된 순간이었다.

조직문화와 총 동기의 연관성을 비춰주는 불빛이 없다면 경쟁사들은 눈에 보이는 것들—나무로 만든 테이블과 탁 트인 인테리어, 파란

색 티셔츠와 랜야드 이어폰, 지니어스 바*—만 베끼게 된다. 그러나 가장 중요하지만 눈에는 보이지 않는 애플의 가치는 따라할 수 없다.

총 동기 지수를 통해 우리는 현재 상황을 정확하게 이해할 수 있다. 애플스토어의 총 동기 지수는 26점이다. 저스틴의 전 직장은 14점을 기록했다. 12점의 격차는 눈여겨볼 만하다. 각각의 동기 요인이 모여 총 동기를 구성하기 때문에 애플스토어의 모티브 스펙트럼을 살펴보면 경쟁사와 비교해 장단점을 파악할 수 있다. 즐거움 동기를 예로 들어보면 도표상 애플스토어의 조직문화는 경쟁사에 비해 12점이나 높은 즐거움 동기를 조성한다.

애플스토어를 관찰하는 동안 매장을 방문한 고객이 아이폰을 사는 것과 경쟁업체에서 휴대폰을 구매하는 것이 무엇이 다른지 직원에게 문의한 일이 있었다. 직원은 이렇게 대답했다. "고객님께서 경쟁사에서 휴대폰을 구매하신다면 개통비가 무료일 겁니다." 총 동기가 낮은 직원이라면 고객에게 그런 정보를 제공하지 않거나 어쩌면 거짓말을 했을 수도 있다(코브라 효과). 그 직원은 결국 판매량을 올리지 못했지만, 애플이 신뢰할 수 있는 기업이라는 믿음을 심어주었다.

반면 경쟁사 소속 직원들은 총 동기가 낮은 조직원의 전형적인 모습을 보여주었다. 한 직원은 우리에게 '우선순위가 계속해서 바뀌기 때문에' 일할 의욕이 없어진다고 말했다. 국가의 정책과 지역의 정책이 상충하고 '매니저는 직원들에게 이 두 가지 정책을 모두 내세우기' 때문에 직원들은 한쪽을 아예 무시하게 된다. 한 직원은 우리

* 제품수리를 해주는 공간 — 옮긴이

에게 이렇게 전했다. "매니저들은 우리를 소모품처럼 대하기 때문에 저 역시 스스로가 소모품이 된 것 같은 기분이 듭니다. 솔직히 말하면 제가 왜 아직도 이곳에서 일하고 있는지 이젠 잘 모르겠습니다." 이 직원은 '타성'이라는 최악의 상태에 빠져 있다.

총 동기를 측정해보면 조직문화의 강점과 약점을 파악할 수 있다. 지속적으로 총 동기를 조사하면 문화가 경직되고 있는지, 강화되고 있는지 확인할 수 있다. 총 동기 요소를 대조해보는 실험을 통해 우리는 조직의 변화가 문화를 향상시키는지 악화시키는지 조사할 수 있다. 요약하자면 총 동기는 마법을 과학으로 바꿔준다. 호그와트 마법학교가 MIT로 변하는 순간이다.

변화의 시작

조직문화 관리는 재정 관리처럼 끝이 없는 일이다. 그러나 시작은 있다. 우선은 조직원들의 총 동기부터 조사해야 한다. 이후에는 6개월이나 1년에 한 번씩 정기적으로 계속 조사해야 한다. 총 동기를 측정하고, 이 작업을 기업의 경영관리 중 하나로 유지하는 것만으로도 이미 조직문화가 향상되고 있는 것과 다름없다.

— 8장 —

리더십: 파이어 스타터

최고의 성과를 만들어내는
리더십의 비밀이 드러났다.

세계적 금융회사의 조직문화 회의가 45분간 진행된 후 HR 부장이 말했다. "자, 이제 방 안의 코끼리*에 대해 이야기를 나눠보겠습니다. 우리 CEO는 나쁜 리더입니다."

유감스러운 일이지만 딱히 드문 일은 아니다. 일반적으로 총 동기를 불어넣는 리더는 평균 4명 가운데 한 명밖에 안 되고, 그나마 높은 수준의 총 동기를 이끌어내는 리더는 이보다 훨씬 적은 비율이다. 자신의 팀은 물론 조직 전체에 총 동기를 유발하는 리더를 두고 '파이어 스타터Fire Starter'라고 한다.

보통 훌륭한 리더는 후천적 요인이 아닌 선천적 재능과 카리스마의 완벽한 조합을 타고나야 한다고 생각한다. 그러나 우리는 훌륭한

* 누구나 알지만 감히 문제를 제기할 수 없는 이슈 — 옮긴이

리더가 높은 총 동기 문화를 달성하고, 결과적으로는 고성과 문화를 만들기 위해서 활용하는 특정 행동양식을 총 동기 지수를 바탕으로 객관적이고 실질적으로 입증할 수 있다. 리더십만 배우고 익힐 수 있는 것은 아니다. 조직구조 역시 리더를 만들 수 있는 환경으로 조성할 수 있다. 어떻게 가능한지는 지금부터 알려줄 예정이다.

총 동기로 살펴본 리더십의 네 가지 유형

당신은 어떤 리더인가? 정서적 압박감, 경제적 압박감, 타성과 같은 간접동기를 활용하는 리더인가? 아니면 즐거움, 의미, 성장 같은 직접동기를 활용하는 리더인가? 둘 다 활용하는가, 아무것도 활용하지 않는가? 리더십의 네 가지 종류에 대해 살펴보도록 하겠다.[1]

우선 첫 번째 그룹은 '거래형(퀴드 프로 쿼, quid pro quo) 리더'다. 퀴드 프로 쿼는 '기브앤테이크give and take'라는 뜻의 라틴어로, 이 그룹의 리더들이 주로 사용하는 방식이다. 이들은 착한 행동에는 보상을 하고, 나쁜 행동에는 처벌과 위협을 가해야 한다고 생각한다. 이들은 주로 명령하고 통제한다. 좋은 의도를 갖고 능력주의의 리더십을 펼친다고 생각하지만, 실제로는 조직 내 높은 수준의 정서적, 경제적 압박감과 타성을 조성한다. 이러한 타입의 리더 밑에서 일하는 직원들의 평균 총 동기 지수는 −1이다.

두 번째 그룹은 '무관심한 리더'다. 이들은 간접동기도 직접동기도 사용하지 않는다. 조직 내 문제가 발생할 때만 관여하고자 한다. 다른 사람들과 마찬가지로 무관심한 리더 역시 선의를 갖고 있다. 이들은 자신의 팀이 자유를 원한다고 믿고 있다. 문제는 이런 생각이 잘못되었다는 점이다. 리더가 함께 참여해 즐거움, 의미, 성장 동기를 부여할 때 팀은 최고의 성과를 낸다. 무관심한 리더십이 가장 비효율적인 리더십에서 두 번째로 꼽힌다는 사실에 많은 사람들이 놀라곤 한다. 무관심한 리더 아래서 일하는 직원들은 평균적으로 11점의 총 동기 지수를 기록한다.

세 번째 유형은 '열정적인 리더'다. 이 유형의 리더들은 간접동기, 직접동기 가리지 않고 모든 동기 요인을 활용한다. 그러나 우리가 이미 여러 차례 접했듯이 직접동기는 긍정적인 영향을, 간접동기는 부정적인 영향을 끼친다. 직접동기와 간접동기를 모두 사용하는 리더가 이끄는 조직은 평균 총 동기 지수가 14점이다. 이 수치는 '무관심

도표 16. 총 동기로 살펴본 리더십의 네 가지 유형

	직속 상사의 행동 유형		
리더십 유형	직접동기 활용	간접동기 활용	조직원들의 평균 총 동기
거래형 리더	활용하지 않음	활용함	-1
무관심한 리더	활용하지 않음	활용하지 않음	11
열정적인 리더	활용함	활용함	14
파이어 스타터	활용함	활용하지 않음	38

한 리더'의 조직원들과 거의 비슷한 수준이다. 간접동기가 직접동기를 무효화시키기 때문이다.

네 번째는 '파이어 스타터'다. 이 그룹의 리더는 직접동기를 장려하고 간접동기를 낮춰 총 동기를 극대화시킨다. 파이어 스타터 리더의 팀은 총 동기 지수가 평균 38점이다. 이 가운데서도 상위 5%에 해당하는, 최고 안에서도 최고로 꼽히는 리더들은 총 동기 지수를 60점 혹은 그 이상까지 끌어낼 수 있다.

텔 아비브 대학의 도브 에덴 교수와 현재 워싱턴 대학 소속인 브루스 아볼리오Bruce Avolio 외 동료들은 이스라엘 방위군을 대상으로 하나의 실험을 진행했다. 수습 장교들에게 모티브 스펙트럼의 동기 요인을 활용해 부대를 지휘하는 방법을 가르친 것이다.[2]

수습 장교들은 새로운 방식으로 업무를 수행하고, 문제에 대해 색다른 관점을 제시하며, 병사들이 아이디어를 새롭게 재고할 수 있도록 도왔고, 이 모든 행동은 병사들에게 '즐거움' 동기를 부여하려는 목적이었다. 공동의 임무를 강조하고, 가치에 대해 이야기하며 '의미' 동기를 높이는 방법 역시 배웠다. 또한 병사들을 지도하고 교육하는 법을 새로 배우고, 병사들의 장점에 집중하며, 각각의 병사들을 개별적으로 대우하는 방식으로 '성장' 동기를 높이는 방법을 배웠다. 군인들은 간접동기의 위험성에 대해서도 배웠다. 그들은 부하직원의 실수(정서적 압박감)에 연연하지 않는 법과 업무의 대가로 특별 보상(경제적 압박감)을 제안하지 않는 법에 대해서도 배웠다.

훈련을 마친 후 장교들에게 보병부대의 기초 훈련을 맡겼다. 총 동기를 배운 장교들이 교육한 보병부대는 전통 이스라엘 방위군 방식으로 교육 받은 병사에 비해 비판적 사고, 추가적인 노력을 쏟는 의지, 팀 중심 사고, 자신감 등 심리학적 기준에 따른 결과물이 더 훌륭했다. 또한 실전 테스트에서의 성적도 훨씬 좋았다. 소형무기 이론 시험에서는 5% 나은 성적을 보였다. 힘든 장애물 코스에서도 다른 부대보다 2분 빨리 통과했고, 이는 20%나 향상된 기록이었다.[3] 결론적으로 총 동기 리더십은 사고방식뿐 아니라 전문기술 능력에도 영향을 미쳤다.

한 복잡성 연구가는 리더가 조직원 개개인에게 권한을 주는 것은 혼란스럽고 복잡한 세상에서 적응성을 높여 조직을 변화시키는 일이라고 밝혔다.[4] 105개의 테크 기업을 연구한 결과, CEO가 총 동기를 이끌어내는 정도와 최대 2년까지의 기업 성과 간에는 통계상 중요한 연관성이 있다는 사실이 드러났다.[5] 두 개념의 상관관계는 0.54로, 리더십 스타일처럼 무형의 개념치고는 상당히 높은 수준이었다. 총 동기를 강화하는 리더는 높은 성과를 내는 조직을 만들 수 있다. '총 동기'와 '높은 성과' 둘 중 하나를 선택해야 하는 사안이 아니다.

바람직한 리더십 행동 14가지

고성과 조직문화를 이루는 모든 중요 요소들은 음(적응적 성과, 조직문화, 총 동기)과 양(전술적 성과, 전략, 재정적 의무)이 조화롭게 균형을 이루어야 한다. 리더 역시 마찬가지다. 총 동기라는 렌즈를 통해 리더는 자신이 갖춰야 할 음과 양의 균형에 대해 알 수 있다. 우리는 수천 명의 직원을 대상으로 리더십 행동에 대해 조사했고, 어떤 행동이 총 동기에 영향을 미치는지 관찰해 바람직한 리더십 행동 14가지를 꼽았다.

즐거움 훌륭한 리더는 직원들의 호기심을 자극하고 실험할 수 있도록 권장한다. 심리학자들은 이러한 리더의 행동이 즐거움 동기를 만들어낸다는 것을 증명했다. 복잡성 연구가들은 리더가 '실험이 가능한 환경을 제공'하고 '참신함을 장려'한다면 직원들의 적응적 성과를 이끌어낼 수 있다고 밝혔다.[6]

즐거움 동기를 가장 많이 자극하는 세 가지의 리더십 행동은 아래와 같다. 수치화된 자료를 선호하는 이들을 위해 리더십 행동과 총 동기 간의 상관관계를 괄호 안에 표기했다. 동기를 부여하는 리더는 이렇게 행동한다.

1. 직원이 실험하고 배울 수 있는 시간과 공간을 제공하고 지지한다. (0.50)
2. 성과를 낸다는 의미가 무엇인지 명확하게 설명한다. (0.43)
3. 직원 스스로 문제를 해결할 수 있도록 한다. (0.41)

의미 과실 편향성으로 인해 우리는 하나같이 돈 때문에 일한다고 생각한다. 그러나 파이어 스타터 리더는 직원들이 업무의 의미를 깨달을 수 있도록 해준다. 동기를 부여하는 리더는 이렇게 행동한다.

4. 직원이 현재 중요하고 의미 있는 일을 하고 있음을 깨닫게 한다. (0.55)
5. 직원이 긍정적이고 일관된 가치와 공동의 목표의식을 갖고 살아가길 바라고, 리더 스스로 그런 삶의 모습을 본보기로 보여준다. (0.47)
6. 고객의 이익을 우선시한다. (0.44)

성장 훌륭한 리더는 직원이 업무와 개인의 목표를 연결 지어 생각할 수 있도록 해준다. 업무에 투자하는 것은 곧 자기 자신에게 투자하는 일임을 깨닫게 한다. 동기를 부여하는 리더는 이렇게 행동한다.

7. 업무와 직원 개인의 목표를 연관시킨다. (0.52)
8. 직원이 자신의 약점이 아닌 강점에 더욱 집중해 개발할 수 있도록 한다. (0.45)
9. 직원이 능력을 쌓아갈수록 더 큰 책임을 맡긴다. (0.39)

정서적 압박감 훌륭한 리더는 정서적 압박감을 낮추기 위해 공포와 수치심, 죄책감, 직원들 사이의 긴장감을 줄인다. 훌륭한 파이어 스타터는 이렇게 행동한다.

10. 공평하고 합리적인 목표를 세운다. (0.44)
11. 공정성과 정직함, 투명성을 유지한다. (0.35)
12. 일터에서 친구 관계를 형성해나갈 수 있도록 한다. (0.35)

경제적 압박감 파이어 스타터는 경제적 압박감을 줄이기 위해, 직원들에게 업무를 강요하는 도구로 보상과 처벌을 사용하지 않는다. 대신 이렇게 행동한다.

13. 직원을 총체적으로 평가한다. (0.35)

타성 훌륭한 리더는 직원들이 타성에 젖지 않도록 길 앞에 놓인 장애물을 제거하고, 직원의 업무가 중요하고 영향력을 발휘하는 일임을 깨닫게 한다. 훌륭한 리더는 이렇게 행동한다.

14. 업무 처리를 원활하게 하고, 직원의 노력이 헛되이 낭비되지 않도록 한다. (0.34)

위에 소개된 리더십 행동을 모두 외울 필요는 없다. 다만 총 동기를 높여 전술적 성과와 적응적 성과의 균형을 유지하는 것이 리더의 일임을 기억한다면, 조직문화를 저해할 만한 일은 절대 하지 않을 것이다.

훌륭한 리더십 문화를 보여주는 스타벅스

훌륭한 리더십 이야기는 보통 리더의 성격과 삶에 대한 내용부터 시작된다. 우리는 부하직원의 이야기를 들으며 리더의 자질을 판단하는 것 역시 중요하다고 생각한다.

대학에서 인류학을 전공하는 마이크는 학비를 벌기 위해 지역 스타벅스에 입사했다. 넓은 어깨에 굵직한 턱수염이 있고, 홀로 하이킹을 즐기며 디스커버리 채널을 좋아하는 마이크는 약간 불친절하지만 똑똑하고 원칙주의적 자연주의자의 성향을 지녔다. 다시 말하면 스타벅스에서 일할 만한 유형은 아니었다. "잠시 동안만, 학비를 벌기 위해 하는 일이야." 그는 첫 출근길에 스스로에게 이렇게 말했다. 처음 그의 동기는 경제적 압박감이었다. 그 자신도 경제적 압박감 외에 어떤 동기가 생기게 될 줄은 상상하지 못했다.

마이크가 처음 주문받은 메뉴는 캐러멜 시럽을 추가한 트리플 그란데 저지방 라떼였다. "캐러멜 시럽을 잔뜩 올릴 거면 왜 저지방 우유로 시키는 건가요?" 마이크가 고객에게 물었다. 그 나름대로는 친근하게 대화를 시작하고자 한 의도였다. 그러나 고객은 그렇게 받아들이지 않았다. 마이크의 냉소적인 유머는 스타벅스 음료와는 어울리지 않는 듯했다.

같은 날 마이크는 매니저 제프를 만났다. 마이크뿐 아니라 매장과 고객들에게도 행운인 것은 제프가 총 동기 리더라는 점이다. 첫 출근 날 제프는 마이크에게 지점의 사명에 대해 설명했다. 마이크는 이렇게 이야기했다. "제프는 '스타벅스'가 단순한 커피숍 이상이길 바랐습니다. 문화도 인종도 상관없이, 고등학교 학생부터 나이가 지긋하신 분들까지 누구든 매장에 들어와 몇 시간이고 머물 수 있는 공간이길 원했어요." 제프는 지점의 사명을 마이크 개인의 사명으로 만들었다.

우선 마이크는 고객들에게 집과 같은 편안함을 제공하는 방법을 배워야 했다. 이런 능력을 갖춘다면 매장은 물론 마이크 개인에게도 도움이 되는 일이었다. 내성적인 성격인 마이크에게 고객과 친근하게 지내는 일은 타고난 것이 아닌 노력해야 할 일이었다. 제프는 마이크에게 자신만의 스타일을 찾을 때까지 고객들을 상대로 실험해보라고 조언했다. 그는 고객서비스에는 적응적 성과가 필요하다는 것을 알고 있었다.

마이크는 억양과 미소를 다르게 하며 다양한 인사법을 시도했다. 특히 단골 고객의 이름과 선호 음료를 기억하려고 노력했다. 마이크는 이 과정을 게임이라고 생각하려 했고, 마침내 자신에게 어울리는 서비스 스타일을 찾아낼 수 있었다. 그 후 몇 달 동안 마이크는 단골 고객들과 친분을 쌓았고, 마이크 자신이 '전설적 수준의 고객 서비스'라고 부르는 높은 수준의 서비스를 고객에게 제공하는 방법에 대해 배우는 것을 즐기게 되었다.

제프는 직원의 타고난 성격이나 기질과 상관없이 직원에게 중요하고 의미 있는 공동의 목표를 심어줄 수 있는 리더였다. 모든 조직 면면에 퍼진 스타벅스의 조직문화 역시 제프의 리더십을 뒷받침해주었다. "인간의 정신에 영감을 불어넣고 더욱 풍요롭게 하기 위해 한 분의 고객, 한 잔의 음료, 하나의 이웃에 정성을 다한다"라는 스타벅스의 기업 사명을 바탕으로 그 매장만의 목적의식을 만들어나갔다. 마이크는 시간이 흐를수록 제프와 스타벅스라는 기업 모두 진실하다고 느꼈다. 직원을 '파트너'라고 부르는 일상적인 습관과 직원에게 건강보험을 제공하고, 전 세계 7개국의 농부를 지원하는 전폭적인 투자를 통해 스타벅스의 사명은 더욱 뚜렷해졌다.[7]

제프는 항상 고객의 이익을 우선순위에 두었다. 매장에는 판매 목표가 있지만 부담스러운 수치는 아니다. "이곳에서 판매 목표란 직원들의 판매 '의지'를 북돋우고, 어떻게 해야 더 많이 판매할 수 있는지 알려주는 역할을 할 뿐입니다. 그런데 다른 음식점에 가면 직원들은 고객에게 인사를 하기 전에 스파이시 너겟을 주문하지 않겠냐고 물어보죠." 마이크가 말했다. 마이크는 자신의 리더가 보여준 행동을 통해 고객에게 집과 같은 편안함을 제공하는 일이 가장 중요하다는 것을 배웠다.

제프는 마이크에게 성장 동기를 부여하기도 했다. 제프는 마이크가 단순히 그란데 캐러멜 마키아또에 시럽을 몇 번 짜야 하는지(3번)

아는 것 이상으로 배우길 바랐다. 시간이 지날수록 마이크는 재고 주문에서 가게 오픈과 마감, 그리고 매장의 청결을 위해 새로운 방법을 제안하는가 하면 가게 운영의 다양한 업무에 관여하며 책임이 늘어났다. 마이크는 매장을 운영하는 법을 완벽히 익히고자 매장 내 모든 업무를 유기적으로 연결시켰다.

제프는 직원들에게 주인의식을 심어주었다. "매니저가 와서 문제를 해결해주길 바라는 것만큼 시간낭비는 없습니다. 그러면 일할 직원이 부족할 거예요. 직원이 갑자기 병가를 내고 출근을 못 하게 되는 일도 생깁니다. 그럴 땐 여기저기 전화를 돌리며 대신 일할 사람을 찾거나 혼자서 어떻게든 버텨내야 합니다. 책임자가 자리를 비웠을 때도 가게는 아무 문제 없이 운영되어야 합니다. 경영에서 가장 중요한 점은 리더가 없어도 조직이 완벽한 수준으로 운영되어야 한다는 것입니다." 마이크의 말이다. 제프는 매장에서 일어날 다양한 VUCA 상황을 마이크 혼자 해결할 수 있도록 자유를 보장해주었고, 덕분에 마이크는 최대 역량의 적응적 성과를 선보일 수 있었다.

제프가 자신의 리더십을 마음껏 펼칠 수 있었던 이유는 스타벅스의 철학이 뒷받침되었기 때문이었다. 스타벅스에는 매니저와 직원의 직급에 차이 없이 누구나 똑같은 유니폼을 입고 있다는 사실을 혹시 눈치챘는가? 이는 누구든 리더의 역할을 배울 수 있다는 의미다. 또한 매니저에게도 자신은 코치이지 상사가 아니라는 의식을 심어준다. 더욱 은밀한 사인도 숨겨져 있는데, 스타벅스를 대표하는 초록색 앞치마를 뒤집어보면 앞치마 상단에는 스타벅스 직원을 위한 문구가 새겨져 있다.

도표 17. 스타벅스는 다른 퀵서브 레스토랑 다섯 곳에 비해 18점 높은 총 동기를 창출했다.

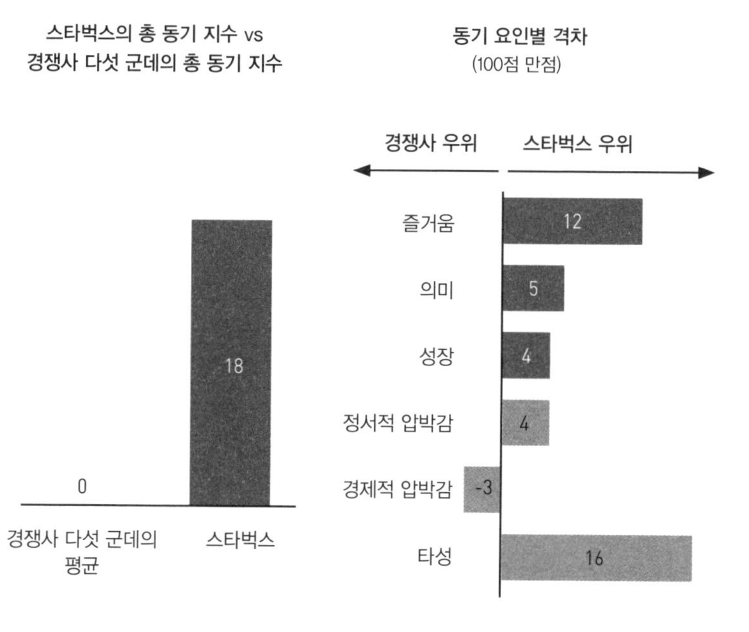

"우리는 모든 고객의 하루에 영감을 불어넣는 순간을 창조한다. 예측하라. 공감하라. 고객화하라. 소유하라."

이 단어들 하나하나가 바로 적응적 성과다.

매니저 제프에게도 롤모델이 있었다. 바로 스타벅스의 CEO인 하워드 슐츠Howard Schultz로, 그는 최근 대학생 인재 양성 프로그램을 설립했다. 슐츠는 이렇게 말했다. "수익성만 생각할 순 없습니다. 수익성 이상의 가치가 있어야 오래 지속되는 훌륭한 기업으로 성장할 수 있습니다. (……) 스타벅스는 사람을 중심으로 한 기업입니다. (……)

우리 직원들은 고객의 경험을 창조하는 중요한 사람들이고, 우리는 직원의 기대감을 충족시키기 위해 무엇이든 할 준비가 되어 있습니다."[8] 스타벅스의 핵심 전략에 총 동기 문화는 필수요소다.

직원을 소중히 여긴다는 관념이 없는 업계에서 스타벅스의 철학은 빛나고 있다. 전 세계 2만여 개 이상의 매장과 18만 명의 직원을 보유한 스타벅스는 업계 최고의 총 동기를 기록했다. 정서적 압박감을 제외한 모든 요소에서 경쟁사의 평균보다 훨씬 우위에 있었다.

경제적 관점으로 살펴보면, 스타벅스는 조직문화 덕분에 업계에서 가장 높은 직원유지율을 기록하고[9] 상당히 높은 수준의 고객 충성도를 갖고 있다. 이는 기업에 대한 신뢰도를 형성한다. 스타벅스를 향한 신뢰 덕분에 고객은 더욱 저렴하고 간편한 대체안이 있음에도 굳이 스타벅스 매장을 찾게 된다. 또한 기업이 지닌 신뢰도 덕분에 스타벅스가 새로운 상품을 개발하고 출시하는 일 역시 경쟁사에 비해 더 용이해진다.

매장의 모든 바리스타를 독립적이고 적응적인 문제 해결가로 만들고자 하는 제프의 의지는 CEO인 슐츠의 철학과 일치한다. 슐츠는 기업과 자신의 이야기를 담은 저서에 이렇게 밝혔다.

"초기에 제가 깨달은 것은 다방면에서 저보다 똑똑하고 자격을 갖춘 직원을 고용해야 한다는 점과 나 스스로 의사결정 과정에서 제외되어야 한다는 점입니다. 얼마나 어려운 일인지 말로 다 할 수 없습니다. 그러나 주변 사람들에게 제가 갖고 있는 가치를 전파하고 공유했다면, 그들이 올바른 방향으로 나아갈 것을 신뢰할 수 있게 될 겁니다."[10]

적응적 목표를 심어주는 리더

제프처럼 비교적 높은 총 동기와 적응적 문화라는 행운을 누리는 리더는 많지 않다. 대다수의 리더는 전술적 성과를 목표로 하는 조직에 몸담고 있다. 세일즈 부장은 정해진 매출 목표가 있고, 사업운영 부장은 초과할 수 없는 비용 지출 계획이 있으며, CEO는 목표로 한 주식 가격이 있다.

보통 간접동기를 통해 관리되는 전술적 목표는 리더에게 큰 부담감을 안겨준다. 그럼에도 리더는 자신의 조직원들에게 영감을 불어넣어 높은 총 동기를 발휘하도록 해야 한다. 좁힐 수 없는 전술적 성과와 적응적 성과의 간극 사이에서 리더는 무엇부터 시작해야 할까?

파이어 스타터는 음과 양의 균형적 성장을 위해서 앞서 소개한 14가지 리더십 행동을 막연히 따라하지 않고, 훌륭한 리더십 행동과 총 동기를 성과관리 제도 면면에 스며들게 한다. 예를 들면 대다수의 리더는 팀 내 목표를 설정해 성과를 관리한다. 영업사원에게는 일일 위젯판매 목표를 기존보다 5개씩 늘리라고 지시한다. 그런데 이 목표가 의미하는 것은 진정 무엇일까? 영업사원에게 하루에 5개씩 상품판매를 늘리라는 요구는, 사실 상사가 보기에 직원은 어떻게 매출을 늘리는지 알고 있지만 하기 싫어서 하지 않을 뿐이라고 확신하고 있다는 의미를 내포한다. 영업사원은 아마 아래 세 가지 중 하나의 결과로 응답할 것이다.

1. 목표를 달성하기 위해 더욱 열심히 일한다. 그러나 적응적 성과에 할애할

시간을 빼앗기기 때문에 이상적이진 않다. 더욱 우려스러운 점은 계속 유지될 수 있는 상황이 아니라는 것이다.

2. 직원은 상품을 더 많이 판매하기 위해 과장하거나 거짓말 또는 편법을 쓰는 등 자신만의 코브라 농장을 만든다. 이 역시 분명 이상적인 상황은 아니다.
3. 마지막으로 직원은 어떻게 해야 판매를 늘릴 수 있을지 배우게 된다. 리더가 바라는 적응적 성과의 모습이다. 결국 리더가 원했던 것이 적응적 성과 행동이었다면 차라리 더 직접적이고 솔직하게 말할 수는 없었을까?

휴대전화 기업의 CEO가 되었다고 생각해보자. 가장 중요하게 생각하는 목표는 현재 7%인 시장점유율을 높이는 것으로 이는 전술적 성과 목표다. 오늘 아침 최고마케팅 경영자와 만나 목표를 설명했다. 아래 세 가지 목표 중 어떤 목표를 심어주겠는가?

- **노력형 목표** "최선을 다하세요." '무관심한' 리더가 세울 만한 목표다.
- **전술적 목표** "시장점유율을 21%까지 끌어올리세요." 이는 거래형 리더가 세우는 목표다.
- **적응적 목표** "시장점유율을 높일 수 있는 새로운 여섯 가지 전략을 생각해보세요." 파이어 스타터 리더는 이렇게 말한다. 중요한 점은 리더는 실제로 성공할 만한 여섯 가지 전략을 요구한 것이 아니라는 것이다. 결과와 상관없이 적용해볼 수 있는 여섯 가지 전략을 고민하고 실험해보라고 권장하고 있다.

자, 어떤 목표를 선택하겠는가? 경영대학원 학생들을 대상으로 시뮬레이션을 진행해보았다. 한 그룹에는 '최선을 다하라'는 노력형 목표를 주고, 또 다른 그룹에는 전술적 목표(시장점유율을 21%까지 높여야 한다)를, 마지막 그룹에는 적응적 목표(새로운 접근법을 배운다)를 주었다.[11] 참여 학생들은 상품 가격에서 광고 접근법, 연구개발에서 동맹 구축까지 다양한 변수를 조정할 수 있었다. 게임이 8회 진행될 때마다 1년으로 계산해 새로운 전략을 적용할 수 있도록 했다.

적응적 목표 그룹은 일찍부터 다른 두 그룹에 비해 나은 성과를 보여주었다. 두 그룹이 시장점유율을 잃어가고 있는 반면(노력형 목표 그룹은 14%, 전술적 목표 그룹은 20% 하락) 적응적 목표 그룹의 시장점유율은 28% 상승했다.

실험은 곧 '규제 완화'라는 새로운 국면으로 접어들었다. 지역별로 나뉘어 관리되던 시장이 갑작스럽게 통합되며 경쟁이 과열되었다. 중반까지 효과를 거두던 전략은 모두 무용지물이 되었다. 최종적으로 전술적 목표 그룹의 성과가 가장 낮았다. 이 그룹의 경우 시장점유율은 8% 감소했다. '최선을 다한' 그룹은 전술적 목표 그룹에 비해 조금 나은 수준으로, 시장점유율이 7% 증가했다. 여섯 가지 전략을 배우라는 지시를 받은 적응적 목표 그룹은 훨씬 높은 성과를 보였다. 실험을 마친 후 적응적 그룹의 시장점유율은 59% 상승했다!

전술적 성과 목표가 주어질 때 사람들은 자신이 유능하게 보이는 데만 신경 쓴다는 것이 연구를 통해 밝혀졌다.[12] 그러나 적응적 목표를 가질 때 사람들은 실제로 능력과 유능함을 갖춘다.[13] 적응적 목표와 파이어 스타터 리더십 행동의 실체를 파악했다면, 이를 주 단위로 나눠 실행해야 한다. 일주일에 한 번씩 전술적 목표를 살핀 후 이를 적응적 목표로 탈바꿈시킬 방법을 생각해야 한다. 비공식적인 방법으로 조직원들이 스스로 세운 적응적 목표를 성취하기 위해 노력하고 있는지 확인해야 한다. 리더는 이미 조직 내 어느 부서의 성과를 높여야 하는지 알고 있다. 따라서 해당 부서의 조직원들이 현재 그들에게 가장 중요한 적응적 목표를 세울 수 있도록 도와주어야 한다. 예를 들면 이런 식이다.

- 전술적 목표: 자사 상품 두 가지를 구매하는 고객층을 5% 늘려라.
- 적응적 목표: 두 가지의 상품이 만나 창출하는 가치에 대해 세 가지 새로운 관점을 들어 설명해보라.

- 전술적 목표: 현재 상품당 수익의 80%인 경상비를 75%까지 절감하라.
- 적응적 목표: 상품 공정을 더 간편하게 만들 수 있는 방안을 세 가지 들어라.

- 전술적 목표: 고객 만족도를 75%에서 80%까지 높여라.
- 적응적 목표: 고객의 불만을 효과적으로 처리할 수 있는 네 가지 새로운 방법을 생각해보라.

일주일에 한 번씩 팀 미팅을 하면서 팀원들과 45분간의 토론 시간을 가져야 한다. 미팅의 목적은 아래 세 가지 질문을 묻고 답하는 것이다.

1. 한 주 동안 무엇을 배웠습니까? 이 질문을 통해 이번 주의 적응적 목표 달성 과정을 확인할 수 있다. 훌륭한 아이디어가 탄생하고, 이 아이디어를 모든 팀원들에게 전파하는 자리가 된다. 또한 실험이 실패했다 하더라도 팀의 지식을 확장하는 데 도움이 되었다면 충분히 가치 있는 일이었음을 직원들에게 알려줄 수 있다.

2. 한 주 동안 목표에 얼마나 다가갔습니까? 이 질문은 타성을 낮춰주고 업무의 의미에 대해 팀원들과 진솔하게 이야기를 나눌 수 있게 해준다.

3. 다음 주에는 무엇을 배워야 합니까? 다음 주의 적응적 목표 설정을 위해 필요한 질문이다.

앞에서 소개된 파이어 스타터 리더십의 14가지 행동을 간단하고 적용하기 쉽게 만든 것이 이 세 가지 질문이다. 이와 같이 조직의 일상적인 업무 방식을 확립한 후 이를 전술적 목표에 연계하면 음과 양의 성과를 균형 있게 관리할 수 있다. 그러면 팀의 총 동기가 올라가게 되고, 성과 역시 높아진다.

미팅을 진행할 때는 누군가 미팅 내용을 기록해 세 가지 질문에 대한 토론 내용을 문서화하는 것이 좋다. 또 미팅이 제 시간에 시작해 제 시간에 끝나도록 신경 써야 한다. 미팅의 집중력이 낮아지면 즐거움 동기는 낮아지고 타성은 높아진다. 마지막으로 팀원들이 서로 돌아가며 서기를 맡아 미팅 진행에 참여하는 경험을 해볼 수 있도록 하면 더 효과적이다.

높은 성과를 내는 기업을 만들기 위한 시스템

총 동기 리더십 트레이닝

지금 당장 조직문화에 관해 설문조사를 해보면 조직 내 리더들 가운데 4분의 1은 파이어 스타터 리더라는 사실을 발견할 것이다. 그러나 파이어 스타터라고 해도 자신의 역량을 모두 발휘하는 사람은 거의 없다. 대부분의 조직은 재능 있는 리더가 어디선가 나타나주길 바라지만, 훌륭한 기업은 단순히 바라는 것뿐 아니라 더욱 적극적인 방법을 취한다. 훌륭한 기업은 직원 모두가 지속적으로 리더십 스킬을 향상시켜 나가는 시스템을 만든다. 이러한 체계를 구축하기 위해서는 트레이닝과 피드백, 이 두 가지 요소가 가장 중요하다.

먼저 총 동기 리더십 트레이닝부터 살펴보자.

"회사는 항상 매출을 올리는 데 혈안이 되어 있지만, 편법을 쓰지 말고 윤리적 행동이 가장 중요하다고 강조합니다. 하지만 상사와 지역 매니저는 우리가 실적만 올릴 수 있다면 고객을 속이고 해를 끼치는 행동까지 하게 만듭니다. (……) 우리는 고객들에게 속임수를 쓰지 않았다는 이유로 질타를 받습니다. (……) 결국 중요한 건 실적, 실적, 실적 그리고 또 실적입니다."[14]

영화 〈글렌게리 글렌 로스Glengarry Glen Ross〉*의 한 장면 같지만, 이 내용은 실제로 한 은행 지점장이 한 말이다.

우리에게 은행은 언제든 방문해도 깨끗하고 편리한 곳이지만, 관

* 실적을 둘러싸고 부동산 중개업자들이 벌이는 미스터리 사건을 다룬 영화 — 옮긴이

리자로서 은행을 운영하는 일은 상상할 수 없을 만큼 어렵다. 전처럼 고객이 은행을 자주 방문하지 않게 되면서 직원들의 정리해고는 일상다반사가 되었다. 실적 압박 또한 높다. 은행의 주된 업무가 고객에게 현찰을 지급하고 예금을 돕는 일이다 보니 수익의 대부분은 신용카드 계약과 모기지론, 대출상품 판매에서 발생한다. 은행 간의 상품이 서로 비슷하다 보니 타 은행의 상품과 차별점을 두기가 어려워 영업은 더욱 까다로워진다.

직원들에게는 다양한 능력이 요구된다. 고객 요구와 어울리는 상품을 찾기 위해선 창의성과 문제해결능력을 발휘해야 한다. 계속되는 고객의 거절에도 무너지지 않을 투지 역시 갖추어야 한다. 대출 자격에 부합하지 않는 고객들을 거절할 줄 아는 직업적 윤리의식 역시 필요하다.

3명의 연구자들은 지점장을 대상으로 리더십 트레이닝을 하면 지점의 실적에 어떤 영향이 있을지를 조사했다.[15] 한 주류 은행에서 무작위로 선정한 매니저를 상대로, 하루 동안 총 동기 원칙을 기반으로 한 트레이닝과 직원에게 동기부여를 하는 방법을 다룬 '부스터booster' 세션을 4개 진행했다. 교육을 마친 후 동기를 부여받은 팀은 대조 집단에 비해 신용카드 판매 실적이 20% 올랐고, 개인융자 상품 판매의 경우 47%나 올랐다. 한 호주 은행의 지점 100곳을 상대로 진행한 연구에서도 높은 총 동기 리더십과 성과 사이에 통계적으로 중요한 상관관계가 드러나며, 앞선 실험과 비슷한 결과를 보였다.[16] 총 동기를 바탕으로 한 리더십 트레이닝은 놀라운 효과를 나타냈다.

우리가 가장 먼저 해야 할 일은 조직 내 트레이닝 세션을 구상하고 효과를 실험해보는 일이다. 규모가 작은 조직이라면 토론 그룹이나 동료 간 코칭 프로그램과 같이 작은 일부터 시작할 수 있다. 토론 그룹의 경우 팀 리더가 조직의 일상, 미팅, 성과관리 등에 즐거움, 의미, 성장 동기를 더 많이 불어넣으려면 어떻게 해야 할지, 조직 내 본보기가 되는 훌륭한 리더의 예시와 함께 이야기를 나눌 수 있다.

동료 간 코칭은 팀의 총 동기를 높이는 방법에 대해 동료와 브레인스토밍을 하는 것부터 시작하면 된다. 일부 대기업의 경우 이미 리더십 트레이닝 프로그램을 운영하고 있지만, 성과를 심리학적 동기 요인과 연관시킨 프로그램은 찾아보기 어렵다. 정기교육, 온라인 트레이닝, 고성과 리더와의 토론 등 다양한 방법으로 총 동기 개념을 조직의 리더십 커리큘럼에 통합시켜야 한다.

배움의 과정 자체만으로도 총 동기를 높여야 한다는 점을 반드시 기억해야 한다. 트레이닝은 즐거움, 의미, 성장 동기를 내포해야 하고, 직원들이 긴장해야 할 상황이 적고 상사로부터 평가받지 않는 분위기에서 진행해야 정서적 압박감이 낮아진다.

직원들이 총 동기에 대해 알게 되었다면, 다음 단계는 직원들이 리더십 스킬을 키워나가는 과정에서 스스로 얼마나 성장했는지를 확인할 수 있어야 한다. 가장 효과적인 방법은 피드백 시스템을 활용해 직원들이 지속적으로 성장할 수 있고, 자신의 성장 정도를 파악할 수 있는 환경을 제공하는 것이다.

지속적 성장을 위한 피드백

구글은 초기에 조직 내 매니저를 대량 해고하려고 시도한 것으로 유명하다. 창립자인 래리 페이지Larry Page와 세르게이 브린Sergey Brin은 모교인 스탠퍼드 대학원의 문화를 구글에 적용하려고 시도했다. 그러나 기업이 급격히 커지며 두 창립자는 앞으로 기업을 운영하며 발생하는 모든 문제에 자신들이 나서서 해결할 수 없다는 것을 깨달았다.[17] 조직을 바로 이끌기 위해서 그들은 새로운 분야로 눈을 돌렸다. 바로 '인적자원 관리'였다.

구글은 데이터와 분석을 통해 조직 내 모든 의사결정을 내리기 위해 '피플 오퍼레이션People Operations'이라는 팀을 꾸렸다. 팀의 3분의 1은 전략가로, 3분의 1은 심리학과 통계학 분야의 석·박사 이상의 학위를 지닌 사람들로 채워졌다.[18] 모든 팀원의 노트북에는 "나에겐 차트와 그래프가 있다. 그러니 꺼져!"[19]라고 쓰인 스티커가 자랑스럽게 붙어 있었다. HR 부서를 이렇듯 엄격한 사실 기반 프로세스로 운영하는 기업은 거의 없다.

피플 오퍼레이션 팀은 세계적으로 가장 뛰어난 수준인 자사의 분석 능력을 활용해 리더가 조직에 미치는 영향과 훌륭한 리더의 자질에 대해 조사했다. 최고인적자원 책임자인 라즐로 복Laszlo Bock은 이렇게 설명했다. "리더십이 까다로운 이유 중 하나는 대다수의 경우 타고난 직감에 의해서 결정된다는 것입니다. 더욱 심각한 문제는 모두가 자신의 직감이 옳다고 믿는다는 것이죠. 실상은 아주 극소수의 사람만이 타고났는데 말이죠."[20]

구글이 총 동기에 대해 언급하진 않았지만, 구글이 생각하는 최고의 리더는 즐거움 동기(직원들에게 권리와 힘을 제공), 의미 동기(명확한 비전을 설립), 성장 동기(커리어 목표를 이룰 수 있도록 팀원을 돕고 훌륭한 코치 역할을 수행)를 자극해야 한다고 밝혔다.[21] 구글은 분석한 내용을 조직 전체에 공유한 뒤, 비전을 명확히 제시하는 방법과 스토리를 통해 생생한 비전을 구축하는 방법 등 특정 스킬에 중점을 둔 트레이닝 코스를 만들었다. 성과가 높은 매니저들은 공개 토론회를 열어 엔지니어들끼리 팀을 관리하는 방식을 서로 공유하고 질문하는 자리를 마련했다. 전 세계 각국의 매니저들이 온라인을 통해 합류했다.

그러나 새로운 스킬을 익힌 후 실제로 그 능력을 잘 활용하는지, 효과는 어떤지 확인하는 과정이 꼭 필요하다. 자신의 리더십 스킬이 실제로 향상되고 있는지 살펴봐야 한다. 때문에 구글에서는 1년에 두 차례, 매니저에 대한 피드백 조사를 익명으로 진행한다. 중요한 점은 설문조사를 성과 평가와 무관한 독립적인 자료로 간주해 간접 동기가 발생하지 않도록 주의하고 있다.

구글의 트레이닝과 피드백 시스템은 성공적인 결과를 거두었다. 2010년에서 2012년까지 구글의 리더십 점수 평균은 83%에서 88%로 향상되었다. 하버드대 교수인 데이비드 가비Davide Garvin에 따르면, 리더십 프로그램은 성과가 낮은 매니저들을 대상으로 큰 효과를 거두었다. 세일즈 부사장은 상사에게서는 좋은 평을 들었으나 팀 내에서는 끔찍한 점수를 받았다. 그는 피플 오퍼레이션 팀과 마주 앉아 어떻게 변화해야 할지에 대해 이야기를 나누었다. 익명의 리더십 설문조사가 두 번 더 진행된 짧은 기간 동안 그의 점수는 46%에서 86%로 상승했다. 부사장은 이렇게 말했다. "처음에는 그저 세일즈 팀 임원 정도로 생각했습니다. 그러나 이제는 제너럴 매니저가 된 듯합니다."

변화의 시작

세계 수준의 조직문화를 꾸리는 것은 바로 당신의 손에서 시작한다. 2주 단위로 리더십 행동을 하나씩 시도하는 방식으로 자신만의 사이클을 구축해 지속적으로 리더십을 향상시켜 나가야 한다. 이 모든 과정을 함께하고 아이디어를 공유할 동료가 있으면 더욱 좋다. 팀원들과 정기적으로 미팅을 갖고 그들이 일터에서 즐거움, 의미, 성장 동기를 찾을 수 있도록 도와주어야 한다. 이러한 변화를 조직 전반에 전하기 위해서는 조직문화와 조직의 일상적인 업무 방식에 어울리는 트레이닝 코스와 피드백 시스템을 개발해야 한다.

리더십 역량 강화 프로그램은 조직문화에 변화를 일으키는 가장 효과적이면서도 비용이 적게 드는 방법이다. 파이어 스타터가 동기부여의 포문을 열 수는 있지만 유지는 혼자서 할 수 없다. 고성과 조직문화에 가장 큰 영향을 미치는 것은 조직의 목표, 행동양식, 기업의 유산을 모두 아우르는 조직의 '정체성identity'이다.

— 9장 —

정체성: 조직의 행동 규범

기업의 '이유'가 직원의 '이유'와 직결된다.

한 연구자가 용수철로 이어진 막대 사이에 구슬을 끼운 뒤 당신에게 건네주며 가능한 오래 막대를 쥐고 있으라고 말한다. 손에 힘이 빠지는 순간 구슬은 땅에 떨어지고 실험은 종료된다. 1분간의 연습만으로도 팔뚝이 타는 듯 아파온다. 뉴욕대와 텔 아비브 대학교 소속 연구자들이 진행한 이 실험의 목적은 정체성이 끈기에 어떤 영향을 끼치는지 알아보기 위함이었다.[1]

실험 참가자들은 자신의 기록을 설정한 후 두 그룹, '전술적 그룹'과 '정체성 그룹'으로 분류되었다. 전술적 그룹에게는 겉보기엔 실험과 아무런 관련이 없을 것 같은 질문을 했다. '대인관계를 잘 유지하기 위해 어떻게 합니까?'라는 식의 질문이었다. 참가자의 답변은 다시 네 가지 관련된 질문으로 이어졌다. 대략 다음과 같은 흐름이었다.

1. **대인관계를 잘 유지하기 위해 어떻게 합니까?** “매주 친구들과 시간을 보내려고 노력합니다.” 참가자가 이렇게 대답했다면 다음 질문은 아래와 같이 진행되었다.
2. **친구들과는 어떻게 시간을 보내나요?** “저녁 식사를 함께 합니다.”
3. **친구들과 저녁을 함께 하기 위해 어떻게 합니까?** “보통 월요일에 연락해서 날짜를 정합니다.”
4. **월요일마다 연락하기 위해 어떻게 합니까?** “캘린더에 매주 월요일 정오로 알람을 설정해놓습니다.”

정체성 그룹 역시 동일한 질문을 받았지만 ‘어떻게how’ 대인관계를 유지하느냐가 아닌 ‘왜why’ 유지하는지를 물었다.

1. **왜 대인관계를 잘 유지하려고 합니까?** “친구와의 관계를 소중하게 생각하기 때문입니다.”
2. **왜 소중하게 생각하나요?** “친구들은 저를 행복하게 해주니까요.”
3. **왜 친구들은 당신을 행복하게 해주나요?** “제 인생을 함께 공유할 누군가가 있다는 사실이 기쁘기 때문입니다.”
4. **인생을 공유할 누군가가 있다는 사실은 왜 당신을 기쁘게 하나요?** “저는 사람을 좋아하고 중요하게 여기는 편이니까요.”

네 번째 질문을 하자 정체성 그룹은 가치, 행동, 열망과 같이 정체성을 구성하는 중요한 부분이자 자신의 근간을 이루는 요소에 대해 언급하기 시작했다. 이 두 그룹의 성과는 어땠을까?

놀랍게도 전술적 그룹의 끈기가 떨어졌다. 이들은 개인 기준치보다 평균 5초 빨리 구슬을 떨어뜨렸다. 다시 말해 1분간 용수철 막대를 쥐고 있던 사람의 경우 자기통제력이 약 8% 정도 낮아졌다.[2] 한편 정체성 그룹은 더 높은 끈기를 보였다. 이 그룹은 기존 기록에 비해 무려 11초나(약 18% 증가) 오래 막대를 쥐고 있었다. 흥미로운 점은 두 그룹 모두 끈기에 변화가 있었음에도 감정 상태에는 아무런 변화가 없었다는 것이다.

자신이 누구이고 무엇을 중요하게 여기는지, 즉 정체성을 자각하게 되면 의미 동기는 물론 즐거움 동기까지 높아지게 된다. 조직 역시 정체성이 있다. 조직의 정체성이란 기업 존재의 이유, 기업이 내리는 모든 결정의 근간이 되는 가치와 행동양식, 유산과 전통을 의미한다. 뚜렷한 정체성 여부와 총 동기 사이의 연관성에 대해 조사하는 과정에서 우리는 정체성이 확고한 조직에 소속된 직원들과 정체성이 약한 조직에 소속된 직원들의 총 동기 지수가 무려 65점이나 차이가 난다는 사실을 발견했다. 이를 풀어보면 정체성은 직무설계(10장, '플레이 그라운드')에 이어 조직문화의 핵심 요소 가운데 두 번째로 중요한 사안이라는 뜻이다. 조직 정체성이 왜 중요한지, 또 어떻게 형성되는지를 한 소프트웨어 업체의 이야기를 통해 알아보겠다.

결국 가장 중요한 것은 '왜 하는가'다

최근 몇 년간 주요 공항을 방문한 적이 있다면 아마도 로제타스톤Rosetta Stone이라는 기업에서 나온 소형 판매대를 본 적 있을 것이다. 버지니아 주에 위치한 로제타스톤은 언어 학습 소프트웨어를 판매하는 기업이다. 이 회사에 대해 당신이 갖고 있는 이미지는 어떤가?

몇 년 전 우리는 뉴욕 커피숍에 앉아 언어에는 중앙관제시스템이 없는데도 어떻게 적응성을 유지할 수 있는지에 관해 이야기를 나누고 있었다. 그러자 옆에 앉은 사람이 우리 쪽으로 몸을 기울였다. "엿들을 생각은 없었지만 두 분의 대화를 우연히 듣게 되었습니다. 저는 로제타스톤에서 멸종 위기에 처한 언어를 보존하는 일을 하고 있습니다." 그는 미국 남서부 포코너 지역의 나바호족 언어부터 캐나다 뉴펀들랜드의 이누이트 부족의 언어까지 멸종 언어를 보존하기 위해 회사가 어떤 노력을 하고 있는지 설명했다. 로제타스톤은 언어에 대한 크나큰 애정으로 죽어가는 언어를 지키기 위해 프로 보노pro bono* 프로그램도 운영하고 있다. 이윤 창출에 목적을 두지 않고 자사의 소프트웨어를 활용해 사라져가는 언어를 기록하고 보존하려 노력하고 있었던 것이다.

이 이야기를 들은 후 당신은 로제타스톤에 대해 어떤 생각이 드는가? 소프트웨어 판매나 수익 창출을 넘어서는 기업의 정체성, 기업이 추구하는 목적에 대해 간략하게나마 이야기를 들은 후 로제타스톤에 대한 인식이 달라졌을 것이다. 행동은 말보다 강력하다.

이런 현상은 놀랍게도 고대에도 존재했다. 기원전 4세기경 아리스토텔레스는 플라톤이 세운 아카데미에서 제자들에게 수사학을 가르쳤다. 그는 설득의 세 가지 수단으로 로고스logos, 파토스pathos, 에토스

* 공익을 위한 무료 활동—옮긴이

ethos를 들었다.

로고스는 논리를 통한 설득이다. 데이터를 맹신하는 우리로서는 논리가 항상 우세하길 바라지만, 안타깝게도 로고스는 설득의 수단 가운데 영향력이 가장 약하다.[3]

파토스는 정서를 통한 설득의 개념이다. 정치인들이 선거운동을 할 때 공포심이나 애국심에 호소하는 경우 또는 상품을 팔기 위해 광고에 도발적인 이미지를 사용하는 경우가 이에 속한다.[4]

에토스는 정체성을 통한 설득의 개념이다. 화자의 역사, 이상, 행동은 청중을 설득시킨다. 화자의 신념과 경험, 캐릭터를 통해 신뢰가 형성된다. 에토스 때문에 우리는 정치인의 사적인 이야기를 알고 싶어 하고, 의사의 자격증과 교사의 가치관을 궁금해한다. 아리스토텔레스는 이렇게 말했다.

"말로써 행해지는 설득 방법에는 세 가지가 있다. 첫 번째는 화자의 인격이다. 두 번째는 청중이 특정 기분을 느끼도록 유도하는 것이다. 세 번째로는 연설 그 자체로 입증하는 명백한 증명이다. 정확하게 전달되는 연설의 힘으로 화자가 청중에게서 신뢰감을 얻을 때 화자는 자신의 인격을 통해 청중을 설득할 수 있게 된다. (……) 화자의 인격은 그가 지닌 어떤 설득의 도구보다 가장 강력하다고 할 수 있다."[5]

로제타스톤의 경우 기업의 정체성이 살짝 드러난 것만으로도 사람들에게 굉장히 긍정적인 인상을 남긴다. 그렇다면 잘 구축된 정체성이 널리 알려진다면 그 파급력은 굉장할 것이다. 안타깝게도 이와 반대의 경우 역시 발생한다. 설득력 있고 신뢰할 만한 정체성이 없다면 조직문화는 힘을 잃고 적응성 역시 잃게 된다. 고객이 기업에 대한 신뢰를 잃어가며 조직의 성과 역시 낮아지는 것이 당연하다.

한 국제적 은행은 자금 세탁, 금리 조작, 원자재 시장 개입, 사기 등의 혐의로 연이은 악재에 휩싸였다. 수사기관에서는 이런 추문의 원인이 기업의 정체성 부재 때문이라고 밝혔다. "비난을 받아 마땅한 금융기관의 관행은 조직 내부의 문화로 인해 발생한 것으로, 근간이 부실한 기업이 안고 있는 문제다. 지난 20년 동안 규모가 커지고 사업을 다각화하는 과정을 거치면서 조직 내부에 공동의 목적의식을 구축하지 못했기 때문이다."[6]

고객 역시 기업의 성격에 영향을 받는다. 맥킨지앤컴퍼니에서 조사한 바에 따르면, 고객 만족도에 가장 많은 영향을 미치는 요소는 은행의 상품이나 가격, 문제해결능력이 아닌 은행이 고객에게 어느 정도의 신뢰감을 형성하느냐 하는 것이라고 밝혀졌다.[7] 마케팅 전문가인 사이먼 사이넥(Simon Sinek, 사이먼 사이넥에 대해 자세히 알고 싶다면 열정적인 테드 동영상 강의를 참고하길 바란다) 역시 이와 유사한 내용을 주목하며 세계적으로 유명한 브랜드는 모두 "이유에서 시작한다(Start with Why)*"라고 주장했다. 정리하자면 한 개인 혹은 조직이 존재하는 이유를 이해하게 되면 — 정체성을 알고 나면 — 높은 수준의 브랜드 충성도를 구축할 수 있게 된다.[8]

하지만 조직이 정체성을 확립하고 관리하는 일은 쉽지 않다. 정체성이란 목적의식과 행동양식, 조직의 유산과 전통에서 배어나온다.

* 사이먼 사이넥이 집필한 동명의 저서 《나는 왜 그 일을 하는가》가 있다. — 옮긴이

이 요소들이 총 동기 향상을 목표로 설계되어 함께 작용할 때 최고의 성과를 내는 적응적 조직문화가 가능해진다.

리더의 목표와 조직의 정체성

리더의 목표는 조직의 정체성을 바로잡는 중심이 된다. 직원과 고객에게 리더의 '이유'를 설명할 수 있어야 한다. 리더의 목표는 의미 동기를 자극할 뿐 아니라 즐거움 동기 역시 유발한다. 뚜렷한 목표가 설정되면 직원들의 업무를 세세히 관리하지 않아도 된다. 감시와 관리가 없을 때 비로소 직원들은 실험하고 적응할 수 있다. (적응은 총 동기를 70점 높일 수 있는 행동양식으로, 훌륭한 직무설계에서 가장 우선시되는 요소다.)

군대에는 뚜렷한 목적 아래 작전의 유연성을 보장한다는 오래된 전통이 있다. 바로 '지휘관의 의도commander's intent'다. 모든 군인은 작전의 목적을 숙지하여 만일 계획이 틀어질 경우 현장 상황에 따라 작전을 진행한다는 의미다. 전 육군 장교는 지휘관의 의도를 이렇게 설명했다. "작전 수행의 핵심 정신입니다. 지휘관의 의도가 없다면 군인들은 현지에서 최선의 선택을 할 수 없습니다." 만약 지휘관이 내린 작전의 의도가 '현지인들에게 민심을 잃지 말라'가 아닌 '어떠한 희생을 치르더라도 반드시 표적을 제거하라'라고 한다면, 군인들은 원래 작전이 빗나갔을 때 다양한 방법을 시도해 어떻게든 작전의 목적을 달성하고자 노력할 것이다.

영국 육군 소령인 짐 스토Jim Storr는 리더가 지휘관의 의도를 운영하는 방법에 대해 이렇게 설명했다.

"상관은 부하의 행동의 자유를 제한하지 않기 위해 최소한의 통제 대책만을 지시해야 합니다. 이로써 부하들은 막대한 자유를 보장받습니다. 신뢰와 주도권이 있는 환경에서 자유가 더해지면 명령의 발생, 전파, 이해가 더욱 빠르게 진행되고, 그 속도가 점점 더 빨라집니다. 임무형 지휘에서는 길고 세부적인 명령을 피하고, 주도권을 허용해 찰나의 기회를 놓치지 않도록 하는 것이 중요합니다. 이는 상관과 부하 간에 신뢰가 형성되어야만 제대로 실행될 수 있습니다."[9]

역사상 훌륭한 지휘관은 지휘관의 의도를 활용했다. 1805년 스페인 앞바다에서 큰 이권을 둘러싸고 벌어진 전투는 훌륭한 역사적 예시로 남아 있다. 나폴레옹은 영국을 침공하기 위해 함대 40척을 출항시켰고, 대영제국의 넬슨[Nelson] 제독은 오직 33척의 함대로 조국의 자유를 지키기 위해 필사적으로 싸웠다.[10]

전통적으로 해상전에서는 양측 해군이 두 개의 평행선을 이룬 상태에서 대포를 발포한다. 이러한 비적응적 전략에는 납득할 만한 이유가 있다. 우선 거대 목조범선인 갈레온 선은 대포가 선체의 측면에 배치되어 있었다. 모든 함선이 일렬을 유지함으로써 혹시 모를 아군의 폭격을 피하고 힘을 합쳐 적을 공격하는 전략이었다.

두 번째 이유는 좀 더 미묘한 의도가 내포되어 있다. 전쟁 포화 속에서 함대의 지휘관인 제독은 기함에 승선해야 한다. 제독은 기함에 올라 신호기를 통해 각 대령들에게 명령을 내려야 한다. 따라서 모든 함대는 기함을 볼 수 있는 위치에 자리해 명령을 받거나 다른 함대에게 명령을 전달하는 역할을 해야 한다. 이 경우 함대가 일렬로 위치하는 것이 지시를 전달하는 데 가장 효과적인 방법이다.

이러한 양군의 이열 종대 전술은 어느 한쪽의 결정적 승리로 끝나기 어려웠다. 보통은 한쪽이 후퇴해야만 끝나는 전투였다. 누가 오래 버티는지를 겨루는 전투에서 적군의 함대가 21%나 많고 대포는 24%나 많은 상황에서 넬슨이 승기를 잡을 확률은 낮았다. 혹여 넬슨이 대전에서 이긴다 하더라도 그는 나폴레옹의 해군이 퇴각한 후 다시 전쟁을 벌이러 오는 것을 원치 않았다. 넬슨 제독의 표현에 따르면, 그는 "이 전투를 결정적인 계기로" 만들고 싶었다.[11]

넬슨은 전술적 성과에 전술적 성과로 맞서는 대신, 전술적 성과와 적응적 성과를 조화롭게 운용해 이길 수 있다고 판단했다. 영국 함대의 전술적 행동은 굉장히 단순했다. 하지만 기존에는 없는 방식이었다. 넬슨은 전력 유지를 위해 일렬종대로 서 있던 함대를 이열로 나누어 적군 정면에 수직으로 돌파시켰다. 넬슨의 목적은 쏟아지는 적군의 대포와 싸우며 가능한 빨리 적진으로 침입해 적 함대의 대열을 세 개로 분산시키는 것이었다. 넬슨은 적의 기함을 목표로 돌격을 지휘하며 함대를 이끌었다. 적군이 전술적 성과에 집중했기 때문에 리더의 지시를 더 이상 따를 수 없게 된다면 곧 무너지고 말 것이라는 게 넬슨의 계산이었다.

전술적 계획을 완수한 후에는 적응적 계획이 따랐다. 넬슨은 모든 대령에게 표적 선정과 공격 방법을 선택할 수 있는 재량이 있음을 알려주었다. 넬슨이 작성한 트라팔가르 각서Trafalgar Memorandum[12]에는 그의 철학과 함께 자신이 의도한 바가 무엇이었는지 명백하게 기술되어 있다. (10장, '플레이 그라운드'에 소개되는 영향력의 논리다.)

• **그는 전장에서의 VUCA가 무엇을 의미하는지 명시했다.** "함대를 전선까지 이끌어오기가 어렵게 느껴진다. 변화무쌍한 바람과 흐린 날씨, 그 외에도 변수는 반드시 발생할 테지만 시간을 너무 낭비해 기회를 놓치는 일이 있어선 안 된다."

• **완벽한 계획이 왜 불가능한지 설명했다.** "반드시 운이 따라야 하는 일이 있다. 무엇보다도 해전은 예측하기가 어렵다. 포탄은 돛대를 휩쓸고 적뿐 아니라 동지들까지 해칠 것이다."

• **승리하기 위해서는 적응성을 발휘해야 한다.** "신호기를 제대로 볼 수 없거나 명령을 하달받지 못하는 상황에서 적군의 배 옆에 자신의 배를 가져다 댈 수 있는 선장이라면 큰 잘못을 저지를 리가 없다."

부하에게 자신의 목적과 의도를 분명히 전달했기 때문에 넬슨은 전쟁의 화염 속에서 자신의 부하들이 옳은 선택과 판단을 내릴 것을 확신했다. 넬슨은 부하들이 적응적 성과를 달성할 것을 믿었고, 따라서 전장에서 많은 명령을 하달할 필요가 없었다. 전투가 시작된 후 넬슨이 남긴 유일한 명령은 세 가지였다. "해가 진 후 닻을 내릴 준비를 하라." "적과 더욱 가까이 교전하라." "영국은 모든 해군 장병들이 자신의 의무를 다하기를 기대한다."[13]

적응적 성과와 전술적 성과의 전투에서 적응성이 결국 승리를 거두었다. 나폴레옹의 군대는 왜 자신들이 패했는지 알 수 없었다. 수적 우세에도 불구하고 영국 함대는 단 한 대도 피해가 없었지만, 나폴레옹은 22대의 함대를 잃었다. 더욱이 프랑스군 사상자는 영국의 3배가 넘었다.[14] 넬슨은 프랑스 침공에서 영국을 구해냈을 뿐 아니라

이후 영국이 '해양 패권을 장악하는 계기'를 만들었다.[15]

넬슨은 1805년 10월의 어느 날 아침에 깨어나지 못했다. 그는 자신의 제독 생활 내내 부하들에게 상황에 따라 유연하게 적응할 수 있는 능력을 키우도록 준비해왔다. 수많은 대령들과 식사를 하는 데 몇 시간이나 투자했고, 부하들에게 자신의 의견을 공유하고 그들의 이야기를 들었다. 넬슨과 동시대를 보낸 한 사람은 당시의 모습을 이렇게 설명했다. "넬슨은 자신이 생각하는 가장 효과적인 여러 공격 방법을 부하들이 잘 이해할 수 있도록 했습니다. 부하들은 결과적으로 지휘관인 넬슨의 생각과 의도가 무엇이었는지 더욱 세분화된 명령 없이도 완벽하게 파악할 수 있었습니다."[16]

1800년대를 거쳐 군의 규모가 20만 명 이상으로 커지고, 군인들이 하나의 공통된 목적을 갖고 협력해야 할 필요성이 커지자 지휘관의 의도는 더욱 중요해졌다. 단 한 명의 지휘관이 모든 결정을 내릴 수는 없는 일이다. 전 세계에 셀 수 없이 많은 직원을 둔 오늘날의 기업 임원들은 공감할 것이다. 목적이 분명하다면 조직원은 주도적으로 실험하고 혁신할 수 있다. 그렇게 되면 리더는 조직과 협응력이 높고 명석한 수십만의 의사결정자를 곁에 두게 되는 것이다.

그러나 분명한 목적을 세우는 것은 전투의 일부에 지나지 않는다. 로제타스톤의 경우와 마찬가지로 기업의 목적에는 설득력이 있어야 한다. 코넬 대학의 리더십과 가치 전문가들은 기업의 목적이 취업 결정에 어떤 영향을 미치는지 알아보았다. 이들은 급여, 승진과 같은 간접 요인을 포함한 직업군과 공정성, 타인에 대한 배려, 정직성, 직업윤리와 같은 직접 요인을 포함한 직업군을 두고 8,000명 넘는 사람들에게 일자리 순위를 매겨보도록 했다. 각각의 요인별 중요도를 계산한 결과 타인을 돕는 능력이 급여와 승진 기회보다 더욱 높은 수치를 보였다. 공정성만이 타인을 돕는 능력보다 순위가 높았다.[17]

애덤 그랜트 교수는 '친사회적 목적prosocial purpose'이 동기와 성과를 높이는 이유에 대해 조사했다. 타인이나 세상을 돕는다는 생각이 들 때 우리는 자신이 할 수 있는 최고의 역량을 발휘한다.[18] 타인에게 도움을 준다는 목적이 분명하고 확실할 때 의미 동기가 가장 효과적으로 부여되기 때문이다. 이는 모든 문화권에 적용된다. 싱가포르, 미국, 브라질까지 13개국에서 진행한 설문조사에서 타인을 향한 박애정신, 즉 자비심이 인간의 가치 가운데 가장 중요한 개념으로 꼽혔다(두 번째로 중요한 가치는 자기결정력self-direction으로, 근본적으로는 즐거움 동기와 같은 맥락이다).[19] 조직의 목적이 직원의 가치, 고객의 가치와 접점을 이룰 때 의미 동기는 극대화된다.

조직의 목적은 각 부서와 팀에 따라 약간씩 조정해야 한다. 우선은 아래의 간단한 두 가지 질문에 답하는 것부터 시작해보자.

1. 우리의 목적은 명확한가
2. 조직의 목적과 그 이유가 설득력 있는가?

목적을 정하고 난 뒤에는 행동 규범을 고려해야 한다. 행동 규범이란 직원들이 목적을 달성하기 위해 노력하는 과정에서 취해야 할 바람직한 양식이다.

조직에는 행동 규범이 필요하다

'정직honesty'과 '도덕적 성실성integrity' 등을 핵심 가치로 꼽는 기업들이 많다. 이런 용어들은 인간의 기본 가치에 대해 다시 언급한 것일 뿐 기업의 핵심 가치로는 충분하지 않다. 어떤 사람이 잘못된 행동을 할 때 우리는 그 사람이 지닌 가치에 대해 비난하지만, 순간의 흥분 때문에 본의 아니게 비윤리적인 행동을 했을 것이라는 생각은 아무도 하지 않는다. 더욱이 합리적인 사람들마저도 실생활에서 '존중respect'과 '탁월함excellence'이라는 가치가 어떻게 발현되는지에 대해 서로 의견이 다르다. 따라서 조직의 행동 규범은 사람들이 특히나 곤란한 상황에서 '어떻게' 의사를 결정해야 하는지에 관해 상세히 명시해야 한다.

기준이 있어야 직원들은 매번 상사의 허가를 묻지 않고도 복잡한 결정을 내릴 수 있고, 상황에 적응하며 융통성을 발휘할 수 있다. 놀이터 규칙과 마찬가지로 한번 규칙을 정하면 그 규칙 안에서 마음껏 놀 수 있다. 리더는 직원들이 스스로 판단해 조직을 위한 결정을 내릴 수 있도록 해주고, 직원들이 올바른 선택을 했을 거라고 믿을 때 비로소 조직의 행동 규범이 완성되는 것이다. 규범에는 몇 가지 반드시 포함되어야 하는 요소가 있다.

1. 문제 해결 직원들이 어떤 방식으로 문제를 해결하길 바라는가? 조직의 행동 규범은 과실 편향성 및 의사결정 과정에서 자주 발생하는 편향성을 바로잡는 기준이 되어야 한다. (확증 편향*, 조직성 결여, 단기주의, 편협한 시각 등이 이에 속한다.)

2. 우선순위 적응적 업무(배움, 실험)와 성과 업무(매출)와 같이 상응하는 두 가지 개념 사이에서 직원들은 무엇을 더욱 우선시해야 하는가? 고객경험의 향상과 단기매출 목표 중에서 어떤 것을 더 중요하게 생각해야 하는가?

3. 갈등 상황 명백히 옳지도 그르지도 않은 애매한 문제에 대해 직원들은 어떻게 대처해야 하는가? 서로 의견이 상충하는 경우에는 어떻게 해결해야 하는가? 어떤 상황에서 모두의 합의가 필요하고, 또 어떤 상황에서 주관적인 선택이 필요한가?

4. 동기부여 조직 내 리더들이 어떤 방식으로 직원을 이끌고, 어떻게 동기부여를 하길 바라는가? 조직원들이 어떤 방법으로 조직문화와 동기부여의 시스템을 구축하고 유지하길 바라는가?

5. 유산 조직에서 반드시 지키고 따라야 하는 상징과 관례, 빼놓을 수 없는 의식과 절차는 무엇인가?

맥킨지앤컴퍼니에 새로 입사하는 컨설턴트는 "반대할 의무가 있다"라고 배운다. 다시 말하면 자신이 어떤 의견에 동의하지 않는다면 직급을 떠나 반드시 자신의 의견을 표명해야 하고, 반대 상황에서도 타인의 의견을 반드시 경청해야 한다는 뜻이다. 기업 내 규범 가운데 하나는 "최상의 서비스를 고객에게 제공하기 위해 자사의 세계적 네트워크를 활용하라"다. 신입 컨설턴트들이 펌(Firm, 직원들은 조직을 이렇게 부른다)에서 받는 충격 중 하나는 실제로 이들이 조직 내

* 자신의 신념과 일치하는 정보는 받아들이고 신념과 일치하지 않는 정보는 무시하는 경향—옮긴이

누구에게든지 메일을 보내 도움을 청하면 필요한 도움을 반드시 제공받게 된다는 사실이다.[20]

독자들에게 익숙하지 않은 기업이지만, 켈러 윌리암스Keller Williams는 가장 빠르게 성장하는 부동산 중개 회사 가운데 하나다. 2009년 주택 시장이 무너질 때 많은 부동산 회사들이 타격을 입었지만, 켈러 윌리암스만은 오히려 성장해나갔다. 성공의 비결이자 1만7,000명의 에이전트가 올바른 동기를 가질 수 있는 이유는 바로 조직의 행동 규범 덕분이었다.[21] '볼드 법칙BOLD Laws'이라고 불리는 행동 규범은 '기업의 목표: 계획된 삶Business Objectives: Life by Design'의 줄임말로, 직원들은 정식 교육을 통해 볼드 법칙을 배운다.[22]

이 법칙은 조직 내 일과에서도 적용된다. 과거에 켈러 윌리암스 소속 에이전트였던 조던은 볼드 법칙 중 자신에게 가장 크게 와 닿았던 몇 가지를 소개했다.[23] 전직 해병대원인 그는 처음에는 주변 동료들이 볼드 법칙에 열광할 때도 회의적인 입장이었다. 하지만 곧 몇 가지 문구에 마음을 빼앗기고 말았다.

- **'술 취한 원숭이 말을 듣지 말라.'[24]** 원숭이는 당신의 어깨에 앉아 "너무 겁나는 일은 안 해도 된다"라고 속삭이는 목소리라고 조던은 설명했다. 그뿐 아니라 점심 메뉴나 야구 게임 같은 잡생각을 불러일으키는 목소리이기도 하다. 우리가 스스로를 난처하게 만들 것이라고 겁주는 목소리이자 우리에게 정서적 압박감을 주는 목소리다. 볼드 법칙을 배운 사람들은 이 목소리를 그저 술 취한 원숭이라고 생각하고 웃어넘기며 떨쳐낼 수 있다.

• **'실행은 감정이다.'** 해야 할 일을 기분이 내킬 때까지 미뤄둘 수만은 없다. "단순히 움직이는 것만으로도 기분이 달라집니다." 조던의 말이다. 정서적 압박감으로 인해 오전에 해야 할 전화를 미루고 있다면 그 감정이 사라질 때까지 기다려선 안 된다. 우선 전화를 걸고 나면 압박감은 점차 사라지고 즐거움과 의미 동기를 다시금 발견하게 된다. 조던은 예상치 못한 변수로 흔들릴 때면 이 법칙을 떠올렸다. "부동산 일을 하다 보면 주택 가격 책정에 문제가 생기거나 계약이 파기되는 등 하루 동안에도 몇 번이나 감정이 격해지는 일이 발생합니다. 지속적으로 무언가를 하며 움직이는 것만으로도 모두 잘 해결될 거라는 마음이 생기죠. 내가 내 삶을 통제하고 관리한다는 생각이 듭니다."

• **'중요한 것은 실적이 아니라 계획을 따르는 것이다.'** 켈러 윌리암스에서는 직원이 인풋(자신의 스케줄)을 통제한다면 아웃풋(매출)은 자연스럽게 따라올 것이라고 생각한다. 덕분에 직원들은 자신이 어찌할 수 없는 결과에 대해 걱정하지 않고, 업무의 진행 과정에 신념을 갖고 최선을 다한다. 볼드 법칙 가운데 이와 유사한 또 다른 법칙에 따라 조던은 하루를 계획할 때 우선적으로 해결해야 하는 업무를 위해 먼저 시간을 빼둔다. 바로 '당신의 스케줄에 없는 일이라면 존재하지 않는 일이다'라는 법칙이다. 하지만 그는 자신이 적응성을 발휘해야 할 시간이 필요하다고 생각했고, 미처 예상하지 못한 업무를 처리할 시간 역시 고려해 스케줄을 계획한다. 조던은 전술적 성과와 적응적 성과를 균형 있게 얻기 위해 고민할 필요가 없었다. 그는 이미 두 가지 모두를 위한 시간을 마련해두었기 때문이다.

• **'흘러가는 대로 살지 말고 계획하는 대로 살아라.'** 볼드 법칙의 핵심은 일이 아닌 우선 자신의 이상적인 삶을 시작하라는 메시지다. 타성이 자신을 통제하게 두지 말라. 적극적으로 자신의 총 동기를 관리해야 한다.

"볼드 법칙을 처음 접했을 때, 이미 우리가 다 알고 있는 상식에 관한 이야기임에도 불구하고 정신이 번쩍 들었습니다." 조던이 덧붙였다. 이 법칙은 켈러 윌리암스 직원들이 무엇을 우선시해야 하는지 기준이 되고, 일과에 새로운 규칙이 되었다. "볼드 법칙은 올바른 방향으로 나 있는 길과 같습니다." 조던의 설명이다. 바로 높은 성과로 가는 지름길인 것이다.

스티브 잡스 또한 조직 내 행동 규범의 중요성을 잘 알고 있었다. 그가 가장 우선시했던 일 중 하나는 애플의 성공을 이끈 사례들을 규범화하고 직원들에게 교육하는 일이었다. 애플은 하버드대 등 여러 유명한 경영대학원에서 교수를 모집해 애플이 가장 중요한 결정을 내릴 때 어떻게 했는지 조사했다.[25] 애플은 직원들에게 행동 규범을 교육하는 프로그램을 만들기 위해 예일대 경영대학원 학장을 고용했고, 애플 대학을 탄생시켰다.

애플 대학의 사진은 외부로 유출된 적이 없고 관련 정보 역시 비공개였으나, 〈뉴욕타임스〉는 애플 대학의 프로그램에 대해 말해줄 3명의 직원과 접촉할 수 있었다.[26] 프로그램을 통해 직원들은 아이팟과 아이튠즈 소프트웨어를 윈도우에 개방하기로 한 선택 등 애플 역사에서 중요한 순간들을 배웠다. 스티브 잡스는 윈도우에 호환되는 것을 원치 않았으나 팀원들이 그의 의견에 반대해 일을 진행시켰다. 이러한 결정은 결국 애플의 성공을 이끌었고, 〈타임즈Times〉의 보도처럼 아이폰이 성공할 수 있는 길을 터주었다.

'무엇이 애플을 애플답게 만드는가?What Makes Apple Apple'라는 강의에서는 78개의 버튼이 있는 구글 TV 리모컨과 슬림한 디자인에 3개의 버튼만 장착된 애플 TV 리모컨을 비교, 분석하는 주제를 다룬다. '최고의 것The Best Things'이란 강의를 통해 직원들은 자신이 훌륭한 인재와 자원에 둘러싸여 있다는 점을 깨닫게 된다.

당신의 회사가 다른 회사들과 다를 바 없다면 아마도 조직 내 행동 규범이 따로 없을 것이다. 그렇다면 우선 행동 규범 하나를 적어보길 바란다. 과거에 회사가 가장 어려운 적응적 결정을 했던 사례를 찾아보는 것으로 시작하되, 좋은 결과를 이끈 결정 외에도 후회스러운 결정을 했던 사례 역시 포함시켜야 한다. 소그룹 단위로 과거의 현명한 선택에 대해 하나씩 토론하고, 어떻게 그런 결정에 이르렀는지, 어떤 행동 규범이 그런 선택을 이끌었는지 서로 의견을 나누어라. 행동 규범이 세워졌다면 이 규범을 과거의 잘못했던 선택에 적용해보라. 이 원칙들이 있었다면 나쁜 결과를 만든 원인을 막을 수 있었을까?

조직의 유산

우리와 인터뷰한 네슬레Nestlé 경영 연수생은 이렇게 말했다. "까이에Cailler가 키우던 소의 후손들을 만난 기분입니다. 우리 회사에 대한 자부심이 생겼습니다." 다비(가명)는 스위스 알프스의 그림같이 아름다운 협곡에 위치한 네슬레의 첫 초콜릿 공장을 막 다녀온 뒤였다.

이 공장은 프랑수와 루이 까이에François-Louis Cailler가 설립한 것으로, 그는 이탈리아에서 4년간 초콜릿 만드는 법을 배운 뒤 1800년대 초 자신의 농장과 공장을 세웠다. 그의 창의성과 투지는 몇 년 후에 빛을 발했다. 까이에가 발명한 초콜릿은 몰딩 재료로 쓸 수 있을 만큼 부드러웠다. 초콜릿 바가 탄생했고 인류는 기뻐했다.[27]

각국의 네슬레 직원들은 트레이닝을 위해 스위스로 모여든다. 이곳에서 그들은 마케팅에서 연구개발 분야까지 기업과 관련된 경영 사례를 배운다. 까이에 공장에는 초콜릿의 역사를 담은 박물관과 테스트 키친test kitchen*이 있다. 테스트 키친은 지속적인 혁신을 약속하는 기업의 자신감을 의미한다. "초콜릿이 만들어지는 과정을 지켜봤고, 갓 만들어진 초콜릿을 바로 맛볼 기회도 있었습니다. 네슬레가 탄생한 도시에도 직접 방문했습니다. 이러한 경험들이 회사와 직원의 관계에 큰 영향을 주는 것 같아요." 다비가 우리에게 해준 말이다.

기업이 추구하는 목적이 명확하고 설득력이 있다는 것 또는 조직원 모두가 행동 규범을 따른다는 것만으로는 충분하지 않다. 자신의 정체성을 신뢰할 만하고 일관되게 유지해야 한다. 자신이 재미있는 사람이라고 사람들에게 말하는 것으로 정체성을 증명할 수는 없다. 그들을 웃게 만들어야 재미있는 사람이 된다. 정체성도 마찬가지다. 사람들에게 나의 정체성은 진실하다고 말하는 것이 아니라 그들이 먼저 그렇게 느껴야 한다.

* 방문객들이 사전에 예약하면 전문가의 교육하에 직접 초콜릿 만드는 법을 배울 수 있다. —옮긴이

실천은 행동의 파급력에 영향을 미친다. 노스웨스턴 대학의 연구자들은 실천과 타인의 행동 변화가 어떤 관련이 있는지를 알아보기 위해 초등학교 3~5학년 학생들을 모았다.[28] 학생들은 미니어처 볼링 게임을 했고, 게임 결과에 따라 돈으로 교환할 수 있는 상품권을 받았다. '자선 그룹'이라고 이름 붙인 학생들은 연구 보조원이 "내가 오늘 조금이라도 돈을 딴다면 일부는 불우학생에게 기증하겠어"라고 말하는 것을 들었다. 또 다른 그룹인 '탐욕 그룹'에게 연구 보조원은 게임에서 얻은 돈은 모두 혼자 갖겠다고 말했다.

연구원이 자신의 말처럼 기부를 장려하고 상금을 타인과 나누는 모습을 본 자선 그룹은 64%의 학생들이 상금을 기부하는 데 참여했다. 그러나 연구원이 기부를 독려했으나 실제로는 말과 달리 상금을 기부하지 않은 경우 학생들의 47%만 상금을 기부했다. 놀라운 것은, 상금을 모두 갖겠다는 탐욕스러운 모습을 보인 연구원이 실제로는 후에 기부를 하며 행동이 말을 넘어서는 모습을 보이자 63%의 학생들이 자신의 상금을 나누었다. 실천은 말보다 강하다.

기업의 목표와 행동 규범으로는 부족하다. 조직원에게 이 목표와 행동 규범이 실제로 실행되는 모습을 보여주어야 한다. 한 가지 방법은 조직이 어려운 시기에도 정체성을 잃지 않고 버텨낸 실제 이야기, 즉 조직의 유산heritage을 보존하고 조직원들과 공유하는 것이다.

CEO인 게리 루브너Gary Lubner는 조직의 유산을 중요하게 생각했다. 그의 기업은 많은 사람들이 사소하게 생각하는, 망가진 차 유리를 수리하는 일을 숭고한 가치가 있는 일로 탈바꿈시켰다. 벨론Belron은 세계에서 가장 큰 자동차 유리 전문업체로 34개국에서 2만5,000명 이상의 직원들이 소속되어 있으며, CEO 루브너는 이 모든 직원들을 '일상 속 영웅들'로 대접한다.

벨론의 역사는 루브너의 할아버지가 남아프리카의 요하네스버그 거리에서 유리를 가득 채운 손수레를 끌었던 100년 전으로 거슬러 올라간다. 루브너의 부모님은 고객서비스를 최우선으로 앞세워 자동차 유리 사업에 매진하며 기업을 확장시켰다. 한 젊은 커플의 차가 금요일에 고장 나 월요일까지는 수리를 받을 수 없는 상황이 되었다. 그러자 루브너의 부모님은 이 고객이 주말 동안 불편함을 느끼지 않도록 자신의 차를 선뜻 빌려주었다.[29] 이 이야기는 벨론 기업 내에서 계속 회자되었고, 모든 경영진은 이 이야기를 외울 정도가 되었다. 조직원들에게 기업의 에토스ethos를 상기시키며 조직의 전통을 지속시킨 셈이다.

한 예로 다림질 배달 서비스 업체를 운영하는 한 남자가 포르투갈의 벨론 지점을 방문했다. 지점장인 조아나 코타스는 오후 배달 시간까지 차를 전부 수리할 수 없을 것 같다고 말했다. 때마침 렌트가 가능한 차량도 없다고 전하자 고객의 얼굴에는 근심이 가득해졌다. 루브너 가족의 뜻을 이어받아 그 역시 자신의 개인 차량을 고객에게 빌려주었다. 그 일로 조아나는 '벨론의 영웅' 웹사이트에 소개되었고, 2013년 '벨론의 일상 속 영웅'으로 선정되었다.

벨론의 또 다른 영웅인 알랭 벨랑제는 새로운 거래처에서 공급받은 와이퍼가 캐나다의 혹한에 견딜 수 있는지 확인하기 위해 냉동고를 만들었다. 그는 업무 외 여가 시간을 활용해 온라인 평가 시스템을 만들어 행정 업무 시간도 줄였다. 이탈리아의 다비드 보니니는 고객을 위한 원격 자문 무인 단말기를 개발해 규모가 작은 지점에 방문한 고객들이 위치에 관계없이 국내 어디에서나 전문가의 도움을 쉽게 받을 수 있도록 했다. 터키의 오스만 한발치는 기업의 보험 시스템을 전산화했다. 그의 노력으로 보험 서류 접수까지 걸리는 시간은 60% 단축되었고, 협력업체가 벨론 사에 의뢰하는 업무는 30%나 늘었다.

CEO인 루브너는 6개월에 한 번씩 선발된 직원에게 우수 고객 서비스 상을 전달하기 위해 중국이든 브라질이든 가리지 않고 직접 방문한다. 벨론의 피플앤리더십People and Leadership 책임자인 데이브 멜러는 우리에게 관련 이야기를 들려주며 자부심에 가득한 모습이었다. "직원들은 우리 기업의 핵심입니다." 멜러의 말이다.

조직의 전통

조직의 유산이 과거를 돌아보는 일이라면, 전통traditions은 미래로 전해져야 하는 개념이다. 전통은 함께 공유한 경험을 바탕으로 조직의 정체성을 규정한다. 전통은 문자 그대로 또는 상징적으로 조직원들을 결속시켜 리더가 강조하는 일을 실천하게 하는 힘이 있다.

뉴질랜드의 럭비 국가대표 팀인 올 블랙스All Blacks는 세계적으로 최다 우승 기록을 보유하고 있다. 인구가 450만 명인(대략 뉴욕 인구의 절반) 나라에서는 놀라운 성적이다. 이 럭비 팀의 경우 총 동기 원칙이 조금 색다른 방식으로 표출되고 있다.

매 경기 시작 전에 팀은 마오리족 전사들이 전통적으로 전투를 앞

두고 추는 하카Haka 춤을 춘다. 춤과 럭비 팀의 남성성이 어울리지 않게 보일 수 있지만, 하카 춤을 추는 올 블랙스를 볼 때면 상대 팀은 공포감을 느낀다. 상대에게 위협적으로 보이고자 하는 목적 이외에도 인류학자들은 이 퍼포먼스에 부족의 정체성을 보존하고자 하는 또 다른 의미가 있다고 전했다. 그런 의미에서 올 블랙스는 정체성을 확실히 지켜가고 있는 듯 보인다.

한 몸처럼 함께 움직이는 행동은 놀라울 만큼 강력한 힘을 발휘한다. 이와 관련된 실험에서 연구자들은 실험 대상자들에게 흔들의자에 앉도록 했다.[30] 90초 동안 참여자 가운데 절반은 파트너와 같은 속도로 움직이는 흔들의자에 앉았고, 다른 절반은 자유롭게 움직이는 흔들의자에 앉았다. 이후 실험 참여자들에게 쇠구슬이 담긴 목재 미로판을 전해주었고, 참여자들은 짝을 이뤄 미로판을 이리저리 움직여 쇠구슬이 정해진 길로 빠져나오도록 했다. 흔들의자의 리듬에 맞춰 함께 움직였던 커플들은 그렇지 않았던 참여자들에 비해 17%나 빠르게 문제를 해결했다.

의식(ritual, 리추얼)은 움직임을 일치시키는 것보다 더 큰 힘을 발휘한다. 뉴질랜드에서는 연구자들이 너그러운 성정性情의 사람들을 대상으로 다양한 종류의 의식에 참여한 후 그들의 성격이 어떻게 변화했는지를 실험했다. 어떤 의식은 노래와 춤처럼 신체적인 요소가 포함되었다. 또 다른 의식은 정체성과 공동 가치에 중점을 둔 영적인 요소가 많았다. 의식에 기독교 예배와 불교 염불 혹은 힌두교의 성가도 포함시켰다. 몸을 움직여야 하는 의식을 치른 그룹은 대조 그룹에 비해 8% 더욱 관대해졌다. 영적인 의식에 참여한 그룹의 경우 24%

나 더 너그러워진 모습을 보였다.[31] 조직원이 서로 아낌없이 도와주는 높은 수준의 시민의식은 적응성에 반드시 필요한 요소다.

기업은 전통을 활용해 공동의 정체성과 가치를 더욱 단단하게 만들 수 있다. 앞에서 함께 살펴보았던 메달리아에서는 모든 신입사원이 오리엔테이션을 받아야 하는데, 이런 전통은 전 메달리언이 함께 경험한 연결고리가 된다.

벨론은 연 2회, 각국에서 우승한 기술자들이 모여 세계 '베스트 오브 벨론Best of Belron' 자리를 두고 경연을 펼친다. 이 국제대회는 유럽 주요 도시의 전시장에서 열린다. 대회는 자동차 쇼와 육상 선수권 대회를 섞어놓은 모습이다. TV로도 방송이 되는 이 이벤트에는 트로피는 물론 무대에서 연기를 연출하기도 하고, 참여자들의 사진을 크게 확대한 배너도 걸어놓는다. 수백 명의 동료와 공급업체, 파트너가 지켜보는 가운데 자국의 대표로 나온 기술자들은 자동차 앞 유리 수리, 뒷 유리 교체, 고객과의 의사소통 능력 부문에서 실력을 겨룬다. 벨론에서 매일같이 반복적으로 하는 일과를 특별하게 기념하는 자리이자, 자사의 기술자들에게 자신의 최고 역량을 선보이도록 동기를 자극하는 행사다.

보스턴에 근거를 둔 이사 전문 업체인 젠틀 자이언트Gentle Giant의 신입직원들은 CEO 래리 오툴Larry O'Toole이 응원하는 가운데 하버드대 스타디움의 계단을 오르는 경주를 하며 자신의 패기를 증명해 보인다. 래리 오툴은 젠틀 자이언트를 '인재 개발 회사'라고 부른다. 30분 안에 스타디움의 37개 섹션의 모든 계단을 오르면 '훌륭한' 성적이다. 가장 뛰어난 기록은 20분 미만이었다.

계단 오르기 경주는 수많은 계단을 오르내리며 이사를 도와야 하는 '자이언트'—회사에서는 직원을 이렇게 부른다—들을 어느 정도 준비시키기 위한 회사의 의도다. 이 행사는 '체력과 투지를 시험하는 테스트'이기도 하지만, 이사라는 '극한의 노동을 편안하고 안전하게 해결하는 기업의 자부심'을 상징하기도 한다. 벨론과 마찬가지로 젠틀 자이언트의 문화가 강력한 이유는 기업의 핵심 가치를 특별하게 여기고 기념하기 때문이다.[32]

누군가는 전통을 시작해야 한다. 무엇을 시작하는데 늦은 때란 절대 없다.

정체성의 영향력

새로운 과학기술로 인해 사람들의 의사소통 방식, 쇼핑하는 방식, 심지어 삶의 방식까지 급속히 변하고 있다. 이런 시대에서 10년 동안 지속적인 성장을 이루는 것은 쉽지 않은 일이다. 기본에 충실하는 것조차 어렵다.

1950년대도 이와 비슷한 상황이었을 것이다. TV라는 새로운 매체는 온 나라를 단숨에 사로잡았다. 1950년대 초반만 해도 TV를 보유한 가정이 단 10%였으나, 후반에 이르러서는 90%로 껑충 뛰었다.[33] 자동차 보급으로 사람들은 도시를 벗어났고, 슈퍼마켓의 출현으로 새로운 쇼핑 방식이 등장했다. 교외에서의 삶은 많은 사람들의 일상을 바꿔놓았다.

1950년대 4명의 선구자는 적응성과 강력한 정체성이 함께 어우러질 수 있다는 것을 증명했다. 그들 역시 선견지명을 갖고 타고난 것은 아니었다. 4명의 리더가 뉴욕의 사교클럽인 유니버시티 클럽의 우아한 식당에서 함께 점심을 먹으며 나눈 이야기를 통해 찾아낸 결과였다.

점심 테이블 한쪽을 차지한 데이비드 오길비David Ogilvy는 대학에서 퇴학당한 뒤 보조 주방장으로 일하다가 집집마다 방문하며 물건을 팔던 외판원 출신으로, 훗날 오길비앤매더Ogilvy&Mather를 설립한 인물이다.

그 옆에는 맥킨지앤컴퍼니의 파트너이자 '경영 컨설턴트management consultant'라는 단어를 만들어내고, 맥킨지앤컴퍼니를 18명의 조직에서 세계를 아우르는 'CEO 공장'으로 키워낸 마빈 바워Marvin Bower가 있었다.

또 다른 멤버는 거스 레비Gus Levy로, 자수성가하여 골드만삭스의 최고경영자까지 오른 인물이었다.

마지막 인물은 레너드 스파섹Leonard Spacek으로, 회계법인인 아서 앤더슨Arthur Andersen이 창립자의 죽음 이후로 휘청거리자 조직을 바로잡아 당대 최대 규모의 전문 서비스 기업으로 키워낸 인물이었다.

여러 의미에서 이들 4명의 리더는 당시 가장 뛰어난 조직문화를 일구었다. 당시의 전문 서비스 기업은 파트너 몇 명이서 꾸리는 소규모 사업체였다. 따라서 파트너가 은퇴하면 기업 역시 문을 닫아야 했다. 그러나 4명의 리더는 인간의 수명보다 길게 유지될 수 있는 기관을 세우고자 했다. 쉽지 않은 일이었다.

오길비의 후배이자 오길비앤매더의 전 CEO인 켄 로만Ken Roman에 따르면, 이들 4인의 우상이 항상 고민하고 토론하던 주제는 조직문화와 정체성의 중요성에 관한 것이었다. "그 시절에는 우리가 하고자 했던 일을 '문화'라고 부르지 않았어요." 로만은 기업이 성장하던 시기를 떠올리며 이렇게 말했다. "오길비는 조직 목표의 통일을 이루었습니다."[34]

데이비드 오길비는 창의적인 괴짜 행동으로 유명했다. 그는 설명하기보다는 ('매직 랜턴magic lanterns'이라 부르던 프레젠테이션을 통해) 보여주는 것을 선호했다. 고위급이 모인 미팅에서 참석자들은 자신의 자리에 놓인 러시아 전통 인형인 마트로시카를 발견했다. 큰 인형 안을 열어 작은 인형을 꺼내고, 계속해서 인형들을 꺼내자 아주 작은 메모가 들어 있었다.

"만약 당신보다 작은 사람들을 고용한다면 회사는 난쟁이 소굴이 될 겁니다. 만약 당신보다 큰 사람을 고용한다면 거인의 기업이 될 겁니다."[35] 이후 수십 년 동안 오길비 간부진이 어떤 기준을 두고 인재를 고용했는지 알 수 있는 대목이다. 오길비는 업계 내 최고의 성공을 거두며 17년간 단 한 차례도 새로운 고객을 다른 회사에 뺏긴 적이 없었다.

스파섹의 경우 이와는 좀 다른 어려움을 겪었다. 그가 물려받은 것은 기업이 아닌 오합지졸 파트너들이 모인 그룹이었다. 스파섹은 앤더슨 기업을 하나로 통합하기 위해 조직의 전통에서 답을 찾고자 했다.[36] 입구에서 트레이닝 센터로 연결되는 길에 놓인 웅장한 목조 문은 아서 앤더슨의 사무실 바깥에 달린 문과 일치한다. 로비에는 수많은 국기가 걸려 있는데, 이는 트레이닝을 받으러 온 연수생들의 출신 국가다. '그린 빈green beans'이라 불리는 신입사원들은 창립자의 모토인 "논리적으로 생각하고 솔직하게 말하라"와 앤더슨의 기본 원칙 네 가지 "고객에게 훌륭한 서비스를 제공하라", "빈틈없는 회계 감사를 실시하라", "직원 관리에 힘써라", "회사를 위해 이윤을 창출하라"를 제창했다.

스파섹은 높은 윤리의식을 갖고 일한다는 명확한 목적을 조직에 심었다.[37] 한번은 거대 기업인 베슬리헴스틸Bethlehem Steel이 수익을 60%가량 부풀렸다고 고발한 적이 있었다. 언젠가 스파섹은 회계가 제대로 이뤄지지 않는 기업에 대한 조사를 계속하지 않는다는 이유로 증권관리위원회를 질책한 적도 있었다. 스파섹은 이렇게 적었다. "일반 사람들은 기업의 연례 보고서에 나온 재무제표의 숫자들을 신뢰할 권리가 있습니다."[38] 스파섹이 이룬 앤더슨 기업의 강직함 때문에 훗날 엔론 스캔들 여파로 기업이 해체되었을 때 많은 사람들이 안타까워했다. 정체성을 확립한 뒤에도 그냥 방치해서는 안 된다. 정체성을 굳건히 하기 위해선 지속적이고 꾸준한 노력이 필요하다.

마빈 바워는 맥킨지앤컴퍼니가 설립된 지 7년 후인 1933년에 기업에 합류했다.[39] 그는 리더 혼자의 힘으로는 기업의 정체성을 만들어나갈 수 없다고 생각했다. 정체성이란 직원 개개인 모두의 행동으로 구현되어야 한다고 믿었다. "우리 기업의 전반적인 인상은 두 가지 원칙으로 결정된다." 1953년 그의 유명한 조직 내부용 메모에 적힌 글이다.

1. 집단의 인상은 구성원 개개인의 인상으로 결정되고

2. 기업의 목표, 주요 정책, 업무 방식은 각 구성원이 기업 활동 과정에서 하는 일, 문서를 작성하는 방식, 언행 등 이 모든 것들의 기준을 제시해야 한다.

그의 메모는 세세한 행동 규범까지 명시하며 맥킨지가 해야 할 일과 하지 않아야 할 일, 기업이 새로운 고객을 유치할 때 명심해야 할 원칙에 대해서도 나열했다.

바워는 자신이 한 말을 실천하는 사람이었다. 그는 미국의 최고 갑부인 하워드 휴즈Howard Hughes의 일을 거절한 적이 있다. 그 이유는 문제 해결을 위해 조직이 변할 만큼 시급해 보이지 않았기 때문이었다. 바워는 한 파트너가 고객을 위해 의미 없는 업무를 지나치게 많이 한다는 이유로 굉장히 유능한 파트너였음에도 그를 해고했다.[40] 컨설턴트에게는 엄격한 복장 기준도 있었다. 한 미팅에서 고객이 컨설턴트의 발목만 바라보는 것을 발견한 후 바워는 다이아몬드 무늬의 양말을 금지하는 메모를 직원들에게 보냈다.

이런 이야기들이 입에서 입으로 전해지며 풍성하고 강력한 조직의 유산을 만들었다. 마빈 바워의 후배이자 전 맥킨지의 회장인 론 다니엘Ron Daniel은 이렇게 말했다. "바워는 기업의 존속이 그 어떤 경제적 이익보다 중요하다고 생각했습니다."[41]

거스 레비는 뛰어난 인재는 어디에도 있다는 신념을 갖고 있었다. 레비의 성격 역시 이런 신념을 반영했다. 〈포브스Forbes〉는 그를 두고 "골드만삭스의 모든 사람들과 분명하고 사무적이며 간결한 관계를 유지"했던 "실용적이고 가식 없는 인물"이라고 평했다.[42]

나무로 된 상자를 만드는 일을 했던 아버지 밑에서 1910년에 태어난 레비는 뉴올리언스에서 자랐다. 레비가 16세가 되던 해 그의 아버지가 돌아가셨고, 18세에 대학교 학비를 댈 수 없던 그는 뉴욕으로 와서[43] 문화예술센터인 나인티세컨드스트릿Y92nd Street Y에서 머물렀다. (그곳을 나올 때 레비는 사람들에게 2달러를 빌렸다. 훗날 그는 문화예술센터 상위 조직의 회장으로 가장 중요한 후원자가 되어 2달러의 채무를 갚고도 남을 은혜를 베풀었다.)[44] 곧 그는 야간 대학을 다니며 한 증권중개회사에서 보조로 일했다.

이후 그는 골드만삭스에 입사해 시니어 파트너의 자리까지 올랐다. 자수성가했지만 자신의 근본을 단 한 번도 잊지 않았던 그는 이러한 가치를 조직의 전통으로 세웠다. 작가이자 전 골드만삭스 부회장인 리사 엔들리크Lisa Endlich는 레비에 대해 이렇게 적었다.

"골드만삭스에서는 MBA 출신을 고용한다는 오랜 전통이 있었지만, 학위가 없던 레비는 직원 채용과 관련해 자신만의 시스템이 있었다. 그는 증권 시장이 개장하기 전 이른 아침에 고등학교 학생들을 사무실로 초대해 브릿지나 포커 게임을 했다. 그는 학생이 가장 자신 있는 게임을 고르게 했다. 레비는 게임을 하며 상대의 심리 상태를 관찰했다. 저 학생은 지금까지 나온 카드를 기억하는가? 위험성을 판단할 줄 아는가? 압박감 속에서 침착하게 행동할 수 있는가? 레비가 중요하게 여기는 자질이었다. 레비는 성공적인 트레이딩에는 대담함, 진실성, 운이 따라야 할 뿐 아니라 능력 역시 중요하다고 믿었다. 골드만삭스의 훌륭한 트레이더들 가운데 수준 높은 고등교육을 받지 않은 사람도 있었지만, 그들은 모두 레비의 시험을 통과한 자들이었다."[45]

조직의 정체성을 만드는 데는 용기가 필요하다. 바워의 경우처럼 기업에 이익이 되는 파트너를 자신의 가치와 맞지 않다고 해고하는 일도, 스파섹처럼 수익을 부풀렸다는 이유로 한 기업을 고발하는 일도 쉽지 않은 일이다. 오길비와 레비가 보여준 넓은 아량도 다른 사람들 눈에는 한심하게 보일 수 있는 행동이다. 하지만 훌륭한 조직문화 건설자들은 정체성을 확립하는 것이 얼마나 중요한지 여러모로 이해하고 있었다.

변화의 시작

프랑스 작가이자 비행조종사인 앙투완 드 생텍쥐페리는 이렇게 말했다. "배를 만들고 싶다면 사람들에게 목재를 가져오게 하고, 할 일을 나눠주고, 일을 시키지 말라. 대신 그들에게 넓고 끝없는 바다에 대한 동경심을 갖게 하라."

정체성은 업무를 소명으로 바꾸는 힘이 있고, 공동의 목표와 행동규범, 유산과 전통으로 조직원을 결속시킨다. 또한 공동의 목적과 즐거움을 느낄 수 있는 힘을 주며, 총 동기 문화를 강화시킨다. 만약 조직의 정체성이 명확하지 않거나 설득력이 없으며 일관되지 않고 신뢰할 수 없다면 시간을 내어 중요한 질문에 답할 때다.

- 기업을, 부서를, 팀을 결합시키고 영감을 불어넣는 목표는 무엇인가?
- 직원들이 항상 가치를 기반으로 의사를 결정하고 문제를 해결하도록 이끌기 위해서는 어떤 행동 규범이 필요한가?

- 조직만이 지닌 정체성을 기념하고 보존하는 데 힘을 실어줄 조직의 유산은 무엇인가? 미래에도 계속 전해져야 할 전통은 무엇인가?

셰익스피어의 작품 속에 나온 글이자 워싱턴 D.C의 국립기록보관소 앞에 새겨진 문구는 “과거는 앞으로 다가올 미래의 프롤로그”라는 말이다.

— 10장 —

직무설계: 플레이 그라운드

모두가 간과한 요소가
가장 강력한 요소다.

어디에나 적용되는 하나의 방식

총 동기에서 가장 강력하지만 쉽게 간과하는 요소는 바로 조직 내에서 한 사람의 업무를 설계하는 일이다. 보통 조직에서는 전술적 성과를 중점에 두고 직무를 설계한다. 조직에는 전략이 있다. 전략을 실행하기 위해 수립 과정을 세우고, 여기서 도출된 과정을 수행하는 데 필요한 직무기술서를 작성한다. 그러나 드물게 총 동기와 적응적 성과를 위한 직무를 만들기도 한다. 직무를 공들여 설계하지 않으면 고성과 조직문화를 만드는 것은 거의 불가능해진다.

롤 크래프팅role crafting*이 처음 소개된 때는 100년도 훨씬 전으로 거

* 직무설계, 즉 조직이 직무를 새로 설계해 직원이 적응적 성과를 내게 하는 것으로 '잡 크래프팅(job crafting)'과 비슷한 의미라 볼 수 있다. — 옮긴이

슬러 올라가 프레드릭 윈슬로 테일러Frederick Winslow Taylor가 작업 효율성에 대한 연구로 이름을 알리던 때다. 수많은 기업이 직무설계를 할 때 종교처럼 따르는 원칙인 '테일러리즘Taylorism'이란 용어를 들어본 적 있을 것이다.

테일러는 하버드대에 입학하기로 되어 있었지만 미래는 학업이 아닌 제조업에 있다고 판단했다. 그는 부유한 가족들의 기대를 저버리고 기계공장의 '초라한' 견습생이 되었다.[1] 자전 작가인 로버트 카니겔Robert Kanigel에 따르면, 테일러는 대학생활을 해야 할 시기에 "반짝반짝 윤이 나는 집의 울타리와 후덥지근하고 더러운 공장 바닥 사이를 오가며 지냈다."

테일러가 견습을 시작한 공장은 체계가 없고, 업무 속도가 느렸으며 비효율적이었다. 그는 노동자들이 더 효율적으로 일할 수 있는 방법이 있을 것이라고 생각했다. 그래서 스톱워치를 들고 각 업무를 수행하는 데 필요한 '단 하나의 최고의 방법one best way'을 파헤치기 시작했다. 그는 어떤 것 하나도 놓치지 않았다.

한번은 삽질의 과학을 시험해 일반 노동자가 21.5파운드의 무게를 들 때 가장 생산적으로 삽질을 한다는 것을 밝혀냈다. 그러나 석탄과 흙처럼 물질이 다르면 밀도 또한 달라졌다. 테일러는 '한 삽'의 무게가 동일하기 위해선 재료에 따라 삽의 모양과 크기가 달라져야 한다고 주장했다. 당시 테일러는 '산업계의 메시아'로 추앙받으며 이름을 떨쳤다. 그는 연구를 통해 직무를 설계하고 효율성을 높이는 '과학적 관리법' 개념을 창안해 대중화시켰다.

문제는 '일반 노동자'의 기준이었다. 그가 주장한 모든 업무 수행에 '단 하나의 최고의 방법'은 한편으로는 사람들이 일하는 방식을 경직시켰다. 노동자들은 다른 방식으로 일하면(즉 적응성을 발휘하면) 처벌을 받았다.[2] 테일러는 높아진 생산성으로 임금 역시 높아지면 모두에게 번영을 가져다주고 신분계층 간의 증오 역시 줄어들 것이라 믿었다. 하지만 테일러 시스템은 노동자들의 거센 저항에 부딪혔다. 노조는 테일러가 "노동자들의 감정을 앗아가고 인간미를 파괴"하며 "숙련된 기술자를 단순 노동자로" 전락시킨다고 주장했다. 매사추세츠 주 워터타운에 위치한 병기창에서 파업이 발생하자 의회에서 테일러 시스템에 대해 특별조사를 실시했다.

직무설계를 과학적 관점으로 바라볼 수 있었던 데는 테일러의 역할이 컸다. 그러나 그는 업무를 수행하는 데 오로지 하나의 방식만 존재한다는 믿음이 위험하다는 것을 몸소 보여주었다. 우리에게 필요한 것은 총 동기 접근법을 활용한 롤 크래프팅이다.

테일러 방식 VS 직무설계*

1970년대 테일러가 사망한 지 50년 이상 지났다. 트래블러스Travelers 보험회사에서는 실제로 단 하나의 최고의 방법만이 존재할 것 같은 업무를 수행하기 위해 100명의 사람을 고용했다. 바로 키 펀칭이다.[3] 아직 컴퓨터가 초기 단계에 머무를 당시, 디스크나 USB 드라이버 대신 구멍이 뚫린 빳빳한 종이 카드로 정보를 읽었다. 수많은 여성들이

* Taylor-made VS tailor-made, '테일러가 창안한 방식' VS '개인에게 딱 맞춤'으로, 발음이 비슷한 언어유희 — 옮긴이

(대다수가 여성이었다) 온 종일 서류를 펀치카드로 옮기는 작업을 했다.

그러나 트래블러스에는 문제가 있었다. 작업하는 사람들의 속도가 지나치게 느렸다. 때문에 최종 기한을 매번 놓쳤고 오류가 잦았다. 아무런 사유 없이 결근하는 사례가 많았고, 특히 공휴일을 앞두고는 더욱 심해졌다. 관리자들은 하루 종일 사건사고와 고객 불만을 처리하고, 무관심과 심지어 노골적인 적개심마저 감당해야 했다.

많은 기업들에는 단순노동직 저임금 근로자들이 있다. 근로자들의 동기에 문제가 있다고 판단되면 보통은 '더 나은' 인재를 채용하거나 보상 제도를 수정하는 방안을 생각한다. 문제가 직무설계에 있다고 생각하는 기업은 거의 없었다. 하지만 트래블러스는 달랐다.

키 펀칭 작업은 7단계의 과정을 따른다.

- **1단계:** 트래블러스의 사업 부서(내부 고객) 중 한 곳에서 서류를 전달받는다.
- **2단계:** 눈에 띄는 오류가 없는지 서류를 검토한다.
- **3단계:** 잘못된 서류는 다시 돌려보낸다.
- **4단계:** 서류를 작업자들에게 나눠주고, 급한 서류는 우선적으로 작업하도록 한다.
- **5단계:** 카드에 구멍을 뚫는 작업을 한다.
- **6단계:** 작업을 마친 후 오류가 있는지 다시 확인하고, 오류가 있는 카드는 수정한다.
- **7단계:** 고객에게 보고한다.

아직도 많은 기업에서는 테일러리즘을 따른다. 전술적 성과를 극대화할 목적으로 기업은 각 업무를 전문가에게 맡기고, 그들은 곧바로 능숙하게 업무를 처리한다. 바로 트래블러스에서 키 펀칭 작업자들이 일하던 방식이었다. 예를 들면 이런 식이다. 내부 고객에게서 서류를 전달받아 검토하는 작업은 '업무 배정 담당자'가 맡는다. 잘못된 서류의 경우 관리자가 다시 돌려보내고, 작업자들은 한 시간 동안 작업해야 할 서류 뭉치를 받는다. 작업을 마친 카드는 여러 '검수자들'이 검토하고 오류를 수정한다.

논리적인 접근 방식이다. 만약 키 펀칭 업무를 위해 기계를 만든다면 각 단계별로 전담 기계를 설계하면 된다. 그러면 '단 하나의 최고의 방법'으로 업무를 수행할 수 있다. 문제는 사람이 기계가 아니라는 데서 비롯된다. 사람은 적응적 성과 행동을 할 수 있지만, 마찬가지로 동기와 의욕을 상실하기도 한다.

예일대 교수인 리처드 해크먼Richard Hackman과 그의 밑에서 박사과정을 공부한 제자이자 훗날 교수가 된[4] 그렉 올드햄Greg Oldham의 롤 크래프팅 이론을 바탕으로 트래블러스는 과실 편향성을 극복할 수 있었다. 기업은 위험을 무릅쓰고, 불친절하고 비생산적이며 때때로 적대적이기까지 한 98명의 키 펀칭 작업자에게 더 많은 책임을 부여하고, 고객과 더 자주 접촉할 수 있게 했으며 감독 관리는 줄였다. 다른 지역에 있는 작업자들은 실험의 대조 그룹으로, 기존의 방식대로 업무를 수행하도록 했다.

새로 설계한 직무 모델에서는 작업자 개개인이 특정 부서를 전담하는 책임자 역할을 담당했다. 이들은 서류를 받는 일부터 펀치 카드의 최종 검수까지 고객과의 상호작용에 모두 관여했다. 작업자는 자신의 스케줄을 짜고 하루 일과를 계획할 수 있었다. 트래블러스는 주간 오류 리포트를 관리자가 아닌 담당 작업자에게 직접 전해주기 시작했다. 새로운 업무 방식을 통해 직원은 다른 사람에게 자신의 잘못을 듣는 게 아니라 자신의 성과를 직접 확인할 수 있었다. 롤 크래프팅 전략은 의심의 여지없이 즐거움과 의미 동기를 창출하는 전형적인 방법이다.

예상할 수 있다시피 새로운 행동양식 역시 등장했다. 직원들은 자신이 담당하고 있는 부서와 관계를 형성하기 시작했다. 이들은 자신의 고객이 자주 저지르는 오류가 무엇인지 누구보다 잘 알게 되었다. 그러다 보니 우선적으로 특정 오류를 체크하고 사전에 수정하는 모습도 보였다. 작업자에게 주어진 새로운 역할로 인해 이들은 적응적 성과 행동을 보였다.

업무에 변화를 준 것만으로 오류 발생률이 대조 그룹에 비해 35%나 낮았다. 무단 결근율 역시 24% 떨어졌다(반면 대조 그룹은 29% 상승했다). 직원들은 직업 만족도 지수가 17%나 오르며, 기존보다 더욱 행복하다고 느끼는 것으로 드러났다. 생산성은 40%나 뛰었다. 기존에는 98명이 해야 했던 업무가 이제 60명의 인원으로 충분했다. 일부 직원들은 담당 고객의 요청으로 승진도 했는데, 기존에는 단 한 번도 없었던 일이었다.

높아진 생산성과 낮아진 결근율, 직원들의 일을 모니터해야 하는 관리 통제 역할이 사라지면서 트래블러스는 많은 비용을 절약할 수 있었다. 관리자는 더 이상 불을 끄러 다니지 않아도 되었다. 대신 관리자 역시 적응적 성과 행동이 높아지며, 작업자들이 업무를 더욱 잘

할 수 있도록 지원하는 프로젝트에 참여했다. 새로 만들어진 직무는 테일러의 규칙에 모두 반하는 것이었다. 키 펀칭 작업을 잘할 수 있는 단 하나의 '효율적'인 방식이 아닌, 조금씩 다른 여러 가지의 방식이 직원과 고객의 성향에 맞게 활용되고 있었다. 트래블러스가 한 일은 직무를 다시 설계하는 것이었다. 그들은 플레이어를 바꾸지 않았다. 다만 게임판을 바꾼 것이다.

키 펀칭은 이미 과거의 직업이지만, 아직도 수많은 직업이 과거의 키 펀칭 업무와 같은 구조로 설계되어 있다. 수백만의 사람들은 엄격히 따라야 하는 규정 속에서 업무의 전체가 아닌 일부만 수행하도록 되어 있다. 몇 시간 후엔 누군가 자신이 한 업무를 낚아채듯 가져가고, 고객이 자신의 일에 만족했는지 알 수 있는 활로는 차단되었다. 자신이 한 업무가 어떤 결과를 가져오는지, 영향력은 무엇인지 알 수 없다면 적응성은 발휘될 수 없다.

롤 크래프팅이라는 용어가 낯설겠지만, 관련 주제에 대해서 이미 방대한 연구가 이뤄졌다.[5] 학회 논문은 훌륭한 직무설계의 중요성에 대해 힘주어 강조하고 있다. 수백 건의 연구를 메타 분석한 결과, 직무설계의 특성은 주관적 성과 변수의 34%, 직무 스트레스의 38%, 직업 만족도의 55%, 직업 피로도의 65%, 직무 몰입의 87%에 관여한다고 드러났다.

우리가 수천 명의 직원을 상대로 진행한 조사에서는 총 동기에서 가장 중요한 요소는 리더십이나 성과관리 제도, 보상 제도가 아닌 직무설계로 밝혀졌다. 또 다른 연구에서는 '새로운 것을 배울 기회가 거의 없는'(즐거움 동기를 느낄 기회가 적은) 직무를 수행하는 사람들이 심장마비에 걸릴 확률이 높다는 결과가 나왔다.[6] 인간은 새로운 것을 배우고 적응하기 위해 진화했다. 생산성에서 인간의 건강까지 모든 것이 여기에 달려 있다.

퍼포먼스 사이클

전술적 성과를 위한 직무를 설계하는 일은 비교적 쉽다. 전략을 실행 과정으로, 과정을 직무기술서로 풀어내는 방법도 알고 있다.

그러나 적응적 성과와 총 동기를 바탕으로 한 직무설계는 훨씬 복잡하다. 전술적 직무설계는 직업에 따라 완전히 달라지지만(간호사의 직무와 컴퓨터 프로그래머의 직무는 완전히 다르다), 적응적 성과를 성취하는 과정은 어떤 직업이나 동일하게 적용될 수 있다. 어떤 직무든 퍼포먼스 사이클performance cycle*의 5단계를 반영해야 한다.

1단계. 영향력의 논리(theory of impact) 우리가 하는 일의 인과관계를 확인할 수 있는가? 우리의 행동이 어떻게 성과를 이끄는지 직접 확인할 수 있는가?

2단계. 자극(inspiration) 우리의 호기심을 자극하고 성과를 향상시킬 수 있는 새로운 아이디어를 불러일으키는가?

3단계. 우선순위와 계획(prioritization and planning) 우리의 아이디어 가운데 어떤 것이 거북이고, 어떤 것이 토끼인지 판단할 시간적 여유

* 적응적 성과를 위한 실행 주기 — 옮긴이

와 도구를 제공하는가?

4단계. 실행(performing) 적응적 성과를 발휘할 수 있는 플레이 그라운드가 형성되어 있는가?

5단계. 성찰(reflection) 우리가 의도한 영향력을 이끌어냈는지 되돌아볼 시간과 방법, 능력을 허용하는가?

1단계. 영향력의 논리

퍼포먼스 사이클은 영향력의 논리로 시작한다. 먼저 1단계인 '영향력의 논리'부터 살펴보자.

전술적 성과와 적응적 성과가 모두 가능한 고성과자가 되기 위해서는 내가 하는 일이 어떤 영향을 끼치는지 알 수 있도록 직무가 설계되어야 한다. 더욱 중요한 것은 직무를 통해 지속적으로 자신만의 논리를 향상시킬 수 있어야 한다는 점이다. 한 영업사원이 경력을 쌓아가며 더 많이 배우고 성장할 때마다 영향력의 논리가 어떻게 달라지는지 살펴보자.

- **논리 1**: 고객과 대화하는 법을 배워 고객들과 소통하며 매출을 창출하겠다.
- **논리 2**: 고객층에 어울리는 주제로 대화하는 방법을 익히고, 고객에게 우리의 상품이 가격 대비 효율이 뛰어나다는 점을 홍보해 매출을 창출하겠다.
- **논리 3**: 우선 나의 고객층을 이해하고, 그들에게 무엇이 효과가 있는지 파악해 매출을 창출하겠다. 그 후 회사의 도움을 받을 수 있다면 고객이 직접 상품을 경험해 회사의 진정성을 체험할 수 있는 방안을 찾겠다. 그 뒤 연구개발 부서에 고객 피드백을 공유해 잠재 매출까지 높일 수 있도록 하겠다.

영업사원이 배우고 성장할 때마다 영향력의 논리 역시 정확하고 예리하게 발전하고 있다. 이 책 역시 우리가 하는 일에 대한 영향력의 논리가 발현된 실체다.

기업가이자 벤처투자자인 벤 호로위츠Ben Horowitz는 자신의 책《하드씽The Hard Thing About Hard Thing》에서 넷스케이프Netscape의 프로덕트 매니지먼트 디렉터로 있던 당시 프로덕트 매니저들에게서 얼마나 큰 좌절감을 느꼈는지에 대해 적었다.[7] 이후 그는 자신이 바라는 팀에 대한 이상을 기술한 '훌륭한 프로덕트 매니저, 나쁜 프로덕트 매니저'라는 짧은 문서를 작성했다. 이 문서는 그의 영향력의 논리였다. 그는 저서에 이렇게 적었다. "그 후에 벌어진 일은 정말 어마어마했다. 가망이 없다고 여긴 프로덕트 매니저들이 효율적으로 변화한 것이다. 곧 나는 회사에서 가장 높은 성과를 자랑하는 팀을 운영하고 있었다."

높은 성과를 달성하려면 어떤 직무든 전술적 성과와 적응적 성과가 필요한 부분을 정의한 영향력의 논리가 반드시 필요하다. 명확한 경계와 정의는 즐거움과 의미 동기를 자극한다. 최상의 시나리오는 잘 고안된 직무설계를 통해 직원이 자신만의 영향력의 논리를 찾을 수 있게 하는 것이다.

트래블러스의 작업자는 고객에게 영향력을 전달하는 모든 과정에 대한 소유권을 갖게 되며, 자신들의 영향력의 논리를 세워나갈 수 있었다. 시간이 흐른 후 그들은 자신의 성과를 향상시키는 방법을 스스로 찾아냈다.

도요타의 조립 라인에서 한 명의 직원에게 자동차 생산의 전 과정에 대한 소유권을 주는 일은 비현실적이다. 그러나 도요타는 모든 공장 직원들의 포지션을 지속적으로 바꿔 직원들이 자동차가 만들어지는 전 과정을 모두 숙지할 수 있도록 했다. 직무 로테이션을 통해 직원들은 조립 라인 내 특정 파트의 성과를 향상시키는 방법을 쉽게 배울 수 있었다. 적응적 성과의 가치를 모른다면 이와 반대되는 업무 방식을 고집할 확률이 높다. 직원 한 명에게 단 하나의 작업만 안배하고 전문가가 되도록 하는 방식이다. 그러나 전체 과정을 보지 못한다면 한눈에 VUCA 상황을 파악하고 해결할 수 없다.

리오넬 바스케즈는 캘리포니아의 노스리지의 홀푸드 마켓에서 맥주 전문가로 일하고 있다.[8] 그의 업무는 맥주 선반을 채우거나 본사에서 온 진열품을 정리하는 일이 아니다. 그는 고객과 대화를 나누고 고객의 선호도를 파악한 후 어떤 맥주를 가게에 들여놓아야 하는지 결정하고, 맥주 회사의 담당자, 특히 구하기 어려운 브랜드의 담당자와 미팅을 하고 매장에서 어떤 상품을 팔아야 하는지 연구한다. 업무 전반에 참여하며 그는 상세한 영향력의 논리를 구축할 수 있었다. 자신의 사업을 운영하는 것처럼 마음껏 실험할 수 있는 환경이 마련된 것이다. "오랫동안 시중에서 구하기 어려운 맥주를 찾고 있는 고객에게 마침내 그 맥주를 구해서 전해드릴 때, 고객의 하루가 저로 인해 행복해졌다고 느낄 때 이 일을 하며 가장 큰 보람을 느낍니다." 리오넬의 말이다.

앞에서 다양한 사례를 소개했지만 공통점은 바로 이것이다. 직원이 업무 전반에 대한 접근이 허락되어 자신이 한 일과 그 일의 결과, 인과관계를 파악할 수 있도록 직무설계가 이루어졌다. 그들은 높은 위치에서 상황을 내려다보며 VUCA 상황이 어떤 문제를 일으키는지, 자신이 무엇을 해야 VUCA를 해결할 수 있는지 한눈에 살펴볼 수 있었다.

2단계. 자극

잘 설계된 직무는 호기심과 즐거움을 자극한다. 또한 직원이 성과를 높이기 위한 자신만의 아이디어를 찾을 수 있게 만든다. 트레이닝 프로그램 역시 영감을 줄 수 있지만, 가장 이상적인 방법은 잘 만들어진 직무를 통해 직원이 일을 하는 과정에서 새로운 아이디어를 얻는 것이다.

도요타의 조립 라인에서는 직원들이 전체 라인의 성과를 실시간 데이터로 확인할 수 있다. 그래서 그들은 그 즉시 문제를 진단하고 해결 방법을 고민한다. 애플은 직원들이 '우연치 않게' 만나 소통할 수 있고, 가급적 대화를 나누며 새로운 아이디어가 떠오를 수 있도록 일터의 공간을 설계했다. 홀푸드의 점원은 새로운 아이디어를 얻기 위해 고객과 소통하고, 경쟁업체에 방문하며 지역 생산자와 만날 수 있는 시간적 여유가 허락된다. 홀푸드는 매장 직원들에게 방대한 양의 자료를 제공하기도 한다.[9] 직원들이 어떻게 VUCA를 해결할지 예상할 수 없다면 그들에게 필요한 데이터가 무엇인지 예측할 수 있을까?

아이디어는 호기심을 자극하고, 호기심은 즐거움 동기를 북돋는다. 영향력의 논리를 갖추고 실험할 새로운 아이디어가 있다면 퍼포먼스 사이클은 자연스럽게 시작된다.

3단계. 우선순위와 계획

'우선순위를 세운다'라고 하면 어떤 일을 먼저 해야 하는지, 혹은 나중에 해도 되는지 결정하는 일이라고 생각한다. 그러나 절반쯤만 맞는 이야기다. 우선순위를 현명하게 세우기 위해서는 어떤 것이 '거북'이고, 어떤 것이 '토끼'인지 구분할 줄 알아야 한다. 거북은 실행에 옮겨지기 전에 전체적인 합의가 이뤄져야 하는 아이디어고, 토끼는 실패하더라도 재빠르게 시도할 수 있는 아이디어를 뜻한다.

고어텍스섬유 회사인 고어앤어소시에이트Gore&Associates에는 '워터라인waterline'이라는 원칙이 있다. 이 회사에서는 기업은 바다에 떠 있는 배와 같다고 직원들에게 가르친다. 직원들이 실탄을 만지다가 실수로 배의 워터라인 위에 구멍을 냈다면 큰일이 아니다. 그러나 워터라인 아래에 손상을 입힌다면 배는 침몰하고 만다. 기업은 직원들이 언제 워터라인 위인지 혹은 아래인지를 가르치기 위해 노력한다.

리츠 칼튼Ritz-Carlton에는 고객 응대에 대한 높은 기준이 있다. 그럼에도 세련된 방식으로 직원들이 토끼와 거북을 구분해 일하도록 돕는다. 하우스키퍼에서 바텐더까지 호텔의 모든 직원에게는 필요한 때 고객을 위해 쓸 수 있는 예산이 있다. 두바이 리츠 칼튼의 한 웨이터는 남성 손님이 휠체어를 탄 아내에게 바닷가에서 함께 시간을 보낸다면 근사할 것 같다고 하는 이야기를 들었다. 웨이터는 부부가 바닷가에서 저녁식사를 할 수 있도록 나무 통로를 짓는 데 자신의 예산을 사용했다.[10] 이 직원에게는 실험할 수 있는 권리가 있었다. 뿐만 아니라 그는 자신의 실험에 대한 결과와 어떤 서비스가 고객에게 특별함을 선사하는지 알 수 있었다.

대다수의 기업에는 직원들이 자신의 워터라인을 모르는 경우가 많다. 그 결과 직원들은 자신의 아이디어를 어느 것도 실행해볼 기회가 없다. 훌륭한 직무설계란 직원들의 워터라인을 명확히 하고, 워터라인의 기준을 점점 낮춰 직원들에게 자율성을 부과하는 데 있다.

4단계. 실행

저자인 닐이 운전을 배울 때, 그의 아버지는 가족 세단에 그를 태워 뉴욕 시의 도로와 고속도로로 데리고 나갔다. 닐은 도로 위에서 규칙을 지켜야 한다는 사실을 잘 알고 있었다. 때에 따라서 그들은 아무런 규칙이 없는 빈 주차장에 차를 세웠다. 그곳에서 코너를 도는 법을 연습하고 브레이크 감각을 익혔다. 그곳은 닐의 플레이 그라운드play ground였고, 플레이 그라운드 안에서는 더 빨리 배우고 익히게 된다. 이 짧은 이야기에는 어느 곳이 플레이 그라운드이고, 어느 곳이 아닌지 명확하게 나타났다. 하지만 조직에서는 그렇지 않다.

많은 기업들이 직원들에게 '해서는 안 되는 일'을 가르치는 데 지나치게 많은 시간을 허비한다. 극단적인 경우라면 직원들은 업무 전반에 정해진 대본과 순서를 엄격히 따라야 할 수도 있다. 모두 전술적 성과를 높이기 위한 기업의 선택이다. 직원들은 자신이 새로운 아이디어와 새로운 업무 방식을 시도할 플레이 그라운드가 없다고 느낀다. 어떤 직업이든 반드시 따라야 할 정책과 전략이 있다. 그럼에도 공들여 설계된 직무라면 직원들이 실험하고 배울 수 있는 여지가 있어야 한다. 우리는 이곳을 '플레이 그라운드'라고 부른다.

플레이 그라운드를 만들기 위해서는 먼저 높은 성과를 만들기 위해 적응성이 필요한 부분이 어디인지 파악해야 한다. VUCA가 가장 자주 눈에 띄게 나타나는 곳은 어디인가? 경쟁사가 가장 활발하게 활동하는 분야, 품질이 가장 중요한 분야, 빠르게 변화해야 하는 분야, 고객 차별성이 필수적인 분야가 플레이 그라운드가 될 수 있다.

도요타의 조립 라인에서의 심각한 VUCA 상황은 제조 결함으로 이어진다. 공장 라인 직원들의 플레이 그라운드는 조립 공정 및 도구를 개선할 방법을 찾는 과정이나 품질 문제를 근본적으로 해결하는 과정이 된다. 도요타는 직원들의 업무에서 필요한 부분에 정확히 플레이 그라운드를 설정하기 위해 부단히 노력했다. 한 예로 도요타는 조립 라인의 매 스테이션마다 안돈 코드andon cord를 설치했다. 직원이 품질 개선에 대한 좋은 아이디어가 있을 때 안돈 코드를 당기면, 관리자가 즉시 직원에게 가서 아이디어를 실행해보는 식이다.

스타벅스에서 바리스타가 트리플 그란데 소이라떼를 제조하는 방식은 어느 지점이나 같아야 한다. 그러나 고객을 응대하는 방법, 늘 발생하는 문제나 사고에 대처하는 방법은 더 좋은 대응 방식을 찾기 위해 실험할 수 있는 지점만의 플레이 그라운드로 남겨둔다.

소프트웨어 개발자들은 항상 변화하는 비즈니스 요구 사항과 새로운 기술의 등장, 심지어 새로운 버그의 출현으로 항상 중대한 VUCA 상황에 맞닥뜨린다. 소프트웨어의 기능을 개발하고 만드는 전 과정이 개발자의 플레이 그라운드가 된다. (관련 사항은 이 장의 후반부에서 다시 다룰 예정이다.)

홀푸드에서는 지역 생산자가 재배한 최상의 유기농 식품을 공급받는 일 자체가 거대한 VUCA 상황이다. 계절에 따라 제철 식품과 고객의 선호는 변한다. 따라서 상품을 고르고 선택하는 과정이 홀푸드 점원들의 플레이 그라운드다.

플레이 그라운드는 탁구 테이블이 있는 휴게실을 의미하는 것이 아니다. 직원들이 자신의 직무에서 특정 업무를 수행할 때 마음껏 실험할 자유가 있고, 만약 실패하더라도 그 과정에서 무언가를 배웠다면 괜찮다는 명료한 가이드라인을 설정해주는 것이다.

우리는 오랫동안 고성과 조직문화를 구축하려면 직원들에게 자율성을 주는 것이 무엇보다 중요하다고 생각했다. 많은 조직은 직원들에게 '원하는 시간'에 일할 수 있는 자유(근무시간 자유 선택제)와 '원하는 장소'에서 일할 수 있는 자유(근무지 자유 선택제)를 허용하는 데 힘써왔다.

그러나 우리는 시간과 장소에 대한 자유는 적응적 성과를 이끄는 요소가 아님을 알게 되었다. 우리는 자체 실험을 통해 장소나 시간이 아닌 업무를 수행하는 방식에 탄력성이 허용되는 정도가 중요한 열쇠임을 깨달았다. 업무를 자율적으로 수행하는 직원들의 경우 평균 총 동기 지수가 그렇지 않은 직원들에 비해 40점이나 높게 나타났다. 반면 장소와 시간은 총 동기 지수의 바늘을 움직일 수 없었다.

5단계. 성찰

결과를 확인할 수 없는 실험은 실험이 아니다. 기업의 목표는 그 목표를 달성했을 때의 영향력을 직원이 확인할 수 있을 때 의미가 더 깊어진다. 그러려면 자신의 업무를 되돌아볼 수 있도록 직무가 설계되어야 한다. 성찰을 통해 자신이 수행한 일이 예상한 만큼의 영향력을 발휘했는지 확인할 수 있어야 한다.

키 펀칭 작업자의 경우 자신의 업무에 대한 품질 보고서와 생산성 보고서를 보고, 자신이 한 일이 고객에게 어떤 영향을 미쳤는지 직접 확인할 수 있었다. 자신의 눈으로 직접 결과를 확인한 작업자는 총 동기가 상승했고, 이에 따라 적응적 성과 역시 높아졌다.[11]

도요타의 조립 라인에서 직원이 품질 개선에 대한 아이디어가 떠오르면 관리자는 최대한 빨리, 보통은 하루 이내에 직원의 아이디어를 테스트해본다. 직원들은 적응적 성과에 대한 결과를 즉시 확인할 수 있다. 도요타는 이 시스템을 '한세이[hansei]'*라고 부른다. 한세이란 무엇이 개선되었어야 하는지 되돌아보고 평가하는 것이다.

홀푸드 마켓 매장에서 상품을 복도에 놓을지, 선반에 놓을지 결정하는 상품 진열 담당자에게는 자신의 선택이 얼마나 효과적이었는지를 볼 수 있는 자료가 있다. 더욱이 이들은 실제로 물건을 구매하는 고객과 교류하며 고객들의 평가를 직접 경험할 수 있다.

성찰은 즐거움 동기 외에도 직원들에게 의미 동기를 부여하는 데 큰 역할을 한다. 우리가 유럽의 비즈니스 리더들을 상대로 총 동기 이론에 대한 프레젠테이션을 막 끝냈을 때, UCB 제약회사의 부사장이자 최고인재책임자인 파브리스 앙데랑[Fabrice Enderline]이 다가와 성찰을 통해 조직에 의미 동기를 다시 불러일으켰던 이야기를 해주었다.

"제약회사 세 곳에서 일하며 업계에 25년 머무는 동안 수천 명의 의료진을 만났습니다. 업계에서 유명한 사람들은 모두 만나봤다고

* 일본어로 '성찰'이라는 의미 ― 옮긴이

해도 과언이 아닙니다. 또한 규제 기관의 담당자들과도 많은 시간을 보냈습니다. 그럼에도 환자는 단 한 명도 만나지 못했죠. 단 한 명도요. 우리 회사가 하는 일로 실제 도움을 받은 환자들의 이야기를 한 번도 접하지 못했습니다.

UCB에서 일한 10년 이상의 시간 동안 환자를 가장 중요하게 생각하며 일했습니다. 우리는 외부에서 3일간 진행되는 리더십 프로그램에 환자들을 초대했습니다. 브레이크 아웃 세션 동안 마케팅 팀원들은 자사의 제품을 사용하는 사람을 두고 '클라이언트', '고객', '환우' 가운데 어떤 명칭으로 부를 것인지 토론하고 있었어요. 환자 한 명이 손을 들고 말했습니다. '우리를 어떻게 부르든 상관없습니다. 다만 우리 병을 낫게 할, 우리가 살 수 있는 약을 서둘러 만들어주길 바랍니다.' 이제는 기업 미팅에 환자들이 참석하는 것이 일반적입니다."

조직의 일과에 환자가 함께하는 것은 UCB 직원들이 직무에 몰입하는 데 강력한 원동력이 되었다. 지난 몇 년 동안 UCB 소속이라는 점이 자랑스럽다고 응답한 사람은 80%에 육박했다. "우리의 목표는 분명합니다. 환자, 환자를 위한다는 것입니다." 앙데랑이 전했다.

성찰은 우리를 초심으로 데려간다. 우리는 성찰을 통해 배우고 느낀 점을 토대로 영향력의 논리를 개선한다. 그러면 사이클은 다시 새롭게 시작된다. 어떤 일이든 직무를 설계할 때 이 사이클이 포함되어야 한다. 가장 좋은 것은 직무에서 퍼포먼스 사이클이 가능한 짧고 실용적으로 설계되는 것이다.

총 동기 지수는 조직문화의 강점을 파악할 수 있는 하나의 명확한 수치를 제공하기 때문에 우리는 총 동기를 통해 직무설계 상황을 파악할 수 있다. 직무설계에 고려된 각각의 요소를 총 동기와 연관시켜 살펴보면 직무설계에서 가장 중요한 요소가 무엇인지 드러난다. 다양한 직군에 속한 수많은 사람들의 총 동기를 분석한 결과 아래와 같은 결과를 얻었다.

- 직무설계에서 실험이 가능한 경우 총 동기는 68점 상승했다.
- 직무설계에서 배움의 기회가 마련된 경우 총 동기는 역시 68점 상승했다.
- 직무설계에서 목적의식을 느낄 수 있는 경우 총 동기는 64점 상승했다.
- 직무설계에서 혼자 일하지 않아도 되는 경우 총 동기는 36점 상승했다.

롤 크래프팅이 가져온 변화

다음에 소개하는 한 남자의 이야기는 롤 크래프팅이 무엇인지 보여주는 완벽한 사례다. 존은 영화에나 나올 법한 일급기밀 업무를 수행하는 일을 했다. 그는 국가정보부대 소속으로 테러리스트의 공격과 국제적 재난 발생을 막기 위해 세계의 지정학적 관계를 추적하는 업무를 맡았다. 중요하고 위험한 일인 만큼 모든 조직원이 의욕적이고 동기감이 높을 것이라고 생각했다. 그러나 존의 생각은 틀렸다.

업무 첫날, 존은 자신이 기술자 10명을 관리해야 한다는 사실을 알았다. 기술자들은 하루 8시간 밀실에 앉아 기관의 시스템을 모니터링하다가 기술적 이상이 감지되면 그중 한 명이 고치는 식이었다. 일상적이고 지루한 업무였다.

존의 전임자는 그에게 행운을 빈다고 했다. 전임자의 말에 따르면,

기술자들이 거짓으로 병가를 자주 낸다고 했다. 다른 부서의 직원들이 밤늦게까지 일하는 것에 비해 이들은 오전 9시부터 오후 5시까지 근무 시간을 정확히 지켰다. 자기 할 일을 마치지 않는 직원들이 태반이었다. 여러 면에서 이들은 현대판 키 펀칭 작업자와 같았다.

전임자는 존에게 직원을 일제히 해고하고 더 나은 사람을 뽑아 팀을 꾸리라고 조언했다. 그러나 존은 전임자의 시각에 과실 편향성이 깔려 있음을 느꼈고, 기술자들의 직무를 새로 설계하기로 마음먹었다. 당시 총 동기에 대해서 몰랐지만, 그의 직관은 총 동기의 과학적 해결책을 본능적으로 떠올렸던 것이다.

존은 가장 먼저 8시간의 근무 시간을 손보기로 했다. 전임자는 "아이를 지켜보듯 하루 종일 시스템을 지켜봐야 하는 이런 베이비시터 같은 일은 지루하고 미래도 없어요"라고 말했다. 업무 시간은 직원들이 8시간 근무한 다음에는 업무에 관여하지 않고 쉴 수 있도록 되어 있었다.

그러나 존은 기술 시스템 관리를 위해 하루 사이에도 간격을 두고 4시간씩 2차례 근무로 변경했다. 시스템을 정비하는 시간에 직원들이 더 많은 일을 하길 바랐던 것이다. 그래서 존은 직원들에게 버그 해결이나 다른 기관과의 공동 작업을 더욱 원활하게 할 수 있는 시스템을 만드는 등 새로운 프로젝트를 주었다. 프로젝트를 통해 기술자들은 자신이 가장 즐거워하는 일인 컴퓨터 시스템을 재설계하고 실험하며 문제를 해결하는 업무를 수행할 수 있었다. 기술자들은 처음으로 플레이 그라운드를 가질 수 있게 된 것이다.

기술자들은 자신들의 업무가 조직에 공헌하는 바가 크지 않다고 느꼈다. 시스템 하나가 중단된다고 얼마나 큰 일이 벌어지겠는가? 수리하는 동안 다른 시스템을 사용하면 될 일이었다. 존은 직원들이 자신만의 영향력의 논리를 개발해 성과 향상을 위한 아이디어를 고민하고, 그 아이디어가 실제로 어떤 결과로 이어졌는지 성찰할 수 있길 바랐다.

임무통제실은 실제 위험상황이 보고되고, 긴급 정보를 요청하는 전화가 밀려들며 실시간으로 결정이 이뤄지는 장소였다. 존은 직원들의 업무 장소를 밀실에서 임무통제실로 옮겼다. 그런 다음 자신의 팀이 취합한 정보를 바탕으로 전략을 개발하는 정보기관과의 미팅에 기술자들을 동반하고, 기관에는 자신의 팀이 전달한 데이터의 역할에 대한 피드백을 전해줄 것을 요청했다. 마지막으로 존은 상사를 포함한 조직 내 모든 직원들에게 주 1회 메일을 보내 기술자들이 진행하는 프로젝트가 얼마나 중요한지를 설명했다.

존은 팀원들이 하는 업무가 팀원 개인에게도 의미 있는 일이길 바랐다. 그래서 특별 프로젝트를 통해 기술자들의 경력에 도움이 될 만한 능력과 기술을 개발하도록 장려했다. 과거에는 기술자를 관리하는 자리에 엘리트 직원을 채용했지만, 존은 기술자들 가운데 한 명을 뽑아 그룹 관리를 맡겼다. 존이 이끌어낸 모든 변화는 팀원들의 성장 동기를 자극했다. 또한 정서적 압박감을 낮추기 위해 모든 기술자들에게 멘토를 지정해 그들이 관심과 도움, 격려를 받고 있음을 느끼게 했다.

기술자들이 자신의 일에서 즐거움을 찾고 업무의 영향력에 대해 알 수 있게 되자, 거짓 병가가 사라지고 업무 시간이 늘어났다. 과거의 상사는 간접동기 전략의 일환으로 소리를 치거나 최악의 성과 보고서를 주었지만, 더 이상은 그런 전략이 필요치 않았다. 기술자들과 다른 팀 사이에 있었던 마찰 역시 과거의 일이 되었다.

어느 늦은 오후 존은 한 팀원의 대화를 들으며 자신이 이끈 변화가 성공했음을 깨달았다. 직원 한 명이 또 다른 기술자에게 같이 TV를 보자고 초대하자, 그는 "안 돼. 이 프로젝트를 마쳐야 한다고. 중요한 일이야"라고 대답했다. 그리고 그의 말은 옳았다. 그들이 진행하는 프로젝트 대부분은 중요한 의미가 있었다. 어떤 프로젝트는 판도를 바꿀 만큼 매우 중요했다. 또 다른 기술자 한 명은 이미 작동을 멈춘 오래된 구형 컴퓨터를 고쳐 새로운 정보의 출처로 활용하기 위해 생명을 불어넣고 있었다.

애자일 방법으로 변화된 조직

다행히 존은 한 팀의 직무를 재설계하는 데만 집중하면 되었다. 그러나 가끔은 조직 전체의 직무를 다시 설계해야 하는 경우도 있다.

1999년 소프트웨어 스타트업 기업인 세일즈포스닷컴Salesforce.com은 소프트웨어를 서비스처럼 제공하면 거대 기업이 포진해 있는 IT업계에서 승산이 있을 것이라고 생각했다.[12] 그러려면 속도와 민첩성이 중요했다. 대다수의 경쟁사가 소프트웨어를 1년에 1회 업데이트하는 데 반해, 세일즈포스닷컴은 연 4회 업데이트를 제공했다.[13] 회사는 빠르게 성장했다.

그러나 창립 7년 후 조직은 경직되기 시작했다. 2006년에는 단 한 차례의 업데이트만 제공했다. 심각한 서비스 장애로 고객들은 계정을 사용할 수 없게 되었고, 기업의 핵심 엔지니어는 조직이 종말을 향해 달려가고 있다는 내용의 연설을 끝으로 회사를 떠났다. 각자 서로를 상대로 과실 편향성이 시작되었다.

당시 세일즈포스닷컴의 소프트웨어 개발 사업은 공장 조립 라인처럼 운영되었다. 한 팀은 고객을 만나 고객의 요구를 파악했고, 다른 팀은 소프트웨어의 윤곽을 그렸다. 코드를 작성하는 팀, 코드를 검사하는 팀, 이를 문서화하는 팀이 모두 달랐다. 그러다 보니 여러 부서 간의 일을 조정하는 과정은 매우 고통스러웠다. 마지막 순간에 변동 사항이 발생할 때는 그야말로 재난 현장이나 다름없었다.

당시 프로덕트 매니저였던 스티브 그린Steeve Greene은 직원들이 서로에게 화내고 비난하는 모습을 목격했다. 그러나 그린은 과실 편향성에서 벗어나 현실을 바라보았다. "시스템의 잘못이지 직원의 잘못이 아닙니다. 직원에게 실수를 줄이고 일을 더 잘하라고 압박하기보다는 시스템을 고쳐야 합니다." 그린은 우리에게 이렇게 말했다.

세일즈포스닷컴은 마지막에 추가로 변동 사항이 발생하지 않도록 소프트웨어 설계에 수정을 금지했다. 또한 모든 직원에게 향후 6개월간의 목표 계획에 대해 미리 보고하도록 하고, 추후 그에 대한 책임을 물었다. 그러나 그 어떤 방법도 통하지 않았다고 그린은 말했다. 소프트웨어 설계를 처음 정한 그대로 고수하기에는 업계의 변화 속도가 너무 빨랐고, 일을 진행하며 난관에 봉착하기 전까지는 어떠한 어려움이 눈앞에 있을지 예상하기 어려웠다. 전술적 성과의 명목으로 적응적 성과를 파괴한 전략은 결국 실패하고 말았다. 빠른 변화와 변수에 익숙한 소프트웨어 업계임에도 불구하고 VUCA 상황은 당황스럽기 마찬가지였다.

그린은 입사한 지 고작 1년밖에 안 되는 사람이 시도하기에는 상당히 대담한 행동을 취했다. 동료인 크리스 프라이Chris Fry와 함께 세일즈포스닷컴의 공동 설립자 중 한 명인 파커 해리스Parker Harris를 찾아가 소프트웨어 개발에 애자일Agile * 방법을 접목해 조직 전체의 개혁을 단행하자고 제안했다.

2001년 17명의 소프트웨어 개발자가 유타 스노우버드 리조트에 모여 애자일 방법론을 발표했다. 그들은 소프트웨어 개발 업무에서 점점 적응적 성과를 성취하기 어렵게 되자 낙담했다. 잘못된 프로세스가 업무를 장악하고 있었기 때문이다. 그들은 온라인상에 환하게 빛나는 화이트보드 앞에서 미팅을 하는 개발자들의 이미지와 함께 '애자일 선언문'을 게시했다.[14] 첨부된 사진은 고등학교 역사책 속에 미국 독립선언문을 작성하는 건국의 아버지들**의 모습과 흡사했다. 혁신적인 업무 방식이 소프트웨어 엔지니어들에게 공표되었다.

이후 소프트웨어 개발은 자율관리 팀에서 진행되었다. 소프트웨어 개발 프로젝트는 "의욕적인 개인이 모여 팀을 이루어 진행된다. 개발자들이 필요한 환경과 지원을 제공하고, 잘 마칠 수 있도록 끝까지 신뢰해야 한다"라는 식이었다.[15] 그들은 총 동기와 적응적 성과를 높

* 소프트웨어 개발 방법의 하나로, 개발 대상을 다수의 작은 기능으로 분할해 하나의 기능을 하나의 반복 주기 내에 개발하는 개발 방법을 말한다. 하나의 반복 기간은 프로젝트마다 다르지만 일반적으로 1주에서 4주 정도인 경우가 많고, 이 반복 주기를 계속해나가며 하나씩 기능을 추가 개발하는 것이다. — 옮긴이

** 미합중국 헌법 제정자들 — 옮긴이

이고자 자신의 직무를 새롭게 설계한 것이다.

그린의 생각은 세일즈포스닷컴을 작은 독립적 그룹으로 나눠 새로운 방법을 시도해보자는 것이었다. 그는 자신의 아이디어가 조직 전체의 합의가 필요한 '거북' 아이디어라고 생각했다. 기업이 새로운 접근법을 바로 적용해 조직을 와해시킬 위험을 무릅쓸 거라고는 생각하지 않았기 때문이다. 그러나 해리스의 생각은 달랐다. 조직은 이미 무너졌고, 조직에는 '빅뱅'이 필요했다. 해리스는 '토끼'를 원했다.

3개월 만에 모든 엔지니어링 부서는 애자일 팀으로 거듭났다.[16] 18개월 동안 조직은 모든 프로세스를 새로 만들었다. 과거의 조립 라인과 비슷했던 모델은 해체되었고, 플레이 그라운드가 들어섰다. 프로덕트 매니저가 각 엔지니어 그룹에 일을 분배하는 대신 프로덕트 매니저, 디자이너, 엔지니어, 품질 보증 담당자는 물론 소프트웨어 개발 전반에 필요한 인력이 모두 포함되어 10명가량이 한 팀을 이루었다. 애자일 원칙이자 선언문에 명시된 것처럼 서로 얼굴을 보고 의견을 교류하는 것이 가장 효과적인 의사소통이라는 방침 아래 팀원은 모두 한 장소에 모여 많은 시간을 함께 보냈다. 불필요한 중간 과정이 모두 제거된 엔드 투 엔드end-to-end 접근법을 통해 업무와 프로젝트에 대한 영향력 논리가 개발 주기에 맞춰 반복될 수 있었다.

팀은 2주에서 4주간의 '스프린트sprint'라는 짧은 주기의 프로세스로 운영되었다. 스프린트는 시작 단계에서 소프트웨어의 기능을 구상하고 개발 계획을 세운다. 그리고 팀의 모든 직원들은 무엇을 어떻게 만들어나갈지 결정하는 과정에서 실험과 놀이를 할 수 있는 많은 기회를 누릴 수 있었다. 스프린트의 막바지에는 고객에게 선보일 최종

제품이 완성되었다.

프로젝트는 이제 사무실 한편에서 방치된 채로, 엔지니어가 다른 프로젝트를 마칠 때까지 기다리지 않아도 되었다. 그 결과 팀은 업무의 영향력을 바로 확인할 수 있게 되었다. 스프린트의 짧은 주기로 인해 직원들은 몇 번이나 업무의 영향력을 성찰할 기회를 얻었고, 과거에는 수개월이 걸리던 퍼포먼스 사이클 역시 기간이 단축되었다.

애자일 방법론은 소프트웨어 개발자들의 총 동기를 상승시켰다. 직원들이 영향력의 논리를 만들어나가고 실시간 조정이 가능해지자, 즐거움과 의미 동기가 높아졌다. 프로덕트 매니저의 경우 제품 설계 및 제작 과정에서 자신이 팀원들에게 어떤 영향을 주는지 확인할 수 있었고, 팀원들의 피드백을 바탕으로 의견을 조정했다. 전체 팀원은 몇 주에 한 번씩 고객의 피드백을 받았다. 하나의 스프린트가 끝날 때마다 이들은 두 번의 평가 혹은 성찰의 시간을 가졌다. 한 번은 제작한 소프트웨어에 대해, 또 한 번은 제작 과정에 대해서. 그들은 함께 일하는 과정조차 지속적으로 개선해나간 것이다.

매니저의 부재로 간접동기는 크게 낮아졌다. 직원 한 명은 팀이 애자일 원칙을 잘 따르는지 살피고, 진행 과정에서 발생하는 걸림돌을 제거하는 역할을 맡았다. 타성 역시 낮아졌는데, 누군가 걸림돌을 제거해서가 아니라 수백, 수천 명의 전 직원이 일하는 것보다 10명의 팀이 프로젝트를 진행하는 것이 훨씬 수월했기 때문이다.

그린은 조직이 이러한 변화를 겪은 때를 두고 "가장 위험했던 한 해"라고 표현했다.[17] 오랜 기간 동안 이러한 변화가 성공적일지 확신할 수 없었기 때문이다. 직원들의 설문조사 결과 불평이 속출했다.

누군가는 "우리가 세일즈포스닷컴에 대해 이야기를 나누고 회사를 위해 업무를 하는 시간보다 애자일이 정확히 어떻게 돌아가는 건지 파악하기 위해 이야기를 나누는 시간이 훨씬 많습니다"[18]라고 적었다. 또 다른 사람은 "애자일은 말도 안 되는 시스템"이라고 했다.

애자일 팀이 진행 상황을 공유하기 위해 하는 15분의 미팅에 대해서도 반발이 거셌다. "많은 직원들이 '그냥 메일로 하면 안 됩니까?' 라고 물었습니다." 그린은 당시 상황을 떠올리며 말했다. 그러나 직원들은 점차 새로운 방식에 적응하기 시작했다. "일일 미팅은 결국 애자일 방법론에서 가장 핵심적인 요소가 되었습니다." "미팅을 통해 직원들의 주인의식을 높일 수 있었고" 공동의 목표를 향해 팀을 결속시킬 수 있었다. "무슨 일이 벌어지고 있는지 모두 알게 되고, 문제나 어려움이 발생하면 바로 해결할 수 있게 되었습니다."

2007년 말 결국 결과가 나왔다. 새로운 소프트웨어를 출시하는 데 걸리는 평균 기간은 61%나 향상되었다.[19] 또 약속된 기한을 잘 지키게 되었다. 애자일을 다른 사람에게 추천하겠다고 응답한 비율은 전체 직원의 94%나 되었다. 하나의 안건을 두고 이렇게 높은 지지율을 보이는 현상은 상당히 놀라울 뿐 아니라 심지어 비정상적이기까지 하다. 애자일 소프트웨어 개발 방법은 실리콘밸리를 휩쓸었고, 애자일을 적용한 기업들의 경우 생산성이 200%에서 최대 400%까지 상승했다.[20]

한 사람의 업무 방식을 바꾸는 것만으로는 충분하지 않은 경우도 있다. 직원들이 함께 일하는 방식 전체를 바꾸어야 한다.

변화의 시작

경영 컨설턴트, 컴퓨터 프로그래머, 바리스타, 식료품 점원, 자동차 생산 라인 근로자 등 직종에 관계없이 신중한 직무설계야말로 총 동기와 적응적 성과를 높일 수 있는 단 하나의, 그리고 가장 효과적인 방법이다. 그러기 위해선 직무 그 자체에 퍼포먼스 사이클이 내재될 수 있도록 설계해야 한다. 직무설계를 도와줄 간단한 체크리스트를 소개한다.

영향력의 논리

- ▫ VUCA 상황에서의 인과관계와 자신의 적응적 성과를 직접 확인할 수 있도록 직무에서 불필요한 과정이 모두 제거되었는가?

자극

- ▫ 직무 내 새로운 아이디어를 얻을 수 있는 계기와 다양한 방식으로 업무를 처리할 여유가 있는가?

우선순위와 계획

- ▫ 직무에서 바로 실행해야 할 아이디어(토끼)와 사람들의 합의가 필요한 아이디어(거북)를 판단할 수 있는가?

실행

- ▫ 언제 전술적 성과가 필요하고, 언제 적응적 성과가 필요한지 직무가 명확히 기술하고 있는가?
- ▫ 적응적 성과 영역 — 플레이 그라운드 — 은 직무에서 발생하는 VUCA 상황을 해결할 수 있도록 설계되었는가?

성찰

- □ 직무가 당신에게 성찰할 여유를 허락하는가?
- □ 직무가 당신의 성과와 영향을 확실하게 볼 수 있도록 하는가?

직무를 설계할 때 이 질문들을 대입해 솔직하게 대답한다면, 총 동기를 자극하고 최고 수준의 성과를 달성하는 직무를 만들 수 있다. 테일러리즘은 이미 지난날의 이야기다. 지금 시대에서는 직원들이 자신만의 방식으로 일할 때 가장 성과가 높다.

— 11장 —

경력 경로: 천 개의 경력 사다리

생존을 두고 직원들끼리 싸우느냐, 승리를 위해 경쟁사와 싸우느냐는 조직문화에 달려 있다.

조직에서 가장 강력한 간접동기는 '돈'이라고 생각하기 쉽다. 그렇다면 승진으로 얻게 되는 명예는 어떤가? 또한 승진하지 못했을 때 느끼는 압박감과 두려움은 어떤가? 승진 대상자로 혹은 해고 대상자로 지명되었을 때 우리는 상당히 높은 수준의 정서적, 경제적 압박감을 경험한다.

총 동기가 없던 시절에는 압박감이 좋은 요인이라고 말하는 사람들이 있었다. 경력 경로career paths는 직원들이 승진을 두고 경쟁하는 토너먼트 방식으로 설계되어야 한다는 것이 이들의 주장이었다.[1] CEO의 연봉처럼 토너먼트의 포상이 클수록 사람들은 더욱 열심히 싸울 것이다. 그러나 압박감과 간접동기가 높아지면 직원들은 진정 싸워야 할 상대를 잊은 채 서로 경쟁하기 시작한다. 총 동기는 소멸되고 '코브라 농장'은 기업의 일상이 되는 것이다.

기존의 승진 시스템에서 발생하는 또 다른 결과는 바로 '피터의 원리Peter Principle'다. 피터의 원리란 조직에서 적임자를 선택할 때 그 직책에서 요구되는 직무수행 능력보다는 지금까지 보여온 실적의 보상으로 승진이 된다는 이론이다.[2] 그렇다 보니 업무 성과가 부족한 직원은 더 이상의 승진이 어렵고, 반대로 업무 성과가 좋은 직원은 직무수행 능력과 부합하지 않는 고위직으로 승진하게 된다. 뛰어난 엔지니어는 성과가 가장 높다는 이유로 매니저가 된다. 어쩌면 이 엔지니어는 자신이 사랑하는 일을 떠나 좋아하지도 잘하지도 않는 업무를 맡게 될 수도 있다. 피터의 논리를 극단적으로 해석하자면, 결국 조직의 관리자는 모두 무능력자로 채워진다고 볼 수 있다.

총 동기 조직문화에서는 직원들이 사력을 다해 싸워야 하는 토너먼트가 아닌 직원의 능력을 인정하고 성공을 돕는 다양한 방법을 제공해야 한다. 단 하나밖에 없는 좁은 문에 직원들을 통과시키는 것보다 직원들이 오를 수 있는 다양한 경력 사다리thousand ladders를 만들어야 한다.

열심히 말고 똑똑하게 일하라

모두가 하나의 포상을 위해 필사적으로 노력할 때 상식적으로 이해하기 힘든 일이 벌어진다.

보스턴 연방준비은행의 선임 연구원으로 재직 중인 아낫 브라차Anat Bracha는 예일대에서 박사과정을 하던 때와 텔 아비브 대학의 조교로 일할 당시 사람들에게 이해하기 힘든 성향을 발견했다.[3] 논문 발표와 종신 재직권을 둘러싼 경쟁은 치열했다. 교수들은 누구보다 열심히 매달렸다. 하지만 그는 교수들이 정말 중요한 주제를 연구하고 있는지 궁금했다. "많은 사람들이 노력이란 개념을 1차원적으로 생각합니다. 노력한 만큼 결과가 나올 거라고 생각하는 것 같아요." 브라차가 설명했다. 그러나 정말 노력의 정도와 결과는 비례할까?

"예를 들면 보통 대학원생들이 쓰는 논문은 두 종류입니다. 하나는 학계에서 주목받고 있는 아이디어에 문제를 제기하거나 새로운 관점을 제시하는 거죠. 이런 논문은 어렵습니다. 창의성이 필요하고 위험하기도 하죠. 다른 하나는 현존하는 지식을 약간 개선하거나 수정해서 논문을 작성하는 건데, 이런 논문이 통과될 확률이 훨씬 높습니다. 첫 번째 논문의 경우 진정한 의미의 혁신이죠. 하지만 논문이 중대한 발견으로 연결되지 않으면 교수 자리를 얻기 어려울 수 있습니다." 브라차가 전했다. 그렇다면 종신 재직권을 향한 경쟁 때문에 똑똑한 사람들이 안전한 길을 선택하게 되는 걸까?

브라차와 한 동료는 하버드대의 의사결정 과학 연구소Decision Science Laboratory에서 실험을 진행했다.[4] 실험의 목적은 우리가 복잡한 일과 위험성이 낮고 보상 역시 낮은 일 중에서 선택해야 될 때, 토너먼트 시스템이 결정에 영향을 미치는지를 확인하는 것이었다. 하버드대학생들은 연구소의 컴퓨터 앞에 앉아 두 가지 문제 중 하나를 고를 수 있는 선택권을 받았다.

하나는 나열된 숫자를 보고 빈 칸에 들어갈 알맞은 수를 맞히는 문제였다. 예를 들면 이런 식의 문제였다. 다음에서 빈 칸에 들어갈 숫자는 무엇인가?

__ 9 30 51

우선 숫자 사이의 차이가 21이란 것을 찾아내야 한다. 그 후 9에서 21을 빼면 −12가 나온다.

브라차가 '분류 업무'라고 부르는 또 다른 문제는 훨씬 간단하고 기본적인 것이었다. 학생들은 숫자를 짝수와 홀수로 분류만 하면 된다. 이런 식이다. 아래의 수는 홀수입니까, 짝수입니까?

73

그렇게 고민할 만한 문제는 아니다. 73은 홀수다.

두 유형의 문제 중 학생들은 수열 추리 문제를 풀 때 더 많은 돈을 받는다. 그러나 문제를 틀릴 경우에는 돈을 잃게 된다. 학생들이 특정 업무를 수행하며 그 대가로 보상을 받는 시스템은 실제 현실을 반영한 설정이었다. 결국 대다수의 경우 성공하기 위해서는 문제해결 능력과 전술적 수행 능력 둘 다를 갖춰야 한다. 학생들은 주어진 10분 내에 최대한 많은 돈을 벌어야 했다.

브라차와 동료가 살펴본 결과, 학생들은 평균 64%의 시간을 수열 추리에 사용했고 나머지 시간은 짝수, 홀수 분류 작업에 썼다. 이들은 평균 34달러의 수익을 얻었다. 10분간의 노동 대가로 나쁘지 않은 수입이었다. 물론 반전이 있다. 또 다른 학생 그룹을 상대로 같은 실험을 진행했지만, 이들의 경우 상대와 승패를 가르는 토너먼트 형식이었다. 승자는 60달러를 받고, 패자는 10달러만 받을 수 있었다.

그 결과 두 그룹 모두 비슷한 행동양식을 보여야 했다. 결과적으로 그들 모두 가능한 한 많은 돈을 버는 것이 목표이기 때문이다. 두 그룹의 예상 수익(실험에서 평균 지급 금액을 의미) 역시 35달러로 같은 액

수였다. 하지만 토너먼트 실험에서 학생들의 행동은 바뀌었다.

수열 추리 문제의 수익성이 더 높은데도 불구하고 토너먼트 경쟁 그룹 학생들은 다른 그룹에 비해 수열 추리 문제에 들인 시간이 13%나 적었다. 브라차의 설명처럼 경쟁에 대한 압박감이 있을 때 학생들은 "똑똑하게 일하지 않고 열심히 일하는" 경향을 보였다. 이들은 틀릴 확률이 높은 문제를 기피하고, 별 의미 없이 바쁘기만 한 일에 매달렸다. 더욱 특이한 점은 수 추리 문제에 탁월한 능력을 보였던 학생들이 경쟁 상황에서는 오히려 수 추리 문제를 기피하려는 성향을 보였다는 것이다.

이런 상황은 직장에서도 본 적 있을 것이다. 두 사람이 승진 자리를 놓고 경쟁을 하는, 포상이 큰 상황에서 사람들은 위험성이 낮고 쉬운 일, 타인에게 바쁘게 일하는 것처럼 보이는 일을 우선시하고 문제해결능력과 창의성을 요하는 업무는 뒷전으로 미룬다. 그들은 위험을 감수하는 일을 두려워하게 된다. 적응적 성과보다 전술적 성과를 우선시하게 되는 것이다.

토너먼트는 동기를 바꾸도록 설계되었다. 즐거움, 의미, 성장 동기를 위해 일하는 대신 보상을 받거나(경제적 압박감) 패배자처럼 느끼게 될 상황을 피하기 위해(정서적 압박감) 일을 하게 만든다. 이 경우 업무 능력이 뛰어날수록 정서적 압박감 역시 더 커지고, 총 동기도 훨씬 낮아진다. 이런 악순환은 자연스레 적응적 성과가 발현할 수 없도록 만든다.

한 연구자 그룹이 "난 누군가에게 지는 것을 참을 수 없다"(정서적 압박감의 일종), "성공은 명성을 얻고 높은 자리에 올라가는 것이다"(경제적 압박감의 일종)와 같은 글에 동의하는 사람들의 뇌를 스캔한 결과, 경쟁은 인간의 신경학적인 측면에도 영향을 미친다는 사실이 드러났다.[5] 연구진은 직접동기를 처리하는 뇌의 부분과 간접동기를 처리하는 뇌의 부분이 다르다고 밝혔다.

직접동기는 하나의 행동이 상황에 어떤 영향을 미치는지 지식과 경험에 근거해 추측하고, 실제 벌어진 일을 통해 새로운 지식을 습득할 때 관여하는 뇌의 부분과 같은 곳에서 자극되고 처리된다. 즉 신경학적으로 직접동기를 느끼는 것과 적응적 성과를 수행하는 것은 같은 의미다.[6] 반면 경쟁은 '정서적 고통'을 통제하는 뇌의 부분과 연관되어 있다. 이런 사실은 우리가 왜 간접동기와 직접동기를 동시에 가질 수 없는지에 대한 설명도 된다. 또 간접동기가 주의분산 효과와 의도상실 효과를 불러오는 이유에 대해서도 설명해주고 있다. 우리의 정신은 말 그대로 양극화된 두 가지의 상황 아래 있다(그중 한 곳은 그리 유쾌하지 않다).

이 지점에서 문제가 발생한다. 경쟁적인 경력 사다리 때문에 직원들은 업무를 잘 수행하는 방법이 아닌 승진하는 방법을 고민하느라 모든 시간을 쏟는다. 이를 해결하기 위해서는 경력 사다리를 유지하는 동시에 직원들이 성장하고 더 큰 책임감을 가질 수 있는 기회도 제공해야 한다. 총 동기를 해치지 않으면서도 직원들에게 기회를 제공하는 방법은 무엇일까?

해답은 직원 개개인에게 맞는 경력 사다리를 제공하는 것뿐이다.

조직에 가장 이상적인 경력 사다리를 만들기 위해 필요한 네 가지 원칙을 소개한다.

1. BYOL(Bring Your Own Ladder, 스스로 만드는 경력 사다리) 경영관리뿐 아니라 전문지식과 고객관리 분야에도 전문가가 필요하다. 이런 전문지식을 배울 수 있도록 권장해 경쟁우위를 선점하는 것은 어떨까? 모든 조직원에게 단 하나의 경로를 제공하기보다는 직원들이 자신만의 경력 사다리를 스스로 만들 수 있도록 해야 한다.

2. 지향점 모든 경력 사다리에는 '지향점'이 있어야 한다. 보통 관리직 사다리의 맨 위는 CEO다. 하지만 지적 호기심이 충만하거나 고객 중심의 사고를 하는 직원들이 원하는 것은 무엇일까?

3. 사다리 각 단계를 정확히 정의하라 사다리의 계단을 오르기 위해 필요한 능력과 가치를 명확하게 설명해야 한다. 그래야 직원들은 현재 자신이 어디쯤에 있는지, 더욱 성장하기 위해 무엇을 배워야 하는지 알 수 있다. 또 직원의 경력 성장과 관련해 조직이 공평한 기준을 갖고 있다는 신뢰를 줄 수 있다. 더욱이 사다리의 각 단계는 보상 제도의 기준이 된다. 보상 제도는 실적에 따른 금전적 보상pay-for-performance이 아닌 배움에 따른 보상learn-to-earn이 되어야 한다.

4. 총 동기로 보상하라 직원이 사다리의 계단을 오를 때마다 더 큰 즐거움, 의미, 성장 동기를 누릴 수 있도록 해야 한다. 우리는 이를 총 동기 보상이라고 부른다.

경력 사다리를 만들기 위한 원칙 1. BYOL

그럼 첫 번째 원칙부터 하나하나 살펴보자.

누군가 "조직 내 경력 사다리를 오른다"라는 말을 들을 때마다 우리는 자연스럽게 매니저, 조직 간부 등으로 승진한다는 생각을 떠올린다. 그러나 경력 경로에는 다른 사람을 반드시 감독 관리하지 않아도 되는 자리도 있다.

전문적인 경력 사다리의 체계를 처음으로 만들어낸 조직 중 한 곳은 승진이 곧 다른 사람들에게 명령을 내린다는 의미와 상통하는 곳, 바로 군대다. 영국 해군 초기에는 항해하는 법을 모르는 귀족들이 배를 지휘했다.[7] 선박을 운항, 관리할 능력이 있는 경험 많은 선원들은 장교보다 더 높이 평가되었다. 그러한 관례를 지키면서 노련한 선원들을 대우하고자 이들에게는 왕실의 인증을 수여했다. 결국 해군은 항해나 화포 등의 분야에서 전문지식을 갖춘 선원들에게 부여할 '준위warrant officer'라는 계급을 만들었다.

오늘날 미국에서 '준위' 계급은 전투기 수리 및 조종, 공급망 관리, 인력 관리 등 분야 전문가에게 부여되어 전통을 잇고 있다. "오늘 비행이 가능하겠는가?", "전쟁터에서 1만 명의 군인에게 식품과 지원을 조달할 계획은 무엇인가?"와 같이 가장 높은 계급의 지휘관이 질문하면 그에 답하는 상대가 바로 준위다. 준위는 높은 수준의 전문 교육을 담당한다. 이들은 기존의 명령 체계와는 다른 자신만의 보고 시스템과 평가 시스템이 있다. 한 준위가 밝힌 것처럼 준위에게는 허용된 시스템이 있는데, 그 시스템 덕분에 그들은 상사에게 듣기 좋은 이야기가 아닌 전문지식을 바탕으로 한 솔직한 의견을 전할 수 있다.

최근 교육계에서는 교사들이 겪는 직업상의 어려움을 해소하기 위해 전문화된 경력 사다리를 채택하고 있다. 교사들은 보통 학생들을 사랑하는 마음에서 그 직업을 택했다. 하지만 교장이나 지역 관리자로 승진하는 경력 경로로 인해 결국 더 이상 교실에 머물 수 없게 된다. 또한 베테랑 교사들이 자신의 전문기술을 다른 교사와 공유하거나 전수해줄 방법이 거의 없는 실정이다.

피츠버그 공립 학군에서는 새로운 경력 사다리를 만들어가고 있다. 2010년 70명의 교사와 교장들, 지역 관리자와 교원단체 담당자들이 모여 교사들의 경력을 인정하고 보상하는 시스템에 대해 논의했다. 이들은 새로운 경력 사다리 프로그램을 만들었다.[8] 더 많은 책임을 맡을 준비가 된 교사들은 새로 마련된 다양한 업무에 지원할 수 있고, 전문 분야 교사들은 다른 교사를 가르치고 지도하는 일에 지원할 수 있다. 경력이 많은 베테랑 교사의 경우 학교의 학습 환경과 문화를 개선하는 데 도움을 줄 수도 있다.

"훌륭한 교육자분들이 많이 있습니다. 선생님들께서 아이들에게 끼치는 영향력이 대단하기 때문에 가능하면 더 많은 아이들이 선생님께 가르침을 받을 수 있길 바라는 마음이었습니다. 자신의 영향력을 더욱 키우고 싶은 선생님들 가운데 많은 분들이 아이들과 함께하고 싶어 했고, 행정적인 직무 때문에 교실을 떠나는 것을 원치 않았습니다." 지역의 전 인력개발 담당자의 말이다. 이제 교사들에게는 새로운 경력 경로를 통해 자신의 능력을 개발하는 동시에 지식을 공유할 수 있는 대안이 마련되어 있다.

모든 기업이 그들만의 경력 사다리를 구축하는 시작점으로 삼을 수 있는 세 가지 기본 유형에 대해 소개하고자 한다.

1. 경영관리 사다리 관리직으로의 승진은 최고 성과자에게 보상으

로 주어져선 안 된다. 이 사다리는 관리하고 지도하는 법을 배우는 데서 즐거움을 느끼는 사람들이 가야 할 경로다. 경영관리 사다리를 오르는 사람들은 총 동기에 대해 전문적으로 알아야 한다. 또한 의사결정 과정에서 발생하는 편향성에 대해서도 알고 있어야 한다. 경영관리 사다리에 오를 직원들은 사업적 문제해결능력을 갖추고, 전략 설정에 관해 통달해야 하며, 조직의 지속적인 성장을 목표로 한 프로젝트를 잘 이끌고 능숙하게 실행할 수 있어야 한다. 부와 권력을 얻기 위한 경쟁이 아니라 경영과 관리에 필요한 기술을 익히는 교육 과정으로 봐야 한다.

2. 전문가 사다리 직원은 기업의 성공에 필요한 전문기술이나 그 외 전문성을 요하는 분야에 걸맞은 지식을 익혀야 한다. 군대의 경우 전문성이 필요한 분야는 공급망이나 인적자본 관리다. 피츠버그 학교의 경우 교사의 교육 방식, 학생들의 학습 방법, 학교의 조직문화 구축이 될 것이다. 사다리의 각 계단마다 직원들이 자신의 전문성을 확장시킬 수 있는 기회가 마련되어야 한다. 또한 전문가들이 사다리를 한 칸씩 오를 때마다 무언가를 배우는 것 외에도 새로운 지식을 개발하고, 조직 내에서 혹은 더 큰 세상에 자신의 능력을 공유할 줄 알아야 한다.

3. 고객 전문 사다리 이 사다리에 오를 직원들은 고객과 일하는 방법에 정통해야 한다. 총 동기가 높은 조직에서는 세일즈와 서비스가 서로 다른 두 가지 분야로 나뉘어서는 안 된다. 따라서 고객 전문 사다리에 속한 직원들은 이 두 분야를 모두 알아야 한다. 이들은 고객 상호작용과 마케팅 능력을 갈고 닦는 것은 물론 조직의 미션과 가치

제안에 대해 심도 있게 이해해야 한다.

사다리는 스스로 형성되지 않는다. 사다리의 각 계단을 하나씩 오르며 진정으로 직원들의 성장을 도울 방법을 구상하는 한편, 기업의 가치를 높이는 방안 또한 고민해야 한다.

큰 규모의 조직이라면 직원 규모를 파악하고, 각 사다리의 계단마다 얼마의 인원이 필요한지 고려해야 한다. 그러나 무엇보다 중요한 것은 아직 널리 알려지지 않은 전문가 사다리와 고객 전문 사다리의 중요성을 깨달아야 한다는 점이다. 이 두 사다리에 대한 인식을 바꾸는 가장 쉬운 방법은 훌륭한 지향점을 설정하는 것이다.

경력 사다리를 만들기 위한 원칙 2. 지향점

모든 사다리는 오를 가치가 있어야 한다. 우리는 사다리의 정상을 '지향점'이라고 한다. 일반적으로 경영관리 사다리에서는 높은 급여와 지위(간접동기)로 보상하고, 실험과 놀이를 할 수 있는 기회와 업무의 영향력을 확인할 수 있는 기회(직접동기)를 더 많이 보장한다. 경영관리 사다리에서는 CEO나 재무 분야의 CFO라는 명확한 지향점이 제시되지만, 다른 사다리의 경우에는 지향점을 만들고자 한다면 약간의 상상력이 필요하다.

IBM은 조직 내 뛰어난 인재를 낭비하고 있다는 생각에 1960년대 전문 경력 사다리를 만든 초기 기업들 중 하나다. IBM은 연구소에서 뛰어난 업적을 남긴 최고 수준의 과학자들에게 보상 수단으로 그들이 사랑하는 과학을 더 이상 지속할 수 없는 관리직 자리를 주었다. 국제적 규모의 피터의 원리를 실행한 셈이었다.

1960년대 IBM의 연구소장직을 맡았던 가디너 터커Gardiner Tucker 박사는 혁신을 이끄는 '야생 오리들'*이 관료제에 발목 잡히지 않은 채 성장하고 번영할 수 있도록 새로운 방법을 찾아야 한다고 깨달았다.[9] IBM의 해결책은 '펠로우Fellow'직을 만드는 것이었다. 펠로우는 대학에서 높은 업적을 쌓은 학자에게 주어지는 명칭을 차용했다. 터커 박사는 오늘날에도 "과학을 향한 끝없는 개척정신을 몸소 보여주는" 사람을 펠로우의 이상적인 모습으로 그리고 있다.[10]

IBM은 펠로우 프로그램을 통해 연구개발직이 관리직만큼 혹은 관리직보다 더 영예로운 자리임을 공고히 했다. 많은 사람들이 CEO 자리보다 펠로우 자리를 더욱 권위 있게 여기고 있다. 50년 동안 IBM은 246명의 펠로우를 배출했는데, 그 가운데 5명은 노벨상을 수상하기도 했다.[11] 펠로우들은 인류의 첫 달 착륙 프로젝트와 원자를 관찰할 수 있는 최초의 현미경을 고안하는 데 일조했고, 체스와 TV 게임쇼 〈제퍼디Jeopardy〉에서 챔피언 타이틀을 가진 인간을 상대로 승리한 슈퍼컴퓨터 왓슨Watson을 개발하는 데도 관여했다.[12]

찬두 비스베스바라야Chandu Visweswariah는 20대 중반 뉴욕의 요크타운 하이츠Yorktown Heights에 위치한 IBM 연구소 내 카페테리아로 들어서던 순간을 아직도 기억한다.[13] 그는 카네기멜론 대학에서 박사학위를

* 덴마크의 저명한 철학자 키르케고르(Soren Kierkegaard)의 우화에서 비롯된 이야기로, 야생 오리를 사육시킬 수는 있지만 한번 길들여진 오리는 다시 야생으로 돌아갈 수 없음을 비유한다. —옮긴이

취득한 후 IBM에 면접을 보러 가던 길이었다. 카페테리아에서 그는 IBM 펠로우들의 사진으로 빼곡히 채워진 벽을 보게 되었다.

"포트란, 주사형 터널 현미경, 디스크 드라이버를 만든 사람들의 사진을 봤습니다. 전설적인 인물들을요. 마음속으로 이렇게 생각했죠. '우와, 이 사람들이 다 여기서 일했다니. 대단한데!' 사진을 보며 IBM에서 일하고 싶다는 마음이 더욱 간절해졌습니다."[14] 25년 후 비스베스바라야는 아직도 IBM에 몸담고 있으며, 65개 이상의 특허를 받는 업적을 쌓았다. 그는 IBM 칩 설계 분야를 이끌고 있으며, 2013년 펠로우로 선정되었다.

펠로우 제도는 입사 지원자들과 직원들에게 영감을 불러일으킬 뿐 아니라 IBM이라는 거대한 조직에서 훌륭한 아이디어를 효율적으로 공유하는 허브 역할을 했다. 터커 박사는 펠로우가 "다른 사람들에게 아이디어를 불러일으키고, 동료들의 어려움을 해결하는 데 도움을 주는" "잔소리꾼" 또는 "촉매자"가 되길 바랐다.[15] 펠로우들은 IBM 본부에 전화를 걸어 CEO와 바로 통화할 수 있는 사람들이다.

IBM의 펠로우 프로그램은 성공적이었다. IBM은 21년 연속으로 다른 어떤 기업보다도 연간 특허 등록 건수가 가장 많은 기업이다. 경력 사다리의 지향점으로 볼 때 펠로우 프로그램은 가히 전설적이다. 조직의 경력 사다리에서 노벨상 수상자가 탄생했다고 생각해보라. 또한 IBM의 경력 사다리 정상에는 단 한 명만 도달할 수 있는 게 아니다. 펠로우들은 그 자리를 얻기 위해 동료와 경쟁하지 않는다. 각자의 연구 분야에서 최선을 다하며 자신만의 사다리를 한 계단씩 올랐고, 권력이 아닌 지식을 두고 경쟁했다.

경력 사다리를 만들기 위한 원칙 3.
사다리의 각 단계를 정확히 정의하라

경력 사다리와 지향점을 정했다면 이젠 사다리의 각 단계에 대해 생각해볼 때다. 각 단계마다 어떤 능력과 경험이 요구되는가? 단계별로 필요한 사항을 정확하게 명시한다면 직원들은 조직이 자신에게 무엇을 기대하는지 이해하게 된다. 그러면 직원들은 무엇을 배우고 개발해야 하는지 우선순위를 정할 수 있고, 조직의 승진 제도가 공정하다는 믿음을 갖게 된다. 또한 경력 사다리의 계단은 임금의 기준이 되기도 한다.

여기에 해당하는 적절한 조직으로 소개하고 싶은 곳은 바로 텍사스 주 휴스턴의 YES 자율형 공립학교다. 2014년 4월 29일, YES 소속의 학교 13군데가 모두 텅텅 비었다. 100여 대가 넘는 버스와 그보다 더 많은 자동차가 동원되어 1만 명의 학생들과 학부모, 교사, 직원 모두를 휴스턴 로케츠 농구팀이 경기하는 토요타 센터로 싣고 왔다. 450명이 넘는 졸업반 학생들 대부분은 저소득 계층이지만, 이들은 진학의향서에 사인을 하며 대학 진학에 대한 약속과 의지를 다졌다. 학생들은 환호하는 군중을 향해 자신이 올 가을 어느 대학에 입학할지 계획을 밝혔다. 졸업생 가운데 99%가 4년제 대학 진학에 성공했다.

YES 학교가 시작할 때는 이렇듯 큰 목표를 갖고 있지 않았다. YES 기관은 1995년에 설립되었다. 초기에는 주차장에서 짐이나 사람을 실어나르는 데 쓰이는 트레일러를 붙여 수업을 진행하기도 했다.[16]

하지만 기관은 건물을 지을 만큼 자금을 마련할 수 있었다. 리더십 팀은 도시에서 가장 아름다운 사립학교에 견주어도 손색없을 캠퍼스를 만들기 위해 건축 계획을 검토했다.

그러나 곧 그들은 프로젝트를 그만두었다. "우리는 무엇을 추구하는 학교가 되고 싶은지 결정해야 했어요. 우리 스스로 생각해봤습니다. 큰돈을 들여 소수의 학생들을 위한 건물을 짓는 것이 옳은 일인지를요." 학교의 창립부터 함께한 교사이자 최고운영책임자 자리까지 오른 젠 하인즈Jen Hines가 밝혔다. 학교는 외관이 멋진 빌딩을 포기하고 학생들을 더 많이 수용할 수 있는 프로그램을 만드는 데 경비를 지출하기로 했다. 그날의 결정은 YES 학교의 정체성이 되었다.

학교가 13개의 캠퍼스로 늘어나면서 교사 육성에 대한 체계적인 접근법과 '좋은 교육'에 대한 변하지 않을 기준이 필요해졌다. 하인즈는 출산 휴가를 보내는 동안 성과관리 제도의 초안을 작성했고, 이후 교사와 행정 관리자들은 하인즈의 초안에 수정을 더하며 그 제도를 이어가고 있다. YES 학교의 성과관리 제도는 경력 사다리를 바탕으로 만들어졌다. 교사들은 사다리의 초급자 단계부터 시작해 상급자와 마스터 레벨까지 올라가고, 사다리의 위로 이동할수록 보상 역시 커진다. 사다리의 각 단계마다 교사들에게 어떤 성과를 기대하는지에 대해서는 기준서인 루브릭rubric을 통해 명확하게 명시했다. 루브릭의 첫 카테고리는 문화였다. "모든 배움의 기본은 문화입니다." 하인즈의 설명이다.

문화 섹션은 여러 개로 나뉘어져 있지만, 제일 처음에 등장하는 것은 학생의 동기부여다. 하인즈의 설명대로 교사는 학생들에게 배움의 즐거움을 일깨워 주어야 한다. 일반적으로는 시험 점수를 중요하게 생각하지만 YES 학교는 직접동기가 성과를 바꾼다고 믿고 있다.

루브릭의 다른 섹션은 지속적 학습, 지역사회의 공헌, 학교 가치의 실천에 대해 담고 있다. 적응성은 마땅히 발휘되어야 하고 인정받아야 하는 가치로 여겨진다. 마스터 레벨의 교사는 학교의 미션과 프로그램을 지속적으로 평가한다. 이들은 학교 시스템을 향상시키기 위한 건설적인 아이디어를 끊임없이 제안한다.

루브릭은 여러 의미로 성공적이었다. 시험 점수와 같은 결과가 아닌 가치와 행동양식을 고려한 총체적 관점으로 루브릭의 기준이 완성되었다. 또한 교사에게 기대되는 가치 외에도 즐거움을 찾을 여유 또한 남겨두었다. "아이들에게 독서의 즐거움을 알려주고 싶었고, 그 방법은 전적으로 제게 달려 있었습니다." 한때 YES 학교에서 6학년을 가르쳤던 독서지도 전문가 제이미 엘펜바인의 말이다. 제이미는 학생들의 총 동기를 높이는 데 주력해 학생들 수준에 가장 적합한 도서의 읽기 숙제를 내거나, 학생의 필요에 따라 그때그때 그룹 활동과 개별 활동을 적절히 섞어 수업을 진행했다.

YES에서 5년차 교사는 신입 교사의 코치 업무를 맡아 최고운영책임자인 하인즈의 표현대로 '치어리더, 서포터, 거울, 가이드'로, 하지만 평가자는 아닌 역할을 병행한다. 이들은 새로 온 교사들이 루브릭을 잘 이해하고 학업 계획을 세울 수 있도록 돕는다.

YES는 신뢰감 높은 운영 방식으로 텍사스 주에서 공인을 받아 신입 교사 공식 인증기관이 되었다. YES 학생들은 텍사스 주 표준학력평가에서 항상 평균 이상의 점수를 받고, 졸업생 가운데 74%가 대학에 입학하거나 이에 준하는 학위를 취득한다. YES 학교는 〈US뉴스 앤 월드리포트US News&World Report〉에서 꼽은 상위 100대 고등학교에 이름을 올렸고, 〈휴스턴비즈니스저널Houston Business Journal〉에서 조사한 가장 일하기 좋은 직장 가운데 한 곳으로 뽑혔다.[17]

직원들에게 조직의 기대치를 정확하게 이해시키면 일관되고 공정한 성과 평가가 가능해지고, 고객에게는 공통된 경험과 기준을 제공할 수 있다. 훌륭한 경력 사다리의 특징을 갖춘 기업과 그렇지 않은 기업을 조사한 적 있다. 잘 설계된 경력 사다리를 보유한 조직 직원들의 총 동기를 측정한 결과, 훌륭한 조직문화를 갖춘 기업과 바로 뒤를 이은 경쟁사 간의 총 동기 지수 격차는 무려 15점이었다.

- 경력 사다리 각 단계마다 성과에 대해 명확한 방향성을 설정한 경우 총 동기는 33점 상승했다.
- 경력 사다리 각 단계마다 전술적, 적응적 성과를 모두 포함해 직원에 대해 총체적인 기대치가 명시된 경우 총 동기는 28점 상승했다.
- (직원의 성과에 대해 평가하는 관리자가 있는 대신) 직원 스스로 회사가 요구하는 기준에 합당하는 성과를 내고 있는지 확인할 수 있는 장치가 마련된 경우 총 동기는 29점 높았다.

총 동기가 높은 조직에서는 사다리의 각 단계가 바로 직원 보상 제도의 기준이 되므로, 매 단계의 기준과 정의를 정확하게 설정하는 것이 중요하다(12장 '보상 제도' 참고). 자포스에서 들었던 구절을 차용해 우리는 이를 '배움에 따른 보상learn-to-earn'이라고 부른다. 자포스는 코브라 농장을 양산하는 기존의 전통적인 실적에 따른 보상 제도를 지양한다. 기업은 직원들에게 능력과 기술을 키우길 장려하고, 그에 따라 직원들의 보상을 높이고 있다.

직원이 사다리의 계단을 오를 때마다 조직의 가치 역시 한 단계 더 창출되어야 한다. 각 단계를 정의한 루브릭은 가치가 형성되는 과정을 구체적으로 설명해야 한다. 예를 들어 전문가 사다리에 오른 직원이 한 단계씩 성장할 때마다 조직을 위해 더 큰 가치를 창출하는 방법의 일환으로, 자신의 지식을 활용해 다른 직원들을 교육하는 역할을 맡게 하는 식이다.

경력 사다리를 만들기 위한 원칙 4. 총 동기로 보상하라

더 이상 직원들에게 제공할 수 있는 승진 자리가 없다고 해도 경력 사다리를 통해 직원들의 경력을 지원할 수 있는 방법은 있다. 규모가 작은 회사 가운데 특히 경영자 한 사람이 10년 넘게 운영한 조직은 직원들의 직함이 바뀌지 않는 경우가 많다. 대신 보상의 일환으로 그들에게 즐거움, 의미, 성장 동기를 찾을 수 있는 기회를 제공해 '총 동기'로 보상할 수 있다.

IBM이나 많은 대학에서는 과학자들이 경력과 업적을 쌓을 때마다 연구실, 보조 연구원, 중요 장비 등을 더 많이 지원한다. 어떤 조직에서는 직원들이 경력 사다리를 오를 때마다 여행경비나 교육비용을 지원해 컨퍼런스에 참여하거나 새로운 기술을 배울 수 있도록 하는 방법으로 즐거움과 의미 동기를 높인다. 또한 워크숍, 스피치, 기업의 구인활동 과정 등 다양한 기회를 통해 직원이 자신의 지식을 안팎으로 활용할 수 있는 자리를 마련하는 조직도 있다.

앞서 소개한 아낫 브라차 박사가 근무했던 보스턴 연방준비은행에서는 소속 경제학자들에게 독창적인 연구 진행을 지지하고, 영향력 있는 학술지에 논문을 발표할 수 있도록 해주며, 학술대회에 연구 결과를 소개할 수 있도록 지원한다. 경제학자는 컴퓨터 장비와 데이터에 접근하고 활용할 수 있으며, 보조 연구원을 둘 수 있고, 컨퍼런스 연설자로 활약하거나 워크숍에 참여해 새로운 아이디어를 공유하고 나눌 수 있는 기회를 누린다.[18]

뉴욕 빈민구호 자선단체인 로빈후드Robin Hood는 창립 이후 25년 동안 이사를 승진시키지 않았다. 대신 총 동기로 보상하는 방법을 택했다. 에릭 웨인가트너Eric Weingartner는 2008년 조직의 '생존survival' 파트 이사로 임명되었다. 웨인가트너는 위기에 처한 뉴욕 시민을 대상으로 구호활동을 펼치는 기관에 투자하는 업무를 맡고 있었다. 얼마 후 그는 자신의 역할이 무엇인지 정확히 파악했고, 자신만의 영향력을 발휘할 수 있고 성장과 개발을 지속할 수 있는 일을 적극적으로 찾기 시작했다.

2012년 이민자 정책에 대한 사법제도를 바꾸기 위해 애쓰는 연방법원 판사인 로버트 카츠만Robert Katzmann을 알게 되면서 그는 자신이 찾던 새로운 일을 시작하게 되었다. 카츠만과 다른 판사들은 법정에서 지켜본 내용을 토대로, 이민자의 사건을 '불충분하게' 혹은 '지나치게 불충분하게' 변호한 변호사들의 평가 보고서를 작성했다.[19] 웨인가트너는 카츠만 판사와 로빈후드 재단 측에 평화봉사단을 모델로 한 새로운 단체를 설립해 하버드, NYU, 콜롬비아 대학 등 일류 로스쿨 졸업생을 채용하고, 이들을 아이티 프랑스 언어*부터 인도네시아어까지 다양한 외국어를 구사하는 재능 있는 대학생과 팀을 이뤄 일할 수 있게 하자고 제안했다.

2014년 로빈후드 재단의 펀딩과 지원을 통해 이민자 법률 지원 단체Immigrant Justice Corps가 탄생했다. 뉴욕 시에 위치한 단체는 현재 25명의 펠로우 변호사**가 소속되어 있고, 3년 이내에 뉴욕 및 다른 도시에서 한 해 1만5,000건 이상의 사례를 맡아 진행하겠다는 포부를 갖고 있다.

"국내에 있는 이민자들을 위해 새로운 세상을 만드는 일은 정해진 제 업무 밖의 일이었습니다. 그러나 로빈후드가 제게 도움을 주었습니다. 로빈후드는 보통 새로운 단체를 설립하는 것보다 운영 중인 비영리 단체를 돕는다는 원칙을 갖고 있었음에도 저를 위해 큰 결정을 내렸습니다. 더 많은 경험을 할수록 제가 미래에 할 수 있는 일 역시 많아집니다. 로빈후드는 직원의 위험한 선택 역시 지지했고, 훗날 비영리단체의 환경과 이민자 정책을 바꿔놓을 기회를 마련해주었습니다." 유니온 스퀘어에 위치한 자신의 사무실에서 웨인가트너와 나눈 대화였다.

그는 새로운 분야에서 자신의 역량을 확장해나가고 있다. 그럼에도 로빈후드 재단의 젊은 직원들에게 연구 프로젝트 진행과 컨퍼런스에서의 연설을 맡기는 등 이들의 경력에 도움을 주기 위해 노력하

* 프랑스 말을 모체로 한 아이티 말로 대부분의 아이티 사람들이 사용한다. — 옮긴이
** 로스쿨 졸업생 등 연차가 낮은 신입 공익 변호사 — 옮긴이

고 있다. 최고 수준의 성과를 창출하는 조직을 만들기 위해서는 경력 사다리의 모든 단계마다 직원들의 총 동기를 높일 수 있는 기회를 제공해야 한다.

변화의 시작

대다수의 조직은 고속 승진에 초점을 맞춘 경력 관리 시스템을 갖고 있다. 그러나 조직이 모든 직무에 대한 경력 사다리를 구축할 때, 직원들은 끊임없이 배우고 성장하며 조직에 더욱 많은 공헌을 할 수 있다. 그러면 직원은 더 행복해질 뿐 아니라 조직 내 중요한 분야에서 전문가로 성장해나가며 성과 역시 높아진다. 직원들이 실질적인 능력을 키우면 '피터의 논리'라는 덫에 빠지지 않고 경력 사다리 위로 승진시킬 수 있다.

자신의 조직에 경영관리, 전문지식, 고객관리의 경력 경로가 있는지 되짚어보라. 각 경로의 끝에는 직원들에게 귀감이 될 만한 지향점이 있는가? 사다리의 모든 단계에서 총 동기를 높이는 장치가 마련되어 있는가? 규모가 작은 조직이라면 팀원들이 모여 이 질문에 대한 답을 함께 찾아봐도 좋겠다. 대기업일 경우 총 동기에 대해 교육받은 인적자원 관리자가 조직을 관통하는 일관된 경력 사다리를 설계하는 데 도움을 줄 수 있다. 완성된 경력 사다리는 조직의 성과관리 제도와 보상 제도의 기준이 된다. 이 세 가지 요소가 함께 어우러져야 고성과 조직문화를 이룰 수 있다.

— 12장 —

보상 제도

보상 제도는 우리가 가장 잘못 이해하고 있는
조직문화의 핵심 요소다.

조직이 고성과 문화를 구축하는 과정에서 돈에 관련된 문제만큼 예민하고 뜨거운 주제는 없다. 대다수의 리더들은 직원들의 동기부여에 가장 중요한 요소는 성과주의 보상 제도라고 믿고 있다. 실적에 따른 보상은 직원이 최상의 성과를 내도록 이끌 뿐 아니라 조직 내 인사관리의 공정성과 능력주의를 확실하게 다질 수 있다. 우리의 바람대로 흘러간다면 말이다.

총 동기의 개념을 단순하게 해석하면 성과주의 보상 제도와 반대되는 입장이라고 생각할 수 있다. 물론 성과주의 보상은 간접동기를 높이고 총 동기를 낮춘다. 그러나 현실은 좀 더 복잡하다. 모든 동기요인이 그렇듯이 실적에 따른 보상이 무조건적으로 좋은 것도 또 나쁜 것도 아니다. 환경에 따라 장점만 혹은 단점만 있을 수도 있고, 둘 다일 수도 있으며, 어쩌면 장, 단점 모두 없을 수도 있다. 총 동기가 높은 조직을 만들기 위해서는 실적에 따른 보상이 언제 필요한지, 또 언제 필요하지 않은지 아는 것이 중요하다.

보상 제도로 성과를 높인 기업

자동차 유리 제조 및 설치 기업인 세이프라이트Safelite는 1994년 새로운 경영 방침을 적용했다. 새로 취임한 리더는 직원들의 보상 제도에 변화를 주기로 결심했다. 그동안 유리 설치 기사들은 시급을 받았으나, 이제는 기사들의 생산성에 따라 임금을 지급하기로 했다. 가령 유리를 더 많이 설치한 기사들은 더 높은 임금을 받는 구조였다. 스탠퍼드 경영대학원의 교수인 에드워드 레이지어Edward Lazear는 새로운 보상 제도가 3,000명 직원에게 어떠한 영향을 미쳤는지 연구했다.[1]

그 결과 직원들의 평균 생산성이 44% 증가하며, 기업의 새로운 보상 제도가 성공했음을 알리는 신호가 되었다. 총 동기의 이론이 틀렸다는 사실을 입증하는 반박할 수 없는 증거 아닌가?

좀 더 자세히 들여다보면 경제적 압박감을 높이지 않으면서도 즐거움과 의미 동기를 높이는 인센티브 제도를 통해 세이프라이트는 실제로 총 동기를 높였다고 볼 수 있다. 최신 과학기술로 직원들은 자신이 설치한 유리의 개수를 정확히 알 수 있게 되었다. 직원이 자신의 업무상 변화를 주게 되면 생산성에 어떠한 변화가 오는지도 확인할 수 있게 되었다. 앞서 10장에서 롤 크래프팅을 통해 배웠듯이 자신의 업무가 어떤 결과로 이어질지 알 수 있게 되면 즐거움과 의미 동기는 높아지고 타성은 낮아진다.

더욱 중요한 것은 세이프라이트는 새로운 보상 제도가 경제적 압박감을 높이지 않도록 주의했다는 점이다. 직원들은 자신의 업무 성과와 관계없이 최소한의 시급을 보장받았다. 직원들의 90%는 변화된 보상 제도를 적용한 이후 더 많은 돈을 벌었지만, 이 과정에서 높은 임금을 위해 무리하게 많은 일을 한 직원은 적었다. 직원들은 새로운 시스템을 걱정할 필요가 없었다. 새로운 보상 제도는 단점이 거의 없고 긍정적인 면이 많았다.

기업의 성과가 향상될 수 있는 요인의 절반이 기존 직원들 가운데 동기부여가 더 많이 된 직원들 덕분이라면, 나머지 절반은 기업이 경쟁업체로부터 재능 있는 직원을 회사로 영입할 수 있었던 힘에서 비롯되었다. 세이프라이트는 이제 업계 평균보다 10% 높은 임금을 지급하는 상황이었다. 돈은 결정적 동기가 아니지만, 타성에 젖은 직원이 이를 극복하는 데는 큰 자극제가 된다. 높은 임금은 대부분의 사람들이 일을 하겠다고 수락하거나 총 동기가 낮은 회사를 떠나 이직하는 이유가 될 수도 있다.

조직은 성과주의 보상 제도가 불러올 수 있는 위험요소, 양(전술적 성과)을 위해 질(적응적 성과)을 희생하는 상황 역시 피했다. 세이프라이트에는 몇 가지 이점이 있었다. 첫째, 유리의 경우 균열이나 누수 등 품질에 관련된 중대한 문제는 바로 드러난다. 둘째, 1994년 당시 기업은 최고 수준의 컴퓨터 시스템을 보유하고 있었다. 설치한 유리에 이상이 발견되면 누가 유리를 담당했는지 바로 알 수 있었다.

처음에는 실수할 경우 직원들 앞에서 느끼는 수치심이나 동료 간의 압박감이 업무 오류를 최소화하는 데 도움이 될 거라고 생각했다.

그러나 품질이 향상되었다고 진정으로 느끼게 된 것은 실수한 직원에게 직접 다시 수리할 것을 요청한 때부터였다. 레이지어 교수가 정리한 것처럼 세이프라이트의 보상 제도가 성공적이었던 이유는 "업무의 결과는 쉽게 측정되고, 품질에 문제가 생겼을 경우 바로 잡아낼 수 있으며, 그에 따른 책임 소재를 명확하게 한 데 있었다." 즉 보상 제도가 적응적 성과를 해칠 수 없는 구조였다.

최종적으로 새로운 제도가 성공적으로 안착할 수 있었던 데는 고객과 직원의 관심사가 일치했기 때문이었다. 고객과 직원 모두 빠른 속도를 원했다. 만약 고객이 신상품의 장단점을 천천히 설명해주는 영업사원을 원한다거나, 환자가 앞으로의 치료 방법에 대해 시간을 들여 설명해주는 의사를 원한다면 성공할 수 없는 인센티브 제도였다. 세이프라이트의 보상 제도는 성공적이었다. 하지만 이제 살펴보겠지만, 세이프라이트와 거의 똑같은 방식의 보상 제도가 역효과를 초래할 수도 있다.

주의분산 효과를 야기하는 보상 제도

앤드류는 수십만 달러의 학자금 대출이 있었다. 하지만 수없이 제안받은 높은 연봉의 일자리를 모두 거절하고, 벤처 자금 7,500만 달러의 투자를 받은 소프트웨어 스타트업 회사와 운명을 같이하기로 결정했다. 언론에서는 앤드류가 속한 회사를 두고 누구든 자신의 커리어를 걸어볼 만한 기업이라고 소개했고, 앤드류는 그렇게 했다.

다수의 특허권과 명문대 두 곳의 학위를 지녔고, 과거 실리콘밸리에서 가장 유명한 테크 기업에서 일한 경험이 있는 앤드류는 전직 전기기사로 활동하다가 마케터로 전향했다. 앤드류의 과거 행적으로 미루어 짐작할 수 있음에도 회사는 앤드류와 직원들이 분기별 보너스로 동기를 부여받아야 한다고 생각했다. 매 분기가 시작될 때마다 앤드류는 자신의 목표를 정했고, 상사의 검토하에 목표를 수정했다. 앞으로 12주 동안 그가 자신의 목표를 달성한다면 보너스로 2,500달러를 지급받게 된다. 앤드류의 연봉으로 봤을 때 아주 큰 금액은 아니지만 그래도 상당한 액수였다.

분기 시작 2주 후, 앤드류가 다른 업무를 제쳐두고 매달려야만 하는 고객과 관련된 비상 상황이 발생했다. 앤드류가 원래 계획했던 고객 면담은 포기해야 했다. 몇 주 후, 그는 기업의 상품 홍보를 도와줄 거래처와 파트너십을 맺을 기회가 생겼다. 일을 진행하기 위해서는 자신이 이번 분기의 목표로 잡아둔 케이스 스터디를 뒤로 미뤄야 했다.

고객의 문제 해결과 새로 맺은 파트너십은 상당한 가치를 창출했지만, 앤드류는 보너스를 받지 못했다. 앤드류는 이렇게 말했다. “매번 기업을 위한 일과 제가 보너스를 받을 수 있는 일 가운데서 하나를 선택해야만 합니다. 기업에게 이익이 되는 일은 매일, 매주 바뀝니다. 분기별이 아니고요.”

상사에게 이야기해 분기별 목표를 수정할 수 없는지 물었다. “한두 번은 가능합니다. 하지만 저는 항상 자유롭게 일하길 원합니다. 매번 목표를 수정하느라 상사에게 찾아가느니 보너스를 포기하겠습니다. 제 일에 집중해야 해요. 보너스 자체만으로도 이미 제 집중력을 흐트러뜨리기엔 충분합니다."

이런 상황이 되자 직원들은 "이번 분기에는 '보너스'가 아닌 회사를 위해 일합니다" 하고 말하는 식이 되었다. 보상 관련 면담 시간에는 제도의 공정성에 대한 의심이 오갔다. 매 분기 말이 되면 직원들이 더 이상 중요하지 않은 목표를 표시하기 위해 '빈 칸에 체크를 할 때'마다 한바탕 소란이 일었다. 직원 개인이 대처할 수 없는 일 때문에 목표를 달성하지 못하는 상황이 발생할 때마다 직원들의 사기는 더욱 저하되었다. 경영부서의 요청으로 웹사이트를 새로 디자인하는 일이 2주 미뤄지며, 앤드류는 새 웹페이지 완성이라는 분기 목표를 이룰 수 없었다.

회사의 보상 제도는 주의분산 효과를 발생시켰다. 앤드류의 회사처럼 적응성이 필요한 조직의 경우 주의분산 효과는 심각한 문제로 이어질 수 있다. 보상 제도는 직원들의 업무를 방해할 뿐 아니라 조직에서 필요로 하는 직원의 행동양식을 상실화시키고(의도상실 효과), 조직이 실제로 해결하려던 문제보다 더욱 심각한 부작용을 초래할 수 있다(코브라 효과).

보상 제도가 부른 의도상실 효과

3장에서 다루었듯이 128개의 연구 자료를 살펴본 결과[2] 성과에 따른 보상은 직원들의 즐거움 동기를 무효화시키고 끈기를 약화시켰다. 그리고 어떤 경우에는 더 많은 것들을 잃어버리게 한다.

주요 상업은행 중 한 곳은 중소기업 대출 전담 부서에 성과에 따른 인센티브제를 도입하고 훌륭한 전문 인재를 채용하고자 했다. 기존의 시스템 상에서 대출 담당자들은 고정급을 받았다. 그러나 새로운 시스템에서는 대출 승인 건수가 많고, 의사 결정이 빠를수록 보너스를 지급받게 되었다. 대출 규모에 따라 은행 수익이 달라지므로, 형평성을 위해 직원들은 규모가 큰 대출을 처리할 경우에도 보너스를 받았다. 시카고의 연방준비은행 소속 연구자들은 새로운 보상 제도가 도입된 후 어떠한 변화가 생겼는지 조사했다.[3]

인센티브 제도는 굉장히 성공적인 듯 보였다. 대출 승인률이 기존에 비해 47% 상승했다. 성과에 따른 보상 제도는 대단했다! 그러나 시간이 흐를수록 은행은 실수를 저질렀음을 깨달았다. 악성 대출 건수가 24%나 증가했던 것이다. 보너스 제도로 인해 직원들은 빨리 일했지만(전술적 성과), 현명한 의사 결정에 필요한 직원들의 문제해결 능력(적응적 성과)은 상실되었다. 직업윤리가 중요한 은행에서 무엇보다 큰 자산이 될 직원들의 시민의식 역시 사라졌다.

새로운 보상 제도는 인재 유입에도 효과가 없었다. 오히려 은행을 떠나는 직원들이 늘어나며 반대의 상황이 벌어졌다. 우리는 대출부서 직원들과의 인터뷰를 통해 업무 환경의 중요성에 대해 알 수 있었다. 많은 직원들은 자신의 일이 전문적인 업무라고 생각했고, 스스로 부끄럽지 않은 의사 결정을 할 수 있도록 시간적 여유가 있으면 좋겠다고 말했다. 그들은 스스로의 가치를 '실적'으로 증명해야 한다는 사실에 실망감을 감추지 못했다. 또한 대출 규모에 따라 고객의 중요도가 달라진다는 현실을 불편하게 여겼다.

보상 제도로 인한 코브라 효과

의도상실 효과는 조직에 악영향을 끼치지만, 무엇보다 가장 걱정스러운 상황은 보상 제도로 인해 코브라 효과가 발생하는 것이다.

1992년 시어스로벅앤드컴퍼니Sears, Roebuck&Company 회장은 자동차 정비사에 대한 영업수당 제도를 철폐하겠다고 공표했다.[4] 손님으로 위장한 조사관이 시어스 자동차 수리점에 방문한 결과, 89% 이상이 불필요한 수리를 권유했다. 수사가 진행되면서 결국 무슨 일이 벌어졌는지 우리는 모두 잘 알고 있다.* 직원들이 모두 나쁜 사람들이었기 때문에 벌어진 일은 아니었다. 회사가 직원의 커미션과 업무 시간을 위협하는 매출 목표를 보상 제도의 일환으로 활용하며 경제적 압박감이 상승했고, 당연하게도 코브라 효과가 발생했다. 시어스가 칭찬받을 만한 점은 사태를 파악한 후 제도를 폐지했다는 것이다.

어떤 산업 분야든 의도치 않은 결과가 발생한다. 6장에서 다뤘던 것처럼 대다수의 경영진이 분기별 목표를 달성하기 위해 기업의 가치 창출 활동을 포기하겠다고 대답했다.[5] 3장에서 봤듯이 미국의 다국적 기업에서 일하는 영업사원들을 대상으로 조사한 결과, 대다수 직원들이 세일즈 목표 달성을 위해 고객 친화적이지 않은, 기업 친화

* 캘리포니아의 한 여성 고객이 시어스 자동차 수리점에 타이어를 점검하러 갔는데, 자동차 수리공은 차의 지지대도 교체해야 한다며 추가로 419달러를 요구했다. 화가 난 그녀는 다른 수리점에 찾아가 가격을 다시 산정해달라고 했고, 그 수리공 말로는 차의 지지대는 아직 멀쩡하다는 것이었다. 그녀는 시어스의 수리공에게 찾아가 항의했는데, 그는 자신의 실수로 가격을 잘못 산정한 것 같다며 대수롭지 않게 문제를 무마하려 했다. 이런 식의 불만과 항의가 접수되면서 1992년 6월 캘리포니아 주 법원은 시어스 로벅이 법률을 위반했다는 이유로 사업 허가를 취소했다. — 옮긴이

적이지 않은 선택을 하겠다고 응답했다.[6]

교육자들마저도 코브라 효과에 대한 저항력이 없었다. 2010년 3학년을 가르치던 교사 재키 파크스는 조지아 주 조사관의 수사를 도와 애틀랜타 내 공립학교에서 벌어지는 부정행위를 파헤치기 위해 기꺼이 도청장치를 몸에 설치했다. 파크스는 학교에서 시험이 끝난 뒤 교장실에 모여 오답을 수정했다고 자백했다.[7] 파크스에 따르면 부정행위는 지난 몇 년간 계속 지속되었다. 어느 정도 사태가 진정된 후, 주에서 진행한 조사를 통해 학교 44곳에서 178명의 교사와 교장이 부정행위에 연루된 사실이 드러났다.[8]

과실 편향성에 따라 연루된 범죄자들은 단순히 나쁜 사람들일 뿐이라고 생각하기 쉽다. 하지만 사실은 그렇지 않다. 주 조사관인 리차드 하이드는 부정행위의 규모를 파악하기 위해 몇 시간의 대화가 녹음된 테이프를 들었다. "부정행위를 저지른 교사들이 무방비 상태로 대화하는 내용을 들었습니다. 들어보시면 그들이 정말 좋은 사람들이란 것을 알게 될 겁니다. 그들의 말투에서 아이들을 정말 사랑하고 있다는 게 느껴집니다." 하이드는 이렇게 말했다. 그는 파크스 말고 자신을 도와 수사에 참여했던 연루자 한 명에 대해서는 "정말 좋은 사람이지만 굉장한 압박감에 시달리는 평범한 싱글맘"이라고 묘사했다.[9]

총 동기를 낮추는 시스템에서는 반드시 코브라 효과가 발생한다는 사실을 다시 한 번 확인했다. 교사들은 범죄 사실을 털어놓으며 자신의 상사에게서 받은 엄청난 정서적 압박감에 대해 토로했다. 이들은 학생들에게 필요한 자금을 더 이상 지원받지 못하게 될 상황을 우려해 이 같은 범죄를 저질렀다. 그리고 교사들은 보너스나 일자리를 잃을 수도 있다는 경제적 압박감에 시달리고 있었다.[10]

애틀랜타만이 아니었다. 부정행위 스캔들은 로스앤젤레스, 엘 파소, 시카고 지역까지 넓게 퍼져 있었다.[11] 여러 신문사에서는 비정상적으로 높은 학생들의 점수를 두고 통계 분석을 진행했다. 〈애틀랜타저널 컨스티튜션The Atalanta Journal-Constitution〉은 전국 196곳의 학군에서 의심스러운 정황이 포착되었다고 전했다. 몇몇 언론에서는 "부정행위와 같은 개입 없이 점수가 이토록 향상될 확률은 10억 분의 1보다 낮다"라고 발표했다.[12] 〈USA투데이〉의 분석 결과, 6개 주와 컬럼비아 특별구에서 1,610건이라는 통계적으로 이해하기 어려운 성적 향상 현상이 드러났다(한 예로, 한 학교의 경우 5학년 학급 전원이 지난해에 비해 급격하게 성적이 향상되는 의심스러운 정황이 발견되었다).[13] 성과에 따른 보상은 교사들에게도 코브라 효과를 발생시키는 결과를 초래했다.

교사에게 실적을 바탕으로 보상하는 제도는 묘책이 아니라는 것이 실험을 통해 밝혀졌다. 내슈빌에서 진행한 실험에서는 학생들의 성적 향상에 따라 담당 교사에게 5,000달러에서 1만 달러 또는 1만 5,000달러의 보너스를 지급했다. 성과급으로 인해 학생들의 학업 성취도나 교사들의 교육 방식이 향상된 것은 아니었다.[14] 뉴욕에서 진행된 실험에서는 목표를 달성한 학교에 한해 소속 교사들에게 3,000달러의 보너스를 지급했지만, 역시 학생의 학업 성취도는 나아지지 않았다.[15] 하버드대 교수인 롤랜드 프라이어Roland Fryer는 "인센티브 제도로 인해 오히려 학생들의 성과는 낮아졌고, 이런 현상은 학교의 규모가 클수록 더욱 두드러졌다"라고 적었다. 성과에 따른 보상은 우리가 바라는 즉효약이 아니다.

지금쯤이면 이런 결과가 새롭지는 않을 것이다. 적응적 성과와 총 동기의 시각에 익숙해졌다면 충분히 예상했을 결과다. 지식을 가르치는 일은 적응적 성격이 짙은 업무다. 훌륭한 교사는 학생 한 명 한 명을 고려해 모든 학생에게 필요한 것이 무엇인지 파악하고, 자신의 교육적 접근법을 그에 맞춰 유연하게 조정하기 위해 항상 노력한다. 반면 총 동기가 낮은 교사는 의도상실과 주의분산 현상을 겪으며 결과적으로 자신의 업무에 소홀해질 수밖에 없다. 교사들에게 성과급을 지급하는 이유는 능력주의 문화를 구축하고, 보상 제도에 대한 신뢰성을 높이며 재능 있는 인재를 조직으로 영입하기 위함이었다.

그러나 성과보상제가 아니더라도 다양한 방법이 많다. 11장에서 소개했듯이 YES 학교는 '티처 컨티뉴엄Teacher Continuum'이라는 경력 사다리를 만들어 교사들이 새로운 능력과 기술을 배울 때마다 그에 따른 보상을 지급하는 제도를 구축했다. 특히 YES 측은 학생의 학업성취 능력과 같은 전술적 성과와 학생 개개인의 필요에 따라 학교 문화를 유연하게 적용하는 교사의 능력과 같은 적응적 성과 모두를 고려했다.

"YES 학교에서는 교사들이 연간 보너스를 받기 위해 갑자기 일을 열심히 할 거라고 생각하지 않습니다. 그러나 공교육은 직원의 가치 창출이 아닌 연차에 따라 연봉이 정해지는 유일한 업계입니다. 그러나 이제는 바뀌어야 합니다. 컨티뉴엄 제도를 도입한 목적은 훌륭한 교사를 인정하고 그에 걸맞은 보상을 하며, 뛰어난 교사들이 가장 높은 성과를 낼 수 있는 장소인 교실을 떠나지 않고도 스스로 성장할 수 있는 리더십 경로를 만들기 위해서였습니다." YES 측은 새로운 경력 사다리 제도를 두고 이렇게 설명했다.[16]

우리 조직은 성과보상제가 어울릴까

여러 사례에서 살펴봤듯이 성과에 따른 보상 제도는 생각보다 복잡하다. 이 제도는 총 동기를 높이기도 하지만, 어떤 경우에는 심각할 정도로 총 동기를 저해한다.

우리는 연구를 통해 흥미로운 패턴을 발견했다. 대다수의 경우에는 영업수당 제도가 직원의 총 동기를 낮췄다. 그러나 직원이 회사가 고객의 이익을 위해 일한다는 믿음을 갖고 있는 경우에는 영업수당 제도가 직원의 총 동기를 조금 높이는 데 기여했다. 즉 조직문화가 어떻게 형성되어 있느냐에 따라 영업수당과 같은 인센티브 제도가 직원들의 총 동기에 긍정적이거나 부정적인 영향을 끼친다는 의미다. 그렇다면 자신의 조직에 어떤 보상 제도가 적합한지 알 수 있는 방법은 무엇인가? 세이프라이트처럼 성과에 따른 보상이 효과적일까? 아니면 대출부서 직원들처럼 오히려 이런 제도가 조직을 와해시킬까?

조직이 이런 결정을 고민할 때 우리는 아홉 가지 문항을 통해 우선 조직의 성격을 분석한다. 문항은 두 가지 사항을 파악하는 데 초점이 맞춰져 있다. 첫째로 조직의 성격상 적응적 행동이 얼마나 중요한지를 측정한다. 적응적 행동이 중요한 조직일수록 성과보상제는 효과를 발휘하기 어렵다. 둘째로 성과보상제가 총 동기를 낮출 가능성을 측정한다. 만약 직원들의 총 동기가 높은 수준이라면 성과보상제로 인한 부정적인 영향이 조직을 와해할 만큼 치명적이지 않을 것이다.

아홉 가지 문항은 아래와 같다. 아래의 질문에 '아니오'라고 대답하는 횟수가 많을수록 성과보상제와 목표 인센티브 제도가 조직에 해를 끼칠 확률이 높다는 뜻이다.

1. 적응적 행동이 중요한가

① **VUCA 상황이 거의 발생하지 않고, 업무가 일상적인가?** 3장에서 다뤘듯이 컴퓨터실에서 키 펀칭 작업을 하는 등 적응적 성과가 필요하지 않은 업무의 경우 직원의 성과에 따라 보상하는 제도가 성공을 거둘 수 있다.[17] 하지만 업무에 VUCA 상황이 발생할 경우에는 창의성, 문제해결능력, 끈기, 시민의식과 같은 적응적 행동을 요한다. 단, 이 항목에 대답할 때 과실 편향성을 주의하길 바란다. 경험상 적응적 성과 행동은 대부분의 직무에 긍정적인 영향을 미친다.

② **직원에게 이해가 충돌하는 상황이 전혀 발생하지 않는가?** 이해가 충돌하는 상황에서는 코브라 효과가 나타날 확률이 높다. 직원이 매번 전술적 성과(더 많은 제품을 생산한다)와 적응적 성과(동료를 돕는다), 잘못된 적응적 성과(동료의 성과를 방해한다) 사이에서 선택해야 한다면, 간접동기가 발현되어 직원은 잘못된 방향으로 나아갈 수 있다. 이런 결정을 해야 할 필요가 없다면 조직에 해를 입힐 확률이 낮아진다.

③ **직원 개인의 의도상실, 주의분산, 코브라 효과에서 발생할 수 있는 재무 리스크와 평판 리스크로부터 조직은 안전한가?** 일부 산업

분야에서는 의도상실, 주의분산, 코브라 효과에서 비롯된 위험 정도가 매우 위협적일 수 있다. 대다수의 업계에서는 직원 한 명의 잘못된 적응적 성과가 기업 전체에 대한 소비자 신뢰를 무너뜨린다. 더욱이 소셜미디어는 아주 사소한 실수도 확대해 널리 퍼뜨리는 힘을 가지고 있다. 업무의 위험성이 클수록 성과보상제가 조직에 끼칠 위험 역시 크다.

④ **높은 수준의 성과를 달성하는 데 팀워크가 반드시 필요하지는 않은가?** 동료 간 도움을 주고받거나 서로 배움을 나누는 문화가 중요한 조직이라면 성과보상제는 결국 성과에 악영향을 미친다.

2. 조직의 보상 제도가 총 동기에 해를 입히는가

⑤ **리더가 조직에 중요한 행동양식, 특히 적응적 성과 행동을 공정하게 측정할 수 있는가?** 적응적 성과가 중요하지만 측정하기 어렵다면 성과보상제가 공정히 적용되기 어렵다. 팀 전체의 노력으로 이뤄낸 성과에서는 팀원 개개인의 기여도를 판단하기 힘들다. 가끔 성공은 노력이나 능력보다 운이 크게 작용한 경우도 있다. 이 문항에 대답하기 전에도 역시 과실 편향성을 경계해야 한다.

⑥ **리더가 중요하게 생각하는 행동의 가치를 판단할 수 있는가?** 생산량에 따라 직원의 급여를 결정하는 일은 쉽다. 하지만 이보다 더 복잡한 직원의 공헌도에 대해 가치를 매기기는 어려운 일이다. 또한 직원의 행동이 얼마의 가치를 지녔는지는 몇 달 혹은 몇 년이 지난 후에야 알게 되는 경우도 많다.

⑦ **직원들이 정서적, 경제적 압박감과 타성에 대한 저항력이 있는**

가? 간접동기가 훨씬 민감하게 작용하는 특정 상황들이 있다. 취업난이 심각한 상황에서는 직원들의 경제적 압박감이 높아진다. 조직의 특성상 직원의 지위와 자존감이 보너스에 달려 있다면 간접동기를 피하기는 어려울 것이다. 또 직원들이 재정적인 여유가 없는 상황이라면 보너스는 중요한 요소가 될 것이다.

⑧ **조직의 총 동기가 원래 높게 형성되어 있는가?** 리더의 정체성이 확고하다면, 열정을 갖고 장기적인 관점으로 기업을 운영하는 '선교사형 리더'에서 기회주의적이고 단기 경주마인 '용병형 리더'로 변하는 일은 없을 것이다. 리더가 뚜렷한 정체성이 있는 경우 직원들 역시 다양한 보상 제도에 대해 자신의 성장을 확인할 수 있는 장치로 인식할 것이다.

⑨ **조직의 인센티브 제도가 고객과 직원, 조직 이 세 가지 요소를 모두 고려했는가?** 고객이 기대하는 것은 훌륭한 서비스다. 하지만 조직의 보상 제도 때문에 직원은 계약이든 판매든 자신이 해야 할 일만 서둘러 마무리해야 하는 환경이라면 성과보상제는 조직에 부정적으로 작용할 것이다.

아홉 가지 문항에 모두 답한 뒤에도 자신의 조직에는 성과보상제가 적절한 전략이라는 확신이 드는가? 그렇다면 천천히 장기적인 실험을 거쳐 제도를 도입해가면서 부작용이 생기지 않도록 주의하길 바란다. 이 경우 전술적 성과 행동과 적응적 성과 행동을 모두 고려해야 하고, 그 과정에서는 창의성을 발휘해야 함은 물론 비용이 발생하는 것도 감수해야 한다. 그러나 결국에는 조직문화에 투자하는 것이 실적에 따른 보상 제도보다 더 높은 성과를 만들어낸다는 사실을 깨닫게 될 것이다.

성과 기반 보상의 대안으로 고려해볼 만한 몇 가지 방법이 있다. 11장에서 소개한 것처럼, 직원이 조직의 가치 상승에 얼마나 기여했는가(배움에 따른 보상)를 총체적인 관점에서 꼼꼼하게 판단해 그에 따른 보상을 지급하는 방법도 있다. 이때 경력 사다리의 각 계단은 판단 기준이 되어 직원의 능력과 전반적인 영향력을 보상 제도에 적용하는 데 활용된다. 이익공유제(개인보다는 팀이나 사업부와 같은 조직적 단위로 차등을 둬야 한다) 역시 다양한 보상 제도 가운데 하나로, 총 동기를 높일 수 있는 방안이다(조직이 어려워 현금흐름 위기 시 완충제 역할을 할 수도 있다).

과감히 보상 제도를 버리다

기업들은 보상 제도라는 종교를 버리고 새로운 대안에 눈을 돌리기 시작했다. 항공기와 자동차 부품 제조회사로 포춘 500대 기업인 리어Lear는 2010년 전 직원 11만 5,000명에 대한 인사고과를 보상 제도의 기준으로 삼지 않기로 결정했다.[18]

HR 책임자인 톰 디도나토Tom DiDonato는 인사고과를 바탕으로 한 보상 제도로 인해 '책임을 따져 묻는 조직문화'가 형성된다고 했다. 그는 〈하버드비즈니스리뷰Harvard Business Review〉 블로그를 통해 성과가 낮은 직원, 높은 직원, 관리자까지 포함해 "모두를 자멸하게 만들고 사기를 해친다"라고 밝혔다. 리어는 연간 인사고과 대신 직원과 매니저 간의 분기별 상담을 진행했다. 직원이 새로운 기술을 익히고 단점을 보완하는 방안에 초점이 맞춰진 대화였다. 대화 내용은 "보상 제도에 아무런 영향도 끼치지 않는다. 조금도." 기업은 직원의 연봉 인상 역시 폐지했다. 연봉 조정은 시장 상황에 따라 달라진다.

큰 모험이었지만 디도나토는 "고성과를 이끄는 힘은 직원과 관리자가 '실제로 듣는' 진정성 있는 피드백"이라고 믿었다. "마지막으로 받았던 인사고과를 떠올려보세요. 목표 달성 여부나 보너스 지급 자격에 대한 내용 외에 무엇을 들었습니까? 상사의 단점에 대해 솔직하게 이야기할 수 있었습니까? 리어에서는 돈과 지위에 대한 부담감을 없애고 직원들이 편안하게 매니저의 이야기를 듣고, 또 반대로 상사에 대해 자신의 의견을 이야기할 수 있는 자리를 만들었습니다." 디도나토의 설명이다. 리어는 '승진에 대한 가능성'이면 충분한 보상이 된다고 생각했고, 기술적으로 뛰어난 업적을 달성한 직원의 경우에만 예외를 두고 보상 차원으로 특별 주식 보상을 제공했다.

이외 여러 대기업 역시 기존의 보상 제도는 득보다 실이 많다고 판단했다. 소프트웨어 기업인 SAS는 스톡옵션이나 성과급 없이도 매출 30억 달러를 돌파했다. SAS의 공동 창업자이자 CEO인 짐 굿나잇Jim Goodnight은 "직원들에게 영업수당을 제공한다고 해서 고객관리에 더 힘쓰거나 고객과 장기적인 관계를 유지하려고 노력하는 것은 아니다"라고 믿었다. SAS는 〈포춘〉 선정 '2015년 일하기 좋은 기업' 4위에 이름을 올렸다.[19]

중소기업 역시 실험을 하며 변화를 모색하고 있다. 웹기반의 프로젝트 관리 소프트웨어인 트렐로Trello를 개발한 회사인 포그크릭Fog

Creek은 최고운영책임자인 리치 암스트롱Rich Armstrong의 표현처럼 "기업이 원하는 방식으로 직원을 보상하는" 성과급 제도를 만들기 위해 1년을 투자했다.[20] 포그크릭은 영업부서에서 높은 이직률이 발생해 2008년부터 2011년까지 매해 새로운 영업 담당자를 채용해야 했다. 그러다가 총 동기 연구원들의 활동에 영감을 얻어 2011년 성과급 제도를 없앴다. 큰 변화를 감행한 것이다.

한 영업사원은 이렇게 설명했다. "새로운 변화로 인해 '나, 나, 나' 중심의 사고방식이 사라졌습니다. 이제는 팀원 모두와 정보를 공유하고, 동료를 돕는 일이 자기 자신에게 해가 되지 않기 때문에 모두 협력하게 되었습니다."[21] 기업에서는 스트레스와 '비난'이 사라지고, 부서 간 협력은 증가했다. 포그크릭은 뛰어난 매출을 올리며 성장하고 있다.

변화의 시작

우리는 보상 제도가 특효약이길 바란다. 적당한 당근과 채찍으로 우리가 원하는 대로 직원을 움직일 수 있다면 상황은 훨씬 쉬워질 것이다. 그러나 현실은 그렇지 않다.

보상 제도는 조직문화에 강력한 영향력을 발휘한다. 보상 제도는 직원이 스스로의 성장과 조직에 대한 기여도를 확인시켜 준다. 그러나 때로는 직원들이 업무에 집중하지 못하도록 혼란스럽게 하고, 직원의 훌륭한 행동양식을 무효화하기도 한다. 또한 코브라의 개체수를 늘리는 가장 빠른 방법이기도 하다.

— 13장 —

공동체: 사냥그룹

처음에 조직을 만드는 것은 우리지만,
그 뒤엔 조직이 우리를 만든다.[1]

조직에 팀이나 부서를 만드는 일은 (우리가 인식하지 못했더라도) 문화적으로 큰 결정을 내리는 것과 같다. 리더는 아마도 업무를 수행하기 위해 몇 명의 인원이 필요한지와 같은 비즈니스 니즈에 대해 생각해 봤을 것이다. 누가 누구와 업무를 수월하게 할지 대인관계 문제에 관해서도 고민했을 것이다. 또한 매니저 한 명이 몇 명의 직원을 '통제' 할 수 있을지도 고려했을 것이다. 그러나 팀과 부서가 모여서 총 동기와 성과를 높이는 공동체를 형성하기 위해 어떻게 해야 하는지는 아무도 생각하지 않는다.

조직에는 무임승차자가 있다

때는 1882년, 당신은 농장을 관리하는 감독관이다. 14명의 건장한 일꾼 가운데 쟁기에 연결된 줄을 끌기 위해 일꾼 몇 명이 필요하다. 줄은 장정 모두가 나란히 서서 잡아당길 수 있을 만큼 길다. 당신이라면 몇 명에게 줄을 당기라고 지시하겠는가? 즉각적인 답변은 14명 모두를 불러 줄을 당기게 하는 것이다. 백지장도 맞들면 나을 테니까. 그러나 이 책을 여기까지 읽은 독자라면 수행공학이 그리 간단한 문제가 아니라는 것을 알 것이다.

이 문제에 대한 답을 얻기 위해 1913년 프랑스의 농업공학자인 막스 링겔만Max Ringelmann은 역사상 첫 사회심리학 실험으로 기록된 하나의 실험을 진행했다.[2] 우선 그는 각각의 실험 참가자가 밧줄을 당길 때 어느 정도의 힘을 쓰는지 측정한 뒤, 13명까지 참가자의 수를 점차 늘려가며 인원수가 추가될 때마다 개인이 발휘하는 힘의 정도를 다시 측정했다. 이후 링겔만은 연구실과 현장에서 다양한 실험을 추가로 진행했고, 추후 모든 실험 결과를 정리했다.[3]

링겔만의 연구 결과는 가히 충격적이었다. 링겔만은 자신이 발견한 사실을 밧줄 실험에 적용한 결과, 밧줄을 당기는 인원이 한 명씩 늘어날 때마다 참가자들은 모두 힘을 '덜' 사용한다는 사실을 발견했다. 참가자 2명이 밧줄을 당길 때는 개인이 발휘하는 힘의 93%를 썼다. 3명이 당길 때는 85%, 이런 식으로 사람이 점점 늘어날 때마다 각 개인은 더 적은 힘을 사용했다. 참가자가 8명으로 늘자, 참가자 전원은 개인이 발휘한 힘의 절반 정도밖에 쓰지 않았다. 결과적으로 8명이 한 팀을 이뤄 밧줄을 당겼을 때와 7명이 한 팀을 이뤄 밧줄을 당겼을 때 힘의 차이가 없었다.

'링겔만 효과Ringelmann Effect'는 '무임승차자(free rider, 프리라이더)'라는

심각한 문제의 또 다른 이름이다. 무임승차자는 군중 속에 숨어 자신이 아닌 다른 사람들이 일을 하도록 만드는 사람들이다. 우리가 바퀴벌레를 두려워하는 만큼 조직은 무임승차자를 두려워한다. 무임승차자의 습격에 대비해 조직은 직원들에게 무임승차자를 찾아내 색출하도록 유도한다.

만약 주방에서 벌레가 우글거린다면 할 수 있는 몇 가지 선택권이 있다. 10명의 감시요원을 배치해 벌레가 나올 때마다 죽이도록 할 수 있다. 혹은 10명의 사람들에게 주방을 빈틈없이 청소하라고 지시한 후 항상 티끌 하나 없이 깨끗하게 유지하는 방법도 있다. 특이하게도 과실 편향성 때문에 우리는 첫 번째 안을 선택하게 된다. 그런 다음 벌레를 잡는 감시요원이 또 다른 무임승차자로 변질되는 것을 막기 위해 이번에는 감시요원을 감시하는 관리자를 고용한다!

조직에서는 한 관리자가 통제하고 통솔할 수 있는 적절한 인원의 규모를 두고 '통제범위span of control'라는 용어를 사용한다. 지금까지 본 것처럼 끝나지 않는 벌레 사냥에 드는 비용은 바로 조직의 '적응성'과 '성과'를 의미한다.

링겔만 이후 여러 심리학자들은 무임승차자의 심리를 이해하기 위해 수많은 연구와 실험을 진행했다. 그룹의 규모가 커질수록 개인의 기여도가 낮아진다는 링겔만의 발견을 입증하는 무임승차자에 대한 78건의 실험 요약이 〈성격과 사회심리학 저널Journal of Personality and Social Psychology〉에 실렸다.[4] 학술지에 실린 실험은 링겔만의 연구에서 한 발 더 나아가 무임승차와 같은 행동이 발생하는 원인을 문화의 구조적 요소에서 찾았다.

그 결과 무임승차를 촉발하는 가장 큰 세 가지 원인은 총 동기를 통해 충분히 예측 가능했다는 사실이 밝혀졌다. 무임승차라는 행동 양식은 개인이 업무에서 본질적 의미나 가치를 발견하지 못할 때 가장 두드러지게 발생했다. 또한 개인의 기여도가 식별되기 어려운 상황에서도 비교적 높은 수준으로 나타났다. 이 두 가지 원인은 조직문화에서 직무설계가 가장 강력한 요소라는 사실을 다시 한 번 증명한다(10장 참고). 무임승차자를 만드는 세 번째 이유는 개인이 단지 타 구성원들과의 친밀도가 없다는 데서 비롯되었다.

강력한 공동체는 동기 요인으로 발생하는 다양한 문제를 해결하는 열쇠가 된다. 우선 정서적 압박감을 감소시킨다. 강력한 공동체에 소속되어 있으면 자신의 연약함을 드러내도 된다는 편안함을 느끼기 때문이다. 자신이 안전하다고 느끼기 때문에 불안감으로 인해 즐거움과 의미 동기가 낮아지는 일이 생기지 않는다. 또한 튼튼한 공동체 울타리 안에서 처벌에 대한 두려움 역시 사라지며, 경제적 압박감이 해소된다. 공동체의 정체성이 워낙 굳건한 만큼 개인의 목적의식 역시 고취된다. 공동체에 속한 구성원이 서로 새로운 관점과 아이디어를 공유하는 일에서 누구도 위협과 불안을 느끼지 않게 되어 즐거움 동기를 불러일으키는 호기심과 같은 감정 역시 커진다. 수많은 직원들을 상대로 진행한 조사를 통해 우리는 강력한 공동체에 속한 직원들은 그렇지 않은 직원들에 비해 총 동기가 무려 60점이나 높다는 사실을 알 수 있었다.

그러나 조직 내 공동체가 결속력이 높고 굳건한지 확인할 수 있는 방법이 있을까? 총 동기의 다양한 측면과 마찬가지로 이 질문에 대한 답은 인간의 본질에서 찾을 수 있다. 결국 우리는 모두 일하기 위해 태어났다.

공동체의 두 가지 유형, 시장과 사회

공동체 중에서도 특히 '시장marketplace'과 '사회society'는 높은 적응성을 가진 두 가지 유형의 공동체다. 어떤 조직이든 둘 중 하나의 유형만 선택할 수 있다.

예를 들어 자본주의 경제는 높은 적응성을 지닌 '시장'이다. 다윈의 진화론에 따라 승자는 살아남고 패자는 사라진다. 흰개미들이 자원을 기회로 만들기 위해 페로몬으로 자취를 남기듯이 시장은 돈을 활용한다. 이러한 화폐라는 신호는 시스템에 새로운 아이디어가 널리 퍼지도록 한다. 새로운 과학기술이나 시장이 등장하면 곧바로 기업가들이 몰려들어 골드러시 현상을 이룬다. 그러나 가치가 떨어지면 시장은 사라지고, 몰려든 자원은 더 높은 가치가 있는 곳으로 이동한다. 앞서 살펴보았듯이 시장의 적응성 덕분에 맨하탄의 거리 코너마다 식료품점에는 우유와 빵이 끊이질 않는다.

그렇다면 조직원들을 시장의 원리처럼 조직하는 방법은 없을까? 우리가 함께 일했던 대부분의 기업들 역시 그 방법을 궁금해했다. 시장의 특성상 구성원들은 생존을 위해 바로 옆사람과 공공연하게 혹은 암묵적으로 경쟁할 수밖에 없다. 강제 배분법에 따른 분포곡선 상에서 직원에게 등급과 점수를 매기는 성과관리 제도를 채택하고, 엄격한 인센티브 보상 제도를 적용한다. 성과가 최하위인 직원들은 해고되고, 그 자리에 이들을 대신하는 새로운 사람들이 토너먼트에 참가하게 된다.

만약 경제와 같은 큰 개념에서도 시장원리가 잘 작동한다면, 팀이나 조직과 같이 비교적 작은 공동체에도 문제없이 적용되어야 타당하다고 생각할 수 있다. 그러나 이런 결론은 네 가지 잘못된 가정을 기반으로 한다.

가정 1. 조직 내 적응적 행동을 널리 확장시킬 시민의식이 중요하지 않다. 시장에서는 화폐의 신호를 통해 새로운 아이디어가 확장된다. 경쟁사가 시도한 무언가가 시장에서 좋은 반응을 이끌어내면 다른 기업들 역시 경쟁사를 모방한다. 그러나 조직에서 뛰어난 업무처리 능력이 있는 직원은 자신의 '비법'을 숨기려고 하는 경향이 많다. 시민의식이 존재하지 않는다면 이들은 자신의 비법을 동료들과 공유하지 않을 것이다.

가정 2. 조직 내 협력과 일관성이 중요하지 않다. 시장 전반에 속한 구성원 전체에게 일관성과 협력, 시민의식을 불어넣기란 매우 어려운 일이다. 이 지점에서 문제가 발생한다. 경쟁사 간 표준에 대한 합의를 이끌어내기가 얼마나 어려운 일인지 알 것이다. 베타맥스Betamax와 VHS*의 사례나 우리가 노트북을 충전하기 위해 표준화된 코드를 구

* 1970년에서 1980년대 중반 홈 비디오가 활성화되던 시기, 업계 장악을 위해 소니의 베타맥스 방식의 비디오테이프와 JVC의 VHS 비디오테이프는 표준 전쟁을 벌였다. 기술력은 베타맥스가 훨씬 우월했으나, 소니의 폐쇄적인 정책과 콘텐츠 제작사와의 불화로 결국 시장은 VHS 테이프가 휩쓸게 되었다. — 옮긴이

매하는 경우가 이에 속한다. 조직에서 전술적 성과를 이끌어내기 위해서는 일관성이 중요하다. 또한 적응적 성과는 협력과 시민의식 없이는 불가능하다.

가정 3. 조직 내 직원들이 공용자원을 향상시키지 않아도 된다. 시장에서 공용자원(환경과 같은)은 다른 것과 마찬가지로 거래를 통해 관리된다. 시장 구성원들은 보상이 없다면 공용자원을 향상시키기 위해 애쓰지 않는다. 또한 구성원들은 항상 무임승차자가 되고자 하는 강력한 동기를 갖고 있다. 그러나 조직에서는 방법, 기술, 과정, 이 모든 공용자원을 지속적으로 향상시키지 않으면 고객들에게 효과적으로 가치를 제안할 수 없다.

가정 4. 조직은 코브라 효과로 발생하는 비용을 책임지지 않아도 된다. 시장에서 부정행위를 저지른 기업이 밝혀지면 그에 따른 결과를 모두 떠맡게 된다. 반면 다른 기업들은 (보통) 대가를 치르지 않는다. 그러나 조직의 브랜드와 문화는 단 한 사람에 의해 손상되거나 돌이킬 수 없을 정도로 망가질 수 있는 공용재다. 파산한 베어링은행[Bearing Bank]과 해체된 아서앤더슨[Arthur Andersen]의 사례에서 볼 수 있듯이 조직 내부의 위법 행위는 기업을 와해시킬 만큼 위험한 일이다.

조직에서 채택해야 할 공동체 모델은 바로 '사회'다. 사회에서 행동을 이끄는 것은 총 동기이지 화폐의 신호나 다윈의 진화론이 아니다. 정체성, 성과관리, 보상 제도 설계, 리더십 행동이 모두 퍼즐의 일부다. 그러나 아직 소개하지 않은 한 가지 중요한 열쇠는 바로 이 퍼즐조각들 간에 조화를 이끌어내는 전체적 구조다.

모든 조직이 다르다. 또한 조직 내 모든 부서가 각각 다르다. 조직문화를 구축하는 데는 모든 핵심 요소가 함께 작용해야 한다. 조직문화를 설계하고자 한다면, 인간이 자연적으로 형성하고 필요에 따라 적응하는 다양한 유형의 사회에 대해 알아야 한다.

네 가지 유형의 사회 공동체

주변에서 항상 찾아볼 수 있듯이 인간은 자연스럽게 시장과 사회를 형성하며 살아간다. 가족은 작은 사회처럼 운영된다. 긴밀한 유대감으로 맺어진 공동체 역시 사회와 같다. 친구 관계도 마찬가지다. 회사를 조직화하는 방법에 대해 알고 싶다면 동물이 이 문제를 어떻게 해결했는지 이해해야 한다.

인류학자이자 진화심리학자로 옥스퍼드 대학교 실험심리학 부서인 사회 및 진화 신경과학 연구소장인 로빈 던바Robin Dunbar 교수는 영장류 사회구조의 비밀을 파헤치고자 영장류 집단의 패턴을 연구해왔다. 야생 동물들은 놀라울 만큼 인간과 흡사하다. 이들은 함께 놀이를 하고, 함께 실험한다. 공정성을 중요하게 여기며, 서로 털을 다듬어주는 무리를 형성한다. 던바 교수는 영장류 공동체의 구조에 관해 흥미로운 패턴을 발견했다.[5] 우선 응집력 있는 사회의 규모는 본능적으로 정해져 있다는 사실이다. 던바가 발견한 사실은 조직을 바라보는 시각을 바꿔줄 것이니 주목하길 바란다.

그는 38종의 영장류를 관찰하고, 이들이 형성한 사회의 크기를 신중히 표로 작성했다.[6] 각 개체의 뇌 크기, 특히 신피질의 크기 역시

도표 18. 다양한 영장류의 뇌 크기와 공동체 규모에 대한 던바의 분석

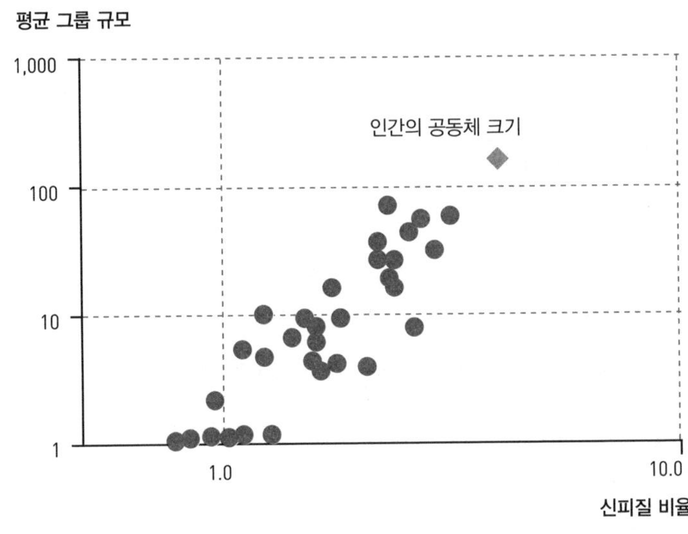

기록했다. 공동체를 형성하는 일은 정신적으로 많은 부담을 준다는 것이 그의 생각이었다. 우리는 공동체 구성원의 얼굴, 신상 정보, 이름, 이야기 등 수많은 사항을 기억해야 한다. 그렇다면 뇌의 크기와 그룹의 크기도 어느 정도의 연관성이 있지 않을까?

이럴 수가! 실제로 뇌의 크기와 그룹의 규모에는 상당한 연관성이 있었다. 영장류 집단의 구성원 수는 이들 뇌의 특정 부위, 신피질의 크기와 비례했다. 신피질, 그러니까 새로운 뇌*는 기억력과 학습, 의

* 구피질은 오래된 뇌라고 부른다. —옮긴이

식적 사고에 관여한다.[7] 인간의 언어활동을 주관하는 셈이다.

던바는 자신의 공식을 대입해 인간이 최대로 형성할 수 있는 공동체의 규모를 예측했다. '던바의 법칙Dunbar's Number'으로 잘 알려진 것처럼 인간이 형성하는 공동체의 최대 인원수는 약 150명 정도로 밝혀졌다. 던바가 적은 것처럼 "요약하자면 인간의 내면은 정해진 수보다 더 많은 사람을 자신의 사회집단 안에 허용할 수 없도록 만들어졌다. 친밀한 인간관계는 정서적으로, 심리적으로 상당한 투자가 필요하고, 우리가 사용할 수 있는 정서 자본은 한정되어 있다."[8]

던바 외 연구원들은 인간이 형성한 다양한 그룹의 규모를 분석했다. 던바의 법칙은 단지 널리 드러나지 않았을 뿐 실제로 항상 우리 주변에 있던 진실이었다.

- 현대의 수렵채집 사회(캐나다의 이누이트족, 호주의 월피리족)의 평균 크기는 148.4명이다.[10]
- 가장 작은 군대 조직(기업)의 평균 크기는 80명에서 300명 정도이고, 평균을 내보면 160명 정도다.[11]
- 트위터 사용자의 170만 명을 분석한 결과, 친구를 맺은 사람의 최대 인원수는 100명에서 200명 내외였다.[12]
- 실험 결과 사람들이 평균적으로 크리스마스 카드를 보내는 지인의 수는 125명 정도였다.[13]
- 우리가 진행한 조직의 총 동기 예비 분석 결과, 구성원이 200명가량일 때 총 동기가 조금 높아지는 것을 확인했다. 그러나 포괄적인 연구가 아니기 때문에 결과에 대한 추가 조사가 필요하다.[14]

던바는 150명의 인간관계를 두고 '빌리지village'라고 일컬었다. 던바의 통찰력 있는 연구는 여기서 멈추지 않았다. 그는 인간이 형성하는 가장 일반적인 공동체 형태를 정서적 유대감에 따라 세 가지 유형으로 나누었다.

빌리지의 바로 아래 단계로, 인간이 더욱 깊은 유대감을 느끼고 자원을 공유하며 서로를 보호하는 50명의 그룹이 있다. 던바는 이 공동체를 '밴드band'라고 불렀는데, 공유 공동체를 형성하기에 가장 좋은 규모다.

인간은 밴드보다 작은 규모의 15명 집단을 자연적으로 형성한다. 이 단계에서 인간은 구체적인 공동의 목표를 갖고 긴밀하게 협력한다. 우리는 이를 '사냥그룹hunting party'이라고 부른다.[15]

가장 작은 규모의 공동체이자 가장 가까운 인간관계는 우리가 친구confidants라고 부르는 '버디그룹'이다. 버디그룹은 5명 정도로 형성된다. 가장 신뢰가 깊은 집단이자, 제대로 운영만 된다면 적응적 성과가 가장 뛰어날 수 있는 집단이다.

이 네 가지 유형의 공동체는 자연적으로 사회를 형성하는 데 필요한 기본 구조다. 기업의 조직문화 담당자는 적응적 성과를 극대화하기 위해 던바가 제안한 네 가지 사회집단의 구조를 적절히 활용해야 한다(14장 참고).

모르몬 교로 알려진 예수 그리스도 후기 성도 교회 내부에 형성된 조직을 살펴보면 던바의 공동체와 유사한 패턴을 볼 수 있다. 보통 회중會衆 혹은 '와드ward'는 빌리지 단위의 공동체로 수백 명의 구성원이 속해 있다. 수많은 학생 성도를 보유한 매사추세츠의 케임브리지 교회는 대학생, 대학원생, 그리고 성인으로 나누어 여러 개의 와드를 조직해 와드 하나의 규모가 너무 커지지 않도록 관리하고 있다. 스페인에서 중국에 걸쳐 다른 국가에 위치한 교회는 사용하는 언어에 따라 와드를 조직한다.

와드는 비교적 규모가 큰 집단이기 때문에 더욱 세분화된 50명의 밴드로 나누어진다. 가령 와드 하나는 50명의 남성 밴드와 50명의 여성 밴드로 나뉘어져 있는 식이다. 매주 일요일 신도들은 빌리지 단위로 모임을 갖는 것 외에도 밴드끼리 모여 한 시간 동안 세부 모임을 진행한다.

한 신자는 밴드 모임을 두고 우리에게 이렇게 설명했다. "밴드는 가장 많은 대화와 정보 공유가 이뤄지는 모임입니다. 자녀 양육과 성공적인 결혼생활, 변화를 모색하는 방법에 대한 가르침을 서로 공유합니다. 함께 많은 이야기를 나눔으로써 굉장히 강한 유대감이 생깁니다." 또한 교인 한 명에게는 친구(버디) 한 명이 지정되어 2인의 그룹이 형성된다. "누구나 친구를 갖도록 하는 거예요. 서로 더욱 가까이서 챙겨주는 사람들이죠. 제가 아플 때 약이나 도움이 필요하다면 연락할 사람이죠. 제가 이사를 하거나 재정적인 어려움을 겪고 있다면 이 친구가 저를 도와줄 거라 믿습니다."

우리가 어떤 이유로 이 네 가지 유형의 공동체를 형성하게 되었는지는 아직도 미스터리로 남아 있다. 한 가지 이유는 아마도 시간적 제약 때문인 듯하다. 던바 교수가 밝힌 바로는, 누군가와 4개월 이내에 친밀한 관계를 형성하지 못하면 정서적 유대감은 곧 사라진다고 한다. 버디그룹 관계는 빌리지 관계보다 시간을 훨씬 많이 투자해야 한다. 우리가 의미 있는 사회관계에 쏟을 수 있는 시간이 일주일에 28시간(하루 4시간) 정도라고 가정할 때, 빌리지 규모의 공동체에서 각각의 구성원에게 사용할 수 있는 시간은 고작 한 달에 45분(일주일에 6분가량)이다. 한 달에 45분이라는 시간을 모든 구성원에게 동등하게 할애한다면, 안타깝지만 우리는 그 누구와도 가까운 관계를 맺을 수 없다. 친구를 만들 수 없고, 복잡한 문제를 함께 해결할 가까운 구성원을 사냥그룹에서 구하지 못한다. 잠깐의 계산만으로도 한정된 시간을 효과적으로 쓰기 위해서는 각 집단마다 투자해야 할 시간을 달리해야 한다는 사실을 알 수 있다.

- 빌리지 구성원 한 명: 평균 한 달에 10분
- 밴드 구성원 한 명: 평균 한 달에 30분
- 사냥그룹 구성원 한 명: 평균 한 달에 1시간 30분
- 버디그룹 구성원 한 명: 평균 한 달에 4시간 30분

기업은 조직 내 빌리지, 밴드, 사냥그룹, 버디그룹이 형성될 수 있도록 적극적으로 힘써야 한다. 첫 시작은 '통제 범위'란 용어를 없애는 것이다. 기업의 조직 관리에서 자주 활용되는 프레임워크이지만, 통제 범위란 단어는 잘못된 인식을 심어주기 쉽다. 팀은 통제되어야 하고, 리더는 팀을 감시하기 위해서 존재한다는 의미를 내포한다. 이제 우리는 통제 범위가 아닌 '적응성의 범위spans of adaptability'를 더욱 중요하게 여겨야 한다.

빌리지

자연에서는 빌리지와 밴드, 사냥그룹, 버디그룹이 자연스럽게 생성되지만, 조직에서는 공동체가 자동적으로 생겨나지 않는다. 몇몇 기업은 규모가 너무 큰 그룹을 만든다. 어떤 기업에서는 너무 많은 간접동기를 활용한 탓에 자기방어, 질투심, 불안감, 부당함과 같은 감정이 공동체를 잠식시킨다. 따라서 기업은 의도적으로 조직 내에 빌리지를 구축해야 한다. 다행히도 크게 어렵지 않은 일이다.

스탠퍼드 대학과 워터루 대학의 연구가들이 진행한 실험[16]에서 드러났듯이, 인간은 타인과 연결되고자 하는 본성을 지니고 있다. 실험은 직장의 첫 출근과 비슷한 환경으로 설정되었다. 실험실에 입장한 참여자들에게는 파란색이나 빨간색의 ID 태그가 제공되었고, 태그 안에는 고유 번호가 적혀 있었다. 연구자들은 실험자 몇 명에게는 혼자서 실험을 해야 한다는 인식을 심어주었고, 또 다른 몇 명에게는 팀으로 실험을 진행하게 될 거라는 인식을 주었다.

혼자서 실험을 진행한다고 믿는 참가자는 ID 태그에 적힌 숫자로 불렸다. "당신은 24601입니다"라는 식이었다. 팀에 속해 실험을 진행한다고 믿는 참가자에게는 "당신은 빨간색입니다" 혹은 "당신은 파란색입니다"라고 말했다. 또 이들에게는 같은 색깔에 속한 참가자들의 이름을 알려주었다. 그러나 실제로 함께 일하게 되진 않을 사람들이었다.

참가자들은 각자 해답이 없는 수학 문제를 풀기 시작했다. 특정 팀에 속해 있다고 믿는 참가자들은 그렇지 않은 참가자에 비해 2배가 넘는 시간을 들여 문제를 해결하려고 노력했다. 어떤 그룹에 속해 있다고 들은 것만으로도, 그리고 실제로 함께 문제를 풀지 않았음에도 참가자들은 2배 이상의 끈기를 보였다.

그렇다면 공동체를 형성할 수 있는 조직문화는 얼마나 막강한 힘을 발휘할 수 있을까? 그러기 위해서 우선 150명 규모의 빌리지로 조직을 나누어야 한다. 각각의 빌리지에는 고유의 이름과 목표, 유산, 전통, 그리고 조직 전체를 관통하지만 빌리지의 성격에 따른 맞춤형 행동양식이 있어야 한다. 빌리지를 형성하면 상하 계층관계가 완화된다. 계급을 뛰어넘어 관계를 형성하는 일이 가능해진다. 직원들에게 사원번호를 부여하기 전에는 직원이 속한 빌리지를 의미하는 코드를 앞에 명시하는 것이 좋다. 사내 인트라넷에도 빌리지의 구성원을 등록하고, 각 빌리지의 과거 구성원 역시 공유한다. 시간이 흐르면서 소속 빌리지는 바뀔 수 있지만, 직원들에게 소속감을 매일 일깨워 줄 수 있는 좋은 장치다.

만약 빌리지의 규모가 너무 커지면 둘로 나눠야 할 수도 있다. 직원이 같은 빌리지 내 구성원 각각과 보낼 수 있는 시간은 기껏해야 한 달에 10분 정도다. 그렇다면 공동체 형성을 위해 10분의 시간을 효율적으로 활용할 방법에 대해 생각해봐야 한다. 예를 들어 서로의 아이디어를 공유하는 수단으로 함께 식사를 할 수도 있고, 특정 업무 방식을 고수할 수도 있다. 우리가 함께 일했던 스코틀랜드의 한 운영본부의 경우 금요일에 전체 빌리지 미팅을 열어 모든 구성원이 한 주간 있었던 내용을 이야기할 뿐 아니라 구성원끼리 장난이나 농담도 서로 공유했다.

밴드

빌리지보다 한 단계 작은 공동체는 밴드다. 보통 한 사람의 사회적 관계는 빌리지 규모의 공동체까지 형성된다. 하지만 인간이 가장 높은 수준의 안정감을 느끼고 구성원 내 가장 활발하게 자원을 공유하는 공동체는 50명 규모의 밴드다. 조직에서 밴드는 조직원 간 지식을 공유하고, 개인의 창의성을 가장 높이 끌어올리는 이상적인 규모다.

연구자와 과학자들은 밴드를 두고 '지식공동체community of practice'라고 표현한다. 가장 존경받는 단체이자 가장 많이 연구된 지식공동체는 제록스의 팰로 앨토 연구소PARC, Palo Alto Research Center로 뛰어난 엔지니어와 과학자들이 모여 컴퓨터 마우스, 그래픽 유저 인터페이스, 레이저 프린터 등을 개발했다. (적응성을 발휘하기 어려운 조직문화를 이유로 제록스는 자사가 개발한 뛰어난 상품들을 시장에 소개할 수 없었다.)

2002년까지 제록스의 최고연구위원직을 맡았던 존 실리 브라운John Seely Brown은 밴드 구성원에 대해 이렇게 표현했다. "진짜 일을 함께했던 동지들입니다. 공동의 목적의식과 서로가 갖고 있는 지식에 대한 갈망으로 우리는 끈끈한 유대감을 공유할 수 있었습니다."[17]

조직 내 밴드를 만드는 방안에 대해 도움을 줄 수 있는 몇 가지 질문과 아이디어를 소개한다.

- 놀이와 실험에서 비롯된 충만한 지식을 서로 교환할 수 있는 그룹이 자연스럽게 형성되어 있는가? 공동체는 비슷한 주제나 분명한 목표를 기반으로 형성될 수 있다.

- 밴드가 신뢰와 애정을 바탕으로 공동의 정체성을 확립할 수 있도록 리더는 무엇을 해야 하는가?
- 밴드는 어떻게 서로 간에 신뢰를 쌓는가?
- 밴드의 행동양식에서 도제 제도를 포함하기 위해 리더는 어떻게 해야 하는가?
- 밴드의 지식을 효율적으로 공유하기 위해 필요한 일상적인 업무 방식과 자원은 무엇인가?
- 밴드가 함께 배우고 성장하기 위해서는 어떻게 해야 하는가?

사냥그룹

아마존의 행동양식 가운데 하나인 '피자 2판 규칙'이 있다. 만약 피자 2판으로 모자라다면 그 팀의 규모가 너무 크다는 의미다.[18] "가장 작은 규모의 팀에서 진짜 일을 할 수 있다"는 베조스의 신념이 잘 드러난 규칙이다. 또한 사냥그룹을 가장 잘 표현한 말이기도 하다.

사냥그룹과 가장 유사한 것은 바로 스포츠 팀이다. 선수들 간의 밀접한 조직력이 필요한 스포츠는 대부분 5명(농구)에서 15명(럭비, 헐링)이 한 팀으로 운영되고 있다. 경기장에서 뛰고 있는 선수들은 평균 11명 정도다(축구, 미식축구).

사냥그룹의 성과와 집단 내 응집력은 상호관계에 놓여 있다. 결속력은 높은 성과를 이끌고, 성과가 높으면 결속력이 생긴다. 혼자서 업무를 수행하더라도(리셉셔니스트, 영업사원) 사냥그룹의 구성원 모두 조직 개선을 목표로 각자의 시간을 얼마간 공동체에 투자해야 한다.

리더는 사냥그룹의 구성원들이 적어도 일주일에 30분은 함께 시간을 보낼 수 있도록 업무 일과와 규칙을 수정해야 한다.

버디그룹

의사들은 1,000명이 넘는 심장마비 환자를 대상으로 발병 1년 후 병의 재발이나 합병증을 피할 수 있었던 원인이 무엇인지 조사했다.[19] 결과는 놀라웠다. 우울증 여부가 추가적 심장질환과 관계가 있는지는 밝혀지지 않았지만, 환자의 버디그룹이 심장병이나 합병증과 관련이 있다는 사실이 드러났다. 친구와 같은 버디그룹이 있는 환자의 경우 14%의 환자만이 추가적 심장질환에 노출된 반면, 가까운 버디그룹이 없는 환자들의 경우 26%로 그 수치가 더 높았다.

주목할 만한 점은, 타인과의 관계에서 아주 조금의 애정과 따뜻함을 느끼는 것만으로도 개인의 성과를 향상시킬 수 있다는 것이다. 스탠퍼드 대학의 연구자들은 기발한 실험을 통해 이를 증명했다.[20] 실험 참가자들은 몇 가지 주어진 조건하에 지도를 그려야 했다. 첫 번째 조건은 지도 상 모든 국가와 인접해야 하고(국경을 공유하여), 각 국가에는 색을 입혀야 한다. 두 번째 조건은 이웃 국가는 같은 색을 칠할 수 없다. 세 번째 조건은 반드시 다섯 가지 색을 사용해야 하고, 이보다 적게 쓰면 안 된다는 조건이었다.

지도 색칠 문제는 사실 해결할 수 없는 난제다. 1977년 수학자들은 이 지도 그리기 문제에는 오직 네 가지 색만 필요하다는 사실을 증명했고, 이 문제는 최초로 컴퓨터로 증명한 수학 정리다.[21]

실험이 진행되는 동안 모든 실험 참가자는 종이에 적힌 팁을 받았다. 자, 실험은 여기서부터 흥미로워진다. 참가자 중 절반은 힌트와 본인의 이름이 적힌 종이를 받았다. 이 그룹을 '일반 그룹'이라고 부르겠다. 다른 절반은 본인의 이름 외에도 힌트를 전해주는 사람의 이름이 적힌 종이를 받았다. 이들을 '우호 그룹'이라고 하겠다.

도표 19가 실제 실험에 사용된 종이다. 이렇듯 사소한 타인의 관심과 연대감이 참가자의 끈기와 문제해결능력에 영향을 미쳤을까? 물론이다.

도표 19. 종이를 받은 그룹과 받지 않은 그룹의 차이

TIP

TO [Participant's Name]

FROM [Other Participant's Name]

[Content of Tip]

TIP

FOR [Participant's Name]

[Content of Tip]

특정인에게 조언을 받은 참가자는 그렇지 않은 그룹에 비해 해결 불가능한 문제에 48%나 더 오래 매달렸다(우호 그룹은 17분, 일반 그룹은 11분 30초). 더욱이 컴퓨터를 이용해 정신적 피로도를 측정하는 검사를 진행한 결과, 우호 그룹의 경우 일반 그룹에 비해 탈진 정도가 40%나 낮았다. 또한 일반 그룹에 비해 20% 더 다양한 방법을 시도했다(두 그룹에게 주어진 시간은 동일했다). 우호 그룹은 사회적 지지를 받고 있음을 상기시켜 주는 작은 장치로 인해 더욱 창의적이었고, 더욱 끈기 있게 문제를 해결하는 데 매달렸다.

타인과의 친근한 관계는 성과에 미치는 영향이 크다. 그런 사실로 볼 때 더욱 안타까운 것은 많은 사람들이 아직도 직장에서 버디그룹을 형성하지 못하고 있다는 사실이다. 우리가 진행한 조사에 따르면, 일터에 가까운 버디그룹이 있다고 응답한 사람들은 56%밖에 되지 않았다. 학술 연구자들의 조사에 의하면 최고경영자, 최고재무책임자와 같은 C 레벨 경영진은 조직 내 연결성 지수가 매우 심각할 정도로, 버디그룹이 전혀 없다는 것을 의미했다.[22]

직원들이 일터에서 버디그룹을 만들 수 있도록 조직이 할 수 있는 일은 많다. 가장 쉬운 방법은 자유 멘토십 프로그램을 도입해 조직의 행동양식으로 뿌리 내리게 하는 것이다. 미국에서 8번째로 큰 규모의 공립학교 시스템을 갖춘 플로리다 템파의 힐스버러 카운티 공립학군에서는 신입 교사들 가운데 3분의 1이 그만두는 것으로 파악되었다. 이 문제를 해결하기 위해 지역 교육청에서는 경력 교사들이 신입 교사의 적응을 돕는 멘토십 프로그램을 만들었다. 멘토십 프로그램 덕분에 교사 이직률은 28%에서 5%로 줄어들었다.[23]

좀 더 복잡한 방법은 버디그룹이 자연스럽게 형성될 수 있도록 업무와 팀을 새로 설계하는 것이다. 이 과정에서 5명 이하로 조직된 하위팀을 만드는 것이 필수적이다. 이 하위 팀은 리더가 없어야 하고, 장기간에 걸쳐 긴밀한 관계를 유지하며 업무를 지속할 수 있어야 한다.

시민의 기업[24]

당신의 조직은 사회인가, 시장인가? 다른 대다수의 기업들과 같다면 조직원들은 자신과 가까운 몇몇 동료들만 사회구성원으로 받아들이고 있을 것이다. 사회구성원 이외의 세상은 시장처럼 형성되어 있다. 경쟁적인 성과관리 시스템으로 직원 간의 관계는 이빨과 발톱이 피로 물든 약육강식의 법칙이 지배하고 있다. 기업 역시 고객, 공급자, 경쟁사와의 관계를 시장의 법칙으로 관리한다.

하지만 높은 성과를 내는 조직문화는 총 동기 원칙을 활용해 이 법칙을 완벽히 뒤집는다. 우리가 경쟁해야 할 유일한 대상은 조직의 경쟁업체다. 총 동기가 높은 사회를 건설하기 위해서는 리더가 능동적으로 조직 구조에 대해 생각해봐야 한다. 아래 나온 단계를 보면서 참고하길 바란다.

1. 가장 작은 조직은 5명의 구성원으로 이루어졌다. 조직원들은 서로 가르침과 도움을 받는다. 조직의 목적은 버디그룹 형성이다.
2. 버디그룹 3개가 모여 15명의 사냥그룹이 된다. 집단 내 명확한 공동의 목표를 달성하기 위해 공식적인 코치 한 명이 있다.

3. 3개의 사냥그룹이 모여 밴드를 형성한다. 이들은 비슷한 목표를 갖고 서로 지식을 공유한다. 보통 이 규모에서는 리더십이 비공식적이다.
4. 마지막으로 10개의 사냥그룹이 모여 150명 규모의 빌리지를 구성하고, 리더 역시 존재한다. (리더는 10명에게만 직접적인 리더십을 발휘한다.) 빌리지는 집단을 관통하는 공동체 의식과 정체성을 확립한다.

몇몇 기업은 조직 내에 구성된 사회를 목적의식을 갖고 관리한다. 그중 하나가 고어텍스를 발명한 고어앤어소시에이트로, 이 기업은 다른 기업과는 다르게 총 동기 원칙을 바탕으로 만들어진 조직이다. 즐거움은 기업의 DNA에 내재되어 있다. 실제로 기업의 모토는 "돈도 벌고 즐거움도 얻자"다.[25]

빌 고어는 자신이 일하고 있는 듀퐁Dupont이 테프론Tefron의 가치를 제대로 알아주지 않는다는 생각이 들자 회사를 그만두고 1958년 고어 사를 설립했다. 테프론은 '바닥이 눌어붙지 않는' 냄비를 만들 때 사용되는 소재로 마찰계수가 매우 낮은 것이 특징이다.

댈러웨이 대학교 2학년에 재학 중인 아들 밥Bob의 아이디어에 영감을 얻은 빌 고어는 테프론이 전선의 절연체로 훌륭한 소재가 될 수 있음을 깨달았다. 그는 자신의 아내이자 자극제가 되어주는 비브Vieve와 함께 사업을 시작하기 위해 무모한 모험을 시작했다. "만약 우리가 집을 담보로 대출을 받고 저축해둔 4,000달러도 투자한다면 2년은 어떻게든 버틸 수 있을 것 같았습니다." 고어가 당시 상황에 대해 이렇게 말했다.[26] 2년 후 부부가 사업을 그만두기로 마음먹을 때쯤 10만 달러라는 첫 대량주문이 들어왔고, 회사는 도약할 수 있었다.

창립 10년 후 이제 기업의 파트너로 활동하게 된 밥 고어는 새로운 소재의 파이프용 테이프를 만들기 위해 테프론으로 실험을 시작하고, 기업은 새로운 전환점을 맞게 된다. 밥은 폴리머로 된 막대를 가열된 오븐에서 꺼낸 뒤 어떻게 될지 궁금한 마음에 손으로 잡아당겨 보았다. 그러자 공기는 통하면서 방수가 가능한 소재가 완성되었다. 그것이 우리가 지금 알고 있는 고어텍스 섬유의 시작이었다.[27]

경영관리론에 관심을 갖고 있던 빌 고어는 더글라스 맥그리거Douglas McGregor의 이론에 큰 영향을 받았다. 맥그리거는 1960년 베스트셀러 도서인 《기업의 인간적 측면The Human Side of Enterprise》을 저술하며 당시 새로운 시각의 경영관리 이론을 제안했다. 맥그리거는 억지로 강제하지 않으면 일을 하지 않는 인간의 유형을 'X이론'이라고 칭했고, 반면 'Y이론'에 속한 인간은 일하기를 원한다고 제시했다. 이 이론은 에드워드 데시, 리처드 라이언의 연구와 총 동기 프레임워크의 근간을 이루는 주요 이론 가운데 하나다.[28]

당시 던바의 법칙이 아직 세상에 드러나지 않았음에도 고어는 공동체가 성립되는 과정에 대해 본능적으로 이해하고 있었다. 버지니아 대학의 달든 경영대학원에서는 빌 고어에 대해 이렇게 평했다.

"고어는 직원들이 서로 잘 알지 못할 정도로 그룹의 규모가 커진다면 이는 바로 조직이 급격히 몰락하고 있다는 징조라고 믿었다. 그는 그룹이 어느 정도의 규모를 넘어서면 직원들은 더 이상 '우리가 결정한 바로는'이 아닌 '그들이 결정한 바로는'으로 시작하는 소식을 듣게 된다고 생각했다. 만약 그룹의 규모가 150명보다 크다면 조직의 몰락을 미리 방지할 수 있는 방법이 없다고 믿었다."[29]

큰 이변이 없는 한 고어는 조직 내 그룹을 200명 미만으로 제한했다. 구성원이 200명에 이르면 고어는 목표에 따라 조직을 좀 더 작은 그룹으로 나누었다. 고어는 이러한 조직 구성을 '아메바 조직amoeba organization'이라고 불렀다.[30] 팀이 일정 크기 이상 성장하면 다시 나뉘어져 민첩성을 지닌 작은 팀으로 유지되는데, 이 과정에서 팀이 분리되어 나온 모母그룹의 행동양식은 잃지 않는다.

고어는 사냥그룹의 가치 또한 알고 있었다. 듀퐁에서 일할 당시 고어는 테프론의 활용도를 연구하는 팀에 속해 있었다(테프론은 결국 고어의 창립 계기가 되었다). "우리 팀의 일은 흥미진진했습니다. 도전적이기도 했고, 무척 즐겁게 일했습니다. 뿐만 아니라 팀원 모두 열심히 일했습니다. 왜 조직이 우리 팀처럼 운영될 수 없는지 궁금해지기 시작했습니다." 고어는 당시를 이렇게 회상했다.[31]

빌 고어가 세운 회사에는 상사도, 직함도, 직원도, 조직도도 없다. 직원들이 새로운 아이디어를 제안할 때마다 사냥그룹 개념의 프로젝트 팀이 유기적으로 형성된다. 프로젝트 팀을 꾸리고 싶다면 당사자는 즐거움과 의미 동기를 활용해 동료들을 설득하면 된다.

경제 전문지인 〈패스트 컴퍼니Fast Company〉는 고어의 유기적 혁신에 대해 소개했다.[32] 회사에서는 직원들에게 업무 시간의 10%는 여가와 놀이에 할애하도록 권장하고 있다. 플라스틱 인공 심장 개발에 주력하고 있던 엔지니어 데이브 마이어스는 자신의 여가 시간 동안 자전거 기어에 들어갈 케이블을 만들었다. 이후에는 여가 시간을 활용해 치실 개발 그룹에 속한 직원을 설득해 기타 줄을 연구했다. 이들은 자신의 업무 외 추가 프로젝트를 진행하기 위해 6명의 직원을 영입

했다.

고어는 조직에 버디그룹을 형성할 수 있는 시스템도 마련했다. 새로 입사한 직원들이 새로운 문화에 적응할 수 있도록 담당 '스폰서'를 지정했는데, 간접동기 조직에서 일해온 직원들에게는 충격적인 시스템이었다. 전기 기술자인 짐 그릭스비는 입사 후 만난 스폰서가 그에게 처음 며칠은 그저 다른 직원들을 만나며 시간을 보내라고 조언했던 일을 떠올렸다.[33]

그러나 빌 고어의 눈에는 조직을 팀으로 나누는 것만으로는 총 동기가 높은 문화를 형성하는 데 부족해 보였다. 그래서 그는 강력한 전통을 내포한 정체성 구축과 더불어 행동양식을 확립했다. 고어는 말로 전하는 메시지를 중요히 여겼다. 만약 '고어 사전'이 있다면 아마도 아래와 같은 항목이 반드시 포함되었을 것이다.[34]

- 상사가 아닌 스폰서
- 매니저가 아닌 리더
- 직함이 아닌 개인의 약속과 헌신
- 규칙이 아닌 가이드라인
- 비용이 아닌 투자
- 직원이 아닌 어소시에이트

고어가 세운 행동양식은 하나같이 인상적이다. 문구는 직원 모두에게 적용되는 공정성을 약속하며, 이런 약속은 정서적, 경제적 압박감을 낮추는 중요한 열쇠가 된다. '어소시에이트가 지식, 능력, 책임감의 범위를 늘려갈 수 있도록' 자유를 허용하고, 명민한 문구를 통해 '즐거움'을 양식 속에 심었다. 조직원의 약속과 헌신은 물론, 누가 강제해서 하는 일이 아닌 조직원들이 원하는 일을 스스로 선택할 수 있도록 장려하는 메시지도 담았다.[35]

고어에서 가장 중요한 사항은 9장에서 소개했던 '워터라인 원칙'이다. "조직원이 배에 구멍이 생길 만한 선택을 한다 해도 그 구멍이 워터라인 위라면 배가 침몰하지 않을 테니 걱정할 것 없다는 의미입니다. 하지만 배의 워터라인 아래에 구멍이 생길 가능성이 있는 의사결정이라면, 팀과 함께 논의해 공동의 합의가 이루어진 의사결정이 나올 수 있도록 권유합니다." 기업의 커뮤니케이션 팀 소속 스티브 슈스터의 설명이다.[36]

고어의 조직문화는 기업을 대단한 성공으로 이끌었다. 기업은 창립 이래 매년 수익을 냈다. 최근 보고된 고어의 32억 달러 수익은 미국에서 가장 큰 규모의 개인 소유 회사 150개 기업 가운데서도 상위권에 속하는 수준이다. 뱁슨 대학에서 실행한 조사에 따르면 "고어의 자발적 퇴사율은 5% 정도로 업계(내구재 제조업계) 평균의 3분의 1 수준이고, 비슷한 규모의 사기업 퇴사율과 비교했을 때는 5분의 1 수준이다.[37] (……) 기업 규모를 배제하고도 미국에서 가장 혁신적인 기업은 고어앤어소시에이트다." 〈패스트 컴퍼니〉의 분석은 이렇게 마침표를 찍었다.

변화의 시작

당신의 조직을 돌아보라. 당신의 조직은 시장처럼 운영되는가, 사회처럼 운영되는가? 조직의 어느 부서에서든 공동의 목적을 공유하는 빌리지를 형성할 수 있고, 서로 간의 지식을 공유하는 밴드를 구축할 수 있는가? 당신의 사냥그룹은 민첩하게 일을 처리할 수 있는 규모인가? 조직원에게 동료와 버디그룹을 형성할 수 있는 기회를 제공했는가?

고어의 경우 기업의 시작부터 조직문화와 구조에 즐거움과 총 동기를 구축할 수 있었다. 하지만 대다수의 기업은 오래도록 유지된 간접동기의 유산을 극복해야 한다. 다음 장에서는 기업의 변화를 시작하는 방법에 대해 소개하겠다.

— 14장 —
책임자: 파이어 왓처

불이 꺼지지 않으려면
부채질을 해주는 사람이 필요하다.

사우스웨스트 항공사의 창립자이자 전 CEO인 허브 켈러허는 조직문화의 중요성에 대해 잘 알고 있었다. 우리가 총 동기를 측정한 수많은 대기업들 가운데 사우스웨스트 항공사보다 높은 총 동기를 지닌 기업은 없었다. 이것은 우연이 아니다. 켈러허는 글을 통해 이렇게 밝혔다.[1]

“인간이 불을 만드는 법을 몰랐던 시절에는 불을 지키는 사람이 있었다. 동굴 생활을 하던 원시인들이 번개 맞은 나무를 발견하면 불이 붙은 나무를 동굴로 옮겨왔다. 또 언제 나무가 벼락에 맞을지 모르던 상황에서 불꽃이 사그라지지 않도록 누군가는 반드시 불을 지켜야 했다. 때문에 부족에서 불을 지키는 사람은 가장 중요한 인물이기도 했다. 나는 우리 기업의 조직문화 위원회에게 이렇게 말한다. ‘당신들은 불씨가 꺼지지 않도록 불을 지키는 사람입니다. 사우스웨스트 항공사에서 가장 중요한 역할을 하는 부서라고 생각합니다.'"

우리는 이제껏 조직문화 체계에서 가장 중요한 요소들에 대해 살펴보았다. 이제는 불을 지키는 사람(fire watcher, 파이어 왓처)에 대해 알아볼 차례다.

최고의 성과는 총 동기와 리더십이 맞물릴 때

조직문화의 핵심 요소들에 대해 알고 있지만, 적응성이 높은 조직을 만들기 위해 결국 중요한 것은 전술적 업무의 달성 여부라는 생각이 들 수도 있다. 그러나 조직문화는 살아 숨 쉬는 생태계다. 단순히 할 일을 리스트로 작성하고 완수한 후 지워나가는 것만으로는 조직문화를 구축할 수 없다.

하버드대 경영대학원 교수인 에단 번스타인Ethan Berstein은 '프리시전precision'이라는 가명을 붙인 한 기업의 생산 라인 적응성에 대해 연구했다.[2] 중국 남부에 위치한 이 기업은 당시 세계에서 두 번째로 큰 모바일 제조업체였다. 프리시전의 전략에서 적응적 성과는 가장 중요한 요소였다. 휴대전화 기술은 빠르게 진화하며 새로운 제조기술 역시 속도를 맞춰 변화해야 했다. 제조 공정은 다양한 변수의 영향을 받았다. 하나의 휴대전화를 만드는 데는 어림잡아도 100만 개의 부품과 100여 개의 조립 장비, 72명의 인력이 필요하다. 부품에 결함이 생길 수도 있다. 생산 라인의 장비가 고장 날 수도 있으며, 공장 직원들의 일진이 나쁠 수도 있다. 어떤 엔지니어도 이렇게 변수가 많은 생산 라인을 완벽하게 예측해 설계할 수 없다.

프리시전에서는 일반적인 VUCA 상황보다 훨씬 높은 수준의 적응적 성과가 필요했다. 제조 계약을 둘러싼 경쟁이 치열한 탓에 프리시전 측은 계약이 성사된 이후 제조 효율성을 높여야만 수익을 낼 수 있는 조건으로 계약을 진행할 수밖에 없었다. 따라서 기업은 도요타의 생산 방식을 차용해 적응성을 발휘할 수 있는 공장을 짓는 데 투자했다. 연구자들은 프리시전이 "배움과 지속적인 개선이 이루어지고 있는지 확인할 수 있도록 투명성이 완벽히 보장된 시스템과 공정 과정을 도입"했다고 밝혔다.

프리시전의 조립 라인에서는 매 쉬프트마다 2,400대의 동일한 장치를 생산했다. 공장에는 도요타의 접근법에 따라 총 16개의 조립 라인이 설치되었다. "축구 경기장 길이의 작업 현장은 명확한 시야 확보"에 중점을 두어 설계되었고, "이는 매니저가 현장에서 새로운 내용을 배웠을 때 발 빠르게 파악해 작업장에 전파하고, 스스로 배움을 적용해 변화를 이끌기 위한 것이다"라고 번스타인은 전했다. 공장 설계자들은 한눈에 들어오는 시스템이 적응적 성과를 최대로 끌어올릴 수 있다고 믿었다. 그러나 이후 상황은 정반대로 흘렀다.

적응적 성과에 대한 연구를 진행하고자 번스타인은 중국 태생의 대학생 5명을 섭외해 프리시전에 위장 잠입시켰다. 직원들은 이 대학생들의 실제 역할에 대해 전혀 눈치채지 못했다. 이들은 공장 기숙사에서 생활하고 회사의 신입 교육을 받았으며, 생산 라인에서 다른 직원들처럼 일했다. 이후 이들을 통해 회사에서 제공한 자료나 직원 인터뷰를 통해서도 알 수 없었던 몇 가지 사실을 파악했다.

감독관이 공장 내부를 지켜보는 동안 생산 라인 직원들은 자신에게 하달된 가이드라인을 따랐다. 가이드라인에서 벗어난 행동은 용납되지 않았다. 감독관은 엔지니어들이 업무를 가장 효율적으로 처리할 수 있는 방식으로 설비 라인을 설계했다고 믿었다. 이런 상황에서 공장 감독관들은 엔지니어의 의도에 의문을 제기할 수 없었다. 결국 감독관들이 적응성을 발휘할 수 없게 되자 공장은 경직되고 말았다.

그럼에도 인간이 적응성을 발휘하고자 하는 본능은 사라지지 않는다. 감독관이 사라지자 직원들은 자신만의 가장 효율적인 방식으로 일하기 시작했다. 파견된 대학생들은 "'더욱 효율적으로' 처리하는 방법, '생산 라인을 원활하게' 만드는 수많은 요령들, '더 빨리, 더 쉽게 혹은 더 안전하게 작업하는 방법'"을 배우게 되었다고 번스타인은 전했다. 공장 직원들은 회사 비용으로 자신이 최대한 이득을 보는 방법을 선택하기 위해 규칙을 어겼다고 오해를 할 수도 있다. 그러나 번스타인은 직원들이 품질에 조금도 해를 끼치지 않으면서 생산을 더욱 빠르고 안전하게 진행했다고 밝혔다. 작업 방식이 향상되었지만 그들은 그 어떤 금전적 보상도 받지 않았다. 직원들은 생산량에 관계없이 쉬프트에 따라 정해진 임금을 받았다.

번스타인은 이해를 할 수가 없었다. 감독관이 자리를 비우고 직원들은 계속 혁신을 이어갔지만, 건의함은 늘 텅텅 비었다. 번스타인의 지시로 잠입한 대학생들은 직원들이 왜 자신이 배운 내용을 공유하지 않는지 조사했다. 한 직원은 직원들이 규정대로 일하지 않으면 감독관이 "화를 낸다"라고 말했다. 또 다른 직원은 이렇게 말했다. "우리는 좋은 아이디어들이 많지만 이런 상황에서 어떻게 시도할 엄두조차 낼 수 있겠어요?"

"최선의 방법이 무엇인지는 직접 그 일을 하는 직원이 가장 잘 알죠. 윗선에 이야기한다 해도 그들은 아마 '새로운 업무 방식의 가치가 얼마나 되는지 알 수 있습니까?'라고 물을 게 뻔합니다. 우리는 그들이 원하는 자료도 없고, 우리가 발견한 사실을 입증할 방법도 없습니다." 9년간 일하며 작업현장 직원에서 직원 트레이너 자리에까지 오른 직원의 말이었다.

한 직원은 실시간으로 변화를 도입하는 것이 왜 중요한지에 대해 이야기했다. "우리가 회사에 설명할 시간적 여유가 있고, 회사 역시 우리 이야기를 들을 시간이 있다고 해도 당장 눈앞의 문제를 해결하고 나중에 이야기하는 것보다는 효율적이지 않아요. 작업 과정 중에 고쳐야 할 문제점들이 많기 때문에 우리는 지금 당장은 잘못을 수정하고 나중에 설명하는 것이 낫다고 생각합니다."

직원 한 명이 대학생에게 농담을 했다. "차라리 라인 전체에 커튼을 쳐서 관리자들이 우리를 못 보게 하는 게 낫겠어요. 그렇지 않겠어요? 만약 그렇게 된다면 훨씬 효율적이고 생산적으로 일할 수 있을 텐데." 직원들의 바람은 감독관들이 지켜보지 않는 곳에서 '더욱' 생산적으로 일하는 것이었다.

프리시전이 맞닥뜨린 문제는 적응성 높은 조직문화를 만들고 싶어 하는 기업이라면 대부분 경험하는 문제였다. 문화는 생태계와 같다. 문화를 이루고 있는 많은 구성요소들은 서로 영향을 미친다. 높은 총동기를 목적으로 한 직무설계, 리더십, 성과관리, 자원관리가 조직시스템에 적절히 녹아들지 않는다면 프리시전은 잠재된 역량만큼 적응적 성과를 발휘할 수 없다.

번스타인은 조사한 내용을 토대로 잠들어 있는 적응적 성과에 대해 연구했다. 그는 프리시전에서 대조 실험을 진행했다. 몇 곳의 조립 라인을 '실험 집단'으로 지정하고, 커튼으로 가린 후 대조 조립 라인과 분리해 직원들이 바라는 대로 해주었다. 프리시전의 32개 근무조 가운데 4개의 근무조는 커튼 내부에서 일했다. 처음 한 주 동안 직원들은 공정 과정에 16개의 혁신을 적용했다. 문제가 생기면 직원들끼리 모여 해결책을 찾기 위해 함께 논의하기도 했다. 생산 라인에서 병목현상이 발생하자 직원들은 현장을 옮겨 다니며 작업을 도왔다. 이전에는 발휘할 수 없던 융통성이었다.

단 몇 주 만에 생산량은 대조 그룹에 비해 10~15%가량 증가했고, 향상된 생산성은 5개월간 지속된 실험 내내 유지되었다. 벌써 이루어졌어야 할 비약적인 발전이었다. 이는 또한 엔지니어나 감독관으로 교육 받지 못한 일반 직원들의 승리를 의미하기도 했다. 불공정한 계약으로 인해 이익 구조가 안 좋았던 사측에도 굉장한 이득이었다.

와튼 대학의 애덤 그랜트 교수가 진행한 또 다른 실험에서는 콜센터 직원을 세 개의 그룹으로 나누었다. 한 그룹에는 총 동기를 높이는 방법에 대해 교육을 받은 리더가 배정되었다. 두 번째 그룹에는 직무설계 변화를 통해 직원이 자신의 도움을 받은 고객을 확인해 총 동기가 높아지도록 했다. 세 번째 그룹은 이 두 가지 변화를 모두 적용했다. 그 결과 그랜트 교수는 리더십이나 직무설계라는 둘 중 하나의 요인으로는 성과를 높일 수 없다는 것을 확인했다. 두 가지 요인이 모두 적용된 그룹은 쉬프트당 세일즈가 28%나 상승했다.[3]

이탈리아에서 간호사를 대상으로 진행된 유사한 실험에서도 마찬가지였다. 간호사들은 트레이닝 프로그램의 일환으로 기부된 약품과 의료 도구들 가운데 필요한 수술 도구를 정리하는 일을 했다.[4] 콜센터의 실험과 마찬가지로 첫 번째 그룹의 간호사들은 총 동기 리더십을 발휘하는 리더 그룹에 속했다. 두 번째 그룹의 간호사들은 자신이 하는 일과 비슷한 업무 덕분에 도움을 받았던 사람들과 만날 수 있었다. 마지막으로 세 번째 그룹의 간호사들은 자신의 업무가 미치는 긍정적 영향력과 다른 병원 역시 이 프로그램을 해야 하는 이유에 대해 글을 쓰며 업무의 목적에 대해 깊이 생각해보는 시간을 갖도록 했다. 세 그룹 모두 약간이나마 성과가 향상되는 결과를 보였다. 하지만 이 세 가지 요인이 모두 합쳐진 그룹의 경우 성과가 2배 가까이 올랐다.

이 실험과 더불어 우리가 자체적으로 조사한 내용으로 미루어보았을 때, 조직문화의 핵심 요소들은 개별적으로 가산되는 개념이 아니라 같이 있을 때 시너지를 낸다는 결론을 얻을 수 있었다. 높은 성과를 내는 조직문화라는 문을 열기 위해서는 이 모든 열쇠를 함께 열쇠구멍에 넣어 돌려야 한다. 1 더하기 1은 5의 결과다. 리더십은 중요하지만 그것만으로는 충분하지 않다. 직원들에게 영감을 불어넣는 기업 미션만으로는 해결되지 않는다. 훌륭한 행동양식만으로도 변화를 만들 수 없다. 훌륭한 기업문화란 모든 요소들이 함께 맞물려 높은 수준의 성과를 이끌어내는 생태계와도 같다.

우리가 진행한 조사에 따르면 업무나 회사에 대한 신뢰감은 총 동기 지수를 최대 5~10점 높인다. 그러나 업무에 대한 신뢰와 기업에 대한 신뢰가 모두 충족될 때 총 동기는 최대 40점가량 향상되었다. 일터에 버디그룹이 형성되어 있지만 실험을 할 수 없는 경우 총 동기 지수 변화폭은 3점이었다. 실험할 여유가 허락되지만 버디그룹이 없는 경우 최대 16점 높아졌다. 그러나 이 두 가지가 모두 가능한 경우 총 동기 지수에 미치는 변화는 최대 46점 정도였다.

13장에서에서 간접동기를 기반으로 운영되는 기업을 '시장'으로, 총 동기 개념을 바탕으로 운영되는 기업을 '사회'로 묘사했다. 과학적 연구와 우리가 자체적으로 조사한 바에 따르면, 기업이 처음 시작될 때는 시장으로 운영되는 경우가 대부분이다. 조직문화의 핵심 요소가 계속 간접동기에 머물러 있다면 조직은 시장형 사고방식에 갇혀 있을 수밖에 없다. 높은 성과를 내고 싶다면 핵심 요소들이 함께 맞물려야 한다. 이 과정에서 일관성과 조직력은 필수다.

파이어 왓처가 필요한 이유

안타깝게도 우리는 모두 일관성과 조직력을 발휘하기 어렵다. 예를 들어 기업이 수년간의 노력 끝에 획기적인 상품을 개발했다고 치자. 그러나 신상품 출시와 판매 과정에서 영업부서나 서비스 부서, 그 외 다른 밴드에 어떠한 영향을 미칠지는 고려하지 않았다. 기업은 새로운 세일즈 인센티브 제도를 만들고 직원 교육을 진행하면서도, 조직 내 직접적인 변화가 적용되지 않은 부서의 생태계는 똑같이 유지되리라고 믿는다. 이를 두고 '조직성 결여[coordination neglect]'라고 한다.

테크 기업 경영인이기도 한 저자 닐은 소프트웨어 개발 과정에서 조직성 결여로 발생한 문제를 경험한 적이 있었다. 소프트웨어 개발 업무는 디자이너, 웹 개발자, 백엔드 프로그래머, 데이터베이스 관리자 등 다양한 전문가들이 일을 분담해 진행한다. 관련자들은 보통 업무를 너무 성급하게 나누고, 너무 늦게 작업을 통합하는 바람에 재작업과 시간낭비로 발생하는 비용이 막대했다. "엔지니어들은 프로젝트 업무를 신중하게 분배하지도 않으면서 성급하게 소프트웨어를 구현하려 한다. 그러다 보니 계속 첫 단계의 불완전한 프로그램 설계로 되돌아가 예상하지 못했던 변동 사항을 추가해야 하기 때문에 업무를 통합할 때 큰 문제가 발생하는 것은 당연한 결과다." 스탠퍼드대학의 칩 히스Chip Heath와 낸시 스타우든마이어Nancy Staudenmayer는 조직성 결여를 주제로 한 연구에서 이렇게 적었다.[5]

고성과 조직문화를 구축하고 유지하는 과정에서 문제는 더욱 극심해진다. 내부적으로 일관성을 유지하는 문화 생태계를 구축하려면 조직문화의 핵심 요소들이 함께 어우러져야 한다. 경력 사다리, 성과관리 시스템, 보상 제도, 빌리지의 정체성, 리더십 행동 외에도 지금껏 함께 논의한 수많은 요소들이 모두 총 동기 향상을 목표로 설계되어야 한다. 일반적으로 기업에서는 서로 다른 사람들이 각각의 요소를 관리하거나 어떤 경우에는 누구도 관리하지 않는 실정이다.

당신이 속한 조직은 어떤지 생각해보자. 당신이 직원들과 성과에 관해 이야기한 내용과 조직의 리더십 프로그램이 일치하는가? 직무설계는 당신의 정체성과 보상에 관한 철학과 일치하는가? 대다수의 조직문화는 이러한 요소들의 설계 및 계획에 관해 일관성이 결여된 모습을 보인다.

직원의 동기부여와 관련된 요소들은 공통의 목적이나 하나의 방법론에 의한 것이 아니라 독립적으로 설계되었다. 조직의 보상 제도는 단기 매출 성장에 중점을 두어 설계되었을 수 있다. HR 매니저가 설계한 경력 경로는 직원 만족도에 근거한 것일 수 있다. 위에 나열된 상황 모두 적응적 성과 향상은 전혀 고려하지 않았다.

바로 이 지점에서 문제가 발생한다. 모든 요소를 분리해서 관리하려고 하면서 결속력이 높고 내부적으로 일관성을 유지하는 조직문화를 만들 수 있을까? 총 동기 문화의 불씨가 사그라지지 않게 하려면 '불을 지키는 사람', 즉 파이어 왓처가 필요하다.

파이어 왓처의 여섯 가지 역할

이제 우리는 조직문화의 목표는 적응성이라는 사실과 조직문화가 어떻게 작용하는지 알게 되었다. 하지만 조직문화를 책임지는 사람이 누구인지는 모른다. 대부분의 조직에서는 문화를 책임지는 사람이 없다. 기껏해야 보상과 혜택 등의 몇 가지 문화 요소를 담당하는 HR 부서가 있을 뿐이다. 그러나 HR 부서가 적응적 성과를 관리하는 부서로 인식된 적은 단 한 번도 없다.

지금이 바로 파이어 왓처가 등장할 때다. 그의 역할은 여섯 가지로 나눌 수 있다.

1. 위임

파이어 왓처의 권한은 직원에게 행복과 만족을 주거나 직원이 조직에 계속 머물도록 노력하는 것이 아니다. 이런 사항들은 고성과 조직문화의 결과이지 팀의 목표가 되어서는 안 된다. 파이어 왓처의 역할은 조직 내 모든 직무에서 적응적 성과가 지속적으로 향상되는 문화와 시스템을 구축하는 데 있다.

적응적 성과를 책임지고 관리하기 위해서는 조직이 적응적 성과로 얻는 이익이 무엇인지 정확히 이해해야 한다. 파이어 왓처는 VUCA 상황으로 조직의 전략이 위험에 처할 때는 언제인지, 또는 오히려 경쟁력을 키울 수 있는 기회는 언제인지 제대로 알고 있어야 한다.

스타벅스의 경우 식음료를 준비하는 과정은 모든 지점이 동일하지만, 매장 내 기계의 고장, 특이한 요구사항이 있는 고객 상대, 다양한 경쟁업체가 포진한 시장 상황 등은 각 매장이 융통성 있게 관리해야 한다. 조직문화 담당자는 기업이 다양한 변수를 헤쳐나가는 데 필요한 적응적 성과를 극대화하기 위해 총 동기와 조직문화의 핵심 요소를 어떻게 설계할지 고민해야 한다.

한 자산관리 회사의 포트폴리오 매니저는 회사의 펀드 전략을 이해하기 위해서는 에너지 회사에 대해 공부해야 한다는 점을 알고 있다. 또한 매니저와 그가 속한 팀이 한 주에 몇 개의 훌륭한 투자 아이디어를 내야 하는지는 전략에 따라 결정된다. 하지만 투자 아이디어의 우수성은 적응적 성과에 해당한다. 매니저가 부정행위를 저지르고 싶은 유혹을 견디는 끈기 역시 조직문화에 달렸다. 파이어 왓처는 기업마다 다른 독특한 유형의 적응적 성과를 높이기 위해서는 조직문화 요소를 어떻게 활용해야 하는지 알아야 한다.

2. 적응적 성과의 지표

우리는 앞서 조직이 측정하기 쉬운 전술적 성과를 중요시하다가 결국 적응적 성과를 잃는 중대한 오류를 범하는 모습을 보았다. 총 동기 지수는 조직문화 팀이 활용할 수 있는 성과 지표가 될 수 있다. 조직문화 팀은 문화 측정 방법을 개선하기 위해 항상 노력해야 하고, 직원의 변화와 실험을 이끌어낼 수 있는 더 나은 방법이 있는지 늘 고민해야 한다.

3. 예산과 투자수익률

흰개미가 집 안에 먹이를 저장하기 위해 페르몬을 활용하듯 조직은 재무지표를 활용해 투자를 유치하고 투자의 정당성을 입증한다. 오랜 기간 적응적 성과와 조직문화를 측정하기 어렵다는 이유로 이에 드는 비용의 타당성을 증명하는 일이 매우 까다로웠다.

우리와 함께 일했던 기업 한 곳은 연간 마케팅 비용으로 10억 달러를 지출했다. 마케팅 투자에 대한 전술적 성과를 관리하고 효율적으로 활용하기 위해 500명 가까운 정직원을 두었다. 이 기업은 인적자원에 50억 달러의 비용을 쓰고 있었다. 우리는 거대한 투자금을 들인 인적자원의 적응적 성과를 관리하고 이끄는 분석가는 몇 명이나 두었는지 물었다. 그러자 그들은 아무도 없다고 대답했다.

기업의 보상 제도에 책정된 비용의 1% 정도를 투자수익률을 높이는 데 사용한다고 가정하면, 같은 비용으로 조직 내 모든 빌리지마다 조직문화 담당자를 둘 수 있다. 만약 보상 제도 비용의 2~5% 정도를 성과관리에 들인다면 경력 경로, 리더십 트레이닝 외 총 동기를 높이는 다양한 장치에 투자할 수 있다. 대부분 막대한 추가 비용이 들지 않는다. 기업에 현존하는 리더십 프로그램과 프로세스 개선 방안 등 다양한 도구를 활용해 총 동기를 조직에 전파할 수 있다.

어떤 상황이든 파이어 왓처는 조직문화를 구축하고 관리하는 데 드는 비용에 대해 정당성을 입증해야 하는데, 총 동기 지수를 활용하면 적응적 성과의 창출 여부와 그 범위를 파악할 수 있다. 그 외 다른 지표(만족도가 높은 고객의 가치)를 통해 총 동기 1점이 실제로 어느 정도의 금전적인 가치를 의미하는지 수량화할 수 있다. 문화의 핵심 요소들의 대조 실험을 통해 각 요소들이 문화에 미치는 영향력에 대해서도 더 자세하게 밝혀낼 수 있다.

4. 팀

파이어 왓처 역할을 맡은 사람들은 최고문화책임자를 두고, 이 책임자가 CEO에게 직접 보고하는 방식으로 팀을 운영하는 편이 좋다. 팀은 조직의 핵심 멤버와 함께 다양한 부서의 직원들이 돌아가며 구성원으로 활약해야 한다. 핵심 멤버는 기존에 문화 요소를 관리해오던 HR 부서를 의미한다. 그 외 조직문화의 요소에 관여하던 직원들도 핵심 멤버로 포함시킬 수 있다.

또한 전체 조직원이 돌아가며 파이어 왓처의 일원으로 활약해야 한다. 팀을 구성하기 위해서는 조직의 주요 부서에서 직관적으로 총 동기의 개념을 이해하고 있는 리더에게 2년간의 조직문화 팀 활동을 제안한다. 이렇게 형성된 구성원들은 자신이 속한 부서에 조직문화 핵심 요소를 실행하고, 직원 인터뷰를 진행하며, 핵심 멤버의 업무를 보조하고 지원하거나 신입사원 교육을 담당하는 등의 업무를 맡는다. 다양한 직원들이 돌아가며 파이어 왓처의 비고정 멤버로 활약하는 프로그램을 하나의 경영관리에서 경력 사다리의 하나로 만드는 것이 가장 좋은 방법이다. 훌륭한 조직문화를 구축하는 방법을 모르는 사람이 경력 사다리를 올라 경영관리의 리더로 성장하는 것은 아무도 원치 않는 일이다.

파이어 왓처 그룹은 조직 내 문화의 핵심 요소 전반에 대한 소유권을 가져야 한다. 이렇게 형성된 공동의 소유권은 조직성 결여로 발생하는 문제를 해결하는 시작점이 된다.

5. 도제 제도와 능력 개발 과정

적응적 성과를 향상시키기란 쉽지 않다. 적응적 성과가 필요한 부서가 어디인지 파악하는 것만으로도 어려운 일이다. 조직에서는 모든 직무가 다르고 전략 역시 다르다. 영업사원이 필요한 적응성과 중간관리자가 필요한 적응성은 명백히 다른 종류다. 조직문화 팀은 적응적 성과를 배우는 학생이자 영감을 주는 뮤즈가 되어야 한다.

조직문화 담당자는 적응적 성과에 대해 배울 수 있는 교육과 지원을 받아야 한다. 조직의 재정을 담당하는 사람들 가운데는 공식 인증을 받은 회계원이나 석·박사 학위를 가진 직원이 대다수다. 품질경영과 관련해서는 식스 시그마의 각 벨트 단계별로 자격을 갖춘 직원들이 포진되어 있다. 기업의 전략을 담당하는 사람들은 MBA 학위를 소지하는 경우가 많다.

문화 담당자 역시 이와 유사하게 조직문화의 불씨를 살피고 지키는 업무를 하나의 학문으로 교육 받아야 하고, 가장 효과적인 방법은 도제 제도apprenticeship를 활용하는 것이다. 도제 제도는 조직성 결여 문제를 해결할 수 있는 두 번째 단계다. 조직에 학위나 자격증이 물론 필요하지만, 이로 인해 직원들 사이에 나타날 수 있는 간접동기를 경계하는 것 역시 중요하다.

6. 일상적인 업무 방식

다른 생태계와 마찬가지로 문화 생태계를 설계하는 일은 매우 어려운 일이다. 알아차리기 힘든 변수들이 너무 많기 때문이다. 뉴질랜드의 선원이 자국으로 토끼를 들여왔을 때 누구도 토끼가 생태계에 미칠 파괴력에 대해 예상하지 못했다. 후에 해당 지역에서는 토끼를 (상당히 잔인하게) 죽이는 바이러스를 생물 무기로 수입해야 했다. 그러나 결과적으로 토끼는 바이러스에 내성이 생겨 더욱 강인한 품종으로 진화했다.[6]

조직의 전략적 성과와 적응적 성과의 균형을 맞추려고 할 때 조직문화는 이와 유사한 방식으로 예측 불가능하게 전개된다. 따라서 조직문화를 한번에 바로잡으려고 하기보다는 상황에 따라 적응성을 발휘하도록 해야 한다. 윈스턴 처칠의 명언처럼 "발전하고자 한다면 변화해야 한다. 완벽해지고자 한다면 끊임없이 변화해야 한다."

상황의 변화에 유연하게 대처하며 문화가 지속적으로 최적화된 상태를 유지하기 위해서는 프로세스가 필요하다. 기업의 재무 부서에 세심하게 계획된 프로세스를 생각해보라. 조직문화 관리에도 계속적인 흐름, 도구, 지표, 그리고 문화 구축의 과학에 대해 정식으로 배운 직원들이 필요하다. 조직문화 관리는 이런 흐름으로 진행될 수 있다.

① 매월: 문화 담당자는 빌리지 내 모든 직원들의 배움 목표를 검토하고, 현재 직원들이 진행 중인 실험과 프로젝트를 분석한다.

② 분기별 목표 개발: 문화 담당자들은 함께 투자해야 할 분야를 살피고 우선순위를 정한다.

③ 분기별 문제 해결 세션: 문화 담당자들이 모여 총 동기 측정법과 실험 및 적응적 성과의 결과에 대해 검토하는 자리를 만든다.

④ 분기별 경영진과의 회의로 조직문화의 현 상태에 대한 문제 해결: 조직원들의 총 동기 및 조직문화 핵심 요소의 상황을 검토한다.

⑤ 연 1회 이사회와 함께 조직문화 상태에 대한 문제 해결 방법을 논의한다.

중요한 점은 위의 어떤 것도 직원 평가가 포함되지 않았다는 것이다. 가장 큰 목표는 조직 내 모든 직급의 책임자가 문제 해결에 참여함으로써 조직의 적응적 성과를 높이는 것이다. 지속적으로 실험하면서 이런 흐름을 만들어간다면 조직성 결여 문제를 해결하는 세 번째 단계가 될 수 있다.

파이어 왓처의 선언문

지금은 그 어느 때보다 VUCA 상황이 빈번하게 발생한다. 갑자기 새로운 과학기술이 등장하고, 법률과 규제 제도가 끊임없이 변화한다. 빠르게 쏟아지는 정보의 홍수는 고객의 의사결정에 영향을 미치고, 기업 간 경쟁의 역학관계를 변화시킨다. 다른 무엇보다도 적응적 성과가 중요한 시점이다.

파이어 왓처는 조직의 모든 직급과 직무에서 최고의 적응적 성과를 이끌어내도록 교육 받고 선별되어 임명되어야 한다. 파이어 왓처 팀을 꾸리는 데 도움을 주고자 파이어 왓처 선언문을 실었으니 도움이 되길 바란다.

파이어 왓처의 선언문

우리의 임무

- 우리는 조직의 적응적 성과를 책임지고 관리한다.
- 우리는 직원의 총 동기를 높이는 조직문화를 구축해 적응적 성과를 향상시킨다.

우리의 방법

- 우리는 총 동기에 영향을 미치는 조직문화의 핵심 요소를 책임지고 관리한다.
- 우리는 지속적으로 조직문화를 측정하고 실험한다.
- 우리는 2주간의 통합적 설계와 2주간의 실행이라는 퍼포먼스 사이클을 따른다.
- 우리는 새로운 지식을 개발하고 우리가 맡은 역할에 이바지한다.
- 우리는 우리 자신의 적응적 성과와 총 동기를 높이기 위해 노력한다.

우리의 선택

- 우리는 시간이 오래 걸릴지라도 통합적이고 일관성 있는 조직문화를 만드는 것을 우선시한다.
- 우리는 지속적 감시가 필요한 문화가 아닌 오래도록 지속될 수 있는 조직문화를 만드는 것을 우선시한다.
- 우리는 실수를 통해 배운 내용을 바탕으로 빠른 수행력을 갖추는 것을 우선시한다.
- 우리는 앎보다 배움을 우선시한다.
- 우리는 널리 알려진 조직 개선 프로그램을 맹신하기보다 직원들이 자발적으로 이끈 변화를 우선시한다.

변화의 시작

조직문화는 체계나 계획 없이 관리할 수 없다. 조직문화 구축에 대해 확실히 책임질 구성원을 모아 팀을 꾸려야 한다. 당신만의 선언문을 만들어라. 그러고 나서 힘껏 불을 붙여라! (진짜 불 말고.)

— 15장 —

성과 평가: 성과 평가 캘리브레이션

플레이어를 바꾸지 말고
게임판을 바꿔라.

지금까지 우리는 적응적 성과 향상, 다시 말해 총 동기를 높여 조직이 예측하지 못한 상황에 마주하더라도 혁신할 수 있는 방법에 대해 살펴보았다. 그러나 조직에는 전술적 성과도 필요하다. 조직은 일간, 주간 생산 목표를 달성해 고객 만족을 성취해야 한다. 정확한 매출 예측을 통해 자금을 원활하게 운영하고 주주들의 기대를 충족시켜야 하며, 경쟁에서 이기기 위해서는 납품 기한도 준수해야 한다. 그렇다면 조직 내 적응적 성과와 전술적 성과의 균형을 맞추기 위해서는 어떻게 해야 할까?

그 해답은 조직의 성과관리 제도에서 찾을 수 있다. 조직은 예측 가능성을 우선시해 총 동기를 완전히 와해시키는 성과관리 제도를 채택한다. 극단적인 경우 성과관리 제도 자체가 존재하지 않는 조직도 있다. 이런 조직은 목적이 불분명하고 혼란스런 상태다. 그러나 총 동기를 높이는 것을 목표로 하는, 잘 관리된 성과 평가 제도는 적응적, 전술적 성과의 조화를 이루며 창의성과 실현 가능성, 가치와 가치 평가, 이상과 자본 환경 간의 균형을 유지한다.

지금의 성과관리 제도는 문제가 있다

마이크로소프트의 잃어버린 10년

성과관리에 대해 잘못 이해하고 있는 조직이 많다. 인사고과 제도가 직원들에게 동기를 부여해 성과를 최고 수준으로 높일 수 있고, 예측 가능한 재정적 이익을 창출한다고 믿는다. 그러나 대개의 경우 성과관리 제도는 거대한 코브라 농장을 만들 뿐이다.

세계에서 가장 똑똑한 사람들이 일하는 마이크로소프트의 사례를 살펴보자. 훌륭한 인력자원에도 불구하고 2003년에서 2012년까지 마이크로소프트의 주가는 30달러 아래를 밑돌았다. 1980년대와 1990년대 퍼스널 컴퓨터의 시대를 개척했지만, 최근 15년간 마이크로소프트는 인터넷, 모바일 컴퓨팅, 소셜네트워크 등 새로 등장한 기술 분야의 트렌드에 뒤처지고 있다. 취재기자인 커트 아이켄월드Kurt Eichenwald는 'MS의 잃어버린 10년'의 원인을 조사했다.[1] 그가 찾아낸 범인은 바로 성과관리 제도였다.

"내가 인터뷰를 했던 현직, 전직 직원들 '전부'가 마이크로소프트의 가장 파괴적인 프로세스로 스택 랭킹stack ranking을 꼽았다." 아이켄월드 기자는 이렇게 적었다. 모든 부서의 매니저는 직원들의 성과를 바탕으로 고성과자와 저성과자의 순위를 매겼다. 고성과자로 분류된 직원들에겐 보너스와 승진이라는 포상이 주어졌지만, 저성과자들은 회사에 오래 머물지 못했다.

처음에는 타당해 보였다. 직원들의 동기부여에 순위제가 왜 잘못된 걸까? 능력이 최우선시된 제도 아닌가? 기업에 큰 공헌을 한 직원은 보상을 받고, 반대로 기여도가 낮은 직원은 조직을 떠난다. 이런 제도는 전반적인 성과를 높일 수 있는 방법이 아닐까? 하지만 스택 랭킹 제도는 즐거움과 의미 동기를 정서적, 경제적 압박감 동기로 바꾸어놓았다. 총 동기가 떨어졌고, 적응적 성과 역시 낮아졌다.

우선 주의분산 효과가 발생했다. "직원들은 상품 중심이 아닌 인사고과를 중심으로 자신의 하루를, 그리고 1년을 계획했습니다." 한 소프트웨어 디자이너가 아이켄월드에게 말했다.

그러고 나서 의도상실 효과가 등장했다. "기업의 이익이 아닌 6개월간의 성과가 훨씬 중요해졌습니다."

마지막으로 코브라 농장이었다. 직원들은 자신의 성과 순위가 낮아질 것을 우려해 고성과자가 팀으로 합류하는 것을 거부하는 경우도 발생했다. "제가 배운 가장 큰 교훈 중 하나는, 누가 나보다 순위가 높고 낮은지 정보를 캐고 다니면서도 사람들 앞에서는 착하고 공손한 인상을 심어줘야 한다는 겁니다." 한 엔지니어의 말이다. 이와 비슷한 성과 제도를 운영 중인 다른 기업에서는 매니저들이 팀에서 고성과자의 순위가 떨어질 것을 우려해 인사고과 기간이 끝날 때까지는 저성과자들을 의도적으로 팀에 머무르게 했다.

우리가 인터뷰한 고성과자들 역시 성과관리 제도에 대해 혼란스러운 심경을 전했다. 상위 10%의 고성과자였지만 그는 자신의 팀원들이 공정하게 보상을 받지 못했다고 느꼈다. 팀은 그 어떤 기업보다 열심히 일했지만, 저성과자로 분류된 직원은 불이익을 당했다. "애플의 스티브 잡스, 페이스북의 마크 주커버그, 구글의 래리 페이지, 오라클의 래리 엘리슨, 아마존의 제프 베조스가 한 팀이라면 성과와 상관없이 두 명은 성과 순위에서 평균 이하로 평가된다. 게다가 그중 한 명은 팀 내 가장 형편없는 직원으로 간주될 것이다." 아이켄월드는 이렇게 적었다.

마이크로소프트의 성과 제도는 조직원 모두가 기업의 비즈니스 목표를 따르게 한다는 의도에서 시작되었다. 그러나 굉장히 높은 수준의 정서적, 경제적 압박감을 키우며 총 동기의 기반을 약화시켰다. 그러다 보니 적응적 성과 역시 와해되었다.

운이 성과를 지배할 때도 있다

성과관리 제도는 다양한 방식으로 간접동기를 유발한다. 그중 하나는 개인의 통제를 벗어난 결과로 평가를 받을 때 생기는 정서적 압박감이다. 성과관리 제도는 '운luck'이 중요한 구조다. 다양한 실험을 통해 밝혀진 사실이다.

당신이 한 병원의 병동 간호사를 관리하는 수간호사라고 생각해보자. 어느 날 오후, 오랫동안 함께 일했던 뛰어난 간호사 재키가 실수로 환자 침대의 안전가드를 올리지 않은 것을 알게 되었다. 환자가 침대에서 떨어질 수도 있는 상황이었다. 하지만 다행스럽게도 그런 일은 발생하지 않았다. 당신은 재키의 인사고과에 어떤 내용을 남기겠는가?

아마도 재키에게 가벼운 경고를 줄 것이다. "재키, 침대 안전가드를 올리지 않았다는 사실 알고 있나요? 물론 딱 한 번 벌어진 사소한 실수인 건 알아요. 재키는 능력 있고 마음 따뜻한 간호사인 것도 알고. 환자가 침대에서 떨어질 확률도 낮고요. 인사고과에 반영될 만큼 큰 일은 아니지만 앞으로는 주의해주세요."

이제 재키에게 쌍둥이 동생 잭슨이 있다고 가정해보자. 잭슨은 재키만큼 경력이 많고 능력 있는 간호사이고, 재키와 똑같은 실수를 저질렀다. 하지만 잭슨에게(그리고 그의 환자에게) 유감스럽게도 환자가 침대에서 굴러 떨어지고 말았다. 잭슨에게는 어떻게 말하겠는가? 이 경우 잭슨은 재키처럼 가벼운 경고만 받을까? 아니면 꽤 심각한 처벌을 받게 될까?

55명의 간호사를 상대로 진행한 실험 결과, 과실 편향성이 그대로 드러냈다.[2] 두 가지 상황이 벌어졌을 때 간호사들은 같은 행동이라도 결과에 따라 달리 대응하는 모습을 보였다. 이들은 잭슨이 상당히 큰 실수를 저질렀고, 재키의 경우와 달리 환자가 침대에서 떨어질 확률 또한 굉장히 높다고 생각했다. 이들은 잭슨을 부주의한 간호사로 몰았고, 그의 타고난 성격 때문에 이런 실수가 발생했다고 생각했다. 간호사 두 명이 똑같은 실수를 저질렀음에도 편견이 생겨났다. 우리는 결과가 운에 의해 결정되는 상황에서도 과정이 아닌 결과에 따라 타인의 행동을 평가하는 편견에 사로잡혀 있다.

실험에 실험을 거듭하여 많은 사람들이 '결과 편향^outcome bias^'에 사로잡혀 있다는 사실이 드러났다. 이런 현상은 의사, 외과 전문의, 영업사원, 주택 구매자 모두에게 적용되었다.[3] 우리는 타인을 향해 "이렇게 될 걸 미리 알았어야 한다"라고 매도한다.

HR 책임자들 가운데 90%는 현재의 성과관리 시스템으로 나타난 결과가 부정확하다고 생각했다.[4] 생각해볼 문제다. 실제로 시스템을 운영하는 당사자들이 자신의 오류를 인정한 꼴이다. 우리가 진행한 자체 조사 결과를 보면, 불공정한 인사고과 제도는 총 동기를 무려 33점이나 낮춘다.

현재의 성과관리 시스템은 직원들의 불만을 야기하는 것뿐 아니라 조직에 중요한 정보 역시 차단하고 있다. 지금의 시스템은 직원의 잘못을 추궁하는 방식이기 때문에 직원이 높은 성과를 내지 못하는 원인에 대해서는 조직이 파악할 수 없다.

실적이 높은 영업사원과 실적이 낮은 영업사원 두 명이 있고, 이들의 실적을 결정 짓는 요인은 통제 밖의 영역에 있다고 가정해보자. 운이 좋은 사원에게는 능력이 뛰어나다고 판단하며 포상과 승진이 주어지지만, 실적이 낮은 직원에게는 처벌이 내려진다. 그 결과 운 좋은 직원이 조직의 평판을 위험하게 만드는 의사결정을 했다는 사실을 누구도 알지 못한다. 혹은 저성과 직원이 갖고 있는 독창성과 창의성을 몰라보고, 팀에 상당한 기여를 할 수도 있었던 직원을 해고한 것일지도 모른다.

역설적이게도 결과 편향은 현재 많은 조직이 채택한 성과관리 제도가 성과를 향상시키는 데는 도움이 되지 않는다는 것을 입증한다. 현재의 성과 시스템으로는 혁신적인 아이디어가 있는 직원을 알아볼 수 없고, 그 아이디어를 적용할 방법도 찾아낼 수 없다. 직원들 사이에 존재하는 양식을 분석하는 기능도 없다. 직원들이 공통적으로 어려워하는 능력과 기술이 무엇인지 알아낼 수 없으며, 이 능력과 기술을 향상시키기 위한 도구나 교육을 설계하는 데도 전혀 도움이 되지 않는다. 대부분의 인사고과 프로세스는 점수를 매기는 데만 초점이 맞춰져 있다. 결국 현재의 인사고과 프로세스를 통해서는 아무도 혜택을 볼 수 없다.

음이 아닌 양만 중요시한다

대다수의 인사고과 제도는 전술적 성과를 우선시한다. 한 시간에 몇 건의 전화를 했는지에만 관심이 있다. 까다롭지만 조직에 중요한 고객의 충성도를 얻기 위해 직원이 평균의 2배가 넘는 시간을 들여 통화하며 발휘한 창의성은 무시당한다. 시스템은 개인의 생산량만 고려할 뿐, 동료가 업무를 제대로 진행할 수 있도록 도운 횟수는 중요하게 생각하지 않는다. 한 사업 부서에서 낸 수익률은 중요하게 생각하지만, 수익 목표를 달성하기 위해 비용을 대폭 줄인 사실에는 무관심하다.

성과관리 제도가 한 명의 직원이 직무 수행을 훌륭하게 해내기 위해 수반되어야 하는 모든 요소들을 전체론적인 입장에서 고려한다면 조직은 총 동기를 최대 28점 높일 수 있다.

성과관리 제도를 폐지한 기업들

현재의 성과관리 제도에 내재된 비일관성 문제에 대해 지적한 것은 우리가 처음이 아니다. 특히 직원에게 점수를 매겨 줄을 세우는 시스템은 이전에도 심판대에 올랐다. 〈포브스〉는 "2012년으로 포춘 500대 기업 가운데 60%가 직원들의 등수를 매겨 내쫓는 '랭크 앤 양크 Rank and Yank' 제도를 채택하고 있다"라고 전하며, 이 제도를 사용하는 기업의 수가 줄어들고 있다고 보도했다.[5]

수많은 유명 기업이 등급과 순위를 매기는 성과 제도를 모두 없앴다. 미니애폴리스에 본사를 둔 메드트로닉 역시 그중 한 곳이다. 640억 달러 상당의 메드트로닉은 심박조율기와 인슐린 펌프와 같은 의료기기 제조업체로, 과거 6만4,000명의 직원을 1에서 5까지 등급을 매기는 제도를 채택했다. 그러자 얼마 되지 않아 회사 전체는 실제 성과보다 등급에 더 목을 맸다. "랭킹 시스템 때문에 대화가 사라졌어요." 메드트로닉의 전 최고인재책임자였던 캐롤린 스톡데일은 〈워싱턴포스트 Washington Post〉와의 인터뷰에서 이렇게 밝혔다.[6] "인사고과 미팅 때 직원의 등급이 떨어지면 그 어떤 대화도 오가지 않을 정도였어요. 최악의 경우 등급이 낮은 직원에게 분노하고 불만을 품은 채 1년 가까이 지낸 적도 있어요."

2011년 메드트로닉은 직원들의 성과를 바탕으로 강제로 종형곡선 분포를 만들어야 했던 기존의 시스템을 버리고 '성과 가속화 performance acceleration' 제도를 채택했다. 새로운 프로세스는 성과 평가 중심이 아니라 직원들이 미래의 목표를 달성하기 위한 방법을 찾는 데 중점을 두었다. 새로운 시스템의 경우 관리자가 저성과자를 해고하는 일이 줄어든다는 우려도 있었다. 하지만 '비자발적 퇴사', 그러니까 기업이 해고한 직원의 비율은 비슷한 수준이었다.[7]

익스피디아, 어도비, 모토로라와 같은 기업들이 이와 비슷한 행보를 보였다.[8] 마이크로소프트 역시 2013년 스택 랭킹 제도를 폐지했다. 인사고과 제도는 기업이 의도한 것과는 반대 방향으로 흘러갔다. 아직도 우리에겐 해결하지 못한 문제가 있다. 그럼 이제 어떻게 성과를 관리해야 할까?

성과관리 제도를 개선하려면

성과관리 제도를 개선할 수 있는 가장 좋은 방법은 모든 유형의 인사고과 제도를 폐지하는 것이라고 생각할 수 있다. 그러나 우리는 성과관리 제도의 부재 역시 직원의 총 동기를 낮추는 요인이 된다는 사실을 발견했다. 공식적인 프로세스와 주어진 과제, 승진과 같은 장치가 없는 조직의 경우 관리자의 편애가 성과 평가의 기준이 되거나 목소리가 큰 사람이 혜택을 받았다.

투명성이 결여되면 새로운 유형의 정서적, 경제적 압박감이 생겨난다. 필요한 것은 직원들의 성과를 향상시키면서 기존 성과 제도의 허점을 피하는 새로운 방식의 제도다.

효과적인 성과관리 제도는 총 동기 문화의 모든 요소가 제대로 작용할 때만 가능하다. 먼저 직원들은 각자 적응적 목표를 향해 일해야 한다. 리더는 총 동기를 제대로 이해해야 하며, 직무는 직원들이 실험과 업무의 영향력을 볼 수 있도록 설계되어야 한다. 경력 사다리는 능력과 학습이 가장 우선시되어 차별화된 보상 제도를 제공해야 하고, 굳건한 시민의식을 통해 조직은 시장이 아닌 공동체로 나아가야 한다.

그러나 적응적 성과인 음에 집중해도 기업에게 닥친 현실은 전술적 성과인 양의 세계다. 경제적인 이해관계로 묶인 주주들은 전술적 성과와 예측 가능성을 가치 있게 여긴다. 장기적 투자 프로젝트는 물론 재정적으로 신중한 태도를 유지하는 데도 전술적 성과와 예측 가능성이 중요한 역할을 한다. 경쟁사 간의 관계에서도 시장점유율과 같은 결과를 고려해야 한다. 고성과 조직문화에서 음과 양의 균형 관계를 유지하는 방법은 무엇일까? 조직문화와 조직의 전략은 어디에서 평가받을 수 있을까?

음과 양의 균형을 유지하는 장치

이번 장을 책의 후반부에 배치한 이유가 있다. 성과관리 제도는 음과 양의 측정 도구다. 조직문화라는 생태계가 전술적 성과와 균형을 이루며 조화롭게 운영될 수 있도록 도와주는 장치다.

이를 좀 더 상세히 설명하기 위해 가상의 상황을 예로 들어보겠다. 조직에서 각 개인이 지속적으로 자기계발을 한다고 할 때, 조직이 요구하는 전술적 성과와 개인의 자기계발 목표가 일치하게 만들 수 있을까? 만약 백화점 직원들의 개인 목표가 의류를 더 많이 판매하는 것이고, 기업의 입장에서 최선의 전략은 냉장고 판매를 늘리는 것이라면 여기서 문제가 발생한다.

음(조직문화를 통한 적응적 성과)과 양(예측 가능한 전술적 성과)은 서로 상응하는 개념으로 이 두 가지 힘이 팽팽하게 맞서는 상황을 많이 볼 수 있다. 자연 생태계는 본능적으로 평형을 유지하지만, 조직문화는 그렇지 않다. 기업을 둘러싼 환경은 변화가 많고, 기업 시스템에는 많은 충격이 가해진다. 새로 임명된 경영진은 조직의 입장에서는 충격이다. 규정 변화와 신기술 역시 충격이다. 고객의 새로운 니즈도 마찬가지다. 이러한 충격들은 항상 음과 양의 균형을 위협한다. 따라서 우리는 균형을 유지하는 장치가 필요한데, 이 장치를 '성과 평가 캘리브레이션performance calibration' *이라고 부른다. 그렇다면 성과 평가 캘리브레이션이 제대로 작동하기 위해서는 어떻게 해야 할까?

첫째로 가장 중요한 것은 성과 평가 캘리브레이션 제도 안에서 경력 사다리를 관리해야 한다는 점이다. 6개월마다 경영진과 파이어 왓처, 재무 담당자로 구성된 캘리브레이션 팀은 함께하는 자리를 마련한다. 회의를 통해 누가 사다리의 다음 단계로 올라가야 하는지 논의하고, 사다리의 각 계단이 높아질 때마다 추가로 경제적 가치를 창출하는지 독립적으로 시험해본다. 만약 경력 사다리의 계단을 오를수록 기업이 들인 비용보다 더 큰 경제적 가치를 만들지 못한다면 시스템은 평형을 이루지 못하고, 결국 더 큰 문제로 이어질 것이다. 파이어 왓처와 재무 전문가들은 미팅에 참석하기 전에 이에 대한 분석을 마쳐야 한다.

사다리의 계단을 오를수록 추가적인 가치가 만들어지는지 확신할 수 없는 상황이라면 캘리브레이션 팀이 원인을 파악한 후 문제를 해

* 어떤 기업에서는 성과 평가 제도를 캘리브레이션이라고 부르는 반면, 어떤 기업에서는 기존의 성과 평가 제도를 버리고 각 팀이나 부서에서 다양한 사람들이 모여 서로 의견을 나누며 직원의 성과를 평가하는 과정을 캘리브레이션이라고 하기도 한다. 기존의 성과 평가 제도와 차별성을 두기 위해 이 책에서는 '성과 평가 캘리브레이션'이라고 표현한다. — 옮긴이

결하기 위해 실험을 진행해야 한다. 전문가 사다리에 오른 직원의 경우 자신의 지식을 조직 내에 널리 활용할 수 없는 것이 문제일 수 있다. 어쩌면 직원의 지식이 영향력을 발휘할 수 없도록 가로막고 있는 것은 조직문화일 수도 있다. 팀은 경력 사다리에서 요하는 전술적, 적응적 요건이 조화롭게 균형을 맞출 수 있도록 해야 한다.

둘째로 성과 평가 캘리브레이션 제도는 조직의 일상적인 업무 방식을 바탕으로 한 적응적 목표와 조직 밖의 이해관계자들과 관련된 전술적 목표 사이의 연관성을 고려해야 한다. 이 역시 조직문화 담당자와 재무 담당자가 함께 답해야 할 문제다. 어디서 성과가 향상되고 있고, 어디서 성과가 정체되어 있는지 파악해야 한다. 조직문화 담당자와 재무 관리자는 조직의 적응성을 기준으로 세운 성과 향상 목표와 조직 밖 이해관계자들이 갖고 있는 기대치를 비교해야 한다.

과실 편향성에 기대어 조직원 한 사람에게 화살을 돌리기보다는 전체적인 맥락을 살펴 성과의 격차가 벌어지는 지점이 어디인지 확인해야 한다. 캘리브레이션 팀은 조직 전체로 확장해야 할 아이디어를 발견했다면 반드시 그렇게 만들어야 한다. 성과의 구조적 문제가 발견되었다면 캘리브레이션 팀이 직접 실험을 진행하거나, 직원들이 직접 실험을 진행하려 한다면 어떻게 해야 하는지 알려주는 역할도 해야 한다.

물론 직원이 단순히 조직에 어울리지 않거나 다른 곳으로 옮겼을 때 더 나은 성과를 보이는 경우도 있다. 그러나 이런 문제는 캘리브레이션 팀이 해결해야 할 문제가 아니다. 모든 기업이 갖고 있는 부작용 가운데 하나일 뿐이다. 이런 직원을 발견했을 때는 문제 해결을 위해 새로운 프로세스가 가동되어야 한다.

성과 평가 캘리브레이션 제도는 선의를 갖고 운영되며, 개인에 대한 처벌에는 관여하지 않아야 한다. 조직문화 담당자로서 음과 양을 위협해 기업을 경직되고 혼란스럽게 만드는 지점이 어디인지 알아야 한다. 성과 평가 캘리브레이션 제도는 이러한 지점들까지도 고려 대상에 포함해야 한다.

새로운 성과관리 제도

열정 가득한 문화 엔지니어인 나는 항상 높은 성과를 내는 조직문화가 구현되는 기업의 실제 사례를 찾아 헤맨다. 우리가 이번에 소개할 기업은 한 번의 결정으로 수백만 달러가 오가는 업계, 바로 헤지펀드 업계에 속한 기업이다.

헤지펀드는 투자자들로부터 자금을 모아 투자 전략을 세운다. 헤지펀드 회사들은 방대한 양의 정보, 고차원적인 수학적 모델, 뛰어난 애널리스트를 바탕으로 자사만의 투자 전략과 접근법을 갖고 있다. 일부 기업의 포트폴리오 매니저PM는 태양열 발전 전문가를 만나기 위해 주저하지 않고 일본으로 건너가기도 하고, 대규모의 소비자 신용카드 정보 데이터베이스에 접근할 수도 있다. 거시경제 트렌드를 바탕으로 투자를 진행하는 헤지펀드를 두고 미연방준비제도의 의장을 역임한 폴 볼커Paul Volcker는 "연방준비제도보다 더 많은 직원을 보유했고, 더 적절한 통계와 분석을 내놓고 있다"라고 밝혔다.[9]

1992년 스티븐 코헨Steven Cohen이 설립한 SAC캐피탈은 주로 미국 주식시장에 투자하는 기업이었다. 1990년 후반에 기술주 붐이 일었던 당시 SAC캐피탈은 큰 수익률을 내며 이름을 알렸다. 2000년에는 기술산업 분야의 주가가 지나치게 과대평가되었다는 이유로 기술주 투자에 인색한 모습을 보였다. 아니나 다를까 닷컴버블은 붕괴되었다. 코헨은 〈뉴욕타임스〉의 표현대로 "전설적인 트레이더 가운데 한 명으로 손꼽히며" 성공적인 행보를 이어갔다.[10]

어느 일요일 오전, 우리는 세상에서 가장 부유한 사람 가운데 한 명인 코헨의 동기 요인과 SAC캐피탈의 이야기를 듣기 위해 그를 만났다. 코헨은 "탐욕은 좋은 것이다"라는 신념을 지지하는 고든 게코Gordon Gekko*의 현실 속 모습일 것이라고 생각하기 쉽다. 그러나 우리는 그에게서 다른 것을 발견했다. 부담감이 심하고, 굉장히 영리한 투자업계임에도 불구하고 그는 총 동기를 중요하게 여기고 있었다.

코헨은 뉴욕 롱아일랜드에서 태어났다. 그는 13세 때 처음으로 주식을 매수했다. "처음으로 선택한 종목은 아주 한심했죠." 코헨이 전했다. 그러나 그는 좌절하지 않았다. 오히려 호기심이 일었다. 그는 아버지가 매일 저녁 사오는 〈뉴욕포스트New York Post〉의 주식 관련 기사를 관심 있게 읽기 시작했다. 14세가 되던 해부터는 지역의 종합 증권회사에서 시간을 보냈다. "학교에 있는 시간이 아니면 증권회사에 가서 하루 종일 앉아 있었습니다. 여름에도요. 아픈 날에는 앉아서

* 1987년 영화 〈월스트리트(wall street)〉의 주인공으로 권력과 돈을 좇는 탐욕스러운 모습을 보였다. 고든 게코의 캐릭터는 이후 파워 슈트(power suit)의 전형적인 모습을 보여주는 클래식으로 남았다. "탐욕은 좋은 것이다(Greed is good)"는 영화 속 고든 게코의 명대사다. —옮긴이

테이프를 보며 지냈습니다. 테이프 보는 걸 무척 좋아했어요." 그는 주가의 움직임을 기록하는 '주가 테이프'를 회상하며 말했다.

숨은 패턴을 찾아내는 과정이 그에겐 놀이였다. 주식시장에 숨겨진 패턴을 찾는 것이 수월해질수록 그는 자신을 더욱 시험해보고 싶어졌다. 고등학생이던 시절 그는 패턴 분석을 그만두고, 실제 리스크의 부담감을 자신이 이겨낼 수 있는지 이웃과의 포커 게임을 통해 확인하고자 했다. 자신이 들고 있는 카드와 상대방의 패를 가늠하며 그는 다시 한 번 남들은 볼 수 없는 패턴을 찾아냈다. 카드 게임으로 큰돈을 벌기 시작하면서 그는 시급이 1달러 85센트였던 식료품점 파트타임 일을 그만두었다.

고등학교를 졸업하기도 전에 코헨은 이미 패턴 분석과 리스크 관리라는 자신만의 즐거움을 발견했다. 대학 졸업 후 그는 월 가에서 성공적인 트레이더로 이름을 떨치고는 결국 SAC캐피탈을 설립했다.

코헨은 적응성을 발휘하는 회사를 만들고 싶었다. 당시 대다수의 헤지펀드 회사는 많은 애널리스트가 한 명의 포트폴리오를 뒷받침하는 구조였다. 그러나 코헨은 수많은 트레이더들이 스스로 의사결정을 내리는 회사를 만들었다. 트레이더들은 모두 공용 플랫폼을 통한 혜택을 누리며 업계 최고 수준의 도구와 프로세스를 공유했다. "누군가에게 공을 주고 나면 그들이 알아서 잘할 거라고 믿는 편입니다." 코헨의 설명이다.

코헨의 헤지펀드 모델은 큰 효과를 거두었다. 10년 가까운 기간 동안 SAC캐피탈은 가장 큰 수익률을 내는 기업이 되었다. 그러나 시간이 지나며 세상이 변하기 시작했다. 1994년 1,600개였던 헤지펀드의 수가 2005년 6,500개로 크게 증가했다. 수준 높은 투자자들이 시장으로 유입되기 시작했다. 더 이상은 주가 테이프를 읽는 것만으로는 부족한 시대였다. 한때는 수익성이 좋았던 기술들이 더 이상 쓸모없게 되었다는 현실 앞에서 많은 직원들은 그저 버텼다. 성과가 낮아지자 과실 편향성이 나타났고, 직원들은 조금이라도 성과를 짜내기 위해 더 많은 압박감을 느껴야 했다. 그러나 코헨은 직원이 아닌 세상이 변했음을 깨달았다. 적응하거나 파멸하거나, 둘 중 하나였다.

코헨은 기업의 전략을 기본적 분석에 중점을 두는 쪽으로 방향을 틀었다. 기존 포트폴리오 매니저들이 주식 거래의 패턴을 분석했다면 그는 기업별 전문지식을 쌓는 데 집중했다. 이제는 기본적 분석이 전통적인 증권 분석 방법이 되었고, 컴퓨터 기술을 활용한 양적 분석 또한 가능해졌다. "기업은 항상 역동적이고 변화하며 적응해야 한다고 생각합니다. 세상이 변하기 때문이죠. 10년 전에 성공했던 방식들이 10년 후에는 아마 별 도움이 되지 않을 수도 있습니다." 코헨의 설명이다.

SAC캐피탈은 큰 성공을 거둔 기업이었지만, 코브라 효과에 대한 저항력은 갖추지 못했다. 진짜 리스크는 조직에 드리운 경제적 압박감이었다. 가장 뛰어난 포트폴리오 매니저는 평균 45%나 틀린 선택을 했다. "매일 얼굴에 주먹질을 당하는 기분이었습니다." 한 포트폴리오 매니저의 말이다. 2013년 정부는 SAC캐피탈을 상대로 소송을 제기했다. 전·현직 직원 다수가 내부자 거래 의혹에 대해 유죄 판결을 받거나 죄를 인정했다. SAC캐피탈은 18억 달러의 벌금을 내고, 외부 투자자 자금 운용을 금지당했다.

2014년 SAC캐피탈은 포인트72 애셋매니지먼트Point72 Asset Management로 탈바꿈하고, 조직의 새로운 시대를 이끌 대표로 맥킨지의 시니어 파트너 출신인 더그 헤인즈Doug Haynes를 고용했다. 코헨은 이렇게 전했다. "우리 회사에 업계 최고의 직원들이 있다는 건 잘 알고 있습니다. 그러나 포인트72를 다음 단계로 이끌어줄 관리 프로세스는 구축되지 않았습니다. 더그가 이를 바로잡을 것입니다." 웨스트버지니아주에서 나고 자란 헤인즈는 천성적으로 동기에 대해 잘 이해하는 리더였다. 그는 연설을 할 때 밴조* 음악을 준비해 청중들의 정서적 압박감을 낮추고 즐거움 동기를 자극하는 것으로 유명하다.

부임한 첫 해에 헤인즈는 가장 뛰어난 포트폴리오 매니저의 동기가 무엇인지 조사했다. 그 결과 가장 성과가 높은 포트폴리오 매니저들은 다른 직원에 비해 총 동기가 10점이나 높았고, 즐거움 동기가 큰 차이를 만들어낸 것으로 드러났다.

일부 포트폴리오 매니저가 일하는 것을 지켜보면 즐거움 동기가 확연히 보인다. 미디어 기업과 테크놀로지 기업에 투자하는 닉이라는 가명의 한 PM은 애널리스트와의 미팅을 마치 사탕가게에 간 아이처럼 들뜬 모습으로 진행한다. 그는 데이터를 새로운 방식으로 분석하는 방법을 제시하고, 하루 종일 투자 아이디어만 생각했던 사람처럼 열정적으로 토론한다.

고등학생 체스 챔피언 출신인 그는 학생 때 뉴욕증시거래소 견학 이후로 주식시장에 푹 빠졌다. "저는 금전적 성공이나 손해에 대해

* 목이 길고 몸통이 둥근 현악기 — 옮긴이

생각하지 않습니다. 제게 동기를 주는 요인이 아니니까요. 저는 '내가 이 수수께끼를 풀었는가?'라고 생각하는 편입니다. 제 일은 단순한 직업이 아니라 제 열정입니다. 저는 제 일을 너무 사랑해서 주말이나 휴가 때도 계속 일을 하고 싶을 정도입니다."

그러나 닉 역시 팀에 가해지는 정서적 압박감에 대해서는 알고 있었다. "큰 손해를 입을 땐 팀 전체가 멈춥니다. 다음 아이디어로 나아갈 수가 없죠. 팀원들은 침묵 속에 자신의 책상에 앉아 차트를 들여다봅니다." 닉은 시간이 지나면서 팀원들의 '손상된 근육'을 재건하기 위해 노력했다. 그는 벌어진 실수에 자기 몫의 책임이 있다고 했다. 그는 출근 첫날 기본적인 금융 용어도 숙지하지 못해 벌어진 에피소드와 같이 팀원들이 가장 좋아하는 유머나 이야기를 나누며 스트레스를 낮추려고 노력했다. 닉은 팀원들에게 실수를 해도 괜찮다는 메시지를 전달했다.

어느 날 닉은 인터넷 주의 특정 서브 섹터에 투자하며 몇 가지 나쁜 선택을 내렸다는 것을 깨달았다. 이 투자는 주식시장에서 예측하기 어려운 방향으로 흘러가며 결과적으로 닉은 좋은 수익률을 거둘 수 없었다. 팀에서 애널리스트와 트레이더는 투자를 반대하고 싶었지만 상사의 의견에 반대하기를 주저했다. 닉은 팀원 모두의 의견을 수렴할 수 있어야 적응적 성과가 가능하다는 것을 깨달았다. 그래서 닉은 자신에게 보내는 편지를 자기가 직접 작성했다. 그런 다음 모든 팀원들을 자신의 사무실로 부른 후 트레이더에게 큰 목소리로 편지를 읽어보라고 요청했다. 편지에는 이렇게 적혀 있었다.

"닉. 이 ×× ××야. 그 멍청한 ○○○ 종목들은 거들떠보지도 않겠다고 약속했잖아. 내 귀에 한 번만 더 그 (종목) 이름이라도 들리는 날엔 네 얼굴에 주먹을 날리겠어."

"모두가 한바탕 웃었습니다." 닉이 전했다. 누구나 실수를 저지를 수 있다는 사실을 모두 깨달았다. 그리고 팀원에게 문제가 생기면 상사가 돕듯이, 상사가 실수할 때는 팀이 나서서 자신들의 의견을 분명히 전하고 실수를 함께 해결해야 한다는 사실을 배운 좋은 계기였다. 아직까지도 트레이더는 닉에게 읽어줄 순간을 위해 항상 가까운 곳에 편지를 보관하고 있다.

헤인즈가 새로운 투자의 시대를 개척하기 위해 포인트72의 변화를 시작하며 가장 처음으로 했던 질문은 무엇일까? 바로 이미 높은 정서적, 경제적 압박감을 더 이상 높이지 않을 성과관리 제도를 구축하는 방법에 대해서였다.

먼저, 기존의 인사고과 제도는 다른 대다수의 기업과 비슷한 방식으로 진행되었다. PM과 경영진이 한 자리에 모이고, 경영진은 PM에게 피드백을 전달하는 게 다였다. 하지만 포인트72에서는 몇 가지 다른 점이 있었다. 경영진은 각 PM의 성과에 대한 데이터를 확보했고, 그들은 모든 거래를 분석할 수 있었다. 기업의 리스크 관리 도구를 통해 다양한 방법으로 포트폴리오 성과를 꼼꼼히 분석했다. 이전의 성과 평가에서 PM은 경영진과의 대화가 어떻게 흘러갈지 아무런 예상도 하지 못한 채 미팅에 참석했다.

둘째로, 자산관리 업계의 위험성은 다른 직업군보다 높은 편이다. 따라서 인사고과를 통해 각 PM은 다음 해에 얼마의 금액을 투자할 수 있는지 알 수 있었다. 금액은 수천만 달러 차이로 오를 수도, 낮아질 수도 있었다.

"예전 제도에는 단점이 많았습니다. PM이 투자 금액 외에는 다른 어떤 것에도 신경 쓸 수 없었지요." 주식운용본부장인 페리 보일의 설명이다. 과거의 방식으로는 전체적인 그림을 파악할 수 없었다. 기업은 PM의 거래 및 손익 내역과 같은 결과는 볼 수 있었지만, 어떻게 이러한 결과가 나타났는지 그 과정은 확인할 수 없었다.

"우리는 지난 거래를 두고 PM에게 '자, 무슨 일이 있었는지 이야기해보게'라고 물었습니다. 결과가 좋으면 PM의 능력이 뛰어난 거였죠. 하지만 그 반대의 상황이라면 얼마나 운이 없었는지에 대한 변명이 가득했습니다." 헤인즈가 전했다. 다음 해의 성과를 예측하기 어려운 프로세스였다. "우리는 결과를 두고 과정을 판단했습니다. 수익을 거두었다면 과정 역시 좋았을 거라고 생각했죠. 하지만 이제는 과정을 살펴본 후 운이 아닌 재현 가능한 프로세스를 통해 결과가 도출된 것인지 확인합니다."

훌륭한 트레이드 사례를 하나 소개하겠다. 칼란이라는 한 신입 PM은 2012년 12월 포인트72의 최고 중역에게 탄산칼륨 시장의 붕괴에 대해 보고했다. 탄산칼륨은 비료의 원료로 쓰이는 물질이다. 탄산칼륨의 경우 벨라루스와 캐나다, 러시아의 생산업체 몇 곳이 "비공식적으로 국제 가격 카르텔"을 형성해[11] 세계 공급량의 3분의 2를 주도하기 때문에 주식시장에서 큰 변동 폭을 보이는 것은 이례적이다. 그런데 칼란은 탄산칼륨 시장의 붕괴를 예측하고 그에 따라 투자했다. 어떻게 그게 가능했을까?

칼란은 벨라루스의 경제가 휘청거린다는 소식을 듣고 곧바로 벨라루스가 수익을 창출하기 위해 더 많은 탄산칼륨을 생산할 것이라는 가설을 세웠다. 만약 수요의 증가 없이 공급만 계속 증가한다면 상품 가격은 떨어지기 마련이다. 칼란은 자신의 가설을 뒷받침할 만한 근거를 찾기 시작했다. 그는 국가의 수출 전략을 바꿀 것임을 시사하는 벨라루스 총리의 글을 읽었다. 자신이 구독하는 잡지에서 벨라루스와 방글라데시의 비료 산업에서 이해하기 어려운 거래 관계에 관한 글을 발견했고, 벨라루스의 지역 신문도 읽기 시작했다.

이러한 노력 끝에 그는 현재 협정 외에 탄산칼륨 수출을 선언하는 벨라루스 정부의 소식을 투자업계에서 가장 먼저 접할 수 있었다. 또 다른 한편 러시아의 중국 수출품 데이터에 대한 정보를 입수했고, 러시아 역시 탄산칼륨 생산량이 증가한 정황을 포착했다. 역시 칼란의 가설이 옳았다. 탄산칼륨의 가격은 곤두박질쳤다.

칼륨 시장에 대한 칼란의 통찰력은 능력일까, 단순한 운이었을까? 운과 상황이 잘 어우러져 획기적인 승진대로를 달렸지만, 과거의 성공을 단 한 번도 다시 보여주지 못하는 중역들이 있다. 하지만 포인트72에는 한 경영진의 말처럼 "몇몇 PM은 모두가 간과하는 굉장한 아이디어"를 꾸준히 생산하는 자신만의 시스템을 갖추고 있다. 이들은 단순히 운이 좋았던 게 아닐 것이다.

조직은 성과관리 제도를 통해 직원의 성과가 재현 가능한 프로세스를 바탕으로 성취된 것인지 확인해야 한다. "기업은 직원이 앞으로 어떻게 성과를 낼 것인지 고려해야 합니다. 과거 성과에만 의존해서는 안 됩니다." 코헨의 설명이다.

포인트72가 제도 개선을 위해 가장 먼저 시행한 것은 조직 개편이었다. 에너지, 헬스케어와 같이 각 섹터별로 7개의 '부문장 sector executive' 자리를 만들었다. 부문장이 늘어나 관리 역량이 증가하게 되자 기업은 새로운 사업 계획에 착수할 수 있었다. PM들은 인사고과 전에 매니저, 위험관리 전문가와 함께 성과 데이터를 분석했다. 이 과정을 통해 PM은 다음 년도를 위한 계획과 전략을 수립했고, 어떤 경우 계획안이 몇 번이나 반복된 경우도 있었다. 어떤 전략과 계획이 실효성이 높았는가? 바꿔야 할 점은 무엇인가? 다음 해에 높은 수익률을 달성하기 위해서는 어떤 전략을 채택해야 할까?

하지만 이제는 달라졌다. PM이 계획안을 제출하면 경영진과 PM은 계획안에 대해 논의하는 자리를 마련한다. 모든 계획안을 검토한 후 경영진은 투자 규모를 결정하고, 그 결과를 공유한다.

"진화가 아닙니다. 혁명입니다!" 포인트72의 최고위기관리책임자의 설명이다. 조직에서 처음으로 결과가 아닌 과정을 검토하는 공식적 프로세스가 확립된 것이다. 한 부문장은 새로운 제도에 대해 이렇게 말했다. "처음에는 불평도 있었습니다. 그러나 실행하고 난 뒤에는 직원들이 말했습니다. '막상 해보니 도움이 되네요.'"

비즈니스 계획안 가운데 15% 정도는 "눈이 휘둥그레질 만큼 혁신적이었다"라고 한 부문장이 설명했다. "새로운 프로세스를 통해 우리는 몇몇 직원을 완벽하게 다른 관점으로 보게 되었습니다." 예를 들어 지난해 굉장히 성과가 나빴던 PM 두 명이 있었다. 과거에는 두 직원에 대한 회사의 평가가 완벽히 같았을 것이다. 그러나 둘 중 한 직원이 제출한 계획안에는 적응성을 발휘하고자 하는 의지가 '매우 자기성찰적이고 사려 깊게' 담겨 있었고, 기업은 그에 대한 투자를 늘리기로 했다.

최고위기관리책임자에 따르면, 프로세스는 PM의 개인적 성향을 배제하고 그가 '재현 가능한 메커니즘'을 만들었는지에 초점을 맞추었다. 또한 투자하고 있는 기업의 핵심 가치를 평가하는 과정에서 정확성과 일관성을 유지하는 팀을 파악할 수 있었다. "가장 기본적인 프로세스가 강력한 힘을 갖고 있을 때 조직의 규정을 준수하는 순응 행동과 높은 이익률이 가능해집니다." 헤인즈의 설명이다.

새로운 시스템은 결과 중심에서 과정 중심으로 바뀌었다. 여기서 과정이란 포트폴리오 매니저가 시간 경과에 따라 조정하고 개선할 수 있는 업무를 의미한다. 또한 PM이 가장 저지르기 쉬운 실수가 무엇인지 파악할 수 있다. 그렇게 되자 경영관리팀은 과다 거래와 같은 오버트레이딩overtrading 등의 일반적인 문제점에 대한 해결책을 제시할 수 있게 되었다. 또한 기업은 프로세스를 개선하는 데 도움이 될 만한 새로운 도구에 대한 아이디어를 얻을 수 있게 되었다. 2014년 〈뉴욕타임스〉의 보고에 따르면, 포인트72는 대다수의 헤지 펀드 가운데서도 높은 수익률을 기록했음에도 성과를 더욱 높일 수 있는 다양한 기회를 계속 개발하고 있다.

헤인즈는 새로운 시스템을 '예측성 성과관리predictive performance management'라고 했다. 포인트72는 과거의 성과를 평가하는 것이 아니라 앞으로 뛰어난 성과를 보일 PM을 가려낸다. 새로운 성과관리 제도를 통해 데이터와 카운슬링, 조언을 제공해 결과적으로는 모든 직원의 성과가 향상될 수 있도록 한다.

시스템을 도입한 지 이제 2년이 지났고, 새로운 성과관리 제도가 지닌 잠재력을 발휘하기 위해서는 더욱 시간을 두고 지켜봐야 한다. 몇몇 PM들은 새로운 시스템이 굉장히 유익하다고 밝혔다. 그러나 실적만으로도 가치를 충분히 판단할 수 있다고 불평하는 PM들도 있었다. 포인트72의 경영진은 이런 불평에 대해 스포츠에 비유해 답한다. "그들에게 최고 수준의 골프 선수나 테니스 선수에게 가서 이렇게 물어보라고 권하고 싶습니다. '세계 5위에 랭크되면 더 이상은 코칭을 받지 않을 건가요? 더 이상 연습하거나 배우지 않을 겁니까?'라고요." 한 부문장의 말이었다.

변화의 시작

훌륭한 문화를 구축하는 과정에서 가장 어려운 점은 올바른 성과관리 제도를 만드는 일이다. 그러나 성과 평가 캘리브레이션 제도를 바로 세우면 조직의 미래를 계획하는 데 유용하게 활용할 수 있다. 이러한 시스템을 통해 전술적 성과와 적응적 성과의 균형을 유지할 수 있다. 이번 장을 읽고 난 후에는 스스로에게 아주 짧은 질문을 해보길 바란다.

"우리 조직은 성과의 음과 양을 어떻게 관리하고 균형을 이루고 있는가?"

— 16장 —

사회운동: 조직의 움직임

총 동기를 통해
총 동기를 창출하라.

지금 이 책을 읽고 있는 독자들 가운데 대부분은 저성과 조직문화에 갇힌 대기업에 속해 있을 것이다. 지금까지 배운 모든 원칙들을 조직에 바로 적용해보고 싶은 욕심이 들겠지만, 간접동기를 활용해 총 동기가 높은 조직문화를 만들고자 한다면 성공하기 어려울 것이다. 마틴 루터 킹의 명언처럼 "어둠은 어둠을 몰아낼 수 없다. 오직 빛만이 어둠을 몰아낼 수 있다."

조직문화를 새로 만들거나 다시 구축하는 데 활용할 프로세스는 그 자체로도 이미 총 동기가 높아야 한다. 변화를 이끄는 과정에서도 압박감이 아닌 즐거움, 의미, 성장 동기가 발휘되어야 한다. 동기부여 이론의 구루인 에드워드 데시가 쓴 것처럼 "옳은 질문은 '우리는 어떻게 다른 사람에게 동기부여를 하는가?'가 아닌 '사람들이 스스로 동기를 부여할 수 있는 환경을 만들기 위해서는 어떻게 해야 하는가?'다."[1]

조직문화를 구축하기 위해 필요한 것

일본의 해안에는 마카크 원숭이macaque*의 천국인 코지마 섬이 있다. 지난 50년 넘게 영장류 연구가 활발하게 진행되고 있던 곳이다. 1952년부터 코지마 섬의 모든 원숭이들은 관찰 대상에 선정되어 이름과 역사, 원숭이 각각의 성격까지 갖게 되었다. 1953년 한 부지런한 원숭이 이모Imo는 마카크 원숭이계의 에디슨이 되었다.[2] 당시 이모의 부족에 속한 다른 원숭이들은 식량인 고구마를 먹기 전에 손으로 이물질을 닦아내고 먹었다. 어느 날 18개월 된 이모는 새로운 방식을 시도했다. 바닷가로 다가가 물로 고구마를 씻어낸 것이다. 백열전구가 발명되는 순간이었다.

마카크 원숭이들은 인간처럼 문화를 발전시키지 못했다. 이들에게는 아이디어를 전파시키는 도구인 언어도 학교도 인터넷도 없었다. 그럼에도 아이디어는 확산되기 시작했다. 이모가 새로운 방법을 시도한 지 한 달 후쯤, 이모의 버디그룹인 세무시가 자신의 고구마를 씻어 먹기 시작했다. 3개월 후에는 이모의 엄마인 데바와 또 다른 버디그룹인 유니 역시 고구마를 씻는 것이 목격되었다. 발명가인 이모의 버디그룹이 가장 먼저 새로운 방식을 받아들였다.

2년이 안 되는 기간 동안 고구마를 물에 씻어 먹는 어린 원숭이는 7마리가 늘었다. 5년 내 청소년기에 접어든 원숭이 15마리 가운데 14마리가, 성인 원숭이 11마리 가운데 2마리가 이런 행위에 동참했

* 구세계원숭이의 긴꼬리원숭이아과에 속하는 마카크속 원숭이의 총칭 — 옮긴이

다. 이모가 속한 밴드 그룹이 변화하기 시작했다. 이후 5년이 지나자 고구마를 씻어 먹는 행위는 집단 내 표준으로 정착되었다. 이모의 발견 이후 30년이 지난 1983년에는 새로운 행동양식이 빌리지 전체로 퍼졌다.

이모의 발견은 한 번으로 끝나지 않았다. 1956년 또 다른 혁신을 시도했다.[3] 이모는 이물질이 묻은 곡물을 한 줌 쥐어 물에 띄우면 모래는 밑으로 가라앉고 수면 위에 떠 있는 음식만 손으로 건어내 먹을 수 있다는 것을 발견했다. 또 한 번 놀이가 적응적 성과를 이끈 순간이었다. 결국 이 행위 역시 빌리지의 규범으로 자리잡았다.

인간은 누군가 하는 걸 보고 그대로 따라하는 '몽키 시 몽키 두(monkey see, monkey do)'보다 훨씬 복잡한 방식으로 적응성을 전파한다. 우리가 아이들에게 무언가를 가르칠 때 사용하는 언어와 통신 매체는 사회 전반에 적응적 혁신을 널리 전달하는 것을 용이하게 만드는 수단이다. 인터넷을 통해 우리는 지구 반대편에서 반대편으로 거의 실시간에 가까운 속도로 혁신을 퍼뜨릴 수 있다. 그러나 이러한 확산의 메커니즘은 인간 적응성의 가장 궁극적인 형태인 사회운동에 비하면 굉장히 피상적인 수준이다. 집단적 발명collective invention을 가능케 하는 사회운동은 미국 혁명과 시민권 운동과 같은 지각변동을 일으켰다.

하버드대와 옥스퍼드대, 버클리대에서 수학한 뛰어난 사회학자인 닐 스멜서Neil Smelser는 집단행동이 발발하기 위해 필요한 여섯 가지 조건을 설명한 이론을 완성했다. 여섯 가지의 필수 조건은 다음과 같다.[4]

1. 통제력 약화 사회 지배 권력은 집단의 행동을 저지할 의사가 없거나 저지할 수 없는 상황에 있어야 한다. 조직문화 구축의 관점에서는 조직 내의 총 동기 개념을 도입할 수 있도록 충분한 지지가 이루어지고 있는지 확실히 해야 한다.

2. 공동의 신념 정립 사람들 사이에 문제에 관한 공통된 의식과 해결책에 대한 공통된 관점이 확립되어야 한다. 최고의 성과를 내는 조직문화를 형성하고자 할 때 조직에서 영향력 있는 사람들이 적응적 성과의 중요성과 총 동기의 역할에 대해 이해하고 동의하는 것이 중요하다. 특히 공동의 신념이 형성될 때 총 동기 자체를 통해 변화를 이끌 수 있게 된다.

3. 구조적 긴장 사람들은 현재의 상태와 자신이 꿈꾸는 상태 사이의 간극을 정서적으로 느껴야 한다. 대부분의 구성원들이 낮은 총 동기 때문에 생기는 어려움에 공감하는 단계로, 이는 변화의 전제조건 가운데 가장 기본적인 요소다. 조직 내 구조적 긴장이 형성될 때 총 동기를 조사하고 결과를 공유하는 것은 더욱 수월해진다.

4. 구조적 유인성 집단행동을 위해서는 사람들이 서로 상호작용을 할 수 있어야 한다. 적절한 사람들이 힘을 합쳐 조직문화의 핵심 요소를 변화할 수 있도록 비공식적인 파이어 왓처 그룹이 도와야 한다. 한발 더 나아가 초기 파이어 왓처 그룹에게 동기 요인과 적응적 성과에 대한 공통의 언어를 제공하면 그룹 내 협력과 조화가 눈에 띄게 상승한다.

5. 촉발 요인 어떤 촉매제로 인해 행동이 유발되기 시작된다. 요인은 상황에 따라 다를 수 있다. 기업의 새로운 미션일 수도 있고, 거

대 합병일 수도 있으며, 총 동기 향상이라는 목표일 수도 있다. 어쩌면 이 책의 일부가 촉발 요인이 될 수도 있다(우리는 진심으로 이 책이 조직의 변화를 촉발하는 매개체가 되길 바란다).

6. 참여자의 동원 프로세스를 통해 시스템 내의 집단적 행동을 이끌어내야 하고, 이 과정에서 개인의 특성과 적응성이 존중되어야 한다. 파이어 왓처는 문화의 핵심 요소를 관리할 때 조직의 특성을 살린 흐름을 유지해야 한다. 조직적 흐름은 움직임을 이끌어내는 북소리가 될 수 있다.

이 개념은 닐 스메서의 사회운동의 6단계 이론을 본떠 총 동기가 낮은 조직이 총 동기가 높은 조직문화를 건설하는 과정으로 새로 해석했다.

고성과 조직문화를 만드는 사회운동

우리는 총 동기 개념과 리더십 행동에서 총 동기의 의미에 대한 4시간짜리 워크숍을 진행한 적이 있었다. 4개월간 소매업체인 가명의 그룹 오미크론이 고성과 조직문화를 구축할 수 있도록 이와 비슷한 워크숍을 일주일에 두 번씩 진행했다.

가장 성과가 좋은 지점의 매니저 60명이 워크숍에 참여했다. 무대 위에서 느끼기엔 워크숍이 대체로 잘 진행되고 있다는 생각이 들었다. 실제로 딱 한 명의 청중을 제외하고는 별 문제 없었다. 그 남성분의 경우 아마도 가장 오래 근무했고 가장 경력이 많은 매니저일 것 같았다. 그는 워크숍 내내 팔짱을 끼고 얼굴을 찌푸린 채로 앉아 있었다.

질의응답 시간이 되어 그가 손을 들었을 때 그리 달갑지 않았다. 그는 자리에서 일어나 말했다. "이 일을 오래 해왔습니다. 이번 워크숍은 제게 새로운 세상을 알려주었습니다!" 우리는 이날 무언가를 배웠다. 이미 최고의 성과를 낸 리더들도 더 나은 조직을 만들기 위해 새로운 것을 배우는 과정을 즐기고 있었다. 오미크론이 조직문화를 변화시키기 위해 2만 명의 직원들이 모두 동참해 사회운동을 펼칠 수 있었던 저력은 바로 이런 정신에서 비롯되었다.

오미크론의 조직문화 담당자에게 우리가 연구한 내용을 소개할 당시 그는 어둠 속에서 불빛을 본 듯한 표정을 지었다. 천성적으로 총동기가 높은 리더였지만 적응적 성과의 개념과 측정법, 용어를 알려주자 조직의 문제가 무엇인지 한번에 파악했다. 당시 전반적인 경제상황이 슬럼프로 접어들며 오미크론 역시 어려움에 처해 있었다. 기업은 공격적인 비용절감 전략을 채택했고, 직원들의 사기는 급격히 저하되었다. 조직문화를 새로 건설하려면 굉장한 결단이 필요한 상황이었지만, 달리 보면 이때보다 더 좋은 시기는 없었다.

오미크론은 조직문화를 한 단계 발전시키기 위해 사회운동을 조직했다. 먼저 그들은 공동의 신념을 확립했다. 조직 내에서 가장 영향력 있는 리더 1,000명 정도가 총 동기의 과학에 대해 배우기 위해 반나절의 워크숍에 참여했다. 조직원들은 도구를 제공받고 공통의 언어를 배웠으며, 자신만의 플레이 그라운드에서 즐거움을 누릴 여유를 얻었다. 동시에 그들은 사회운동을 저해하는 지배 세력의 통제력이 약화되도록 애썼다. 기업의 중역들은 모두 한 시간의 개별 워크숍에 참여해 총 동기 과학을 배우고, 현재의 기업 상황과 관련 데이터를 제대로 이해할 수 있도록 했다.

마지막으로 조직은 고객과 사회 전체에 긍정적인 영향을 끼칠 수 있는 진정성 있는 새로운 미션을 선포하며 자체적으로 조직문화 개편의 촉발 계기를 만들었다. 여기까지가 단계 1이었다.

단계 2에서는 조직문화 개편 운동을 구조적으로 펼치기 시작했다. HR 부서, 비공식적 조직문화 위원회, 그 외 조직문화의 핵심 요소에 관여하던 부서의 직원들이 차출되어 파이어 왓처 팀을 이뤘다. 조직문화 팀은 각 문화 요소를 책임질 담당자를 선출하는 과정을 꼼꼼히 진행했다. 조직문화 개편 속도를 높이기 위해 적응적 문화의 영향력을 확인하는 시험 과정 역시 거쳤다.

단계 2에서는 특히 조직문화의 응집력을 높이는 데 집중했다. 조직 전반에 퍼진 문화적 메시지를 조사하던 조직문화 팀은 당시 조직문화가 직원에게 전달하는 메시지 대부분이 총 동기를 높이는 목표에 반한다는 사실을 깨달았다. 이로 인해 조직문화를 바로잡자는 큰 목표 아래 많은 사람들은 기존의 개념과 반대되는 조언과 가치를 공유하기 시작했다. 그러면서 새로운 문화의 응집력을 최대화하기 위해 새로운 문화적 메시지를 정립했고, 이는 새로운 문화의 정체성을 구축하는 것을 의미했다.

조직문화 개편을 사회운동으로 확산시킨 오미크론의 접근법은 상상을 초월할 만큼 강력한 힘을 발휘했다. 조직 내 어느 누구도 변화를 강요받았다는 생각을 하지 않았다. 대신 구성원들은 자연스럽게 총 동기가 낮은 문화에서 높은 문화로 이동했다. 파이어 왓처 집단은 이러한 변화로 인해 성과가 일시적으로 낮아지는 현상을 경계하기 위해 최선을 다했다. 그러나 오미크론은 사회운동을 일으키는 수천만 가지의 방법 중 하나에 해당하는 예시일 뿐이다.

조직문화는 우리가 만들어나가는 것

처음부터 조직문화를 만들어나가는 행운을 누리는 사람은 거의 없다. 조직 내 수십 년간의 문제가 누적되어 총 동기가 점점 낮아진 조직문화에 속해 있는 사람이 대다수다. 연구를 통해서도 밝혀진 사실이다. 하지만 변화하기에 너무 늦은 시기는 없다. 항상 그렇듯이 변화를 위해서는 문제가 있다는 사실부터 깨달아야 한다.

30년 전 도요타와 제너럴모터스General Motors가 합작해 누미(NUMMI, New United Motor Manufacturing Inc.)를 세웠을 때 GM으로서는 조직문화를 향상시킬 절호의 기회를 얻은 것과 마찬가지였다. 이야기는 약자들이 힘을 합쳐 최고가 된 후 강자들에게 교훈을 주는 고전영화 〈특공대작전The Dirty Dozen〉이나 〈기숙사대소동The Revenge of the Nerds〉의 줄기리처럼 흐르는 듯했다. 그러나 결과는 예상과 달리 흘러갔다.

GM은 캘리포니아의 프리몬트 공장을 폐쇄했다. 원인은 "낮은 생산성, 품질 저하, 파업과 높은 결근률, 이직율과 같은 노사문제 심화, 직원들의 알코올과 약물중독 때문"이었다고 스탠퍼드대 교수이자 직장 내 인재경영 전문가인 제프리 페퍼Jeffrey Pfeffer는 밝혔다.[5] "타이어를 장착할 때는 술을 마셨습니다. 보온병에 보드카와 오렌지주스를 혼합한 스크류 드라이버를 가지고 다녔어요." 공장 직원이었던 릭 마드리드는 미국 공영 라디오 방송의 〈디스 아메리칸 라이프This American Life〉와의 인터뷰에서 이렇게 전했다.[6]

공장은 총 동기가 낮은 조직의 전형적인 모습을 보였다. 직원들이 일터에 오는 유일한 이유는 경제적 압박감과 타성에 젖은 탓이었다. 도요타 전문가로 알려진 제프리 라이커Jeffrey Liker는 이렇게 표현했다. "공장은 교도소나 다름없었습니다. 직원들은 그곳에 갇혀 있었으니까요. 그들이 공장에 머물 수밖에 없던 이유는 직원들의 학력이나 기술에 비해 그만큼의 임금과 혜택을 주는 일자리를 찾을 수 없었기 때문입니다."

총 동기가 낮은 조직은 적응적 성과의 저하라는 결과로 이어지고, 상황이 더욱 안 좋을 경우에는 잘못된 적응적 성과로 귀결된다. 공장 직원들은 심지어 생산 라인에 오른 자동차에 고의적으로 결함을 유발했다. 〈디스 아메리칸 라이프〉의 보도에 따르면, "직원들은 의도적으로 자동차를 망가뜨렸다. 도어 패널 안쪽에 콜라 병을 넣거나 볼트를 헐겁게 조여 덜컹거리게 만들어 고객의 불편함을 야기했다."

한편 GM과의 합작 벤처를 시작하며 도요타는 2년 전에 폐쇄한 공장을 다시 가동시켰고, 기존 직원의 85%를 복직시켰다. 직원들을 그대로 고용한 것뿐 아니라 대부분의 직원들은 계속 전미 자동차 노동조합의 소속이었다. 공장 내 기계설비 역시 그대로였다. 도요타의 인수는 큰 성공을 거두었다. 직원들의 생산량은 GM이 리더십을 발휘할 때보다 49% 증가했다. 1986년에는 뛰어난 생산성으로 유명한 도요타 다카오카 공장과도 큰 차이가 나지 않는 성과를 기록할 정도였다.

누미 공장을 관리하는 도요타의 접근법은 이 책이 담고 있는 교훈과 상당 부분 일치한다. 첫째로 도요타는 자동차 공장에서 적응성은 필수불가결한 것임을 명시했다. 매년 새로운 모델이 출시되었고, 공급망의 변화로 자동차 부품 역시 바뀔 수밖에 없었다. 장비는 마모되거나 손상되었다. 새로 들어온 직원은 선임자와는 약간 다른 방식으로 업무를 수행했다. 이렇게 다양한 VUCA 상황은 생산 과정을 설계한 엔지니어가 감히 예측할 수 없는 수준이다. 너무 많은 변수가 복잡하게 얽혀 있기 때문이다.

둘째로 도요타는 총 동기를 높여야만 높은 수준의 적응적 문화를 구축할 수 있다고 생각했다. 적응력이 높은 사람에게 불안과 압박감은 위협이 되지 못한다. 도요타는 '공동의 신념'을 정립하고, 직원들이 자신이 느끼는 부담감을 자가진단할 수 있는 방안을 마련하는 데 투자를 아끼지 않았다.

도요타는 미국 공장에서 일하는 직원을 5인 1조(버디그룹 사이즈로)로 팀을 꾸려 2주간 일본으로 보냈고, 그곳에서 직원들은 도요타 생산방식 내 퍼포먼스 사이클이 어떤 방식으로 형성되어 있는지 배웠다. 미국 공장 직원들은 시스템 용어도 배웠다. 한세이(hansei, 끊임없는 반성), 카이젠(kaizen, 점진적이고 지속적인 개선), 겐치 겐부쓰(genchi genbutsu, 현장에서 직접 확인), 헤이준카(heijunka, 작업량 평준화, 토끼가 아닌 거북처럼 일하는 태도) 등의 용어는 미국 직원들 사이에서도 일상적으로 쓰이게 되었다.

생산 현장에서 적응성을 발휘한다는 것이 어떤 의미인지 직접 보며, 이들은 왜 이전의 작업 환경이 그토록 나빴는지 이해할 수 있었다. 자동차 공장에서 오래 일했던 베테랑 직원들은 처음으로 일터에서 즐거움과 의미 동기를 느낄 수 있었다. "GM 공장에서 30년간 일해온 머리가 희끗희끗한 조합원들이 눈물을 흘리며 도요타 직원들을 껴안았습니다." 도요타 트레이너 한 명이 말했다.[7]

도요타는 총 동기가 높은 문화를 건설하기 위해서는 다양한 문화 요소가 함께 작용해야 한다는 것 역시 알고 있었다. 하지만 30년 전 도요타는 누미 공장의 직원과 시설에 변화를 단행하지 않았던 탓에 조직문화와 프로세스가 큰 성과를 거두지 못했다.

직원들은 작은 팀으로 나눠 일하며 공동체 의식을 높여갔다. 매니저와 직원들은 빌리지를 형성했다. 두 개의 그룹은 상징적인 의미로 같은 주차장을 쓰고, 같은 카페테리아에서 식사했다. 경계선은 사라졌다. 직원들에게 질 높은 원자재를 제공해 그들의 목적의식을 높이자, 자동차 부품의 질은 향상되었다. 도요타 방식에 따른 용어들이 공장 내에서 널리 쓰이며 과실 편향성을 없애고, 직원들에게 제품의 품질은 시스템에서 비롯된다는 사실을 각인시켰다.[8]

도요타는 미국 공장에도 안돈 코드를 설치했다. "조립 라인을 따라 설치된 가느다란 나일론 줄인 안돈 코드는 도요타 생산방식이 다른 기업과 차별되는 모든 특징을 상징한다"라고 〈디스 아메리칸 라이프〉는 보도했다. 직원들에게 품질에 이상을 발견하거나 공정 과정에서 개선할 수 있는 좋은 아이디어가 떠오르면 언제든지 안돈 코드를 당기라고 권장했다.

안돈 코드는 플레이 그라운드 설정의 더없이 좋은 예시다. "직장에서 어느 누구도 저한테 문제를 해결할 수 있는 좋은 아이디어가 있는지 물어본 적이 없는 것 같아요. 그런데 도요타에서는 정말로 제 의견을 듣고 싶어 했고, 제가 하는 말을 경청했습니다. 그러고 나서는 갑자기 사라지더니 제가 좀 전에 설명한 도구를 만들어서 가져왔습니다. 그리고 이렇게 말했습니다. '이걸 한번 사용해보시죠'라고 말이죠." 라이커의 말이다.

안돈 코드의 목적은 정서적 압박감을 낮추고 즐거움과 의미 동기를 높이는 것이었다. 안돈 코드를 당기면 직원이 선택한 음악이 스피커를 통해 흘러나온다. 직원과 매니저가 문제를 해결할 수 없을 땐 라인 전체가 멈춘다. "공장에서 생산 라인이 멈추는 것은 있을 수 없는 일입니다." 마드리드가 설명했다. "예전에 한번 직원 한 명이 구덩이에 빠졌는데도 라인은 멈추지 않았습니다."[9]

이쯤에서 우리는 궁금하지 않을 수 없다. 도요타는 왜 주요 경쟁사에게 도요타 왕국의 비밀 열쇠를 건네준 걸까? 아마도 성과의 음과 양을 이해하지 못한다면 열쇠는 아무런 힘을 발휘하지 못한다는 확신이 있었기 때문일 것이다. GM 매니저들은 열쇠를 쥐고도 문을 열지 못했다. 그들은 도요타의 높은 생산성이 기술력 때문이라고 생각했다.

"도요타를 한마디로 설명할 수 없습니다." 라이커가 말을 이었다. "언젠가 GM의 경우 상당히 높은 자리에서 매니저들에게 명령이 떨어졌습니다. GM 공장을 누미 공장처럼 만들라는 지시였습니다. '카메라를 들고 누미로 가서 공장 내부를 샅샅이 사진으로 찍어오게. 그리고 자네의 사진기 속에 담긴 그림을 우리 공장에도 그대로 재현하게. 우리가 누미와 왜 다른지, 왜 우리의 품질이 낮은지, 왜 우리의 생산성이 누미에 미치지 못하는지 변명의 여지가 없을 걸세. 왜냐면 자네가 누미 공장에서 본 것을 그대로 우리 공장에 그대로 옮겨올 테니까.' 이 말을 전해 듣자마자 매니저는 불가능하다고 생각했습니다. 누구도 직원의 높은 동기나 노조와 기업 간의 좋은 관계를 사진에 담을 수도 흉내낼 수는 없으니까요."[10]

조직문화는 우리 자신이 만들어나가야 하는 것이다.

변화의 시작

이 책을 통해 우리는 조직문화가 발휘하는 강력한 영향력에 대해 배웠다. 성과란 겉으로 보이는 것 이상의 무언가를 필요로 한다. 최고의 성과를 내는 조직문화를 만들고 싶다면 조직 내 모든 직원과 모든 프로세스에서 전술적 성과와 적응적 성과, 이 두 가지 상응하는 개념이 균형을 이룰 수 있도록 해야 한다.

우리는 지금껏 총 동기가 어떻게, 왜 적응적 성과를 높이는지 확인했다. 또한 총 동기가 낮아지면 어떻게, 왜 적응적 성과 역시 낮아지는지도 배웠다.

마지막으로 조직문화의 핵심 요소가 조직의 총 동기를 높이는 과정에 대해서도 배웠다. 이제 당신 차례다. 아직도 어디서부터 시작해야 할지 모르겠다면 다음의 몇 가지 아이디어를 참고하길 바란다.

1. www.primedtoperform.com에 들어가 조직문화를 개선하기 위해 노력하는

도표 20. 이 책에서 설명한 이론을 다시 정리하면 다음과 같다.

총 동기는 적응적 성과를 높인다. 직원들이 간접동기가 아닌 직접동기를 가질 때 총 동기는 형성된다

조직이나 팀이 최고의 성과를 내기 위해서는 전술적 성과와 적응적 성과가 균형을 이뤄야 한다.

조직문화는 총 동기를 통해 적응적 성과가 극대화될 수 있는 생태계다. 조직문화의 다양한 핵심 요소가 함께 작용해야 성과의 비밀을 풀 수 있다.

사람들이 만든 커뮤니티에 가입할 수 있고, 트위터에서 필자를 @NeelVF 혹은 @McGregorLE 팔로우할 수도 있다.

2. 자신의 총 동기나 팀 혹은 조직의 총 동기를 측정하길 바란다. 웹사이트에 마련된 설문조사는 쉽고 비용이 전혀 들지 않는다. 질문지를 통해 자신의 총 동기는 물론 팀의 총 동기를 측정해볼 수 있다.
3. 이 책을 깊이 이해한 독자로서 자신의 조직에 있는 모든 리더들에게 책에 소개된 개념에 대해 알려주길 바란다. 조직 내 공통의 언어를 만들어 변화의 과정을 앞당길 수 있다.
4. 지금 현재 조직문화의 핵심 요소에 사용되는 시간과 비용을 가늠해보길 바란다. 조직문화에 들이는 투자를 총 동기와 적응적 성과의 관점으로 바라본

다면 아마 투자 계획을 새로 구성하고 싶어질 것이다. 추가 비용을 거의 들이지 않고도 총 동기를 높이는 문화를 구축하는 프로세스를 시작할 수 있다.

파이어 왓처여, 행운을 빈다. 우리는 당신의 조직에서 새롭게 탄생할 황홀한 변화를 기대하고 있다.

과학자의 칫솔

이 책은 훌륭한 사상가들의
통찰력과 용기, 노고를 바탕으로 탄생되었다.

이 책은 최고의 성과를 내는 조직문화를 만들어나가는 방법에 관한 것이다. 이 책의 기본 전제는 책 곳곳에 소개된 여러 연구자들이 밝혀낸 학문을 바탕으로 이루어졌다. 이들은 주류 사상에서 벗어난 개념을 연구하기 위해 자신의 커리어를 헌신한 훌륭하고 용기 있는 사람들이다.

"과학자들은 다른 과학자가 만든 용어를 가져다 쓰느니 차라리 다른 사람의 칫솔을 쓰는 사람들이다." 노벨상을 수상한 물리학자이자 창발성 분야의 대가로 알려진 머리 겔만Murray Gell-Mann의 말이다.[1] 아이러니컬하게도 겔만의 말은 저명한 교수의 말을 차용한 것이다. 이 책을 통해 성과의 과학을 소개하며 우리 역시 이런 관점에서는 유죄나 다름없다(다른 사람의 칫솔을 쓰지는 않지만).

부록을 통해 우리보다 앞서 연구에 임한 수많은 과학자들에게 경의와 존경을 표하고자 한다. 또한 선구적 연구자들이 사용한 용어를 바꿔 책에 소개한 이유에 대해서도 함께 설명할 예정이다.

자기결정성 이론

프롤로그에 소개된 모티브 스펙트럼은 리처드 라이언Richard Ryan과 에드워드 데시Edward Deci가 함께 로체스터 대학에 몸담았을 당시 발표한 '자기결정성 이론Self-Determination Theory'[2]을 풀어서 설명한 내용이다. 해당 이론에 관한 방대한 양의 연구를 공부하다가 우리는 이 이론이 훌륭한 조직문화의 근간이자 총 동기 요소의 바탕이라고 생각했다. 초반에 기업 리더들과 대화를 나눌 때 우리 역시 데시와 라이언이 제시한 틀대로 자기결정성 이론에 대해 소개했다.

동기는 외재적, 내재적, 무동기로 나눌 수 있다. 이 동기는 순서대로 또 다른 '조절 양식'으로 나뉜다.

- 즐거움은 '내적 동기—내적 조절'
- 의미는 '외적 동기—통합 조절'
- 성장은 '외적 동기—동일시 조절'
- 정서적 압박감은 '외적 동기—내사 조절'
- 경제적 압박감은 '외적 동기—외적 조절'
- 타성은 '무동기—무조절'

기업 리더들에게는 너무 어려운 용어였다. 우리는 개념 전달을 위해 좀 더 순화된 표현을 찾아야 했다. 대다수의 리더들은 이미 독서나 학습을 통해 자기결정성 이론의 일부를 접해본 적이 있다. 그러나 무엇을 기억하는지 묻자 대부분 "내적 동기는 좋고, 외적 동기는 나쁘다"라고 대답했다. 하지만 처음 두 연구자가 정립한 용어의 의도에 따르면 이러한 통념은 잘못된 것이다. 의미와 성장 동기는 '외적 동기'라고 불리지만 적응적 성과를 높이는 데 일조한다.

처음에는 우리가 만난 사람들에게 개념을 제대로 이해시키려 노력했지만 잘못된 전략임을 깨달았다. 그래서 우리는 사람들의 오해를 불러일으키는 용어를 바꾸기로 했다. 우리는 일반인들이 더 쉽게 이해하도록 사람들이 널리 사용하는 단어를 활용해 여섯 가지 동기의 명칭을 바꾸었다. 그런 과정에서 즐거움, 의미, 성장 동기 등이 탄생했다.

즐거움과 의미, 성장 동기는 적응적 성과를 높이는 반면 정서적 압박감, 경제적 압박감과 타성은 적응적 성과를 낮춘다는 사실을 좀 더 쉽게 대중들에게 전달하고자 했다. 즐거움과 의미, 성장 동기는 업무에서 직접적으로 비롯되는 개념이기 때문에 '직접동기'로 이름을 붙였다. 연관선상에서 나머지 세 가지의 동기는 '간접동기'가 되었다.

자기결정성 이론에 대해 더 알고 싶다면 다양한 관련 자료를 찾아보길 바란다. 우리 사이트에 관련 기사와 링크가 있다. 웹사이트에는 팀원들의 동기를 체크해볼 수 있는 설문조사도 마련되어 있으니 참고하길 바란다. 만약 이 이론에 대해 더욱 깊이 공부하고 싶다면 www.selfdeterminationtheory.org에서 심도 있는 학회 연구를 찾아볼 수 있다.

직무 충실화

1970년대 두 명의 연구자는 당시 대다수의 직무가 필연적으로 성과가 낮아질 수밖에 없는 구조로 설계되었다는 사실을 깨달았다.[3] 리처드 해크먼Richard Hackman과 그렉 올드햄Greg Oldham은 '직무 충실화Job Enrichment'라는 분야를 개척하고 연구하기 시작했다. 앞서 소개된 키펀칭 작업자의 실험은 해크먼과 올드햄의 획기적인 통찰력을 보여주는 실험이다.

저명한 연구자들의 이론을 그대로 소개하지 않는 데는 전적으로 현실적인 이유 때문이었다. 두 학자의 연구를 조사하며 모티브 스펙트럼의 결론과 상당 부분 일치한다는 것을 깨달았다. 예를 들어 해크먼과 올드햄은 한 개인이 느끼는 직무의 의미를 강조했고, 이를 다시 세 가지 특성으로 분류했다.

- 기술 다양성(skill variety)은 우리가 소개하는 즐거움, 성장 동기와 연장선상에 있다.
- 과업 정체성(task identity)은 전체 업무에서 내가 하는 일이 차지하는 비중이나 식별이 가능한 정도를 의미한다. 자신이 수행하는 직무가 전체 업무에서 중요한 범위를 차지하고 있다고 느껴야 하고, 필요한 경우 적응성을 발휘할 수 있는 자유가 허용되어야 하며, 직무 특성상 성과에 대한 피드백을 전달받을 수 있어야 과업 정체성이 높아진다. 우리는 데이터와 자체 분석을 통해 과업 정체성이 즐거움 동기에 중요한 역할을 한다는 점을 발견했다. 과업 정체성이 확립되면 새로운 아이디어를 불러일으키는 호기심이 높아지고, 이

호기심을 충족시키는 능력 또한 높아진다.

- 과업 중요성(task significance)은 직무가 타인에게 영향을 미치는 정도를 뜻한다. 과업 중요성은 의미 동기와 일치한다. 과업 중요성이 높아지려면 자신이 고객을 위해 제공하는 가치를 직접 확인할 수 있어야 한다.

조사를 통해 우리는 두 연구자가 강조한 직무 특성이 총 동기를 바탕으로 적응적 성과를 이끌어내는 조직문화의 특성과 일치한다고 생각했다. 이 지점에서 우리는 선택을 해야 했다. 해크먼과 올드햄이 정의한 용어를 소개하며 비즈니스 리더들에게 새로운 개념을 소개하는 방법이었다. 또는 총 동기와 적응적 성과라는 기존의 메시지를 보충하는 방법이 있었다. 책의 간결성을 위해 우리는 후자를 택했다.

변혁적 리더십

1970년대 퓰리처 수상자인 미국 대통령 전기 작가 제임스 맥그레거 번스James MacGregor Burns가 리더십 이론을 소개하며 '변혁적 리더십Transformational Leadership'이 등장했다. 번스는 리더십의 유형을 '거래적 리더십Transactional Leadership'과 '변혁적 리더십'으로 분류했다. 거래적 리더십은 하위자와의 대가성 거래에 초점을 맞춘 반면, 변혁적 리더십은 공동의 비전에 중점을 두었다.

뉴욕 주립대학의 버나드 바스Bernard Bass 교수는 사료 분석을 양적으로 확장시키고 심리적 요소를 더해 번스의 이론을 상당히 진전시켰다.[4] 바스는 수천 명의 사람들을 조사해 보편적인 리더십 행동을 연구하고, 그 결과를 토대로 리더십 유형을 네 가지로 나누었다. 바스의 연구에 따르면 변혁적 리더는 아래와 같은 특성을 지닌다.

- **카리스마**(Charisma) 직원에게 비전과 사명감을 전달하고 자부심을 불어넣으며, 존경과 신뢰를 얻는다. 이러한 특성은 의미 동기를 불러일으키는 리더의 특성이다.
- **영감적 동기부여**(Inspiration) 직원에 대한 높은 기대치에 대해 직원과 소통하고, 상징적인 방법을 활용해 업무 집중력을 높이며, 중대한 목표를 단순한 방법으로 전달한다. 이 역시 의미 동기를 불러일으키는 리더의 행동이다.
- **지적 자극**(Intellectual stimulation) 직원의 지성과 이성, 문제해결능력을 높인다. 이러한 특성은 즐거움 동기를 자극하는 리더의 특성과 일부 일치한다.
- **개별적 특성**(Individualized consideration) 직원들에게 관심을 보이고 개별적으로 대하며 지도하고 조언한다. 이러한 특성은 즐거움과 성장 동기를 부여하는 리더의 특성과 모두 일치하고 정서적 압박감을 낮춘다.

바스는 또한 거래적 리더의 특성에 대해서도 설명을 이어갔다.

- **거래적 보상**(Contingent reward) 직원이 노력한 대가에 대해 보상을 제안하고, 직원의 높은 실적을 보상으로 약속하며 직원의 성취를 인정한다. 여기에 속한 리더십은 경제적, 정서적 압박감을 야기한다.
- **능동적 예외 관리**(Management by exception–active) 규칙과 표준에서 벗어난 사례를 찾아내고 이를 바로잡을 행동을 한다. 이러한 리더십 행동은 즐거움 동기를 박탈하고 정서적 압박감을 높인다.

- **수동적 예외 관리**(Management by exception-passive) 표준이 지켜지지 않는 경우에만 간섭한다. 여기에 속한 리더는 중립성을 유지하며 직·간접동기를 모두 불러일으키지 않는다. 즉 직원을 타성에 젖게 만든다.
- **자유방임**(Laissez-faire) 책임감을 거부하고 의사결정을 피한다. 이러한 리더는 즐거움 동기를 낮추고 타성을 높인다.

변혁적 리더십에 대한 흥미로운 연구가 있다. 직무 충실화와 마찬가지로 변혁적 리더십은 적응적 성과 향상 및 직원 만족도 상승과 관련이 있다. 총 동기 이론은 변혁적 리더십을 가장 이상적으로 보고 있다. 변혁적 리더가 하위자들의 총 동기를 높인다면 적응적 성과가 상승하게 될 것이다. 변혁적 리더십과 거래적 리더십을 비교한 연구 역시 이러한 사실을 뒷받침한다.[5]

직무 충실화와 마찬가지로 변혁적 리더십 역시 모티브 스펙트럼과 완벽히 일치한다. 우리는 또다시 새로운 프레임워크를 독자들에게 제시할지, 메시지를 간략하게 이어갈지 고민에 빠졌다. 조직 내 모든 단계의 리더들이 고성과 조직문화를 만들어나가는 데 일조한다는 목표에 따라 우리는 책이 전하고자 하는 바를 최대한 간략하고 단순하게 유지하기로 결정했다.

기본적 귀인 오류

책의 초반에 소개된 과실 편향성은 '기본적 귀인 오류Fundamental Attribution Error'라는 사회적 현상을 달리 표현한 것이다. 사람은 보통 어떠한 결과를 두고 상황적 요인이 더욱 타당함에도 행위자에게 결과의 책임을 떠넘기는 편견이 있다는 것이 기본적 귀인 오류다. 그리고 행위자와의 관계가 멀어질수록 귀인 오류를 범하기 쉽다. 이는 굉장히 중요한 이론이다. 일반적으로 사람들은 상황이 잘못되었는데도 인종, 민족성, 성별 등의 요인을 판단하고 즉각적으로 비난하는데, 그 이유가 바로 이 때문이다.

우리가 이 이론에 다른 이름을 붙인 것 역시 메시지의 간결성을 유지하고 비즈니스 리더들이 좀 더 쉽게 이해할 수 있도록 하기 위함이었다. 만약 누군가에게 "기본적 귀인 오류를 저지르지 마세요"라고 말해야 한다면 "인간 능력 밖의 일인데 그들에게 책임을 묻지 마세요"라고 말하는 편이 훨씬 쉽다고 생각했다.

복잡 적응 시스템

고성과 조직문화의 핵심 전제는 가변성이 높은 환경에서 계속 성공하려면 적응적 성과가 가장 중요하다는 것이다. 이는 바로 다윈의 학설이다. 또 다른 전제는 우리가 굉장히 적응성이 뛰어난 여러 명의 개인을(즐거움과 의미 동기를 지닌) 적응성을 발휘할 수 있는 시스템 안에 둔다면 최고 수준의 성과를 거둘 수 있다는 것이다. 이 전제는 '복잡 적응 시스템Complex Adaptive Systems'에서 비롯되었다.

카오스와 복잡성 이론 분야는 굉장히 특이한 현상을 연구하는 학문이다. 겉보기엔 간단한 규칙이 어떻게 복잡한 결과를 만들 수 있을까? 뇌가 모래 한 알의 크기인 흰개미들은 어떻게 집단 형성이라는 복잡한 행동양식을 보일까? 어떻게 각각의 뉴런이 함께 작용해 인간의 의식처럼 적응성 높고 복잡한 것을 형성할 수 있을까? 아직 밝혀지지 않은 부분이 많은 분야지만 이미 '복잡 적응 시스템'의 다양한 패턴이 발견되었다.

우리는 또 한 번 새로운 시스템과 새로운 언어, 전문적 용어를 사용해야 하는지, 훌륭한 문화를 선설하기 위해 필요한 개념에 중점을 두어 개념을 단순화할 것인지의 선택에 부딪혔다. 그리고 다시 한 번 후자를 택했고, 전술적 성과와 적응적 성과를 구분 짓는 것으로 제한했다.

감사의 글

이 책이 완성되기까지 많은 위대한 사상가들의 도움이 컸다. 다양한 연구를 개척한 그들에게 깊은 감사를 전하고 싶다. 그들의 창의성, 깊은 사려, 시민의식이 빛을 발했다. 그들에게 각별한 감사의 뜻을 표한다.

참고 문헌

프롤로그

1 Deloitte, "Core Beliefs and Culture. Chairman's Survey Findings," 2012, http://ow.ly/Gf8rQ.

2 H. L. Roediger, M. S. Weldon, M. L. Stadler, and G. L. Riegler, "Direct Comparison of Two Implicit Memory Tests: Word Fragment and Word Stem Completion," *Journal of Experimental Psychology. Learning, Memory, and Cognition* 18 (1992): 1251 – 69.

3 Rémi Radel, Philippe Sarrazin, Marie Jehu, and Luc Pelletier, "Priming Motivation Through Unattended Speech," *British Journal of Social Psychology* 52 (2013): 763 – 72, http://ow.ly/L5Nap.

4 이미 총 동기의 과학을 접했던 독자라면 이 책에서 우리가 기존의 용어를 그대로 차용하지 않았다는 것을 알아챘을 것이다. 우리가 사용한 용어의 해석과 새로운 용어를 소개한 이유가 궁금하다면 부록을 참고하길 바란다.

5 Thomas J Peters and Robert H Waterman Jr, *In Search of Excellence: Lessons From American's Best-Ru*n Companies (New York: Harper Collins, 1982), http://ow.ly/Gg54N.

6 John P Kotter and James L Heskett, *Corporate Culture and Performance*, (New York: Free Press, 1992), http://ow.ly/Gg4l0.

7 "Whole Foods Fast Facts." Whole Foods Market, March 14, 2015,http://ow.ly/KkMej.

8 "Whole Foods Market History." Whole Foods Market, March 14, 2015, http://ow.ly.KkMvc.

9 John Mackey and Rajendra Sisodia, *Conscious Capitalism: Liberating the Heroic Spirit of Business* (Cambridge: Harvard Business Review Press, 2014),http://ow.ly/Gg4Eq.

10 "Most Admired Companies 2014," *Fortune*, 2015, http://ow.ly/L9gUQ; "John Mackey: Co-Chief Executive Officer and Co-Founder." Whole Foods Market, March 14, 2015, http://ow.ly/KkN7A.

11 John Mackey, " 'I No Longer Want to Work for Money.' " *Fast Company*, 2007, http://ow.ly/KkO8C

12 홀푸드 외 다른 여러 기업의 총 동기 조사 결과는 2015년 자료다. 달리 특별한 언급이 없는 경우 대부분의 조사는 외부 업체를 통해 진행되었다. 시장조사 전문 기관에서 해당 기업의 직원을 상대로 조사를 진행하고 총 동기 질문에 따라 답변을 취합했다.

13 Charles Fishman, "Whole Foods Is All Teams," *Fast Company*, April 30, 1996, http://ow.ly/Gg44D.

14 위와 동일.

15 라젠드라 시소디어&존 매키, 《돈 착하게 벌 수는 없는가*Conscious Capitalism*》(흐름출판)

16 "The American Customer Satisfaction Index," accessed February 4, 2015, http://ow.ly.L9ahN.

17 "Dewey Ballantine and LeBoeuf, Lamb, Greene & MacRae Announce Completion of Merger." *PR Newswire*, September 26, 2007, http://ow.ly/KkOvz.

18 Jennifer Peltz, (Associated Press), "Dewey & LeBoeuf Executives Lied as Their Law Firm Failed, Say Prosecutros." *The Christian Science Monitor*, March 6, 2014, http://ow.ly/KkOKU.

19 "Dewey Defeats Truman: The World's Most Famous Newspaper Error," n.d. http://ow.ly/KkOXb.

20 Peter Lattman, "Dewey & LeBoeuf Files for Bankruptcy," *New York Times*, May 28, 2012, http://ow.ly/Gg4nQ.

21 위와 동일.

22 Marc R. Blais, Stéphane Sabourin, Colette Boucher, and Robert J. Vallerand, "Toward a Motivational Model of Couple Happiness." *Journal of Personality and Social Psychology* 59 (1990): 1021–31, http://ow.ly/KkPpw.

23 Luc G. Pelletier, Stéphanie C. Dion, Monika Slovinec–D'Angelo, and Robert Reid, "Why Do You Regulate What You Eat? Relationships Between Forms of Regulation, Eating Behaviors, Sustained Dietary Behavior Change, and Psychological Adjustment." *Motivation and Emotion* 28 (2004):245–77, http://ow.ly/Gjrkw.

24 Chris Lonsdale, Ken Hodge, and Elaine Rose, "Athlete Burnout in Elite Sport: A Self–Determination Perspective." *Journal of Sports Sciences* 27 (2009):785–95, http://ow.ly/GjBjC.

25 R. J. Vallerand, M. S. Fortier, and F. Guay, "Self–Determination and Persistence in a Real–Life Setting: Toward a Motivational Model of High School Dropout," *Journal of Personality and Social Psychology* 72 (1997): 1161 – 76, http://ow.ly/KkPG9.

1장

1 Marie Ng et al., "Global, Regional, and National Prevalence of Overweight and Obesity in Children and Adults during 1980–2013: A Systematic Analysis for the Global Burden of Disease Study 2013," *Lancet* 6736 (2014): 1 – 16, http://ow.ly/GFMaz.

2 Praveen Menon, Belinda Goldsmith, and Tom Pfeiffer, "Dubai Offers Gold to Fight Obesity Epidemic," Reuters, July 19, 2013, http://ow.ly/Gj1Rm.

3 Agence France–Presse, "Dubai's 'Your Weight In Gold' Campaign Rewards Weight Losers with Gold," News.com.au, November 08, 2013, http://ow.ly/Gj2ke.

4 Asa Fitch, "Lose Weight, Get Gold in Dubai," *Wall Street Journal*, November 17, 2013, http://ow.ly/Gj20v.

5 Arlen C. Moller, H. Gene McFadden, Donald Hedeker, and Bonnie Spring. "Financial Motivation Undermines Maintenance in an Intensive Diet and Activity Intervention," *Journal of Obesity* 2012 (2012), http://ow.ly/KkTc7.

6 체중 감량 프로그램이 진행되던 당시 두바이의 금 1g에 해당하는 가치를 금액으로 환산.

7 B. M. Kedrov, "On the Question of the Psychology of Scientific Creativity (On the Occasion

of the Discovery by D. I. Mendeleev of the Periodic Law)," *The Soviet Review: A Journal of Translations* 8, no. 2 (1967): 91 – 113, http://ow.ly/GFN70.

8 Bernadette Bensaude–Vincent, "Dmitry Ivanovich Mendeleyev." *Encyclop's dia Britannica*, 2014. http://ow.ly/KkUnr.

9 이 책에서는 데시와 라이언이 소개한 전문 용어를 비즈니스 리더들이 직관적으로 이해할 수 있도록 일반적으로 널리 쓰이는 단어로 교체했다. 더 자세한 내용은 부록을 참고하길 바란다.

10 "Citation Averages, 2000–2010, by Fields and Years | General | Times Higher Education," *Times Higher Education*, March 31, 2011, http://ow.ly/Gj3YR.

11 우리는 다니엘 핑크(Daniel Pink)의 책 《드라이브》를 통해 영감을 얻었고 '의미 동기(purpose motive)'라는 개념을 배웠다. 그러나 우리는 해당 동기의 정의를 조금 달리 했다. 이 책에서 '의미 동기'란 업무의 결과가 개인의 정체성과 상응할 때 나타나는 개념으로 보았다. 《드라이브(Drive)》(청림출판)

12 Adam M Grant, "How Customers Can Rally Your Troops: End Users Can Energize Your Workforce Far Better Than Your Managers Can," *Harvard Business Review* 89, no. 6 (2011): 97 – 103, http://ow.ly/Gj4EL.

13 월마트 전 임원과의 인터뷰 내용, 2014년.

14 Steve Arneson, "The Top Leadership Factories," *Examiner*, February 1, 2011, http://ow.ly/Gj9gW; Del Jones, "Some Firms' Fertile Soil Grows Crop of Future CEOs," USA Today, January 9, 2008, http://ow.ly/Gj8G4.

15 Keith McFarland, "Why Zappos Offers New Hires $2,000 to Quit," *Businessweek*, September 16, 2008, http://ow.ly/Gjby8; Fact confirmed and updated through interviews with Zappos personnel.

16 Luc G. Pelletier et al., "Why Do You Regulate What You Eat? Relationships Between Forms of Regulation, Eating Behaviors, Sustained Dietary Behavior Change, and Psychological Adjustment." *Motivation and Emotion* 28 (2004): 245–77, http://ow.ly/Gjrkw.

17 즐거움, 의미, 성장 동기와 건강한 섭식 행동 간의 상관관계는 각각 0.4, 0.6, 0.3이었다. 정서적 압박감, 경제적 압박감, 타성 동기와 불건전한 섭식 행동 간의 상관관계는 각각 0.7, 0.4, 0.3이었다. 상관관계의 신뢰 수준은 95%다. 상관관계의 측정값을 이해하기 위해 행복에 대한 연구가이자 저자인 숀 아처(Shawn Achor)의 설명을 참고해보겠다. 숀 아처에 따르면 흡연과 암의 상관계수는 0.3으로, 이 정도 값이면 행동 변화를 유발하며 연구해볼 가치가 충분하다는 것을 의미한다.

18 다니엘 핑크, 《드라이브》(청림출판)

19 고객의 신변 보호를 위해 몇 가지 사항을 각색했다.

20 Adam M. Grant et al., "The Performance Implications of Ambivalent Initiative: The Interplay of Autonomous and Controlled Motivations," *Organizational Behavior and Human Decision Processes* 116 (2011): 241 – 51, http://ow.ly/Gjs3p.

2장

1 David Lindley, *Where Does the Weirdness Go Why Quantum Mechanics Is Strange, but Not as*

Strange as You Think (New York: Basic Books, 1996), http://ow.ly/GjB6V.

2 Marylène Gagné, Jacques Forest, Maarten Vansteenkiste, Laurence Crevier-Braud, Anja Van Den Broeck, Ann Kristin Aspeli, Jenny Bellerose, et al, "The Multidimensional Work Motivation Scale: Validation Evidence in Seven Languages and Nine Countries," *European Journal of Work and Organizational Psychology* 24, no. 2 (2015): 178-96, http://ow.ly/HhaTQ.

3 Marc R. Blais et al., "Toward a Motivational Model of Couple Happiness," *Journal of Personality and Social Psychology* 59 (1990): 1021-31, http://ow.ly/GjtFh.

4 63쌍의 커플을 조사한 결과 상관관계는 즐거움 0.4, 의미 0.18, 성장 0.17, 정서적 압박감 -0.25, 경제적 압박감 -0.25, 타성 -0.49였다.

5 Catherine F. Ratelle, Frédéric Guay, Robert J. Vallerancd, Simon Larose, and Caroline Senécal, "Autonomous, Controlled, and Amotivated Types of Academic Motivation: A Person-Oriented Analysis," *Journal of Educational Psychology*, 2007, http://ow.ly/L65Oh.

6 학업 성취도와의 상관관계는 즐거움 0.17, 의미/성장 0.15, 정서적 압박감 -0.2, 경제적 압박감 -0.19, 타성 -0.36이었다. 교실 내 방해 요소와의 상관관계는 즐거움 -0.49, 의미/성장 -0.26, 정서적 압박감 -0.35, 경제적 압박감 0, 타성 0.39였다.

7 Chris Lonsdale, Ken Hodge, and Elaine Rose, "Athlete Burnout in Elite Sport: A Self-Determination Perspective," *Journal of Sports Sciences* 27 (2009): 785-95, http://ow.ly/GjBjC.

8 운동선수 201명의 표본 집단을 조사한 결과, 동기와 운동선수의 번아웃 간의 상관관계는 즐거움 -0.59, 의미 -0.3, 성장 -0.43, 정서적 압박감 0.51, 경제적 압박감 0.47, 타성 0.72였다.

9 Philip M. Wilson et al., " 'It's Who I Am … Really!' " The Importance of Integrated Regulation in Exercise Contexts," *Journal of Applied Biobehavioral Research* 11 (2006): 79-104, http://ow.ly/GjCdp; Cecilie Thøgersen-Ntoumani and Nikos Ntoumanis, "The Role of Self-Determined Motivation in the Understanding of Exercise-Related Behaviours, Cognitions and Physical Self-Evaluations," Journal of Sports Sciences 24 (2006): 393-404, http://ow.ly/GjBQJ.

10 Susan Burkhauser, Susan M. Gates, Laura S. Hamilton, and Gina Schuyler Ikemoto, "First-Year Principals in Urban School Districts" Santa Monica: RAND Corporation, 2012, http://ow.ly/GjAHv.

11 C. Fernet, "Development and Validation of the Work Role Motivation Scale for School Principals (WRMS-SP)," *Educational Administration Quarterly* 47 (2011): 307-31, http://ow.ly/GjAXF.

12 R. J. Vallerand, M. S. Fortier, and F. Guay, "Self-Determination and Persistence in a Real-Life Setting: Toward a Motivational Model of High School Dropout," *Journal of Personality and Social Psychology* 72 (1997): 1161-76, http://ow.ly/KkPG9.

13 초기 연구에서는 어린 학생들이 의미 동기와 성장 동기를 구분하기 어려울 것이란 이유로 두 가지 동기를 구분하지 않고 하나의 개념으로 통합했기에 우리는 총 동기 지수를 산출할 때 의미 동기와 성장 동기를 같은 값으로 산정했다. 우리는 혼동을 피하기 위해 챕터 뒤에 나오는 계수를 이용해 연구에 나온 총 동기 지수를 다시 계산했다. 기존의 연구 자료에는 원래의 계산 값이

기록되어 있다.

14 Luc G. Pelletier et al., "Associations Among Perceived Autonomy Support, Forms of Self-Regulation, and Persistence: A Prospective Study," *Motivation and Emotion* 25 (2001): 279 - 306, http://ow.ly/GjBuy.

15 Southwest Airlines Communications Department interview, April 2015.

16 Jody Hoffer Gittell, *The Southwest Airlines Way: Using the Power of Relationships to Achieve High Performance* (New York: McGraw-Hill, 2003), http://ow.ly/GjzJ8.

17 Julie Weber, "A Career with a Cause!," *Nuts About Southwest*, May 22, 2014, http://ow.ly/Gjw3o.

18 Marty Cobb, "Hilarious SWA Flight Attendant," *YouTube*, April 12, 2014, http://ow.ly/Gjwl0.

19 Kevin Freiberg and Jackie Freiberg, *Nuts!: Southwest Airlines' Crazy Recipe for Business and Personal Success*. New York: Broadway Books, 1996, http://ow.ly/GjAaF.

20 위와 동일.

21 위와 동일

22 "About Southwest," *Southwest.com*, March 14, 2015, http://ow.ly/Gjxiv.

23 Carmine Gallo, "Southwest Airlines Motivates Its Employees With A Purpose Bigger Than A Paycheck," *Forbes*, January 21, 2014, http://ow.ly/Gjy7Z.

24 "'Off the Clock' Service," *Nuts About Southwest*, March 13, 2014, http://ow.ly/GjxsS.

25 Temkin Group, *Temkin Experience Ratings*, 2015, http://ow.ly/L66xi.

26 "Most Admired Companies 2015." *Fortune*, 2015, http://ow.ly/L9gUQ.

3장

1 Kyung Hee Kim, "Can We Trust Creativity Tests? A Review of the Torrance Tests of Creative Thinking (TTCT)," *Creativity Research Journal* 18 (2006): 3-14, http://ow.ly/GjIks.

2 Ashley Maeeryman and Po Bronson, "The Creativity Crisis." *Newsweek*, July 10, 2010, http://ow.ly/GjISH

3 Kyung Hee Kim, "Can Only Intelligent People Be Creative?," *Journal of Secondary Gifted Education* 16 (2005): 57 - 66, http://ow.ly/GjIAl; Kyung Hee Kim, "Meta-Analyses of the Relationship of Creative Achievement to Both IQ and Divergent Thinking Test Scores," Journal of Creative Behavior 42 (2008): 106 - 30, http://ow.ly/GjIqj.

4 Kyung Hee Kim, "The Creativity Crisis: The Decrease in Creative Thinking Scores on the Torrance Tests of Creative Thinking," *Creativity Research Journal* 23 (2011), http://ow.ly/GjIui.

5 Teresa M. Amabile, "Motivation and Creativity: Effects of Motivational Orientation on Creative Writers," *Journal of Personality and Social Psychology*, 1985, http://ow.ly/L68vS.

6 Teresa M. Amabile, "Motivation and Creativity: Effects of Motivational Orientation on Creative Writers." *Journal of Personality and Social Psychology*, 1985. http://ow.ly/L68vS; Teresa M. Amabile, B. A. Hennessey, and B. S. Grossman, "Social Influences on Creativity:

The Effects of Contracted – for Reward," Journal of Personality and Social Psychology 50 (1986): 14–23, http://ow.ly/L68Up.

7 Teresa M. Amabile, "How to Kill Creativity," *Harvard Business Review* (Cambridge: Harvard Business School Publishing, 1998), http://ow.ly/GjHCl.

8 Dan Ariely, Uri Gneezy, George Loewenstein, and Nina Mazar, "Large Stakes and Big Mistakes," *Review of Economic Studies* 76 (2009): 451–69, http://ow.ly/L69tC.

9 적은 인센티브 그룹은 평균적으로 최고 지급액의 40%밖에 받지 못했다. 높은 인센티브 그룹의 경우 평균적으로 최고 지급액의 78%를 받았다.

10 "Common Data Set 2013–2014," *MIT Institutional Research*, 2014, http://ow.ly/GjJa8.

11 애리얼리 외, '큰 상금, 큰 실수'의 정답은 3.58과 6.42이다.

12 애리얼리 교수는 흥미로운 사실을 하나 발견했는데, 높은 인센티브를 조건으로 내걸었을 경우 글자 입력 실험에서 가장 눈에 띄게 성과가 향상된 학생들은 높은 인센티브 조건의 수학 문제 실험에서는 가장 힘들어했다. 이들은 특정 행위를 했을 때 받는 혜택과 간접동기의 폐해에 가장 민감하게 반응했다.

13 적은 인센티브 그룹은 평균적으로 최고 지급액의 63%를 받았다. 높은 인센티브 그룹은 평균 최고 지급액의 43%밖에 받지 못했다.

14 위와 동일. 단어 구성 놀이를 공개적인 환경에서 진행한 경우 총 문항의 22.2%를 풀었다. 개인적인 공간에서 실험을 진행했을 때는 총 문항의 38.5%를 해결했다.

15 위와 동일.

16 Felix Warneken and Michael Tomasello, "Extrinsic Rewards Undermine Altruistic Tendencies in 20–Month–Olds," *Developmental Psychology* 44 (2008): 1785–88, doi:10.1037/a0013860.

17 Kou Murayama et al., "Neural Basis of the Undermining Effect of Monetary Reward on Intrinsic Motivation," *Proceedings of the National Academy of Sciences of the United States of America* 107 (2010): 20911–16, http://ow.ly/GjJ0O.

18 E. L. Deci, R. Koestner, and R. M. Ryan, "A Meta–Analytic Review of Experiments Examining the Effects of Extrinsic Rewards on Intrinsic Motivation," *Psychological Bulletin* 125 (1999): 627–68; discussion 692–700, http://ow.ly/L6aiQ.

19 데시와 라이언의 메타 분석에 의하면 개인의 자유선택행동(free–choice behavior) 혹은 누군가 자신을 지켜본다는 사실을 모르는 상황에서 지속적으로 연습하거나 행위를 계속하는 실험 참가자의 인원수와 성과 기반 보상 간의 상관관계는 –0.28로 밝혀졌다. 자유선택행동이란 행위자의 끈기를 평가하는 개념이므로, 우리는 이 개념이 곧 '투지'를 학문적으로 표현한 용어라고 판단했다. 이 상관관계는 95%로, 신뢰구간 –0.38에서 –0.18로 나타났다.

20 이들의 메타 분석에 따르면 성과 기반 보상과 개인의 흥미도와의 상관관계는 –0.01이다. 이 상관관계는 95%로, 신뢰구간 –0.1에서 0.08이었고, 이는 두 개념 사이에는 관련이 없음을 나타낸다.

21 Tim Hodges, "Chandrapur: Leopard on the Loose Leaps Through Roof," BBC, April 22, 2014, http://ow.ly/GjI6Z.

22 Stephen J. Dubner, "The Cobra Effect: A New Freakonomics Radio Podcast," *Freakonomics.com*, October 11, 2012, http://ow.ly/GjLIy.

23 Ning Li and William H. Murphy, "A Three-Country Study of Unethical Sales Behaviors," *Journal of Business Ethics* 111 (2012): 219 - 35, http://ow.ly/L6aEY.

24 두더지 잡기는 기계로 만든 가짜 두더지가 게임판 위 구멍을 통해 무작위로 튀어나왔다 사라지는데, 나무망치로 가능한 많은 두더지를 때려야 하는 게임이다. 참가자가 두더지를 많이 때릴수록 높은 점수를 받는다.

4장

1 무엇을 정의하는 방법은 다양하다. 가령 자동차를 정의하는 경우 바퀴, 엔진, 좌석, 핸들처럼 어떻게 구성되었는지에 따라 정의할 수 있다. 또는 작동 방식과 관련해 정의를 내릴 수도 있다. 자동차가 조작되는 방법으로는 '말이 끌지 않는 마차'라고 정의할 수도 있다. 아니면 자동차의 목적에 따라 '우주비행사가 달 착륙선에서 내려 분화구로 이동하는 데 사용하는 기계'라고 정의 내릴 수도 있다. 철학자들은 이런 방식의 정의를 '목적론적 정의'라고 말한다. 조직이 최고의 성과를 내는 조직문화를 구축하는 과정을 돕기 위해서는 '조직문화'를 목적의 중점에 두고 목적론적으로 정의해야 한다고 생각한다. 그래야만 제대로 된 해답을 얻을 수 있다.

2 Mike Berardino, "Mike Tyson Explains One of His Most Famous Quotes," *Sun Sentinel*, November 09, 2012, http://ow.ly/GoXMf.

3 Jason Amareld, "Boxing: The 10 Greatest Heavyweights of All Time," *Bleacher Report*, 2011, http://ow.ly/GoXCt; "Mike Tyson," Wikipedia, n.d., http://en.wikipedia.org/wiki/Mike_Tyson.

4 "Strategy: Oxford Dictionaries," accessed January 4, 2015, http://ow.ly/L6Qpw.

5 Craig Johnstone, Garry Pairaudeau, and Jonas A. Pettersson, "Creativity, Innovation and Lean Sigma: A Controversial Combination?," *Drug Discovery Today* 16 (2011): 50 - 57, http://ow.ly/L6bY4.

6 Adam M. Grant and James W. Berry, "The Necessity of Others Is the Mother of Invention: Intrinsic and Prosocial Motivations, Perspective Taking, and Creativity," *Academy of Management Journal* 54, no.1 (2011): 73-96, http://ow.ly/GfQ8a.

7 "1993 Milwaukee Cryptosporidiosis Outbreak," *Wikipedia*, January 1, 2015.

8 그랜트 교수의 연구는 친사회적(pro-social)인 의미 동기에 중점을 두었다. 의미 동기에는 여러 가지 형태와 의의가 있지만, 우리는 그랜트 교수가 제시한 의미 동기와 우리가 생각하는 의미 동기를 동일하게 보았다. 일반적으로는 친사회적인 이익이야말로 의미 동기를 형성할 수 있는 가장 일관된 힘을 가진 동기이기 때문이다. 참고로 그랜트 교수의 실험에서는 타성에 대해서는 조사하지 않았다.

9 이 실험에서 그랜트 교수는 '적응성(adaptability)'을 '창의성(creativity)'으로 표현했다. 그러나 조사에 사용된 질문지 내용을 살펴본 결과 우리는 '창의성'이란 단어를 '적응성'으로 고쳐도 무방하다고 판단했다.

10 Grant and Berry, "The Necessity of Others Is the Mother of Invention: Intrinsic and Prosocial Motivations, Perspective Taking, and Creativity."

11 적응성(그랜트 교수의 말을 빌리자면 창의성)과의 상관관계는 즐거움 0.21, 의미 0.1, 성장 0.13, 정서적 압박감 -0.04, 경제적 압박감 -0.06이었다. 즐거움 동기만이 통계학적으로 의

미 있는 상관관계를 갖고 있다.

12 생물량의 순위를 따지는 과정에서 소를 제외한 이유는 소의 생물량 증가 및 보존은 인간 문화에 따른 결과이지 소 개체의 문화로 인한 결과가 아니기 때문이다.

13 "Biomass (ecology)," *Wikipedia*, n.d., http://ow.ly/Gp0bF.

14 분류학자의 입장에서 보기에는 절대로 해서는 안 될 실수, 바로 종(種)과 과(科)를 구분하지 않고 순위를 매기는 오류를 범했다. 완전히 동일한 비교가 불가능한 조건이라는 전제하에 인간과 개미, 흰개미의 생물량 순위 분석을 위해 최소한의 공통분모를 기준으로 했더라도 결과는 지금과 크게 다르지 않을 것이라는 게 우리의 판단이었다.

15 연구에 따르면 개미가 한 마리일 때 흰개미는 30마리가 있다는 의미가 된다. 흰개미의 질량이 개미의 10분의 1밖에 안 된다는 추정을 기반으로 우리는 흰개미의 생물량을 개미의 3배로 추정했다. P. R. Zimmerman et al., "Termites: A Potentially Large Source of Atmospheric Methane, Carbon Dioxide, and Molecular Hydrogen," *Science* 218 (1982): 563 – 65, http://ow.ly/GjLAA.

16 놀랍게도 흰개미와 개미와의 행동 유사성에도 불구하고 흰개미는 개미와 밀접한 연관성이 없다. (사람과도 마찬가지다.)

17 Scott J Turner, "Ventilation and Thermal Constancy of a Colony of a Southern African Termite (Odontotermes Transvaalensis: Macrotermitinae)," *Journal of Arid Environments* 28, no.3 (1994):234–48, http://ow.ly/L6csJ.

18 Termite mounds can be up to 10,000 times a termite's height. If humans built structures 10,000 times our height, they'd be twice the height of Mount Everest.

19 John H Holland, *Hidden Order*: How Adaptation Builds Complexi*ty* (New York: Basic Books, 1995), http://ow.ly/GjLnm.

20 Thomas Y. Choi, Kevin J. Dooley, and Manus Rungtusanatham, "Supply Networks and Complex Adaptive Systems: Control Versus Emergence," *Journal of Operations Management* 19 (2001): 351 – 66, http://ow.ly/L6cM1.

21 Holland, *Hidden Order: How Adaptation Builds Complexity*.

22 Jeffrey Goldstein, *The Unshackled Organization: Facing the Challenge of Unpredictability Through Spontaneous Reorganization* (Portland: Productivity Press, 1994), http://ow.ly/GjL6k; Todd H. Chiles, Alan D. Meyer, and Thomas J. Hench, "Organizational Emergence: The Origin and Transformation of Branson, Missouri's Musical Theaters," Organization Science 15, no. 5 (2004): 499–519, http://ow.ly/L6d7i; J. S. Lansing, "Complex Adaptive Systems," Annual Review of Anthropology 32 (2003): 183 – 204.

23 Benyamin B. Lichtenstein et al., "Complexity Leadership Theory: An Interactive Perspective on Leading in Complex Adaptive Systems," *Emergence: Complexity and Organization* 8, no. 4 (2006): 2 – 12, http://ow.ly/GoZkG.

24 Benyamin B. Lichtenstein and Donde Ashmos Plowman, "The Leadership of Emergence: A Complex Systems Leadership Theory of Emergence at Successive Organizational Levels," *Leadership Quarterly* 20, no. 4 (2009): 617 – 30, http://ow.ly/GoYSG.

25 위와 동일.

26 Glenda Holladay Eoyang, *Conditions for Self-Organizing in Human Systems* (The Union

Institute, 2001), http://ow.ly/GoYdC.

27 Murray Gell-Mann, *The Quark and the Jaguar: Adventures in the Simple and the Complex.* (Newyork: Macmillan, 1995)

28 Leslie C Aiello and Peter Wheeler, "The Expensive-Tissue Hypothesis: The Brain and the Digestive System in Human and Primate Evolution," *Current Anthropology* 36, No. 2 (1995): 199-221, http://ow.ly/L6dyC.

29 Aiello and Wheeler, "The Expensive-Tissue Hypothesis: The Brain and the Digestive System in Human and Primate Evolution."

30 W.C. Aird, "Spatial and Temporal Dynamics of the Endothelium," *Journal of Thrombosis and Haemostasis* 3, No. 7 (2005): 1392 - 1406, http://ow.ly/GoXus.

31 Lorraine E. Lisiecki and Maureen E. Raymo, "A Pliocene-Pleistocene Stack of 57 Globally Distributed Benthic Records," *Paleoceanography* 20, no. 1 (2005): PA1003, http://ow.ly/L6e3d.

32 Peter J. Richerson and Robert Boyd, "The Pleistocene and the Origins of Human Culture: Built for Speed," *Perspectives in Ethology* 13 (1998): 1 - 45, http://ow.ly/L6eSZ; Peter J. Richerson, Robert L Bettinger, and Robert Boyd, "Evolution on a Restless Planet: Were Environmental Variability and Environmental Change Major Drivers of Human Evolution," Handbook of Evolution 2 (2005): 223 - 42, http://ow.ly/L6f8i

33 Richerson and Boyd, "The Pleistocene and the Origins of Human Culture: Built for Speed."

34 Richerson, Bettinger, and Boyd, "Evolution on a Restless Planet: Were Environmental Variability and Environmental Change Major Drivers of Human Evolution?"

35 Richerson and Boyd, "The Pleistocene and the Origins of Human Culture: Built for Speed."

36 "List of Most Popular Websites," *Wikipedia*, 2014, http://ow.ly/Gp7nC.

37 "New York Times Article Archive," *New York Times*, 2014, http://ow.ly/Gp76r; "Wikipedia:About," Wikipedia, accessed January 9, 2014, http://ow.ly/Gp7iS.

38 위와 동일.

39 "2013 World Series," Wikipedia, n.d., http://ow.ly/Gp71b.

40 P. D. Magnus, "Early Response to False Claims in Wikipedia," *First Monday* 13 (2008): 1 - 4.

41 "Stigmergy," *Wikipedia*, 2014, http://ow.ly/Gp7b2.

42 "Wikipedia: Getting to Philosophy," *Wikipedia*, 2014, http://ow.ly/Gp7eA.

43 Joachim Schroer and Guido Hertel, "Voluntary Engagement in an Open Web-Based Encyclopedia: Wikipedians and Why They Do It," *Media Psychology* 12, no. 1 (2009):96-120, http://ow.ly/L6iiK.

44 Leon C. Megginson, "Lessons From Europe for American-Business," *Southwestern Social Science Quarterly* 44, no. 1 (1963): 3 - 13, http://ow.ly/GoZGi.

5장

1 3장에서 연구자를 도왔던 영아의 비율이 78%였던 것과 비교해보자. 이번 실험의 결과는 과연 어른이 아이들보다 빨리 걷거나 주변 상황에 덜 신경 쓰기 때문에 초래된 결과일까?

2 Paula F. Levin and Alice M. Isen, "Effect of Feeling Good on Helping: Cookies and Kindness," *Journal of Personality and Social Psychology* 21 (1972): 384-88, doi:10.1037/h0032317.

3 Paula F. Levin and Alice M. Isen, "Further Studies on the Effect of Feeling Good on Helping," *Sociometry* 38 (1975): 141-47, http://ow.ly/L6iLG.

4 Paul Piff, "Does Money Make You Mean," *TED*, October 2013, http://ow.ly/L6iQj.

5 Seth Ayim Gyekye and Simo Salminen, "The Self-Defensive Attribution Hypothesis in the Work Environment: Co-Workers' Perspectives," *Safety Science* 44 (2006): 157-68, http://ow.ly/L6jgJ.

6 Lee Ross, "The Intuitive Psychologist And His Shortcomings: Distortions in the Attribution Process," *Advances in Experimental Social Psychology* 10 (1977): 173-220, doi:10.1016/S0065-2601(08)60357-3.

7 Linda Beckman, "Effects of Students' Performance on Teachers' and Observers' Attributions of Causality," *Journal of Educational Psychology* 61 (1970): 76-82, http://ow.ly/L6jtx.

8 어떠한 일이 발생했을 때 상황이나 맥락에 우선하여 오로지 한 개인의 타고난 가치와 신념만을 두고 비난하는 경우가 거의 없다는 사실을 깨달았다. 총 동기가 높은 채용 프로세스의 목표는 시간과 비용이 많이 들더라도 이러한 판단의 오류를 야기하는 필터를 바로 잡는 것이다. 이후 조직 문화의 목표는 오류를 범하지 않는 것이 아니라 조직 내 총 동기를 높이는 것이 되어야 한다.

9 정보 및 도표 12의 출처는 아래와 같다. *Organizational Behavior and Human Decision Processes*, 78, Chip Heath, "On the Social Psychology of Agency Relationships: Lay Theories of Motivation Overemphasize Extrinsic Incentives," 25-62, 1999, with permission from Elsevier.

10 Dov Eden, "Leadership and Expectations: Pygmalion Effects and Other Self-Fulfilling Prophecies in Organizations," *The Leadership Quarterly* 3, no. 4 (1992): 271-305, http://ow.ly/L6jGY; Dov Eden and Abraham B. Shani, "Pygmalion Goes to Boot Camp: Expectancy, Leadership, and Trainee Performance," Journal of Applied Psychology 67, no. 2 (1982): 194-99, http://ow.ly/L6jSj.

11 위와 동일.

12 George Bernard Shaw, *Pygmalion: A Romance in Five Acts* (London: Penguin Group, 1912).

13 Dov Eden, "Pygmalion without Interpersonal Contrast Effects: Whole Groups Gain from Raising Manager Expectations," *Journal of Applied Psychology* 75, no. 4 (1990): 394-98, http://ow.ly/L6lFs.

14 Dov Eden, "Self-Fulfilling Prophecies in Organizations," in *Organizational Behavior: The State of the Science*, ed. Jerald Greenberg (Mahwah, NJ: Lawrence Erlbaum Associates, 2003), 87.

15 위와 동일.

16 위에 언급된 자료는 피그말리온 효과에 대해 종합적인 개요를 제시한다. "일터에서의 피그말리온 효과에 관한 두 개의 메타 분석은 피그말리온 효과의 실재와 그 영향력을 입증했다. (……) 따라서 조직 내 성인들에게서 피그말리온 효과의 내적 및 외적 타당도를 확인할 수 있다. 더욱이 피그말리온 효과의 영향력은 상당했다."

17 Emily Pronin, Daniel Y. Lin, and Lee Ross, "The Bias Blind Spot: Perceptions of Bias in Self Versus Others," *Personality and Social Psychology Bulletin* 28, no. 3 (2002): 369–81, http://ow.ly/L6IXU.

18 Jeffrey Liker and David Meier, *The Toyota Way Fieldbook McGraw-Hill* (NewYork: Esensi, 2005), http://ow.ly/L6mxR.

6장

1 Florian Ederer and Gustavo Manso, "Is Pay for Performance Detrimental to Innovation?," *Management Science* 59 (2013): 1496 – 1513, http://ow.ly/L6mIM.

2 Max Marmer et al., "Startup Genome Report Extra Premature Scaling," *Startup Genome*, 2012, http://ow.ly/GqELl.

3 ZoëSchlanger, "Women Entrepreneurs Fight for Their Piece of the Pie," *Newsweek*, May 7, 2014, http://ow.ly/GqEno.

4 John R, Graham, Campbell R. Harvey, and Shiva Rajgopal, "The Economic Implications of Corporate Financial Reporting," *Journal of Accounting and Economics* 40, no. 1–3 (2005): 3–73, http://ow.ly/L6n5j.

5 Adam Bryant, "Satya Nadella, Chief of Microsoft, on His New Role," *New York Times*, February 20, 2014, http://ow.ly/Gp8P1.

6 Scott Keller and Colin Price, *Beyond Performance: How Great Organizations Build Ultimate Competitive Advantage* (Hoboken, NJ: John Wiley & Sons, 2011), http://ow.ly/Gp8dH.

7 Poornima Gupta, "Dell to Invest More on PCs, Tablets After $25 Billion Buyout Win," Reuters, September 12, 2013, http://ow.ly/Gp8go.

8 Sven Smit, Caroline M. Thompson, and S. Patrick Viguerie, "The Do–or–Die Struggle For Growth," *McKinsey Quarterly* 3 (2005): 34 – 45, http://ow.ly/Gp7wK.

9 "Email from 3M comporate Communications," February 16, 2015.

10 Michelle Caruso–Cabrera, "3M CEO: Research Is 'Driving This Company,'" *CNBC*, June 10, 2013, http://ow.ly/Gp8LA.

7장

1 Alan Sangster, The Genesis of Double Entry Bookkeeping, n.d., http://ow.ly/Gpak1.

2 "W. Edwards Deming," *Wikipedia*, accessed April 1, 2015, http://ow.ly/GMaQ9.

3 Thomas J. Peters and Robert H. Waterman, *In Search of Excellence: Lessons From American's Best-Run Companies* (New York: HarperCollins, 1982), http://ow.ly/Gg54N.

4 "The Streetlight Effect," *Wikipedia*, n.d., http://ow.ly/GpaTh.

5 W. S. Grolnick and R. M. Ryan, "Autonomy in Children's Learning: An Experimental and Individual Difference Investigation," *Journal of Personality and Social Psychology* 52 (1987): 890 – 98, http://ow.ly/Gpadt.

6 Maxime A. Tremblay et al., "Work Extrinsic and Intrinsic Motivation Scale: Its Value for

Organizational Psychology Research," *Canadian Journal of Behavioural Science* 41 (2009): 213 – 26, http://ow.ly/GpaDu.

7 총 동기 지수의 등급을 나타내는 데는 수많은 방법이 있었다. 질문지 항목수와 마찬가지로 1에서 7점으로 수치화할 수도 있었고, 시험 점수처럼 0에서 100점으로 혹은 –100에서 100점으로 지수를 나타낼 수도 있었다. 우리가 위에 언급된 방법 가운데 마지막 것을 고른 데는 몇 가지 이유가 있다. 먼저 마이너스 점수를 수치에 넣어 간접동기의 폐해를 더욱 영향력 있게 표현할 수 있었다. 둘째로 총 동기 계산 과정에서 뺄셈이 포함되어 있으므로 마이너스 값을 포함하는 편이 계산하기에 훨씬 쉽다는 이유였다. 세 번째 이유는 우리의 고객들 대다수가 –100에서 100으로 나타낸 순수 추천 고객지수(Net Promoter Score) 등급에 익숙하기 때문이다. 마지막으로 사람들이 총 동기 지수를 점수로 받아들이지 않길 바랐다. 우리는 총 동기 지수가 잠재적인 진단 도구로 활용되길 원했다.

8 Temkin Group, Temkin Experience Ratings 2015, http://ow.ly/L66xi

9 Barbara Thau, "Apple and the Other Most Successful Retailers by Sales Per Square Foot", May 20, 2014, http://ow.ly/Gp9M1

10 그 이후 우리는 다른 매장 직원들로부터 판매 목표에 대한 압박을 받고 있다고 들었다.

8장

1 우리가 미국에서 진행한 조사 결과를 분석한 내용이다. 다양한 산업군과 직종에 속한 직원들을 대상으로 자신의 매니저가 약 50가지의 리더십 행동을 얼마나 발휘하는지 조사했다. 리더십 행동은 간접동기를 활용한 것도 있고 직접동기를 포함한 것도 있었다. 이외에도 조사 대상자들의 총 동기를 검토해 매니저의 리더십 행동과 직원의 총 동기 간의 상관관계를 살펴보았다.

2 여기 소개된 리더십은 변혁적 리더십(Transformational Leadership)으로 알려진 개념이다. 총 동기를 설명하는 과정에서 변혁적 리더십을 결부시킨 이유에 대해 부록에서 자세히 다루었다.

3 Taly Dvir, Dov Eden, Bruce J. Avolio, and Boas Shamir, "Impact of Transformational Leadership on Follower Development and Performance: A Field Experiment," *Academy of Management Journal* 45 (2002): 735 – 44, http://ow.ly/L6uet.

4 Benyamin B. Lichtenstein and Donde Ashmos Plowman, "The Leadership of Emergence: A Complex Systems Leadership Theory of Emergence at Successive Organizational Levels," Leadership Quarterly 20, no. 4 (2009): 617–30, http://ow.ly/GoYSG.

5 S. J. Peterson et al., "CEO Positive Psychological Traits, Transformational Leadership, and Firm Performance in High–Technology Start–up and Established Firms," *Journal of Management* 35, no. 2 (2008): 348 – 68, http://ow.ly/GMbP3.

6 Lichtenstein and Plowman, "The Leadership of Emergence: A Complex Systems Leadership Theory of Emergence at Successive Organizational Levels."

7 Starbucks, *Starbucks Global Responsibility Report*, 2013, http://ow.ly/Gpd4O.

8 "Howard Schultz," *The Daily Show* (United States: Comedy Central, June 16, 2014), http://ow.ly/GMcod.

9 위와 동일.

10 Howard Schultz and Dori Jones Yang, *Pour Your Heart Into It: How Starbucks Built a Company*

One Cup at a Time (New York: Hyperion, 1997), http://ow.ly/GpdHE.

11 Gerard H. Seijts, Gary P. Latham, Kevin Tasa, and Brandon W. Latham, "Goal Setting and Goal Orientation: An Integration of Two Different Yet Related Literatures," *Academy of Management Journal* 47 (2004): 227 – 39, http://ow.ly/L6yNr.

12 학회 논문에서는 여기에 소개된 목표를 지칭하는 용어를 다르게 쓰고 있다. 그러나 우리는 개인의 목표 유형이 모티브 스펙트럼을 명확하게 드러낸다고 판단했다. 가령 '완벽한 숙달(mastery)' 성취 목표는 즐거움과 의미 동기와 일치한다. 반면 '성과(performance)' 목표는 직접 동기나 간접동기와 연관이 있고, 그 결과 전략을 비효율적으로 만든다. 아래 소개된 논문은 위 목표에 대한 메타 분석적 검토를 다룬 연구다.

13 L. J. Rawsthorne and A. J. Elliot, "Achievement Goals and Intrinsic Motivation: A Meta-Analytic Review," *Personality and Social Psychology Review* 3 (1999): 326 – 44, http://ow.ly/GpixA.

14 우리가 진행한 총 동기 조사에서 나온 코멘트를 그대로 옮긴 내용이다.

15 Julian Barling, Tom Weber, and E. Kevin Kelloway, "Effects of Transformational Leadership Training on Attitudinal and Financial Outcomes: A Field Experiment," *Journal of Applied Psychology* 81 (1996): 827–32, http://ow.ly/GpiNV.

16 Alois L. J. Geyery and Johannes M. Steyrer, "Transformational leadership and objective performance in banks," *Applied Psychology* 47.3 (1998): 297–420, http://ow.ly/OzG54.

17 David A. Garvin, "How Google Sold Its Engineers on Management," *Harvard Business Review*, 2013, http://ow.ly/GpiHU.

18 Dominic Field, "Lazlo Bock on Google's Approach to HR," *BCG Perspectives*, July 2010, http://ow.ly/GpgW0.

19 Chris DeRose, "How Google Uses Data to Build a Better Worker," *The Atlantic*, October 7, 2013, http://ow.ly/Gpgim.

20 Adam Bryant, "In Head–Hunting, Big Data May Not Be Such a Big Deal," *New York Times*, June 19, 2013, http://ow.ly/GpfLE.

21 Adam Bryant, "Google's Quest to Build a Better Boss," *New York Times*, March 12, 2011, http://ow.ly/GphLw.

9장

1 Kentaro Fujita et al., "Construal Levels and Self–Control," *Journal of Personality and Social Psychology* 90 (2006): 351 – 67, http://ow.ly/Gppir.

2 Mark Muraven, Dianne M. Tice, and Roy F. Baumeister. "Self–Control as a Limited Resource: Regulatory Depletion Patterns." *Journal of Personality and Social Psychology* 74, no. 3 (1998): 774, http://ow.ly/L6zvy.

3 ÜlküD. Demırdöğen, "The Roots of Research in (Political) Persuasion : Ethos , Pathos , Logos and the Yale Studies of Persuasive Communications," *International Journal of Social Inquiry* 3 (2010): 189 – 201, http://ow.ly/GpldN.

4 위와 동일.

5 위와 동일. 인용에 대한 출처는 위에 언급되었으나 이 과정에서 번역된 아리스토텔레스의 수사학이 참고 자료가 되었다.

6 Anthony Salz and Russell Collins, *Salz Review*, 2013, http://ow.ly/GplXS.

7 미발표 자료.

8 Simon Sinek, "How Great Leaders Inspire Action," TED, September 2009, http://ow.ly/Gpppl.

9 Major Jim Storr, "A Command Philosophy for the Information Age: The Continuing Relevance of Mission Command," *Defence Studies* 3, no. 3 (2003): 119 - 29, http://ow.ly/GpmJq.

10 "Order of Battle at the Battle of Trafalgar," *Wikipedia*, n.d., http://ow.ly/Gpn3n.

11 "British Library—Nelson's Trafalgar Memorandum." *British Library*, n.d.,http://ow.ly/KWDYK.

12 위와 동일.

13 "Trafalgar Signals," *Broadside*, n.d., http://ow.ly/KWFbZ.

14 Andrew Lambert, "The Battle of Trafalgar," *BBC*, February 17, 2011, http://ow.ly/KWGQ8.

15 Rear Admiral Joseph F. Callo, US Nval Reserve (Retired), Callo, "Lasting Lessons of Trafalgar," Military.com, September 2005, http://ow.ly/Gpnzy.

16 John T. Ph.D Kuehn, *16 Cases of Mission Command*, ed. Donald P. Wright (Fort Leavenworth, KS: Combat Studies Institute Press, US Army Combined Arms Center), accessed December 24, 2014, http://ow.ly/Gpof6.

17 Timothy A. Judge and Robert D. Bretz, "Effects of Work Values on Job Choice Decisions," *Journal of Applied Psychology* 77 (1992): 261—71, http://ow.ly/Gpp48.

18 Adam M. Grant, "Leading with Meaning: Beneficiary Contact, Prosocial Impact, and the Performance Effects of Transformational Leadership," *The Academy of Management Journal* 55, no. 2 (2012): 458 - 76, http://ow.ly/L6A7x; Adam M. Grant and James W. Berry, "The Necessity of Others Is the Mother of Invention: Intrinsic and Prosocial Motivations, Perspective Taking, and Creativity," Academy of Management Journal 54, no. 1 (2011): 73—96, http://ow.ly/GfQ8a; Adam M. Grant, "How Customers Can Rally Your Troops: End Users Can Energize Your Workforce Far Better Than Your Managers Can," Harvard Business Review 89, no. 6 (2011): 97—103, http://ow.ly/Gj4EL.

19 Shalom H Schwartz and Anat Bardi, "Value Hierarchies across Cultures Taking a Similarities Perspective," *Journal of Cross-Cultural Psychology* 32, no. 3 (2001): 268 - 90, http://ow.ly/L6Aob.

20 McKinsey & Company, "Our Values," accessed December 24, 2014, http://ow.ly/Gpq72.

21 Keller Williams, "Press Release — Keller Williams Realty Reports Record Growth Numbers for 2009," February 22, 2010, http://ow.ly/GpsAi; Keller Williams, "Mission Statement | Keller Williams Realty," accessed December 24, 2014.

22 Keller Williams, "BOLD Law: Are Your Cells Eavesdropping on Your Thoughts? — KW Blog," April 30, 2013, http://ow.ly/GpsOl.

23 Interview with Jordan, Keller Williams specialist, February 2014.

24 Keller Williams, "Drunk Monkey – BOLD Laws," YouTube, September 26, 2012, http://ow.ly/GqUkP.

25 Jessica Guynn, "Steve Jobs' Virtual DNA to be Fostered in Apple University," *Los Angeles Times*, October 06, 2011, http://ow.ly/Gptp6.

26 Brian X. Chen, "Simplifying the Bull: How Picasso Helps to Teach Apple's Style," *New York Times*, August 10, 2014, http://ow.ly/GptiF.

27 Lee Mccoy, "Cailler Chocolaterie," Chocolatiers, April 22, 2014, http://ow.ly/KWIGY.

28 James H. Bryan and Nancy Hodges Walbek, "Preaching and Practicing Generosity: Children's Actions and Reactions," *Child Development* 41 (1970): 329–53, http://ow.ly/GptAW.

29 벨론의 이사회 디렉터이자 피플앤리더십(People and Leadership)을 책임지고 있는 데이브 멜러(Dave Meller)와의 인터뷰 내용, 2013년 6월.

30 Piercarlo Valdesolo, Jennifer Ouyang, and David DeSteno, "The Rhythm of Joint Action: Synchrony Promotes Cooperative Ability," *Journal of Experimental Social Psychology* 46 (2010): 693–95, http://ow.ly/L6AU4.

31 Ronald Fischer, Rohan Callander, Paul Reddish, and Joseph Bulbulia, "How Do Rituals Affect Cooperation?: An Experimental Field Study Comparing Nine Ritual Types," *Human Nature* 24 (2013): 115–25, http://ow.ly/L6AU4.

32 John Warrillow, "The Secret Rituals and Traditions That Bring Teams Together," *CBS News*, December 20, 2010, http://ow.ly/GptLW.

33 Horace Dediu, "Seeing What's Next," *Asymco*, November 18, 2013, http://ow.ly/GqFtO.

34 Interview with Ken Roman, 2014.

35 Kenneth Roman, *The King of Madison Avenue: David Ogilvy and the Making of Modern Advertising* (New York: Palgrave Macmillan, 2009), http://ow.ly/Gpupi.

36 Ken Brown and Ianthe Jeanne Dugan, "Arthur Andersen's Fall From Grace Is a Sad Tale of Greed and Miscues," *Wall Street Journal*, June 7, 2002, http://ow.ly/GqFYD.

37 위와 동일.

38 Susan E. Squires et al., *Inside Arthur Andersen: Shifting Values, Unexpected Consequences* (Upper Saddle River, NJ: FT Press, 2003), http://ow.ly/GqGkQ.

39 Elizabeth Haas Edersheim, *McKinsey's Marvin Bower: Vision, Leadership, and the Creation of Management Consulting* (Hoboken, NJ: John Wiley & Sons, 2004), http://ow.ly/Gpu5N.

40 위와 동일.

41 Interview with Ron Daniel, June, 2014.

42 Robert Lenzner, "Gus Levy: Don't Tell Me What I Can't Do; Tell Me What I Can Do," *Forbes*, March 10, 2011, http://ow.ly/Gppl4.

43 Lisa Endlich, *Goldman Sachs: The Culture of Success* (New York: Simon and Schuster, 2000), http://ow.ly/Gpp7T.

44 "Obituaries: Gustave Levy, Wall Street Wizard," *St. Petersburg Times*, November 5, 1976, http://ow.ly/Gppsi.

45 Endlich, *Goldman Sachs: The Culture of Success.*

10장

1 Robert Kanigel, *The One Best Way: Frederick Winslow Taylor and the Enigma of Efficiency* (Cambridge, MA: MIT Press, 2005), http://ow.ly/GqGAa.

2 위와 동일.

3 J. Richard Hackman et al., "A New Strategy for Job Enrichment," *California Management Review* 17 (1975): 57 – 71, http://ow.ly/GqGMH.

4 해크먼과 올드햄의 '직무 특성 이론(Job Characteristics Theory)'이다. 이 이론에서 총 동기 개념과의 연관성을 찾은 근거를 부록에 설명했다. Hackman, J. Richard and Greg Oldham. "How Job Characteristics Theory Happened," In *Great Minds in Management: The Process of Theory Development*, edited by K. G. Smith and M. A Hitt, 151–70 (New York: Oxford University Press, 2005), http://ow.ly/GqUUC.

5 이 개념은 직무설계, 롤 크래프팅, 직무충실화 등 다양한 용어로 불린다.

6 다음은 업무와 건강의 연관성에 관해 잘 요약해놓은 자료다. Gretchen Spreitzer, Kathleen Sutcliffe, Jane Dutton, Scott Sonenshein, and Adam M. Grant, "A Socially Embedded Model of Thriving at Work," *Organization Science* 16, no. 5 (2005) 537–49, http://ow.ly/L6CSs. Spreitzer cites the following study on heart attacks: L. Alfredsson, C. L. Spetz, and T. Theorell, "Type of Occupation and Near–Future Hospitalization for Myocardial Infarction and Some Other Diagnoses," International Journal of Epidemiology 14 (1985): 378–88, http://ow.ly/GqUdH.

7 벤 호로위츠, 《하드씽(*The Hard Thing About Hard Things*)》(36.5출판사)

8 Lionel Vasquez, "Lionel Vasquez, Beer Specialist," Whole Foods Market, accessed December 25, 2014, http://ow.ly/GqHhO.

9 위와 동일.

10 Robert Reiss, "How Ritz–Carlton Stays At The Top," *Forbes*, October 20, 2009, http://ow.ly/GqH2O.

11 보다 자세한 사항은 애덤 그랜트의 글을 참고하길 바란다. Grant, "How Customers Can Rally Your Troops: End Users Can Energize Your Workforce Far Better Than Your Managers Can," *Harvard Business Review* 89, no. 6 (2011): 97–103, http://ow.ly/Gj4EL.

12 스티브 그린과의 인터뷰 내용, 2014년 6월.

13 Steve Greene and Chris Fry, "Year of Living Dangerously: How Salesforce.com Delivered Extraordinary Results Through a 'Big Bang' Enterprise Agile Revolution," in Scrum Gathering, Stockholm, 2008, http://ow.ly/GqIvq.

14 Kent Beck et al., "History: The Agile Manifesto," *Agile Manifesto*, accessed December 25, 2014, http://ow.ly/GqJ1I.

15 Kent Beck et al., "Principles behind the Agile Manifesto," accessed December 25, 2014, http://ow.ly/GqJgC.

16 Salesforce.com used a particular type of Agile Known as "Scrum."

17 Greene and Fry, "Year of Living Dangerously: How Salesforce.com Delivered Extraordinary Results Through a 'Big Bang' Enterprise Agile Revolution."

18 Salesforce.com, "Transforming Your Organization to Agile," n.d., http://ow.ly/GqK9Q.

19 위와 동일.

20 Steve Denning, "Scrum Is A Major Management Discovery," *Forbes*, April 29, 2011, http://ow.ly/GqKkb.

11장

1 Edward P. Lazear and Sherwin Rosen, "Rank-Order Tournaments as Optimum Labor Contracts," *Journal of Political Economy* 89, no. 5 (1981): 841, http://ow.ly/L6DEl.

2 Rob Asghar, "Incompetence Rains, Er, Reigns: What The Peter Principle Means Today," *Forbes*, August 14, 2014, http://ow.ly/GqKPR.

3 아낫 브라차와의 인터뷰 내용, 2014년 5월.

4 A. Bracha and C. Fershtman, "Competitive Incentives: Working Harder or Working Smarter?," *Management Science*, 2012, http://ow.ly/L6DLA.

5 Hikaru Takeuchi et al., "Regional Gray Matter Density Is Associated with Achievement Motivation: Evidence from Voxel-Based Morphometry," *Brain Structure and Function* 219 (2014): 71 – 83, http://ow.ly/GqTSK.

6 "Orbitofrontal Cortex," *Wikipedia*, n.d., http://ow.ly/GqKWF.

7 "Army Warrant Officer History," *Warrant Officer Historical Foundation*, n.d., http://ow.ly/GqL79.

8 피츠버그 공립학교의 전 탤런트 매니지먼트(Talent Management) 디렉터, 마르니 패스토(Marni Pastor)와의 인터뷰 내용, 2014; "Empowering Effective Teachers / Career Ladders," Pittsburgh Public Schools, accessed January 12, 2015, http://ow.ly/Hd6Ir.

9 IBM, "IBM Fellows Program: 50th Anniversary," YouTube, n.d., http://ow.ly/GqLcu.

10 Gardiner Tucker, "IBM Fellows: Still Ahead of Their Time, 50 Years Later," *Building a Smarter Planet, A Smarter Planet Blog*, April 3, 2013, http://ow.ly/GqLok.

11 IBM, "2013 IBM Fellows – United States" (IBM, January 30, 2013), http://ow.ly/GqVtU.

12 John Markoff, "Computer Wins On 'Jeopardy!': Trivial, It's Not," *New York Times*, February 16, 2011, http://ow.ly/GqMRM; "Jeopardy – Watson vs. The Humans Day 1," YouTube, n.d., http://ow.ly/OzKf5.

13 IBM, "2013 IBM Fellows – United States"; "Chandu Visweswariah" (IBM, March 22, 2013), http://ow.ly/GqVzH.

14 IBM, "2013 IBM Fellows – United States." IBM, January 30, 2013, http://ow.ly/GqVtU.

15 Tucker, "IBM Fellows: Still Ahead of Their Time, 50 Years Later."

16 전 최고운영책임자인 젠 하인스(Jen Hines)와의 인터뷰 내용, 2014년 10월.

17 "National Rankings: Best High Schools," *US News & World Report*, 2015, http://ow.ly/MSyzJ; Katy Stewart, "Best Places to Work: Companies with 501+ Employees," Houston Business Journal, October 18, 2013, http://ow.ly/MSz0Y.

18 "Careers at the Federal Reserve," accessed February 4, 2015, http://ow.ly/L9jQQ.

19 Kirk Semple, "Judges Give Low Marks to Lawyers in Immigration Cases," December 18, 2011, http://ow.ly/GqNbO; "Our Story," Immigrant Justice Corps, accessed December 25,

2014, http://ow.ly/GqNaX.

12장

1 Edward P. Lazear, "Performance Pay and Productivity," *American Economic Review* 90, no. 5 (2000): 1346 - 61, http://ow.ly/OzKtv.

2 E. L. Deci, R. Koestner, and R. M. Ryan, "A Meta-Analytic Review of Experiments Examining the Effects of Extrinsic Rewards on Intrinsic Motivation," *Psychological Bulletin* 125 (1999): 627–68' discussion 692–700, http://ow.ly/L6aiQ

3 Sumit Agarwal and Faye H. Wang, *Perverse Incentives at the Banks? Evidence from a Natural Experiment* (Working Paper, Federal Reserve Bank of Chicago, 2009), http://ow.ly/GqNkG.

4 Lisa D. Ordóñez, Maurice E. Schweitzer, Adam D. Galinsky, and Max H. Bazerman, "Goals Gone Wild: The Systematic Side Effects of Overprescribing Goal Setting," *Academy of Management Perspectives* 23, no. 1 (2009): 6–16, http://ow.ly/OzKGk; Lawrence M. Fisher, "Sears Auto Centers Halt Commissions After Flap," New York Times, June 23, 1992, http://ow.ly/GqNq7.

5 John R. Graham, Campbell R. Harvey, and Shiva Rajgopal, "The Economic Implications of Corporate Financial Reporting," *Journal of Accounting and Economics* 40, no. 1–3 (2005): 3–73, http://ow.ly/L6n5j.

6 Li and Murphy, "A Three-Country Study of Unethical Sales Behaviors."

7 Michael Winerip, "Ex-Schools Chief in Atlanta is Indicated in Testing Charged in Cheating Scandal," *New York Times*, March 29, 2013, http://ow.ly/GqNUG.

8 위와 동일.

9 위와 동일.

10 Ned Resnikoff, "Atlanta Cheating Scandal Puts National Education Policy on Trial | MSNBC," MSNBC, September 13, 2013, http://ow.ly/GqO42.

11 Winerip, "Ex-Atlanta Schools Chief Charged in Cheating Scandal"; Lois Beckett, "America's Most Outrageous Teacher Cheating Scandals," *ProPublica*, April 1, 2013, http://ow.ly/GqOdw.

12 Dana Goldstein, "What You Need to Know about the Shocking Cheating Indictments in the Atlanta Public Schools," *Slate*, April 2, 2013, http://ow.ly/GqOh1; Heather Vogell, Jaime Sarrio, and Alan Judd, "The Art of War at Atlanta Schools: Indictment Portrays System of Deception," The Atlanta Journal-Constitution, March 31, 2013, http://ow.ly/GqTFO.

13 Greg Toppo et al., "When Test Scores Seem Too Good to Believe," *USA Today*, February 17, 2011, http://ow.ly/GqOWy.

14 Roland G. Fryer, "Teacher Incentives and Student Achievement: Evidence from New York City Public Schools," *National Bureau of Economic Research Working Paper Series* No. 16850 (2011), http://ow.ly/GqPAo; Matthew G. Springer, Dale Ballou, Laura Hamilton, Vi-Nhuan Le, J. R. Lockwood, Daniel F. McCaffrey, Matthew Pepper, and Brian M. Stecher,

Teacher Pay for Performance: Experimental Evidence from the Project on Incentives in Teaching (POINT) (Nashville, TN, 2011), http://ow.ly/L9kuq.

15 상반된 실험 결과를 보인 나라도 있었다. 케냐와 인도의 경우 학생들의 학업 성취도가 높아지기도 했다. Fryer et al., "Teacher Incentives and Student Achievement: Evidence from New York City Public Schools."

16 "Continuum | YES Prep Public Schools," *Yes Prep*, accessed December 25, 2014, http://ow.ly/GqPGV.

17 가네(Gagné)는 메타 분석을 통해 동일한 결론을 도출했다. "성과에 따른 보상이 미치는 긍정적인 영향력에 대해 다룬 연구는 대다수 알고리즘적 업무를 바탕으로 했다(Bandiera, Barankay, & Rasul, 2007; Cadsby, Song, & Tapon, 2007; Locke, Feren, McCaleb, Shaw, & Denny, 1980). 반면 발견적(heuristic) 업무에서는 이러한 보상 방식이 아무런 영향을 미치지 않거나 오히려 부정적인 영향력을 끼치는 것으로 드러났다(e.g., Amabile et al., 1990)." Marylène Gagnéand Jacques Forest. "*The Study of Compensation Systems through the Lens of Self-Determination Theory: Reconciling 35 Years of Debate*," Vol. 49. Educational Publishing Foundation, 2008, http://ow.ly/L6FN4.

18 Tom DiDonato, "Stop Basing Pay on Performance Reviews," *Harvard Business Review*, January 2014, http://ow.ly/GqQgS.

19 "100 Best Companies to Work for," *Fortune*, 2015, http://ow.ly/MSDQC.

20 Stacy Perman, "For Some, Paying Sales Commissions No Longer Makes Sense," *New York Times*, November 20, 2013, http://ow.ly/GqQtl.

21 Dan Ostlund, "Why Do We Pay Sales Commissions?," *Fog Creek Blog*, January 4, 2012, http://ow.ly/GqQwr.

13장

1 윈스턴 처칠의 명언을 각색했다.

2 David A. Kravitz and Barbara Martin, "Ringelmann Rediscovered: The Original Article," *Journal of Personality and Social Psychology* 50 (1986): 936 – 41, http://ow.ly/L6G2C.

3 링겔만은 다양한 연구를 요약한 자료에서 관련된 데이터를 추출해 소개했다. 우리는 내용 전달의 편의를 위해 링겔만의 데이터를 기존의 밧줄 실험해 대입해 여기에 실었다.

4 Steven J. Karau and Kipling D Williams, "Social Loafing : A Meta–Analytic Review and Theoretical Integration," *Journal of Personality and Social Psychology* 65 (1993): 681 – 706, http://ow.ly/L6G93.

5 정보와 도표 18의 출처는 아래와 같다. *Journal of Human Evolution*, 22, R. I. M. Dunbar, "Neocortex Size as a Constraint on Group Size in Primates," 469–93, 1992.

6 엄밀히 말하면 던바는 38종(種)이 아닌 38속(屬)을 표로 작성했다.

7 "Neocortex." *Wikipedia*, n.d. http://ow.ly/L9lNY.

8 R. I. M. Dunbar, "You've Got to Have (150) Friends," *New York Times*, December 25, 2010, http://ow.ly/GqThm.

9 뇌 크기와 공동체의 규모는 정비례 관계에 있고, 이에 따라 두 축 모두 로그축이 된다. 위와 동일.

10 R. I. M. Dunbar, "Coevolution of Neocortical Size, Group Size and Language in Humans," *Behavioral and Brain Sciences* 16 (1993): 681 - 735, http://ow.ly/L6Gw8.

11 위와 동일.

12 Bruno Gonçalves, Nicola Perra, and Alessandro Vespignani, "Modeling Users' Activity on Twitter Networks: Validation of Dunbar's Number," *PLOS ONE* 6 (2011), http://ow.ly/GqTmY.

13 R. A. Hill and R. I. M. Dunbar, "Social Network Size in Humans," *Human Nature* 14 (2003): 53 - 72, http://ow.ly/L6Gw8.

14 우리가 실행한 조사에서는 응답자들에게 자신이 속한 조직의 직원 수를 물었고, 여기서 우리 연구의 한계가 드러났다. (500명 이하의) 비교적 작은 조직의 경우 이 질문이 공동체의 규모를 파악하는 데 도움이 되었다. 하지만 규모가 큰 기업에서 이미 작은 커뮤니티로 나뉜 경우에는 이러한 조직의 현실이 제대로 반영될 수 없었다. 추후 진행될 연구에서는 조직 내 다양하게 형성된 그룹의 규모를 파악하기 위해 질문을 보완할 예정이다.

15 던바는 사냥집단을 '공감그룹(sympathy group)'으로 버디관계는 '패(클리크, cliques)'라고 칭했다. 우리는 비즈니스 세계에 더욱 잘 어울릴 만한 명칭으로 변경했다.

16 Gregory M. Walton, Geoffrey L. Cohen, Daivd Cwir, and Steven J. Spencer, "Mere Belonging: The Power of Social Connections," *Journal of Personality and Social Psychology* 102, no. 3 (2012): 513–32, http://ow.ly/L6GJK.

17 Verna Allee, "Knowledge Networks and Communities of Practice," *OD Practitioner* (Fall/Winter 2000): 1–15.

18 Vivian Giang, "The 'Two Pizza Rule' Is Jeff Bezos' Secret to Productive Meetings," *Business Insider*, October 29, 2013, http://ow.ly/L6HVU.

19 C. M. Dickens et al., "Lack of a Close Confidant, but Not Depression, Predicts Further Cardiac Events after Myocardial Infarction," *Heart (British Cardiac Society)* 90 (2004): 518 - 22, http://ow.ly/GqTaW.

20 실험 내용 및 도표 19의 출처는 아래와 같다. *Journal of Experiment Social Psychology*, 53, Priyanka B. Carr and Cregory M. Walton, "Cues of Working Together Fuel Intrinsic Motivation," 172, 2014, with Permission from Elsevier.

21 Dennis Overbye, "Kenneth I. Appel, Mathematician Who Harnessed Computer Power, Is Dead at 80," *New York Times*, April 28, 2013, http://ow.ly/GM4kb.

22 Marcus B. Mueller and Geoff P. Lovell, "Relatedness Need Satisfaction in Senior Executives," *European Journal of Business and Social Sciences* 2, no. 7 (2013): 105–35, http://ow.ly/L6LID.

23 D'Ann White, "Mentoring Program Helps Hillsborough County Keep Good Teachers," *Bloomingdale-Riverview Patch*, August 20, 2012, http://ow.ly/L6Luf.

24 Brook Manville and Josiah Ober, *A Company of Citizens: What the World's First Democracy Teaches Leaders about Creating Great Organizations* (Cambridge: Harvard Business Press, 2003), http://ow.ly/Hd7Xs.

25 Jay Rao, "W. L. Gore: Culture of Innovation–Babson College Business Case," 2012.

26 Gaylen K. Bunker, "Of All Things Precious to Mankind, Freedom to Dream Is the Ultimate Value. Presentation by Gaylen K. Bunker," n.d., http://ow.ly/GqT4Q.

27 위와 동일.

28 Jay Rao, "W. L. Gore: Culture of Innovation–Babson College Business Case," 2012.

29 D. Reid Townsend and Joseph Harder, "W. L. Gore & Associates" 2000, (University of Virginia: Darden Business School Publishing), http://ow.ly/GqTyF.

30 Yves L. Doz and Keeley Wilson, *Managing Global Innovation: Frameworks for Integrating Capabilities around the World* (Cambridge: Harvard Business Press, 2012), http://ow.ly/GqTdz.

31 Townsend and Harder, "W.L. Gore & Associates".

32 Alan Deutschman, "The Fabric of Creativity," *Fast Company*, December 2004, http://ow.ly/GqT6L.

33 Rachel Emma Silverman and Kate Linebaugh, "Who's the Boss? There Isn't One," *Wall Street Journal*, June 19, 2012, http://ow.ly/GqTwk.

34. Gaylen K. Bunker, "Of All Things Precious to Mankind, Freedom to Dream Is the Ultimate Value. Presentation by Gaylen K. Bunker," n.d., http://ow.ly/GqT4Q.

35 Jay Rao, "W. L. Gore: Culture of Innovation–Babson College Business Case," 2012.

36 "Workplace Democracy at W. L. Gore & Associates," *Workplace Democracy*, July 14, 2009, http://ow.ly/Hd8oa.

37 Jay Rao, "W. L. Gore: Culture of Innovation–Babson College Business Case," 2012.

14장

1 Herb Kelleher, "Customer Service: It Starts at Home," *Journal of Lending and Credit Risk Management*, Februray (1998):74–78, http://ow.ly/GqSNW.

2 E. S. Bernstein, "The Transparency Paradox: A Role for Privacy in Organizational Learning and Operational Control," *Administrative Science Quarterly* 57, no. 2 (2012): 181–216, http://ow.ly/L6LTV.

3 Adam M. Grant, "Leading with Meaning: Beneficiary Contact, Prosocial Impact, and the Performance Effects of Transformational Leadership," *The Academy of Management Journal* 55, no. 2 (2012): 458–76, http://ow.ly/L6A7x.

4 Nicola Bellé, "Leading to Make a Difference: A Field Experiment on the Performance Effects of Transformational Leadership, Perceived Social Impact, and Public Service Motivation," *Journal of Public Administration Research & Theory* 24 (2013): 109 – 36, http://ow.ly/L6M30.

5 Chip Heath and Nancy Staudenmayer, "Coordination Neglect: How Lay Theories of Organizing Complicate Coordination in Organizations," *Research in Organizational Behavior* 22 (2000): 153 – 91, http://ow.ly/L6Meo.

6 P. O'Hara, "The Illegal Introduction of Rabbit Haemorrhagic Disease Virus in New Zealand," *Revue Scientifique et Technique (International Office of Epizootics)* 25, no. 1 (2006): 119 – 23, http://ow.ly/GqSWI.

15장

1 Kurt Eichenwald, "How Microsoft Lost Its Mojo: Steve Ballmer and Corporate America's

Most Spectacular Decline," *Vanity Fair*, August 2012, http://ow.ly/GqReo.

2 Terence R. Mitchell and Laura S. Kalb, "Effects of Outcome Knowledge and Outcome Valence on Supervisors' Evaluations," *Journal of Applied Psychology* 66 (1981): 604–12, http://ow.ly/GqSb6.

3 Francesca Gino, Don A Moore, and Max H Bazerman, "No Harm, No Foul: The Outcome Bias in Ethical Judgments," *Harvard Business School NOM Working Paper*, no. 08 – 080 (2009), http://ow.ly/GqRnq.

4 Elaine D. Pulakos, Rose Mueller Hanson, Sharon Arad, and Neta Moye, "Performance Management Can Be Fixed: An On–the–Job Experiential Learning Approach for Complex Behavior Change," *CEB Corporate Leadership Council*, 2014, http://ow.ly/GqRxX.

5 Peter Cohan, "Why Stack Ranking Worked Better at GE Than Microsoft," *Forbes*, July 13, 2012, http://ow.ly/GqS8s.

6 Jena McGregor, "The Corporate Kabuki of Performance Reviews," *Washington Post*, February 14, 2013, http://ow.ly/GqRHT.

7 위와 동일.

8 Pulakos et al., "Performance Management Can Be Fixed: An On–the–Job Experiential Learning Approach for Complex Behavior Change"; Tom DiDonato, "Stop Basing Pay on Performance Reviews," *Harvard Business Review*, January 2014, http://ow.ly/GqQgS; Julie Cook Ramirez, "Rethinking the Review," Human Resource Executive Online, July 24, 2013, http://ow.ly/GqRNZ.

9 Kevin Roose, "Ray Dalio's Former Assistant Tells All," *New York Times*, March 13, 2012, http://ow.ly/GqRU4.

10 Matthew Goldstein, "SAC Capital, Meet Point72 Asset Management," *New York Times*, April 7, 2014, http://ow.ly/GqScO.

11 Lukas I. Alpert, "Uralkali Expects Potash Prices to Bottom Out," *Wall Street Journal*, October 3, 2013, http://ow.ly/MSzwK.

16장

1 Edward L. Deci and Richard Flaste, *Why We Do What We Do: The Dynamics of Personal Autonomy (New York: G. P. Putnam's* Sons, 1995), http://ow.ly/GqSiN.

2 Bennett G. Galef, "The Question of Animal Culture," *Human Nature* 3, no. 2 (1992): 157 – 78, http://ow.ly/L6N4o

3 Bronwyn H. Hall, "Innovation and Diffusion," in *The Oxford Handbook of Innovation*, ed. Jan Fagerberg (Oxford, Eng.: Oxford University Press, 2005), 459 – 85, http://ow.ly/GqSIN.

4 Aldon Morris and Cedric Herring, "Theory and research in social movement: A critical review" (1984).

5 Jeffrey Pfeffer, *The Human Equation: Building Profits by Putting People First* (Cambridge: Harvard Business Press, 1998), http://ow.ly/Gg59Z.

6 Ira Glass and Frank Langfitt, "NUMMI," *This American Life*, WBEZ, 2010, http://ow.ly/

Gg6rg.
7 위와 동일.
8 Pfeffer, *The Human Equation: Building Profits by Putting People First*.
9 Glass and Langfitt, "NUMMI."
10 위와 동일.

에필로그

1 Murray Gell–Mann, "Complex Adaptive Systems," *Complexity: Metaphors, Models and Reality*, (Cambridge, MA: Perseus Books, 1994), 17 – 45, http://ow.ly/GqSrT.
2 R. M. Ryan and E. L. Deci, "Self–Determination Theory and the Facilitation of Intrinsic Motivation, Social Development, and Well–Being," *American Psychologist* 55 (2000): 68 – 78, http://ow.ly/GqSxT.
3 J. Richard Hackman et al., "A New Strategy for Job Enrichment," *California Management Review* 17 (1975): 57–71, http://ow.ly/GqGMH
4 Bernard M Bass, "From Transactional to Transformational Leadership: Learning to Share the Vision," *Organizational Dynamics* 18 (1990):19 – 32, http://ow.ly/L6NKN.
5 Lale Gumusluoglu and Arzu Ilsev, "Transformational Leadership, Creativity, and Organizational Innovation," *Journal of Business Research* 62 (2009): 461 – 73, http://ow.ly/L6O2p; D. Charbonneau, J. Barling, and E. K. Kelloway, "Transformational Leadership and Sports Performance: The Mediating Role of Intrinsic Motivation," Journal of Applied Social Psychology 31, no. 7 (2001): 1521 – 34, http://ow.ly/L6O7F; Ronald F. Piccolo and Jason A. Colquitt, "Transformational Leadership and Job Behaviors: The Mediating Role of Core Job Characteristics," Academy of Management Journal 49 (2006): 327–40, http://ow.ly/L6OcD; Timothy A. Judge and Ronald F. Piccolo, "Transformational and Transactional Leadership: A Meta–Analytic Test of Their Relative Validity," Journal of Applied Psychology 89 (2004): 755 – 68, http://ow.ly/Hdaz5; Xiaomeng Zhang and Kathryn M. Bartol, "Linking Empowering Leadership and Employee Creativity: The Influence of Psychological Empowerment, Intrinsic Motivation, and Creative Process Engagement," Academy of Management Journal 53 (2010): 107 – 28, http://ow.ly/HdaHg.

세계 최고 기업들의 조직문화에서 찾은 고성과의 비밀

무엇이 성과를 이끄는가

1판 1쇄 발행 2016년 11월 30일
2판 1쇄 발행 2021년 10월 19일
2판 5쇄 발행 2024년 8월 26일

지은이. 닐 도쉬, 린지 맥그리거
옮긴이. 유준희, 신솔잎
기획편집. 김은영, 하선정
마케팅. 이운섭
표지디자인. [★]규
내지디자인. 정희정

펴낸곳. 생각지도
출판등록. 제2015-000165호
전화. 02-547-7425
팩스. 0505-333-7425
이메일. thmap@naver.com
블로그. blog.naver.com/thmap
인스타그램. @thmap_books

ISBN 979-11-87875-16-1 (03320)